Friedrich Spiegel

Avesta, die heiligen Schriften der Parsen

Dritter Band: Khorda-Avesta

Friedrich Spiegel

Avesta, die heiligen Schriften der Parsen
Dritter Band: Khorda-Avesta

ISBN/EAN: 9783743659483

Hergestellt in Europa, USA, Kanada, Australien, Japan

Cover: Foto ©Lupo / pixelio.de

Weitere Bücher finden Sie auf **www.hansebooks.com**

AVESTA

DIE

HEILIGEN SCHRIFTEN DER PARSEN.

AUS DEM GRUNDTEXTE ÜBERSETZT, MIT STETER
RÜCKSICHT AUF DIE TRADITION

VON

Dr. FRIEDRICH SPIEGEL.

DRITTER BAND:

KHORDA-AVESTA.

MIT EINEM REGISTER ÜBER DAS VOLLSTÄNDIGE WERK.

LEIPZIG.
VERLAG VON WILHELM ENGELMANN.
1863.

VORREDE.

Die vorliegende Uebersetzung des Avesta wird mit dem hier erscheinenden dritten Bande abgeschlossen. Derselbe enthält was noch an altbaktrischen Texten bekannt ist, mit alleiniger Ausnahme des sogenannten Vistâçp-yast und einiger kleinerer Fragmente. Der Grund der mich bestimmt hat diese Stücke auszuschliessen ist der verderbte Zustand der Texte: ich hätte allzugewagte Deutungen aufstellen müssen und selbst diese würde ich oft nur durch kühne Textverbesserungen erhalten haben, darum schien es mir gerathener die genannten Texte lieber ganz bei Seite zu lassen als durch zweifelhafte Uebersetzungen irre zu leiten. Ich habe mich aber so wenig wie Anquetil auf die altbaktrischen Texte allein beschränkt, sondern auch die wichtigern Gebete der Parsen in Pârsisprache aufgenommen und diese, gleichfalls nach Anquetils Vorgange, durch besondere Schrift hervorgehoben. Vollständigkeit habe ich auch hier nicht erreichen können, doch hoffe ich nichts Wichtiges übergangen zu haben; auf jeden Fall ist dieser Band reichhaltiger als die meisten Ausgaben des Khorda-Avesta welche die Parsen zu ihrem eigenen Gebrauche herausgegeben haben.

Den Grundsätzen, welche mich bei der Uebersetzung der frühern Bände geleitet haben und die ich in den Vorreden zu meiner Pârsigrammatik und zum ersten Bande dieser Uebersetzung dargelegt habe, bin ich, trotz allen Widerspruchs, auch in diesem Bande getreu geblieben. Ich habe dies gethan, nicht aus Hartnäckigkeit, sondern weil sich immer mehr in mir die Ueberzeugung befestigt hat, dass dieser (schon von Burnouf eingeschlagene) Weg der einzige ist, der uns zu einem sichern Verständnisse des Avesta führen kann. Die Angriffe die ich deswegen erfahren habe und die vornehmlich von Hrn. Haug in Puna ausgehen, haben in neuerer Zeit einen solchen Grad von Heftigkeit erreicht, dass ich es für meine Pflicht halte, zur Orientirung der Leser, hier einige Worte darüber zu sagen. Nach der Art und Weise wie diese Angriffe geführt werden, sollte man vermuthen dieselben seien blos gegen mich persönlich gerichtet und bezweckten nichts Anderes als mir die nöthigen Kenntnisse und die nöthige Befähigung zu einer Uebersetzung des Avesta abzusprechen, während über die Grundsätze, nach welchen eine solche Uebersetzung zu verfertigen sei, nirgends eine Meinungsverschiedenheit obwalte. Allein diese Darstellung ist eben eine ganz falsche, der Grund liegt weit tiefer und ich bin persönlich weniger betheiligt als es scheint. Es fragt sich einfach, wer der Begründer der altbaktrischen Philologie sei, ob Burnouf, ob Haug und ob die Methode nach der Burnouf gearbeitet hat auch für fernere Arbeiten auf diesem Gebiete massgebend sein könne oder nicht. Selbst wenn ich und meine Uebersetzung ganz beseitigt wären, so würde doch diese Frage immer noch zu beantworten sein. So lange Burnoufs Methode nicht als eine unwissenschaftliche beseitigt ist halte ich meine Arbeit für ziemlich geborgen und wenn es auch bis jetzt noch nicht erwiesen ist dass ich nach seinen Grundsätzen gearbeitet habe, so glaube ich dies doch eben so bestimmt erweisen zu können als ich mir jeden Augenblick zu erweisen getraue, dass Hr. Haug nicht nach Burnoufs Methode arbeitet. Ist nun freilich Hrn. Haugs Methode die richtige, dann ist diese Uebersetzung auf falschen Grundlagen gebaut, aber nicht die meinige allein, sondern auch die Burnoufs und wir Alle haben uns in einem schweren Irrthume befunden die wir den Anfang der altbaktrischen Philologie in das Jahr 1833 und nicht 1853 setzten. So steht die Sache und nicht anders, ich gestehe auch dass ich wegen des endlichen Ausgangs dieses Streites nicht sehr in Sorgen bin. Um es also kurz zu sagen: ich verhalte mich ablehnend gegen Hrn. Haugs Arbeiten, nicht bloss deswegen weil ich sie für fehlerhaft, sondern vornemlich weil ich sie schon in der Anlage für verfehlt halte. Den nähern Nachweis wird mein Commentar zum Avesta liefern, einstweilen verweise ich auf meine Darlegung über den Unterschied der beiden Methoden welche man im siebzehnten Bande der Zeitschrift der Deutschen morgenländischen Gesellschaft finden wird. Es mag sein dass diese Behauptungen dem oberflächlichen Beobachter zu schroff scheinen, wer sich aber die Mühe giebt die Sache genauer zu untersuchen, der wird finden dass ich mich so ausdrücke weil ich weder anders kann noch darf. Noch über einen Punkt, der mir entgegen gehalten werden könnte, will ich hier einige Worte beifügen. Man könnte nämlich fragen wie Herr Haug dann, wenn seine Arbeiten wirklich so verfehlt wären wie ich sage, solchen Anklang bei den Parsen selbst finden könnte als er unzweifelhaft gefunden hat? Die Antwort habe ich eigentlich schon vor Jahren gegeben. Ich habe nämlich gezeigt (Zeitschr. der DMG. I, 259 flg.) dass die Parsen von den Sufis eine Art der typischen Auslegung des Avesta überkommen haben welche ihnen möglich macht jeden beliebigen Sinn in den Text hineinzulegen. Es scheint mir für einen Philologen nicht besonders schmeichelhaft wenn man seine Erklärungen nach dieser Methode begründet findet, dass sich aber die Parsen Herrn Haugs Ansichten auf diese Weise zu recht legen, lässt sich aus seinen eigenen Worten beweisen.

Es wird nun mein eifrigstes Bestreben sein, den zu dieser Uebersetzung gehörenden Commentar bald nachliefern zu können, damit dieselbe nicht länger mehr in dem unbeschützten Zustande dastehe wie bisher. Mittlerweile erlaube ich mir nochmals auf Burnoufs Arbeiten hinzuweisen und ein genaues Studium derselben nicht nur hinsichtlich der Resultate sondern auch der Methode angelegentlichst zu empfehlen. Auch kann ich nur wiederholen was ich bereits in der Vorrede zum zweiten Bande (p. X) gesagt habe. Der Leser muss sich vor Allem klar machen was er von einer Uebersetzung des Avesta erwartet. Wem es genügt den Sinn zu erfahren den die Parsen seit mehr als einem Jahrtausend in dem Buche finden und, wie ich überzeugt bin, mit Recht darin finden, der wird sich der Führung dieser Uebersetzung getrost anvertrauen dürfen. Dass ich damit nicht sagen will der richtige Sinn sei an jeder einzelnen Stelle getroffen wird der Commentar erweisen. Wer aber Neues, früher Ungeahntes zu erfahren wünscht, dem habe ich Nichts zu bieten, er wird besser thun an Hrn. Haug sich zu wenden. Ich wiederhole auch dass ich jetzt wie früher nur darum mich entschlossen habe diesen Gegensatz hier zu erwähnen, weil ich es für meine Pflicht hielt die Leser über die wahren Gründe desselben aufzuklären.

Fr. Spiegel.

EINLEITUNG.

Während die in den beiden ersten Bänden dieses Werkes übersetzten Schriften vorzugsweise zum Studium für die Priester und zum öffentlichen Vorlesen bestimmt sind, dienen die Texte des sogenannten Khorda-Avesta, d. i. des kleinen Avesta, überwiegend zur Privatandacht. Aus diesem Grunde finden wir hier Schriftdenkmale aus verschiedenen Zeiten und von verschiedenem Werthe zusammengestellt. Die Gebete sind zum Theil in verhältnissmässig junger Zeit und in neueren Sprachen abgefasst, dies sind jedoch nur solche von denen man es für wünschenswerth oder nöthig erachtete, dass auch die Laien den Sinn des Gelesenen verstehen sollten. Bei weitem der grössere Theil ist in derselben Sprache geschrieben in welcher auch die andern rituellen Werke verfasst sind und mit gutem Grunde, denn man hielt die Sprache keineswegs für gleichgültig. Die Sprache in der Ahura-Mazda sein Gesetz dem Zarathustra verkündet hatte, ist die Sprache des Himmels und wenn auch die Menschen des bessern Verständnisses wegen diese himmlischen Worte in ihre Sprache übersetzen dürfen, so können doch die Gebete nur in dieser Sprache an den Himmel gerichtet werden. Nur in dieser Sprache erfüllen sie ihren Zweck vollständig und dienen dem Menschen als geistige Waffen vor denen die unsichtbaren Geister des Aġrô-mainyus ebenso entlaufen wie wehrlose Menschen vor den gezückten Waffen der Soldaten. Nur diesem Glauben haben wir es wahrscheinlich zu danken, dass uns die Urtexte der heiligen Schriften der Parsen überhaupt erhalten geblieben sind.

Eine grosse Anzahl der Gebete, die in verschiedenen Zeiten und Lagen an die Genien des Himmels gerichtet werden sollen, bestehen nur aus abgerissenen Stellen der uns schon bekannten Religionsbücher, wie man sie gerade für den Zustand um den es sich handelte für passend erachtete. Wieder andere, aber die Minderzahl, findet sich zwar in den uns bekannten Büchern nicht vor, es mögen dies aber Fragmente aus andern ähnlichen Religionsbüchern sein die im Laufe der Zeit verloren gegangen sind. Den Haupttheil des Khorda-Avesta aber bilden die sogenannten Yasts oder Yests, d. h. Anrufungen. Sie sind sämmtlich in altbaktrischer Sprache abgefasst und werden darum von den Laien wenig gelesen, die gewöhnlichen Khorda-Avestas der Parsen enthalten daher meistens nur einige wenige kürzere derselben. Für uns dagegen ist gerade diese Classe von Schriften vom höchsten Werthe, denn da diese Anrufungen dazu bestimmt sind den Preis jedes Einzelnen unter den Genien auszusprechen, so geben sie uns auch eine viel deutlichere Einsicht in das Wesen derselben als die kurzen und meist nur gelegentlichen Aeusserungen der übrigen heiligen Schriften. Für die Götterlehre der Parsen sind sie daher die Hauptquelle. Wie wir aber eine Einsicht in die Vorstellungen der Parsen von der irdischen und überirdischen Welt hauptsächlich ihnen verdanken, so wird es auch wiederum, zum bessern Verständnisse derselben, nöthig sein, die leitenden Grundgedanken dieser Anschauungen hier kurz zusammenzustellen. Eine erschöpfende Darstellung des Religionssystems wäre hier natürlich nicht am Platze und soll auch nicht gegeben werden.

ERSTES CAPITEL.

Die altérânische Religion ist sich des Gegensatzes zwischen der diesseitigen und der jenseitigen, der irdischen und überirdischen Welt vollkommen bewusst und hat ihn auf das Klarste ausgesprochen. In den Keilinschriften (cf. O, 2. 3. NR. a, 1. 2. D. 1. 2. u. s f.) wie im Avesta (z. B. Yt. 13, 2) wird jener Himmel dieser Erde entgegengesetzt, im Avesta auch die himmlische Schöpfung der irdischen (cf. Vsp. 11, 5. 7). Die neuern Uebersetzer verstärken den Gegensatz noch dadurch dass sie mainyava, himmlisch, durch unsichtbar übersetzen. Bei dieser mehr localen Anschauung wird der sonst ständige Gegensatz zwischen gut und böse nicht geltend gemacht, die ganze Welt zerfällt in zwei Theile, eine geistige, unsichtbare und eine materielle, bekörperte (daher açtvaṭ aġhus, die bekörperte Welt).

Aus diesem Grunde ist auch in den Schriften des Avesta nur von zwei
Welten die Rede, der körperlichen und geistigen (manahyo) (cf. Yç.
XXVIII, 2; XXXVIII, 9; XLI, 8; LVI, 10. 5 u. s w.), ebenso wie im
Schâhnâme [1]). Die jenseitige Welt, heisst auch parâhu oder parô-açna
aǵhus (cf. zu Yç. XLV, 19), d. i. die nicht nahe, also derselbe Gegensatz wie zwischen الآخرة und الدنيا bei den Muhammedanern. Auf
die Frage wann jene geistige Welt geschaffen worden sei und von
wem geben die Schriften der Parsen genaue Auskunft. Sie wurde
geschaffen am Beginne der zwölftausendjährigen Weltperiode welche
mit dem jüngsten Gerichte zu Ende geht und die wir unten noch
näher kennen lernen. Ihr alleiniger Schöpfer und Herr ist Ahura-
Mazda (vgl. das erste Capitel des Bundehesh), von welchem wir
nun näher zu sprechen haben werden.

Unter allen göttlichen Wesen der Erânier steht Ahura-Mazda
unzweifelhaft oben an und seine Persönlichkeit ist uns sehr gut verbürgt. Sein Name findet sich in den Keilinschriften und wird dort
Auramazdâ geschrieben und zumeist als ein einziges Wort behandelt, an einer Stelle jedoch (C, 10) findet sich der Genitiv aurahyâ
mazdâha, also beide Elemente noch geschieden. Im Altbaktrischen dagegen ist die Form ahurô mazdâo die gewöhnliche und jedes der beiden Wörter wird gesondert declinirt. Es ist aber darum nicht durchaus nothwendig dass die beiden Worte ahura-mazda zusammenstehen,
jedes der beiden gesondert bezeichnet schon die höchste Gottheit. So
finden wir ahura allein in dem Worte ahura-tkaesha, den Vorschrif-
ten des Ahura zugethan, und auch sonst z. B. Yç. XXIX, 5. Ebenso
steht auch mazda allein z. B. Yç. I, 33; XIII, 19; L, 7 und sonst.
In den Gâthâs findet man, wahrscheinlich aus metrischen Gründen, die
Umsetzung mazdâ ahura, doch auch in den prosaischen Stücken des
Yaçna-Haptaǵhâiti findet sie sich. Cf. Yç. XXXVI, 7. XXXVII, 14.
XLI, 3. u. s. w.[2]).

---

1) Cf. Schâhnâme p. 123. Macan.

بدویست گیهان خرّم بپای   هم اوداد وداور بهم دوسرای
ibid. p. 175.
نه رفتن آمد بدیگر سرای   مگر نزد یزدان به آیدت جای

2) Obwol die Ausdrücke mazdâ und ahura in den Texten allein gebraucht
werden, ohne dass ich einen Unterschied hätte entdecken können, so werden
doch die Beiwörter mazdadbâta und ahuradbâta, von Mazda oder von Ahura

Gewöhnlich gehen in den verschiedenen Sprachen die Götternamen und die Eigennamen überhaupt in eine ziemlich ferne Zeit zurück, sie haben keinen Sinn für sich ausser zur Bezeichnung des bestimmten Individuums und ihre Etymologie ist meist dunkel. Anders ist dies im Parsismus, wir werden finden dass die meisten Götternamen ihrer Etymologie nach vollkommen durchsichtig sind und dass sie meistens noch als nomina appellativa in der Sprache gebraucht werden. So ist es denn auch mit dem Namen Ahura-Mazda. Ahura heisst nach der Tradition der Parsen Herr und kommt in dieser Bedeutung noch oft genug im Avesta vor, z. B. Yç. I, 15; XXVIII, 8. XXIX, 2. Yt. 5, 72; 10, 25 im plural ahuråoghô wie Yt. 5, 85; 14, 39. Die Richtigkeit der Bedeutung, welche die Parsen dem Worte geben, hat schon Burnouf anerkannt, sie wird durch die Texte bewiesen. Im Sanskrit ist in den Vedas das identische Asura in ziemlich ähnlicher Bedeutung noch vorhanden. Auch über den Namen Mazdâo kann kein Zweifel bestehen, Burnouf hat ihn bereits erklärt und nachgewiesen dass die Parsentradition ihn vollkommen richtig bestimmt hat. Das Wort ist nämlich aus maç, maz, gross und dâo, Wissen, zusammengesetzt[1]), mazdâo bedeutet also grosses Wissen besitzend. Ahura-Mazda heisst mithin der sehr weise Herr. Nicht minder durchsichtig ist ein anderer Name desselben Gottes. Er heisst oft genug im Avesta Çpento-mainyus (z. B. Yç. LVI, 7. 6) und dieser Name ist der eigentliche Gegensatz gegen das böse Princip. Çpentomainyus heisst eigentlich der vermehrende Geist, d. i. der welcher

---

geschaffen, strenge geschieden und das eine wie das andere Beiwort wird von bestimmten Wesen gebraucht. Ahuradhâta kommt nur wenigen Wesen zu: dem Verethraghna (cf. Yç. I, 19. II, 25. XVII, 31 etc.) und der Erde (cf. Vd. XIII, 165. XIX, 71. 116 u. s. w.). Häufiger ist mazdadhâta. So heissen alle reinen Güter die von Mazda herrühren (cf. Yç. XIX, 3. 5. XXII, 23. Vsp. XII, 17. Vd. XI, 3 etc.), dann das Wasser (Yç. I, 39. III, 10 etc.), die Bäume (Yç. I, 39. Vd. XIX, 62), die Wege (Vd. XXI, 22), Haoma (Yç. X, 52), der Wind (Vsp. VIII, 19), der Schlaf (Vsp. VIII, 16), Majestät und Glanz (Yç. I, 42. Vd. XIX, 125). Ferner die Berge im Allgemeinen (Yç. I, 41. Vsp. I, 20; II, 22 u. s. w.), dann der Berg Ushidarena insbesondere (Yç. I, 41; II, 54 und öft.), die Brücke Cinvat (Vd. XIX, 96), der Genius Çaoka (Vd. XXII, 11. 15 u. s. f.), die Frauen (Vsp. I, 15), die Geschöpfe (Yç. LXX, 21). Ein Unterschied scheint also jedenfalls stattzufinden, wenn man auch nicht sagen kann welcher.

1) Es mag sein, dass mazdâ = skr. medhas ist, doch ist diese Vergleichung mehr für das Sanskrit als für das Alteränische von Belang. Die Form mozdâo ist an und für sich klar, auch ohne Vergleichung mit andern Sprachen.

das von ihm Geschaffene stets noch mehr macht, denn das Wort çpeñta, obwol meistens heilig, ehrwürdig bedeutend, heisst doch ursprünglich vermehrend (man vergl. das lat. augustus) und diese Bedeutung ist bis in die späte Zeit herab dem Bewustsein der Parsen lebendig geblieben.

Es ist kein Zweifel, dass Ahura-Mazda ursprünglich bekörpert gedacht wurde. Dies beweisen die Denkmale der Achämeniden, auf denen wir den Auramazdâ bildlich dargestellt sehen. Hier könnte man freilich einwenden, dass möglicher Weise diese Kunstwerke von fremden Künstlern gemacht worden seien, die gewiss unter den Einflüssen der westlich von Erân geltenden Ideen standen und so wäre es denn möglich, dass man den höchsten Gott der Erânier eben dargestellt hätte wie man die oberste Gottheit in Assyrien und Babylon auch darzustellen pflegte, ohne dass dies gerade auch die Ansicht der Erânier gewesen zu sein brauchte. Indess auch das Avesta stellt den Ahura-Mazda nicht blos als ein geistiges sondern auch als ein körperliches Wesen dar, an mehrern Stellen heisst er „mit dem besten Körper versehen" (cf. Yç. 1, 1. 2. Yt. 13, 80. 81), an manchen Stellen ist von seiner Seele, von seinem Fravashi die Rede (Yt. 13, 81. Vd. XIX, 46. 47. Yç. XXVI, 3 flg.). Für eine menschenähnliche Fassung spricht auch, dass von einem Sohne des Ahura-Mazda gesprochen wird (so wird nämlich das Feuer im Avesta unzählige Male genannt) und von Frauen des Ahura-Mazda (Vsp. III, 21. Yç. XXXVIII, 2). Für die Auffassung, dass Ahura wirklich Frauen gehabt habe, spricht zunächst Yt. 17, 16, wo Ashis-vaġuhi eine Tochter des Ahura und der Çpeñta-ârmaiti genannt wird. Dagegen nennen andere Stellen, wie Yt. 17, 2 u. 16. Yç. XLIV, 4 u. Vd. XIX, 45 die Çpenta-ârmaiti eine Tochter des Ahura und dies wird man auch für die gewöhnlichere Fassung der Parsen ansehen dürfen. Dahin deutet auch das Beiwort ahurâni (Yç. LXV, 2. LXVII, 1) welches „von Ahura abstammend" bedeuten muss. Obwol nun ohne Frage diese mehr menschähnliche Auffassung des Ahura-Mazda in den Hintergrund tritt und die oben genannten Wesen zunächst darum seine Söhne und Töchter genannt werden weil sie eben seine Geschöpfe sind, so scheint es mir eben doch nicht zweifelhaft sein zu können dass wir hier die Reste einer alten mythologischen Ansicht vor uns haben.

Ahura-Mazda ist in der mazdayaçnischen Religion nicht blos der oberste Herr, sondern auch namentlich der Schöpfer des Alls und in dieser Eigenschaft wesentlich bezeugt. Auch nach den Keilinschriften ist er der oberste der Götter (mathista hagânâm) der Himmel und Erde geschaffen hat, ebenso im Avesta (cf. Yç. XXXVII, 1. 2. 3). Im Avesta heisst er häufig dâta gaethananm açtvaitinanm, d. i. Schöpfer der bekörperten Welten (Vd. II, 1. Yç. XIX, 1. Yt. 1, 1 u. s. w.) auch dâtâ vaghvanm, Geber der Güter (Vd. XXII, 2) oder dâtâ, Schöpfer, schlechthin. Ein gewöhnliches Beiwort des Ahura ist auch dadhwâo, d. i. der welcher geschaffen hat (Yç. VI, 1; XVII, 19. Vd. VII, 135). Nicht selten wird diese Bezeichnung noch durch die Beiworte: „der glänzende, majestätische" gestützt (Yç. XXII, 1; XXVII, 3 etc.). Einmal (Yç. LXIX, 3) heisst er der Erfreuer und Bildner alles Guten, dann auch der Heiligste und Weiseste (Vd. XVIII, 19), der Allwissende (Vd. XIX, 85). Ungemein häufig erhält Ahura-Mazda das blose Beiwort ashava, rein (z. B. Yç. XI, 16; XIX, 1. Vd. VI, 84; VIII, 271 etc.), was er nicht blos mit Zarathustra sondern auch mit verschiedenen Creaturen theilt. Eine grosse Menge von Beiwörtern bringt vor Allem der dem Ahura-Mazda gewidmete Yast, allein sie sind so allgemein gehalten, dass man sich zu der Annahme gedrungen fühlt, sie seien mehr aus dem Nachdenken der Dogmatiker als aus irgend einer frischen Volksanschauung entsprungen. Diese wichtige That der Schöpfung sichert nun dem Ahura-Mazda im Parsismus seine einzige Stellung und macht ihn zum alleinigen Gebieter Himmels und der Erden. Nicht blos die irdische Schöpfung ist sein Werk, auch der Himmel und die im Himmel lebenden Wesen, die Amesha-çpenta mit eingeschlossen, denn diese werden bestimmt (cf. Yt. 1, 37) seine Geschöpfe genannt. Aber nicht blos geschaffen hat Ahura-Mazda das Weltall, er erhält und regiert dasselbe auch fortwährend, wenn er auch in seinem Wirken gegen das der von ihm beauftragten Genien zurücktritt. Darum wird er auch als Herr alles Geschaffenen (cf. Vsp. II, 5. 18. Yç. II, 10) sowie als oberster König (Yç. XIV, 1; XXVII, 1) gepriesen. Am meisten nimmt er sich um die Menschen an, welche, als wichtigster Theil der Schöpfung, unter seine besondere Obhut gestellt sind (vgl. Patet Aderbât § 10. Patet Erâni § 3), ausserdem ist er der Heerführer der ganzen himmlischen Schöpfung (Vsp. II, 5). Wo es den Genien an Kraft gebricht, da giebt er dieselbe durch seine Allmacht (Yt. 8, 25). In welcher Reihenfolge Ahura-Mazda die Welt geschaffen habe wird zwar meines Wissens in den Texten des Avesta nirgends bestimmt gelehrt, wir dürfen aber wol unbedenklich die Lehren der spätern Parsenbücher hierüber auch als die Ansicht des Avesta ansehen. Nach dem ersten Capitel des Bundehesh schuf Ahura-Mazda zuerst den Himmel, dann den Vohu-mano sammt dem weltlichen Lichte und dem mazdayaçnischen Gesetze, dann die übrigen Amesha-çpentas der Reihe nach. Von der materiellen Welt erschuf Ahura-Mazda zuerst den Himmel, dann das Wasser, dann die Erde, die Bäume, das Vieh und zuletzt den Menschen. Die Richtigkeit dieser Anordnung wird durch Stellen wie Yç. XIX, 3. 5 bezeugt. — Als Wohnung dient dem Ahura-Mazda das Garo-nemâna, der oberste Himmel. Dies wird in einer Stelle (Vd. XIX, 107) ausdrücklich gesagt. Ahura-Mazda wird sowol als amesha-çpenta (Yt. 1, 36) als auch als Yazata bezeichnet (Yt. 17, 16).

Als die vollkommensten Wesen der gesammten Schöpfung Ahura-Mazdas erscheinen die Amesha-çpentas. Auch der Name dieser Gottheiten ist wieder durchsichtig und klar. Die Parsen übersetzen den Namen mit „unsterbliche Heilige" und die Philologie muss diese Tradition bestätigen. Amesha, der Gegensatz von mesha, sterblich (cf. Vd. V, 173), kommt noch oft genug als Adjectivum in der Bedeutung unsterblich vor (z. B. Yç. IX, 4. Yt. 10, 13), über çpenta ist schon oben gesprochen worden. Ehe wir aber von den einzelnen Amesha-çpentas reden, müssen wir Einiges über diese Classe von Wesen im Allgemeinen sagen. Wie bereits erwähnt wurde sind sie Geschöpfe des Ahura-Mazda und darum von diesem durch eine weite Kluft getrennt. Gleichwol bewohnen sie wie dieser den Himmel Garo-nemâna (Vd. XIX, 107. 121) und Ahura-Mazda wird öfter zu ihnen gerechnet (Yt. 1, 36; 2, 1. 6) und mischt sich mit ihren Körpern (Yt. 13, 81). Eine zweite Frage ist nach dem Alter dieser Classe von Genien. Sie sind wohl so alt als das zarathustrische System überhaupt, doch ist im zweiten Theile des Yaçna nur selten von ihnen die Rede, doch erscheinen sie Yç. XXXIX, 8 und zwar mit den gewöhnlichen Beiwörtern yavaeju, yavaeçu, d. i. immer lebend, immer nützend. Sonst führen sie auch die Beinamen hukhshathra hudhâoğho, d. i. die guten Könige, die wohlweisen, oder sie heissen die Amesha-çpentas über die aus sieben Kareshvares bestehende Erde, d. i. welche die Aufsicht über diese Erde führen (cf. Vd. XIX, 43. Yç. LVI, 10. 2). Ihre gewöhnliche Stellung ist unmittelbar nach Ahura-Mazda in den Anrufungen, wie sie denn auch demselben bei seinen Schöpfungen helfend gedacht werden (Vd. XIX, 34). Aus besondern Gründen werden sie zuweilen auch mit Çraosha, dann mit Rashnu und Mithra zusammen angerufen (cf. Yç. IV, 4. Vsp. XII, 18). An einigen Stellen (Yt. 10, 51; 13, 92) heissen sie hvare-hazaosha d. i. mit der Sonne gleichen Willen habend. In weiterer Beziehung können sie mit unter die Yazatas befasst werden. — Die wichtige Frage endlich, ob die Kenntniss der Amesha-çpentas schon bei den Sängern der Gâthâs vorauszusetzen sei, glauben wir unbedingt bejahen zu müssen. Die Namen sämmtlicher Amesha-çpentas kommen dort oft genug vor und wenn sie mehr von ihrer ethischen Seite, ja oft geradezu als Abstracta aufgefasst scheinen, so ist dies nicht auf die Gâthâs beschränkt sondern lässt sich das ganze Avesta hindurch nachweisen. Wir wenden uns nun zu den einzelnen Amesha-çpentas und zählen sie in der Ordnung auf wie sie gewöhnlich und zwar schon in den Texten aufgezählt werden (cf. Yç. I, 5; LVI, 10. 4. Yt. 1, 37; 10, 92).

Oben an steht als erster Genius Vohu-mano, d. i. guter Geist, gute Gesinnung, auch als persönliches Wesen als neutrum gefasst. Ueber ihn, so wie überhaupt über alle Amesha-çpentas ist nur wenig zu sagen da sie, wie schon Dunker richtig bemerkt hat, kaum mehr hervortreten als etwa die christlichen Erzengel. Er gilt in materieller Hinsicht als der Beschützer der lebenden Wesen, mit Ausnahme der Menschen, deren Schutz Ahura-Mazda selbst übernommen hat. Ob freilich diese letztere Ansicht eine sehr alte ist oder ob sie allgemein angenommen war, mag fraglich erscheinen, da die Huzvâresch-Uebersetzung zu Vd. XIX, 69 flg. uns lehrt vohu-mano geradezu mit „Mensch" zu übersetzen und diese Bedeutung dort allein passt. Hiernach könnte man vermuthen, dass Vohu-mano nach der Ansicht des Verfassers jenes Bruchstückes auch den Menschen unter seiner Obhut hatte und darum sein Name, nach einer im Avesta nicht ungewöhnlichen Sitte, geradezu für den seinem Schutze anvertrauten Gegenstand gesetzt werden konnte. Nach der Mittheilung späterer Bücher (cf. zu Yç. I, 5) hat er in ethischer Beziehung dafür zu sorgen dass Friede und Freundschaft unter den Menschen erhalten bleiben. Diese Angabe bestätigt gewissermassen Yt. 2, 1, wo wir Vohumano und den Frieden zusammengestellt finden. Es bestätigt sie ferner Plutarch der als ersten von Ahura-Mazda geschaffenen Genius den $\vartheta\varepsilon\grave{o}\nu$ $\varepsilon\upsilon\nu o\iota\alpha\varsigma$ nennt. Wenn in der eben genannten Stelle der Yasts auch der himmlische Verstand und der mit Ohren gehörte Verstand (cf. die Bem. zu Yç. XXII, 29) mit Vohu-mano vereint genannt werden, so ist zu bedenken, dass nach dem ersten Capitel des

Bundehesh das mazdayaçnische Gesetz mit Vohu-mano zusammen geschaffen wurde.

Nur wenige Züge sind im Avesta vorhanden, die uns das persönliche Verhalten dieses Genius schildern. Aus Vd. XIX, 102 flg. sehen wir, dass er als Vorsitzender der Amesha-çpentas im Himmel gedacht wird, auf einem goldenen Throne sitzend von dem er sich erhebt um die frommen Seelen zu bewillkommnen wenn sie in den Himmel eintreten. Vom Wohnen bei Vohu-mano ist öfter die Rede, daher die Redensart yôi vaĝhéus â mauaĝho skyêintî, welche bei Vohu-mano wohnen (Yç. XXXIX, 9, danach citirt Yç. IV, 9. Vsp. X, 22). Im Yç. XXXII, 15 ist von einer Wohnung des Vohu-mano die Rede und zwar scheint diese Wohnung die Erde zu sein. Yç. X, 32 ist von der Weisheit des Vohu-mano die Rede. An manchen Stellen ist Vohu-mano in wörtlicher Bedeutung als „gute Gesinnung" zu fassen, so gewiss Yç. LXVII, 6, noch häufiger sind die Stellen, namentlich in den Gâthâs, wo man über die wirkliche Bedeutung schwanken kann.

Der Name des zweiten Amesha çpenta ist Asha-vahista, woraus das neuere Ardibihist entstanden ist. Asha-vahista heisst eigentlich die beste Reinheit und in dieser Bedeutung kommen auch die beiden Wörter noch vor (z. B. Vd. XVIII, 37). Der Name ist nicht einmal diesem Genius ausschliesslich eigen, er kommt Yt. 1, 6 auch als Beiwort des Ahura-Mazda vor, gelegentlich bezeichnet Asha-vahista auch das Gebet Ashem-vohû. Bezeichnend für die wenig persönliche Stellung des Genius ist nun, dass sein Name nicht einmal Masculinum ist sondern Neutrum (cf. Yt. 1, 37). Sein hauptsächlichstes Geschäft ist die Aufsicht über das Feuer, in ethischer Beziehung gilt er wenigstens bei Spätern als der Genius der Fröhlichkeit. Plutarch bezeichnet ihn als θεὸν ἀληθείας, was in dem Worte Asha liegen kann, obwol ich keine positiven Zeugnisse dafür beizubringen vermag. Für das Vorkommen dieses Genius als eines persönlichen Wesens sprechen die Gâthâs namentlich Yç. XXIX. Er wird im Avesta nicht selten „der schönste Amesha-çpenta" genannt, vielleicht mit Bezug auf Yç. XXXVII, 9. 10. Ausser in Anrufungen wie Yç. I, 5; LVI, 10. 4 ist indess weder im Vendidâd noch im Yaçna besonders von ihm die Rede und wir sind daher für die Kenntniss seiner Persönlichkeit ganz auf den dritten Yast angewiesen, der ihm gewidmet ist. Dort gilt er als der vorzüglichste Gegner der von Aĝra-mainyus geschaffenen Daevas und sonstigen Uebel wie

Krankheiten, Nordwind u. dgl. Diese vernichtet er, während Aṅgromainyus zusieht ohne helfen zu können. In der späteren Periode des Parsismus ist er nicht blos der schönste sondern geradezu der höchste der Amesha-çpentas, da ohne seinen Willen Niemand in das Paradies kommen kann. Nach einer anderswo von mir mitgetheilten Erzählung hat nämlich dieser Genius zur Zeit als die materielle Welt geschaffen wurde Einsprache dagegen erhoben, dass das Feuer in diese Welt herabgesandt werde, weil es so schwer sei dasselbe dort rein zu erhalten. Zur Beseitigung seines Widerspruchs wurde ihm der Auftrag gegeben genaue Aufsicht über die Menschen zu führen und Niemand in den Himmel zuzulassen, welcher das Feuer beleidigt habe. Auf seine Anklage hin sind dann selbst hochverdiente Personen in die Hölle gekommen wie wir dies unten bei der Geschichte des Kereçàçpa näher sehen werden.

Der dritte Amesha-çpenta heisst Khshathra-vairya, woraus die Neuern Schahrévar gemacht haben. Auch der Name dieses Ameshaçpentas erscheint als neutrum, nebenbei heisst aber Khshathra-vairya geradezu auch Metall (Vd. IX, 21; XVII, 17; vielleicht auch XX, 12). Burnouf (Commentaire sur le Yaçna I, 152) lässt uns die Wahl zwischen den Uebersetzungen „le roi désirable", „l'excellent roi" und „le roi qui doit être vénéré". Diese Uebersetzungen bedürfen einer Berichtigung in Bezug auf den ersten Theil des Compositums, denn Khshathra bedeutet, wie man jetzt als erwiesen ansehen darf, nicht König sondern Herrschaft, Reich. Man wird also wol übersetzen müssen: „der welcher für das Reich wünschenswerth ist". Es liegt daher nicht so weit ab wenn ihn Plutarch den θεὸν εὐνομίας nennt. Ueber die Persönlichkeit dieses Genius wird uns sonst nichts weiter berichtet, sie scheint nicht besonders ausgebildet worden zu sein. Er ist der Herr der Metalle und nach spätern Berichten noch der Genius der Mildthätigkeit, der die Armen zu versorgen hat. Darum wird er auch Vsp. XXIII, 1 mit den Metallen zusammen genannt und Yt. 2, 2. 7 mit der Mildthätigkeit welche die Armen ernährt. Ausserdem findet er seine Stelle in den Aufzählungen der Ameshas-çpentas überhaupt.

Der vierte Amesha-çpenta, die Çpenta-àrmaiti, ist in sofern näher bestimmt als sie im Gegensatz zu den übrigen Amesha-çpentas bestimmt als weiblich gedacht wird. Vd. XIX, 45 heisst sie die schöne Tochter Ahura-Mazdas, Yt. 17, 2 die Tochter Ahura-Mazdas, die Schwester der Amesha-çpentas, Yt. 17, 16 die Mutter der Ashis-vaġuhi. Ihr Name ist ein weibliches Substantiv: das Beiwort çpenta, heilig, kennen wir schon, ârmaiti wird gewöhnlich mit „vollkommene Weisheit" übersetzt. In materieller Beziehung ist sie die Mutter Erde „die uns trägt" (Yç. XXXVIII, 2), weswegen sie auch harethri, d. i. Trägerin oder Mutter genannt wird. Auch in den Gâthâs ist sie schon eine wirkliche Person, denn Yç. XLIV, 4 heisst sie eine Tochter des Ahura und Yç. XLVI, 2 wird von den Händen der Ârmaiti gesprochen. In ethischer Beziehung ist sie der Genius der Weisheit[1]) und Plutarch hat darum ganz recht sie als $\vartheta εὸν\ σοφίας$ zu bezeichnen. Aber auch über sie sind weiter gehende Nachrichten aus dem Avesta nicht zu erhalten. Als Mutter Erde gedacht erscheint sie Vd. II, 32 flg. wo sie Yima mit dem Pfluge durchbohrt und auseinander gehen lässt, ebenso auch Vd. XVIII, 108, dagegen steht sie Yç. XIII, 6. Vsp. II, 10 und Yt. 1, 40 bestimmt als Göttin des Weisheit. Im Yt. 2, 3. Siroza I, 5; II, 5 erscheint sie in Verbindung mit der Freigebigkeit oder Geschicklichkeit (beide Bedeutungen lassen sich dem Texteswort unterlegen). In spätern Büchern erscheint Çpenta-ârmaiti als die Verleiherin der guten Lebensart, der Redefertigkeit u. s. w., alles Dinge die von selbst aus ihren oben angegebenen Eigenschaften entspringen. Auch kann es nicht auffallen, wenn der Name Çpenta-ârmaiti oder auch ârmaiti allein geradezu in der Bedeutung Erde (cf. Vd. III, 119; XVIII, 127) oder Weisheit (Vsp. II, 10) gebraucht wird. Auch der Pluralis ârmatayô findet sich Yç. XXXVIII, 4.

Noch bleiben uns zwei Amesha-çpentas zu betrachten übrig die gewöhnlich zusammen genannt werden und die wir darum auch zusammen betrachten wollen. Sie heissen Haurvatâṭ und Ameretâṭ und ihre Namen sind wieder Abstracta und etwa mit Allheit und Unsterblichkeit zu übersetzen. Das erstere Wort habe ich öfter mit „Fülle" übertragen. Die beiden Namen finden sich auch öfter als Abstracta cf. Yç. III, 2 und die Anm. Yç. XXXI, 6; XXXII, 5 u. s. w. Nach den Parsen ist Haurvatâṭ der Herr der Gewässer, Ameretâṭ aber der Herr der Pflanzen, Plutarch nennt den ersten $\vartheta εὸν\ πλούτου$, den zweiten aber $ἐπὶ\ καλοῖς\ ἡδέων$. Ich glaube dass man sie füglich als

---

[1]) Da man den Namen buñda-minesne, d. i. vollkommene Weisheit nach Anquetils Vorgange längere Zeit bende-minesne, Knechtsgesinnung las, so wollte man der Çpenta-ârmaiti die Eigenschaft der Demuth zutheilen, wofür sich in den Schriften der Parsen keine Bestätigung findet.

die Genien der sinnlichen Genüsse, des Essens und Trinkens bezeichnen kann, wie sie auch nach Yt. 19, 96 Hunger und Durst besiegen. Allein ausser allgemeinen Anrufungen findet man Weniges was uns genauer über das Wesen dieser Genien Aufschluss geben könnte. In Yt. 2, 3. Siroza 1, 6. 7 wird Haurvatåṭ mit dem guten Wohnen, Ameretåṭ mit den Futterkräutern in Verbindung gesetzt und dies erklärt sich auch genügend aus ihren Eigenschaften. Wasser ist überall ein Hauptbedingniss einer guten Wohnung und in den wasserarmen Eràn noch willkommner als anderswo, der Genius der Pflanzen aber musste für ein Ackerbau und Viehzucht treibendes Volk besonders durch seinen Schutz der Saaten und Weiden einen Werth haben.

Hiermit hätten wir die Amesha-çpentas alle betrachtet, soviel derselben gewöhnlich genannt werden. Es sind deren sechs oder sieben, je nachdem man Ahura-Mazda dazu zählt oder davon abtrennt. Es muss indess bemerkt werden, dass in späteren Stücken auch von drei und dreissig Amesha-çpentas die Rede ist, es mag sein dass sich diese späte Erwähnung vielleicht auf einen alten Text stützt der uns verloren gegangen ist. Ich denke dass der Name amesha-çpeñta vielleicht auch in weiterer Beziehung gebraucht worden sei für die Genien des Himmels überhaupt die natürlich alle als unsterblich gedacht worden sind.

Neben den sieben Amesha-çpentas nennt das Avesta noch eine beträchtliche Anzahl anderer Genien unter dem Namen Yazatas. Dieses Wort heisst eigentlich „verehrungswürdig, opferwürdig" und muss auch öfters im Avesta noch in seiner ursprünglichen Bedeutung genommen werden. Der Ausdruck bagha, Gott, dürfte damit ziemlich identisch sein. Eine sehr bestimmte Abgränzung zwischen Amesha-çpentas und Yazatas scheint es nicht zu geben, wie denn auch Ahura-Mazda selbst an einzelnen Stellen als Yazata genannt wird. Ehe wir nun zur Aufzählung der einzelnen Yazatas fortgehen fragt es sich in welcher Ordnung wir sie aufzählen sollen. Im Avesta (cf. Vsp. II, 4—7) wird ein Unterschied gemacht zwischen himmli-

---

1) P. Bötticher (Zeitschr. DMG. IV, 368) hat es versucht den Haurvatåṭ und Ameretåṭ mit den beiden im Qorån genannten Engeln Hårût und Mårût zusammen zu stellen. Es lässt sich nicht leugnen dass der Anklang sehr verführerisch ist, auch ich möchte eine frühere Verwandtschaft nicht in Abrede stellen. Nur scheint mir dass sowol die im Qorån erwähnte Sage als auch der eränische Haurvatåṭ und Ameretåṭ auf eine frühere gemeinschaftliche Quelle zurückgeführt werden müssen, denn in ihrer gegenwärtigen Gestalt sind Haurvatåṭ und Ameretåṭ viel zu farblos um einer Sage als Grundlage zu dienen.

schen und irdischen Yazatas, als Herr und Meister der erstern wird Ahura-Mazda, als der der letztern wird aber Zarathustra genannt. Leider können wir diese Anordnung nicht zu Grunde legen, denn es ist mir keineswegs hinlänglich klar, welches der Gegensatz zwischen himmlisch und irdisch in dieser Hinsicht ist. Fassen wir das Beiwort „himmlisch" als gleichbedeutend mit „unsichtbar", wie ja die Parsen immer die Unsichtbarkeit als das hauptsächlichste Attribut eines himmlischen Wesens angeben, so würden unter der Obhut des Ahura-Mazda alle die Wesen stehen welche unsichtbar wirken, sei es im Himmel oder auf Erden. Dann würden unter Zarathustra die sichtbaren Mächte zu stehen kommen, etwa wie das Feuer, das Wasser, dann die Gestalten der Vorzeit wie Gayô-maratan, Thraetaona u. s. w. Dies scheint mir jedoch wenig wahrscheinlich und namentlich hinsichtlich der letztgenannten Wesen etwas bedenklich sie als Yazatas gelten zu lassen. Wir könnten dann die Ausdrücke auch so fassen, als seien unter himmlischen Genien alle die verstanden welche im Himmel, unter irdischen aber solche die auf Erden wirken. Dies ist etwas wahrscheinlicher, aber unsere Hülfsmittel reichen auch dann nicht hin um diese Eintheilung zu Grunde zu legen, denn die Mittheilungen des Avesta, auch über die einzelnen Yazatas, sind in der Regel sehr mager und es ist nicht immer zu sagen ob sie auf Erden oder im Himmel wirken. Wir müssen uns also nach einer andern Eintheilung umsehen. Plutarch, nachdem er von dem Amesha-çpentas gesprochen hat, versichert, dass die Parsen ausser diesen noch vier und zwanzig andere Genien verehren[1]). Wir erhalten so ziemlich dieselbe Anzahl wenn wir die Genien betrachten, welche den einzelnen Tagen des Monats vorstehen. In dieser Ordnung also wollen wir die Yazatas aufzählen, die Eintheilung ist übrigens keine ganz neue, wir finden sie schon im Yç. XVII so wie im Sirnza.

Nach dem Amesha-çpentas wird im Kalender der Parsen zunächst das Feuer (âtars) als der Schutzgeist eines Monatstages gedacht. Das altbaktrische âtars finden wir im Neupersischen in zwei Formen آذر und آتش wieder. Von der hohen Bedeutung dieses Genius legt das ganze Avesta Zeugniss ab. Dass derselbe gewöhnlich als Sohn des Ahura-Mazda bezeichnet wird ist schon gesagt, auch wird er in der Liturgie meist als persönlich angeredet, wahrscheinlich weil der fungirende Priester das Feuer vor sich hat.

---

1) Nach Yt. 6, 1 müssen wir freilich die Yazatas nach Hunderten und Tausenden zählen.

(Cf. Yç. I, 38; III, 8; VI, 39; LXI, 1 flg.; LXIV, 52 u. s. w.). Zuweilen steht auch blos âtars ahurahê mazdào, Feuer des Ahura-Mazda ohne Beifügung des Wortes Sohn (cf. Yç. XXXVI, 4. 7. Vd. VIII, 249). Es heisst gewöhnlich aokhto-nâmau, d. i. mit genannten Namen versehen und verehrungswürdig (yazata). Man findet es öfter persönlich dargestellt z. B. Vd. XVIII, 56 flg. Yç. LXI, 18 flg., wo dasselbe als freundlich und Segenswünsche sprechend gedacht wird. Ausserdem ist das Feuer auch angreifend und schädlich gegen die bösen Wesen die es zu Tausenden tödtet (Vd. VIII, 250), schon bei dem Eindringen des Agrô-mainyus in die Erde tritt es demselben hindernd entgegen (Yt. 13, 77). Man soll dasselbe immer mit recht ausgesuchten Holze pflegen, aber Yt. 14, 55 wird darüber geklagt dass dies jetzt nicht immer geschehe.

Die Eränier verehrten aber das Feuer nicht blos in dieser allgemeinen Form, sondern auch in den verschiedenen Feuern in denen es zur Erscheinung kommt (cf. Yç. I, 38 u. sonst). Das Feuer wird in fünf verschiedene Gattungen eingetheilt, welche öfter (Yç. XVII, 62—69. Bundehesh c. XVII) aufgezählt werden, über die Erklärung im Einzelnen scheinen die Parsen selbst nicht ganz im Reinen gewesen zu sein. Das Feuer Berezi-çavo soll dasjenige sein welches vor Ahura-Mazda befindlich gedacht wird, das Feuer Vohu-fryanna wohnt in den Körpern der Menschen und Thiere, das Feuer Urvâzista in den Bäumen. Das Feuer Vâzista ist das Blitzesfeuer, welches den Daeva Çpeñjaghra schlägt (Vd. XIX, 135), dessen Geschrei wir im Donner hören (Bundehesh c. VII. cf. meine Einleitung in die traditionellen Schriften Bd. II, p. 104). Das Feuer Çpénista ist das was man in der Welt anwendet, dieses heisst auch der Hausherr (Yç. XVII, 69), da es in jedem Hause vorhanden ist. Nach andern Stellen scheint indess das zuletzt genannte Feuer das heiligste zu sein. — Von weit grösserer Bedeutung aber als diese Eintheilung scheint mir die Verehrung anderer Feuer zu sein, die auf Bergen wohnen. Wir finden sie aufgezählt im Siroza (I, 9; II, 9) und im Bundehesh (c. XVII). Das erste ist Âdar-Frobâ und wohnt nach dem Bundehesh auf dem majestätischen (גרמיאומנד) Berge, der in Chorasmien liegen soll. Unter der Regierung des Königs Vistâçpa änderte jedoch dieses Feuer seinen Standpunkt und wurde auf den Berg Rosan in Kabulistân versetzt. Nach den Glossen zum Siroza heisst der Berg auf welchem dieses Feuer sich befindet Kânkara. Das Feuer Frobâ oder Farpâ wird mit den Priestern in Verbindung gesetzt. Das zweite

Feuer ist das berühmte Âdar-Gasacp, das auch im Schâhnâme öfter genannt wird (z. B. p. 153, 9; 186, 7 v. u.; 255, 13. ed. Macan u. s. w.). Es ist das Feuer der Krieger und wohnt auf dem Berge Acnavañta in Atropatene. Es folgte immerwährend dem Könige Hucrava oder Haocrava (Kai-khosru) und erst nachdem dieser seinen Feind Fragracè (Âfrâsiâb) vollständig überwältigt hatte liess es sich auf den genannten Berge nieder. Das dritte Feuer, Burzìn-mihr genannt, setzte sich, nachdem es vorher durch die ganze Welt geirrt war, unter Vistâçpas Regierung auf dem Berge Raevañta in Chorâsân nieder. Es ist das Feuer der Ackerbauer und sämmtliche drei Stände der Erâuier sind also mit diesen Feuern in Verbindung gesetzt. Aus dem Umstande, dass nicht noch von einem vierten Feuer die Rede ist, welches dem Stande der Handwerker entsprechen würde, dürfen wir wol schliessen, dass diese Gleichsetzung eine ziemlich alte ist.

Betrachten wir nun die Standorte dieser drei Feuer, so finden wir, dass das letzte derselben unter Vistâçpas Regierung sich überhaupt erst einen festen Wohnsitz wählt, dass die beiden übrigen Feuer ursprünglich in Westêrân ihren Wohnsitz hatten, dass aber das erste Feuer unter Vistâçpas Regierung nach Ostêrân übersiedelte. Der Grund dieser Uebersiedlung scheint mir ziemlich klar zu sein, Zarathustra hatte sich aus Westêrân nach dem Hofe des Königs Vistâspa begeben, dort lehrte und verbreitete er sein Gesetz, nichts war natürlicher als dass das Feuer welches der Freund und Beschützer seiner Priester war, wie der Prophet selbst, seinen Wohnort wechselte. Immer ist aber im Auge zu behalten dass es ursprünglich im Westen zu Hause war. Wenn das Feuer welches die Ackerbauer beschützt erst unter Vistâçpa einen dauernden Wohnort erhält, so soll dies wol nichts Anderes besagen, als dass früher, vor dem Erscheinen Zarathustras, der Ackerbau und die Cultur in Erâu nicht recht gedeihen konnten und erst nachdem Vistâçpa das Gesetz angenommen hatte eine bleibende Stätte finden. Es muss uns ferner auffallen, dass alle diese drei Feuer gerade auf Höhen ihren Sitz haben. Am nächsten liegt wol der Gedanke, dass ursprünglich feuerspeiende Berge gemeint seien, indessen scheint die sonstige Anschauung der Parsen nicht hierfür zu sprechen, denn der Berg, welcher wol in Erân am meisten Anspruch darauf hat, für einen fenerspeienden zu gelten: der Demâvend, gilt vielmehr für die Wohnung des bösen Dahâka. Auch ist daran zu erinnern dass die Parsen das Thor der Hölle auf den Gipfel eines Berges verlegen (Vd. XIX, 140) sie scheinen also vulkanische Erscheinungen, soviel sie ihnen bekannt wurden, von ihrer verderblichen Seite aufgefasst und den bösen Geistern zugeschrieben zu haben. Mir ist darum wahrscheinlicher, dass diese Feuer nur deshalb auf Berge gesetzt wurden, weil der Cultus in frühern Zeiten überhaupt auf den Höhen stattfand, wie uns Strabo ausdrücklich sagt.

Wie dem auch sei, soviel scheint mir gewiss, dass wir in diesen Feuern Localculte aus älterer Zeit vor uns haben und zwar solche die aus Westêrân stammen. Dass die Verehrung dieser Feuer wirklich im Volke begründet war das beweist wol am besten das Vorkommen derselben bei Firdosi, der sowol das Âdar Gasaçp als Âdar Burzîn-Mihr kennt. Von einem alten und berühmten Feuertempel in der Stadt Ganzaka in Atropatane wissen die Byzantiner zu erzählen, welche den Feldzug des Kaisers Heraclius beschreiben[1]), ähnliche Berichte von einem Feuertempel zu Shiz in Âdarbaijân geben auch Firdosi und andere Muhammedaner. Der arabische Geschichtschreiber Tabari behauptet geradezu dass der Feuercultus in Atropatene seinen Ursprung habe und dies scheint mir auch sehr wahrscheinlich. Es werden Erscheinungen wie die Feuer von Baku gewesen sein, welche anscheinend ohne alle Nahrung brennen (weshalb sie den Parsen himmlische Nahrung zu nehmen schienen) und wegen ihrer Reinheit mit dem Himmel in naher Beziehung stehen mussten. — Noch fragt es sich, wie wir uns das Verhältniss denken sollen in welchem das Feuer zu dem Genius Asha-vahista steht. Wie mir scheint ist âtars das irdische Feuer in seinen verschiedenen Erscheinungen, Asha-vahista aber der Genius des Feuers überhaupt, sowol in der sichtbaren als unsichtbaren Welt.

Der zehnte Tag des parsischen Kalenders ist dem Wasser (âpo) geheiligt. Auch hier müssen wir wieder verschiedene Unterabtheilungen scheiden. Es wird zunächst das Wasser im Allgemeinen angerufen und meist als âpô vaġuhîs, die guten Gewässer, benannt (Yç. I, 39. Vd. XVIII, 24; XIX, 5 etc.), auch die guten von Mazda geschaffenen Gewässer (Yç. III, 14; VII, 4 etc.) oder die guten, von Mazda geschaffenen reinen Gewässer (Yç. XVII, 21) oder die guten von Mazda geschaffenen Gewässer, die besten (Yç. II, 49; VI, 40),

---

1) Cf. Rawlinson on the site of the Atropatenian Ecbatana im Journal of the R. Geographical society T. X, 65 flg. und Ritter Asien VI. 2. p. 1044 flg.

auch ist öfter von allen Wassern die Rede (Yç. I, 39). Wie das Feuer so wird auch das Wasser in seiner Gesammtheit angerufen und zum Opfer eingeladen (cf. Vd. XIX, 116. Yç. LXIV, 41 flg.). Die verschiedenen Arten des Wassers finden sich öfter aufgezählt (cf. Yç. LXVII, 15. Yt. 8, 41) und man sieht daraus dass es die gewöhnlichen Wasser sind. Eine etwas abweichende Eintheilung derselben steht Yç. XXXVIII, 7 flg. (cf. die Note zu d. St.). Die Stellung des sichtbaren Wassers zu dem Amesha-çpenta des Wassers, dem Haurvatât, wird so ziemlich dieselbe sein wie die des Feuers zum Asha-vahista, dass nämlich Haurvatât als der oberste Beaufsichtiger des Wassers überhaupt, sowol im Himmel wie auf Erden gedacht werden muss.

Neben diesen mehr abstract gedachten Gottheiten des Wassers stehen nun aber auch mehrere andere, mehr greifbare Persönlichkeiten. Hier ist zuerst zu nennen die Ardvî-çûra Anâhita. Im Vendidâd kenne ich nur eine einzige Stelle wo sie genannt würde, nämlich Vd. VII, 37 flg. und diese scheint mir aus Yt. 5, 2 interpolirt zu sein. Im Yaçna hat dieser Genius auffallender Weise in den ersten Capiteln, wo doch so viele Genien angerufen werden, keine Stelle, eine kurze Erwähnung desselben steht Yç. LXIV, 1 flg., aber diese Stelle ist wieder mit Yt. 5, 1 flg. identisch und mag von da herüber genommen sein. So bleiben denn im eigentlichen Avesta nur einige Stellen des Vispered übrig (Vsp. I, 18; II, 20) wo er angerufen wird, dagegen ist ihm im Khorda-Avesta der ganze fünfte Yast gewidmet und die Aufschlüsse die er uns giebt sind höchst merkwürdig. Das Wichtigste hat bereits Windischmann zusammengefasst[1]). Was zuerst den Namen betrifft, so lässt sich derselbe auf verschiedene Weise erklären (vgl. meine Note zu Vsp. I, 20). Ardvi könnte das Femininum eines Adjectivums ardva sein, einer alten Form für das spätere eredhwa, hoch. Windischmann dagegen denkt an griech. ἄρδω, aufwallen. Ueber die Wörter çûra und anâhita ist kein Zweifel, das erste heisst stark, das zweite schmutzlos. Ardvi çûra anâhita heisst also die hohe, starke, reine oder die aufwallende, starke, reine. Die weite Verbreitung dieser altérânischen Gottheit hat Windischmann gründlich nachgewiesen, sie wurde nicht blos in Erân selbst verehrt, sondern auch in Cappadocien und namentlich in

---

[1]) In seiner trefflichen Abhandlung über die persische Anâhita oder Anaïtis. München 1846. 4to.

Armenien, ja selbst in Baktrien, Damaskus und Sardes. Auch hinsichtlich der Wesensbestimmung dieser Gottheit können wir Windischmann unbedingt folgen. Sie ist eine weibliche Göttin und wir haben unter ihr nicht das irdische Wasser zu verstehen sondern die himmlische, von Ahura-mazda ausströmende alle Fruchtbarkeit der Gewächse, Thiere und Menschen bedingende Urquelle aus der eben das irdische Wasser entspringt. Der ihr gewidmete Yast giebt eine ziemlich vollständige Beschreibung ihrer Persönlichkeit (Yt. 5, 123 flg.). Sie hält einen goldnen Paitidhâna (Schleier), sie hat Bareçma in der Hand, trägt schöne Ohrgehänge, ein goldnes Halsband und ein Diadem. Sie ist in der Mitte des Körpers umgürtet, ihre starken Brüste fallen herab[1]). Ihre Kleidung ist von kostbarsten Biberfellen, dreissig solche Felle sind dazu erforderlich. Darum erscheint sie denn auch in Gestalt eines schönen kräftigen und edlen Mädchens (Yt. 5, 64. 78). Sie fährt auf einem Wagen den sie selbst lenkt, von vier weissen Zugthieren gezogen, alle gleichfarbig und von gleicher Zucht sind (Yt. 5, 11. 13). So angethan erwartet sie die Verehrung der Menschen (Yt. 5, 8. 11. 124). Ein Beweis ihrer grossen Macht ist, dass sie von einer grossen Anzahl von Helden, ja selbst von Zarathustra und Ahura-Mazda angerufen und mit Opfern geehrt wird, sie erfüllt dann auch die Bitten der Würdigen, während sie die Schlechten nicht erhört. Sie reinigt den Samen der Männer und verleiht den Frauen glückliche Geburt (Vd. VII, 37 flg. Yt. 5, 2. 5). Darum flehen sie auch die Schwangeren und Gebärenden um glückliche Geburt an (Yt. 5, 87). Aber auch die Männer können sie anrufen um von ihr kräftige Pferde, starke Genossen zu erhalten (Yt. 5, 130. 131). Dafür will sie aber auch mit Opfern verehrt sein und zwar sollen diese dauern vom Steigen der Sonne bis Tagesanbruch, sie können also zu jeder Tageszeit gefeiert werden. Diese Opfer sollen der Opfernde und die Priester zu Ehren der Göttin verzehren, aber ausgeschlossen sollen sein Unreine, Blinde, Taube, kurz alle mit leiblichen Gebrechen Behaftete, weil man diese

---

1) Mit starken Brüsten erscheint sie auch in den von Loftus in Susa ausgegrabenen kleinen Statuen. Man vergl. auch die Abbildung bei Stickel: de Dianae persicae monumento Graechwyliano. Jenae 1856. Dass das arabische ناهد (femina turgentibus mammis praedita) mit der Anâhita verwandt sei glaube ich auch, wahrscheinlich ist ناهد das Grundwort und daraus erst ein Verbum نهد abgeleitet, wie in vielen anderen Fällen.

für eine Wirkung des Aĝrô-mainyus ansah (Yt. 5, 91 flg.). Bemerkenswerth ist dass auch von Opfern gesprochen wird welche Andersgläubige der Göttin darbringen, obwol die Stelle (Yt. 5, 95) keineswegs in allen ihren Einzelnheiten klar ist, so dürfte doch damit auf die weite Verbreitung des Cultus der Anâhita angespielt sein. Die Verehrung der Anâhita ist uns übrigens nicht blos durch das Avesta sondern auch durch das Bruchstück einer Keilinschrift von Artaxerxes Mnemon verbürgt. Wenn wir aber bei Clemens von Alexandrien die Notiz lesen (cf. Bd. I, p. 270) dass Artaxerxes Mnemon die Bildnisse diese Göttin zuerst eingeführt habe, so stimme ich jetzt Windischmann in der Ansicht bei, dass damit nicht gemeint sei, der Cultus der Anâhita sei erst um jene späte Zeit in Erân bekannt geworden, sondern dass es nur eine ausländische Form des Cultus, der Bilderdienst war, den Artaxerxes Mnemon einführte. Die bildlose Verehrung der Anâhita ist in Erân gewiss uralt.

Nicht so leicht ist es sich von der Bedeutung einer andern érânischen Gottheit genaue Rechenschaft zu geben, welche gleichfalls zum Wasser in Beziehung steht. Es ist die Gottheit welche Apãm napât genannt wird. Man übersetzt diesen Ausdruck gewöhnlich mit Nabel der Gewässer, ich habe früher (in den Nachträgen zum zweiten Bande) gesagt dass ich glaube, derselbe bedeute eigentlich Feuchtigkeit der Gewässer, und ich bin noch jetzt dieser Ansicht. Um das Wesen des Apãm napât zu ergründen müssen wir vor Allem die nicht sehr zahlreichen Stellen betrachten in denen er genannt wird. Aus ihnen erhellt zuerst soviel dass er als männliche Gottheit zu denken ist. Er heisst der grosse Herr, an einigen Stellen heisst er auch khshathryo, was man entweder mit „königlich" oder „mit Frauen versehen" übersetzen kann, für die letztere Fassung entscheidet sich die Tradition (cf. Yç. II, 21; VI, 13 und meine Note zu der erstern Stelle). Aus der Stellung des Gottes in den ersten Capiteln des Yaçna und in Gâh. 3, 2 flg. erhellt, dass er die Schutzgottheit der Abendzeit, des Gâh Uzayêirina ist. Näheres über den Gott erfahren wir auch aus den übrigen Stellen des Yaçna (Yç. LXIV, 53; LXIX, 19) nicht, nur in den Yasts werden einige weitere Züge erzählt. Nach Yt. 5, 72 beten Ashavazdão, der Sohn des Pourudâkhsti, dann Ashavazdão und Thrita, die Söhne Çâyuzhdris, bei dem grossen Nabel der Gewässer, so dass darunter eine bestimmte Stelle verstanden zu sein scheint. Yt. 8, 34 vertheilt Apãm napât die Gewässer über die einzelnen Theile der Welt. Nach Yt. 19, 51 ergreift er bei dem See Vouru-kasha die fliehende Majestät der arischen Könige und beschützt sie in der Tiefe des Sees Vouru-kasha. Nach Yt. 8, 4 heisst Tistrya vom Nabel der Gewässer ber glänzend. Nach allen diesen Stellen zu schliessen, scheint mir Apąm-napąt eine Gottheit zu sein welche im See Vouru-kasha ihren Sitz hat, dem Orte wo sich nach Vd. V, 50 flg. Yt. 5, 4; 8, 20 flg. alle Wasser einigen und wo die Wolken aufsteigen. Dort liegt es ihm ob die Wasser zu vertheilen und in die verschiedenen Gegenden der Welt zu entsenden. Auf seine Stellung die er zum Schutze der arischen Majestät einnimmt, werden wir unten noch einmal zu sprechen kommen wenn wir von dieser selbst sprechen werden.

Nach der von uns beobachteten Reihenfolge ist die Gottheit von der wir zunächst zu sprechen haben die Sonne. Sie führt den Namen hvare oder hvare-khshaeta (woher das neuere خورشید stammt). In Yç. XXXVI, 15. 16 wird sie als berezista berezimnanąm, die höchste der erhöhten, benannt, ebenso auch Vsp. XXII, 6. Ihr gewöhnlichstes Beiwort ist aurvaṭ-açpa, mit ausgezeichneten oder schnellen Pferden begabt (cf. Yç. I, 35; XVII, 22. Vd. XIX, 93. Yt. 6, 1). An einigen Stellen (z. B. Yt. 6, 1) erhält sie das Beiwort amesha, unsterblich, daher das Missverständniss als werde die Sonne zu den Ameshaçpentas gezählt. Es werden häufig Sterne, Mond und Sonne zusammen genannt und immer so dass die Sonne den letzten Platz einnimmt, wie denn auch nach Bundehesh c. 2 die Gestirne in dieser Ordnung geschaffen sind (cf. Yç. II, 45; VI, 36. Vd. II, 132; VII, 134). Der Sonne ist ein eigener kurzer Yast gewidmet aus dem hervorgeht, dass die Helle welche die Sonne verbreitet den Yazatas hülfreich ist, so dass sie dann ihre Aufgabe am besten erfüllen können, ganz wie umgekehrt die Finsterniss für das Element gilt welches den Daevas günstig ist. Dazu haben die Gestirne und namentlich die Sonne eine reinigende Kraft (Yt. 6, 2) und dieser reinigenden Kraft ist es zuzuschreiben wenn im Vendidâd geboten wird die Leichname der Sonne auszusetzen. Weitere mythologische Züge von der Sonne giebt uns das Avesta leider nicht an, doch zeigt das Beiwort „mit schnellen Pferden begabt" dass solche vorhanden gewesen sein müssen und dass man sich wahrscheinlich die Sonne auf einem Wagen fahrend gedacht hat, wie denn die Alten häufig darauf anspielen (Xenoph. Cyrop. VIII, 3. 6. Curtius III, 3. 8). Nach Bundehesh c. XV (p. 33, 5 flg.) wird der Same des Gayomaratan von der Sonne gereinigt.

Nächst der Sonne kommt zunächt der Mond (mâo) an die Reihe,

der im Avsста sowol als Vollmond wie als Neumond angerufen wird, dann aber auch die Zeit welche zwischen ihnen liegt. Das Beiwort welches er gewöhnlich erhält ist gaocithra, d. i. den Stiersamen enthaltend (cf. Yç. I, 35; XVII, 23. Vd. XXI, 31). Den Schlüssel zu dieser Benennung giebt uns der Bundehesh c. 14 (p. 28, 14 flg.), wo gesagt ist, dass nach dem Tode des eingebornen Stiers der Same desselben dem Monde übergeben wurde, der ihn reinigte und die verschiedenen Arten des Viehs davon schuf. Hierzu fügt der kleine Yast den Zug hinzu, dass durch Hülfe des Mondes die grünen Bäume wachsen (Yt. 7, 4). Dies nähert sich etwa der indischen Auffassung, wo der Mond als der Herr der Pflanzen gilt (vgl. Weber Naxatra II, p. 272). Auch hier wird uns sonst kein mythologischer Zug aufbewahrt, von der astrologischen Bedeutung von Sonne und Mond werden wir am besten unten bei den Fravashis sprechen, wo wir die Gestirne überhaupt zu behandeln haben.

Weit frischer und lebendiger als die beiden eben genannten Gottheiten tritt uns die nächste, der Stern Tistrya entgegen. Ehe wir aber von dem Wesen desselben handeln, müssen wir zuerst den Namen desselben betrachten. Der Name Tistrya klingt offenbar am genauesten an das indische tishya, ein Wort das schon im Rig-veda vorkommt und dort zwar von den Scholiasten mit Sonne wiedergegeben wird, möglicher Weise aber auch einen glänzenden Stern bedeuten kann (cf. Weber Naxatra II, 290). Ob sich tishya und tistrya aus der indischen Wurzel tvish ableiten lassen oder ob wir eine eigne jetzt verlorne Wurzel als Grundform ansehen müssen, kümmert uns hier nicht weiter. Wichtiger scheint uns die Frage ob wir Tistrya und den in spätern Schriften vorkommenden Tir ohne Weiteres als gleich ausetzen dürfen. Befragen wir die Schriften der Parsen, so könnte es zunächst scheinen als ob jeder Zweifel an dieser Identität ein ganz müssiger sei, denn es kommen mehrere Stellen vor wo wir das Wort tistrya an der Stelle des Monatsnamens Tir gebraucht finden. Dennoch wird man bei näherer Betrachtung diese Zweifel nur zu gerechtfertigt finden. Zuerst, tir wäre eine sehr starke und ganz ungewöhnliche Verkürzung, denn die neuern eränischen Sprachen pflegen Lautverbindungen wie st nicht so ohne Weiteres auszuwerfen. Es ist ferner unzweifelhaft dass sowol das Huzvâresch als das Pârsi zur Bezeichnung des Tistrya immer die Form tistar gebrauchen, das Wort ist noch im Neupersischen geblieben und wenn die neupersischen Wörterbücher تشتر zu schreiben lehren, so ist dies natürlich Tēster und nicht Tastar zu lesen. Weiter wird im fünften Capitel des Bundehesh Tir geradezu als Gegner des Tistar genannt, kann also nicht mit ihm identisch sein. Die neupersischen Wörterbücher erklären den Tistar richtig für das Gestirn das Regen gibt und nach persischer Ansicht der Sirius ist, Tir dagegen ist ihnen der Mercurius. Durch das Vorkommen von Namensformen wie $T\eta\varrho\iota\delta\acute{\alpha}\tau\eta\varsigma$ (Aelian V. H. XII, 1), $T\eta\varrho\acute{\iota}\beta\alpha\zeta o\varsigma$ (Xen. Anab. IV, 4), Tirihazus (Corn. Nep. Conon. 5), Tiridates (Justin. XLII, 5), wird die Form Tir in eine so hohe Zeit hinauf bezeugt, dass von einer Verstümmelung aus Tistrya kaum mehr die Rede sein kann. Ich möchte daher das neuere Tir lieber mit armenisch tér, Herr, und altb. taera (Name eines Berges) vergleichen, die Frage aber wie man denn dazu komme den Monat Tir in altbaktrischen Texten mit tistrya wiederzugeben erkläre ich mir daraus, dass tir der Name eines bösen Sternes ist und man doch diesen nicht als Schutzgott eines Monates gelten lassen wollte.

Ueber das Wesen dieser Gottheit geben uns unsere Texte genügende Auskunft. Er ist ein Stern und zwar ein glänzender und majestätischer (Yç. I, 35; XVII, 24. Yt. 8, 2). Wie Zarathustra der Aufseher über die Menschen, so ist Tistrya der Aufseher über die Sterne (Yt. 8, 44), er ist so preiswürdig geschaffen wie Ahura-Mazda selbst (Yt. 8, 50). Auch ein späteres Buch, der Minokhired, nennt ihn ausdrücklich als den besten und werthvollsten Stern. Dass es der Sirius sei zeigt uns deutlich Plutarch, der von Ahura-Mazda sagt: $\tilde{\varepsilon}\nu\alpha\ \delta^{\prime}\ \dot{\alpha}\varsigma\acute{\varepsilon}\varrho\alpha\ \pi\varrho\grave{o}\ \pi\acute{\alpha}\nu\tau\omega\nu,\ o\tilde{\iota}o\nu\ \varphi\acute{\upsilon}\lambda\alpha\kappa\alpha\ \kappa\alpha\grave{\iota}\ \pi\varrho o\acute{o}\pi\tau\eta\nu\ \dot{\varepsilon}\gamma\kappa\alpha\tau\acute{\varepsilon}\varsigma\eta\sigma\varepsilon,\ \tau\grave{o}\nu\ \Sigma\varepsilon\acute{\iota}\varrho\iota o\nu$. Ihm bereiten Ahura-Mazda sammt den Ameshaçpentas und Mithra die Wege, hinter ihm folgt Ashis-vaġuhi und Pârendi, d. h. der Segen und die Schätze. Sein hauptsächlichstes Geschäft ist, durch Herbeibringen von Wasser Fruchtbarkeit zu befördern, er scheucht die Widersacher der Gestirne die Wassersamen enthalten hinweg vom See Vouru-kasha, so dass die Wolken hervorziehen können (Yt. 8, 40), nach ihm sehnen sich Thiere und Pflanzen (cf. Yt. 8, 36. 48). Nach Yt. 8, 8 peinigt er die Pairikas die als Sterne erscheinen. Nach Vd. XIX, 126 hat er den Körper eines Stieres mit goldenen Klauen, nach Yt. 8, 13 flg. erscheint er in dreierlei Gestalten mit dem Körper eines fünfzehnjährigen Jünglings, eines Stiers mit goldenen Klauen und eines glänzenden Pferdes. Würde Tistrya von den Menschen mit Opfern geehrt wie es sich geziemt, so würde er keine Hindernisse, keine feindlichen Heerschaaren zu den arischen

Gegenden hinkommen lassen. Da dies aber nicht der Fall ist so kann
er nicht alle vertreiben. Zwei seiner Gegner werden namentlich genannt. Der eine ist der Daeva Apaosho, der Vertrockner, der den
Tistrya vom See Vouru-kasha entfernt zu halten sucht. Wie Tistrya
in Gestalt eines glänzenden Pferdes kommt, so Apaosho in Gestalt
eines schwarzen. Tistrya kämpft mit Apaosho, aber der Kampf ist
heiss und es währt lange bis er seinen Gegner bezwingen kann der
ihn zurücktreibt, oft ist der Sieg ohne übernatürliche Hülfe Ahura-
Mazdas gar nicht möglich. Zuletzt aber gelingt es dem Tistrya immer den Apaosho zu vertreiben (cf. Yt. 8, 13—34) und zu schlagen,
das Geschrei desselben ist es, wie uns der Bundehesh belehrt, was
wir im Donner hören. Der Sinn dieses Mythus ist klar genug, er
soll die häufige und lange Trockenheit erklären an der der grösste
Theil von Erân bekanntlich leidet und die Dürre wird zum Theil als
eine Wirkung der menschlichen Gottlosigkeit dargestellt, denn würde
Tistrya die ihm zukommenden Opfer erhalten so würde der Kampf
kein so schwerer sein. Ein zweiter Dämon mit dem Tistrya zu käm-
fen hat ist die Pairika Duzhyâirya (cf. Yt. 8, 51 flg.). Duzhyâirya
ist Misswachs, eine Folge der langen Trockenheit. Ueber die Wirksamkeit des Tistrya bei der Weltschöpfung belehrt uns das siebente
Capitel des Bundehesh. Als Ağro-mainyus auf die Erde kam und dieselbe mit schädlichen Creaturen anfüllte, da regnete Tistrya zehn Tage
und Nächte so dass diese alle starben. Für diese so wichtige Gottheit ist nun auch ein eigenes Opfer vorgeschrieben: man soll ihm
nicht blos Bareçma streuen sondern auch ein Thier schlachten und
zwar ein lichtes, gutfarbiges. An diesem Opfer soll weder eine Buhlerin noch Ungläubige Theil haben, sonst bringt das Opfer gerade die
entgegengesetzte Wirkung hervor und macht, dass Tistrya seine
Gaben für sich behält (Yt. 8, 57 flg.).

Eine etwas auffallende Gottheit ist Gos oder wie sein vollständiger Name lautet Géus-urva, d. i. Stierseele. Die Erwähnung die-
ser Gottheit ist in den ältern Schriften ziemlich häufig und erweislich
dieselbe, wie sie in den spätern Schriften geschildert wird. Yç.
XXXIX, 1 finden wir géus urvânem tashânemcâ angerufen, d. i.
nach der Tradition: die Seele und den Leib des Stieres. Ebenso steht
Yç. I, 6 géus tashnê, géus nrunê unmittelbar hinter den Amesha-
Çpentas, ganz ebenso Yç. LXIX, 9; XXVI, 13. Vsp. X, 23. In Yç.
XVII, 25 ist Géus-urva als Beschützerin des vierzehnten Monatstags.
Aus dem Bundehesh wird klar, dass Ahura-Mazda am Anfange einen

einzigen Stier geschaffen hatte, welchen Agro-mainyus tödtete. Aus dem Leibe desselben gingen die einzelnen Getreidearten hervor, während die Seele zum Himmel emporstieg und klagte, bis man ihr den Fravasbi des Zarathustra zeigte und das Versprechen gab diesen auf die Welt herab zu senden. Hierauf war sie zufrieden und übernahm es wieder die Schöpfung zu behüten. Der letzte Theil dieser Erzählung findet sich in seinen Grundzügen schon in den Gâthâs (Yç. XXIX) und ist darum als alt beglaubigt. Uebrigens ist Géusurva ein eigener Yast gewidmet, in dem aber von ihr am wenigsten geredet wird und ihre Macht nur daraus erhellt, dass sie von verschiedenen Wesen angerufen wird, denen sie ihre Gunst verleiht. Sie heisst dort Drvâçpa und giebt dem Vieh Gesundheit (Yt. 9, 1). Nach Yt. 14, 54 kann die Stierseele wegen des vielen Blutvergiessens nicht auf die richtige Art verehrt werden, eine Ansicht die durch Yç. XXIX, 2. 3 bestätigt wird.

Die Genien denen der 16., 17. und 18. Tag des Monats gewidmet ist nehmen diesen Platz nicht nur zufälliger Weise ein, sie stehen vielmehr in der Mitte des Monats wegen ihrer vermittelnden Stellung. Der erste unter ihnen ist Mithra. Seine Beiwörter sind mancherlei, wie auch seine Functionen verschiedne sind. Es ist vielleicht am besten, ehe wir uns zu dem ziemlich ausführlichen Yast des Mithra wenden, die Stellung zu sehen, welche er im Yaçna und Vendidâd einnimmt. Nach Yç. I, 9 etc. Gâh 2, 2 etc. ist er der Schützer der Zeit Hâvani, d. i. der Zeit welche von Sonnenaufgang bis zu Mittag währt. Mithra erhält dann gewöhnlich die Beiwörter: der weite Triften besitzt, 1000 Ohren und 10000 Augen hat, einen genannten Namen besitzt, der verehrungswürdige. Gewöhnlich wird er dann mit Râma-qâçtra zusammen angerufen, ebenso auch wenn er blos einfach das Beiwort: welcher weite Triften besitzt, erhält (cf. Vsp. I, 24; II, 26. Yç. XXII, 25) einmal (Vsp. VIII, 12) erscheint er mit demselben Beiworte aber mit Rashnu razista vereint und mit Pârēndi. Dagegen wird er Vd. XIX, 52 als „Mithra mit weiten Triften, als der Majestätischste der Siegreichen, der siegreichste der Siegreichen" angerufen, ebenso heisst er Vd. XIX, 92 der siegreiche Mithra. Hierzu passt wenn wir ihn öfter als den Herrn der Länder bezeichnet finden (Yç. I, 35; II, 49; VI, 36). In dieser Beziehung steht er dann gewöhnlich mit Sonne, Mond und Sternen zusammen.

Wenden wir uns nun zu dem Bilde welches der Yast des Mithra von ihm entwirft so finden wir, dass er die obigen Angaben zum grössten Theile bestätigt und zum Theil erweitert. Mithra ist auch dort das Licht und erscheint demgemäss nach Tagesanbruch (Yt. 10, 95), er steigt noch vor der Sonne über die Hara berezaiti (Yt. 10, 13) er hat seine Wohnung auf diesem Berge, wo weder Nacht noch Finsterniss, kein kalter und warmer Wind, keine Krankheit und Tod sind (Yt. 10, 50), seine Wohnung ist so breit wie die Erde (Yt. 10, 44). In seiner Eigenschaft als Lichtgott ist er wahrscheinlich auch schlaflos (Yt. 10, 7. 103), er sieht Alles und hat seine Späher die ihm Alles verkünden (Yt. 10, 45. 46). Als Lichtgott ist er wahrscheinlich auch als Beschützer der Fruchtbarkeit gedacht worden, er giebt Vieh und Menschen (Yt. 10, 28. 30) und macht das Wasser laufend die Bäume wachsend (Yt. 10, 61). Wenn er die verirrten Rinder wieder ihren Eigenthümern zurückbringt (Yt. 10, 86), so geschieht dies wol wieder durch die Kraft der Tageshelle die mit ihm vereint ist. — Mithra erscheint dann auch weiter als König, als Beherrscher und Beaufsichtiger der ganzen Welt (Yt. 10, 103) und zwar, wie das nach den Ansichten der Eränier mit der Königswürde unzertrennlich war, als Krieger, daher fährt er auf einem Wagen der auf himmlische Weise dahin fährt (Yt. 10, 67), an ihn sind leichte, leuchtende Rosse geschirrt die mit himmlischem Willen dahin fahren (Yt. 10, 47. 68). Nach Yt. 10, 125 sind es vier weisse Rosse von gleicher Farbe. Mit diesem Wagen fährt er in die Schlacht (Yt. 10, 68) und hilft dort den Gläubigen (ib. 36), er schützt vor den Waffen der Gegner die sie bedrohen (ib. 24). Vor ihm dahin fährt Verethraghna, der Siegesgott, in Gestalt eines Ebers (Yt. 10, 70). Hiernach ist es begreiflich wenn ihn namentlich die Könige und die Krieger anflehen (Yt. 10, 8. 11). Die andern Menschen bitten ihn sowol um Reichthum als auch um Stärke und Sieghaftigkeit (Yt. 10, 33). Mithra ist, ganz im Gegensatz gegen andere Gebilde des zarathustrischen Systems, ein furchtbarer, rächender Gott, dessen Wirksamkeit ebenso gut verheerend wie segnend wirken kann (cf. Yt. 10, 108. 110) und kann daher ebenso gut um Schutz wie um Gaben angefleht werden (Yt. 10, 93—97). Von gottlosen Gegenden nimmt er nach Yt. 10, 27 den Glanz hinweg; denn Mithra ist auch in ethischer Beziehung eine hochgestellte Gottheit. Gleich Yt. 10, 1 heisst es, dass ihn Ahura-Mazda so verehrungswürdig schuf wie sich selbst, nach Yt. 10, 123 bringt er ihm sogar Opfer dar. Nach Yt. 10, 89 hat ihn Ahura-Mazda zum Zaota bestellt, ebenso heisst er Oberpriester (Yt. 10, 115). In ihm liegt die Entscheidung des Gesetzes (Yt. 10, 64). Er ist ein Gegner der Mithratrüger (Yt. 10, 18. 20), d. h. derjenigen welche die Verträge nicht halten. Als der Beschützer des Vertrags ist es wol dass von ihm gesagt wird er sei ebensowol für den Schlechten wie für den Reinen (Yt. 10, 2). Auch in dieser Beziehung ist er schon lange anerkannt, denn schon bei Xenophon findet sich (Cyrop. VIII, 5. 53) die Schwurformel μὰ τὸν Μίθρην. Der Name des Mithra wird auch, wie Vd. IV, 4 flg. beweist, geradezu für Vertrag gesetzt. In seiner Eigenschaft als Lichtgottheit ist es auch wahrscheinlich dass er als Mittler aufgefasst wird (cf. Windischmann: Mithra p. 56) und darum erscheint er meist mit Râma-qâçtra verbunden, weil das Licht zum nächsten Substrat die Luft hat.

Mit Mithra zusammen ist Ashis-vaǵuhi, welche seinen Wagen lenkt, dann Pârendi, endlich das gute Gesetz welches ihm die Wege bereitet (Yt. 10, 64—68 und Vsp. VIII, 12). Nach einer andern Stelle (Yt. 10, 126) fährt auf seiner einen Seite Rashnu-razista, auf der andern aber die richtigste Weisheit. Die vorzüglichsten Gegner des Mithra finden wir Yt. 10, 93. 134 aufgezählt. Es ist vor Allem Agrô-mainyus selbst, dann Aeshma sammt Gefolge, endlich Bûshyańçta und Açtô-vidhôtus, der Dämon des Todes. Da Aeshma und Bûshyańçta als Dämonen besonders in der Nacht thätig sind, fliehen sie naturgemäss bei dem Herannahen des Lichtes. Ueber die Opfer welche dem Mithra zu bringen sind handelt Yt. 10, 119 flg. Man soll ihm opfern mit Vieh und Zugthieren, mit zwei Vögeln (oder mit Vögeln und Geflügelten), ferner soll man ihm zu Ehren schädliche Thiere schlagen und körperliche Reinigungen vornehmen. Auch soll Niemand ein Opfer verrichten, der nicht das Opferritual gut kennt. Zum Schlusse mag noch erwähnt werden, dass die dunklen Ausdrücke payû thworestârn (Yç. XLI, 22; LVI, 1. 4) nach der Tradition auf Mithra zu beziehen sind.

In innigster Verbindung mit Mithra erscheint im Avesta der oft genannte Çraosha. Das Wort selbst entstammt einer Wurzel çrush, einer Erweiterung von çru, hören; çraosha heisst eigentlich Hören, in übertragener Bedeutung aber: Gehorsam. In diesen Bedeutungen wird das Wort auch im Avesta nicht selten gebraucht cf. Vsp. XVIII, 6. Yç. LV, 1. 3. 5 etc. Ausdrücklich der açrusti oder dem Ungehorsam entgegengesetzt ist das Wort Yç. X, 49; LIX, 8. Çraosha kommt auch in den Gâthâs vor und wird von der Tradition immer persönlich gefasst, worin ich ihr theilweise gefolgt bin (cf. Yç. XXVIII, 5;

XXXIII, 5), in den meisten Stellen jedoch habe ich dort die Abstractbedeutung „Gehorsam" vorgezogen (cf. Yç. XLIV, 5; XLV, 17; XLIII, 16). — Die Beiwörter welche ihm in den heiligen Schriften gegeben werden sind mannichfaltig. Er heisst der heilige Çraosha (çraosho ashyo) z. B. Vd. XVIII, 48. 51. 78. 83 flg. Yç. XVII, 28. Vsp. XII, 18 u. s. w. oder auch: Çraosha der heilige wohlgewachsene (Vd. XVIII, 79. 84 flg.; XIX, 53. Yç. LVI, 10. 8) oder heilig, wohlgewachsen und siegreich (Vd. XIX, 133). Zuweilen wird er auch noch „Förderer der Welt und reiner Herr des Reinen" genannt (Yç. II, 28 etc.; LVI, 1. 1). Wieder andere Beiwörter sind: Çraosha der heilige, starke, dessen Körper der Mańthra ist, mit starker Waffe, der ahurische (Yç. IV, 50. Vd. XVIII, 33), auch noch mit dem Zusatze: der verehrungswürdige mit genanntem Namen (Yç. III, 61; VII, 52). Endlich heisst er auch: der Heilige, Ehrwürdige, Siegreiche, die Welt fördernde (Yç. I, 22; III, 4). Als Zeitgottheit ist er der Vorstand des Gâh Ushahina (c. Yç. I, 20 flg. Gâh 5, 2 flg.), der Zeit von Mitternacht bis zum Sonnenaufgang. In dieser Eigenschaft wird er in der dritten Wache der Nacht vom Feuer aufgeweckt und weckt dann selbst den Vogel Parô-dars, d. i. den Hahn auf, um durch sein Geschrei den Dämon Bûshyañçta zu vertreiben, der die Menschen im Schlafe gefangen hält (cf. Vd. XVIII, 48 flg.). Wie als Zeitgottheit so ist er auch sonst durch seine Eigenschaften am nächsten mit Mithra verwandt. Wie dieser ist er schlaflos und beschützt die ganze Welt durch seine Wachsamkeit (Yç. LVI, 7. 3 flg.). Er kämpft mit den mazanischen Daevas die vor ihm erschreckt zur Finsterniss eilen. Besonders ist es Agrô-mainyus und Aeshma welche als seine Gegner genannt werden (Yt. 11, 15), an einer andern Stelle werden die Daevas Knñda, Bañga, Vibañga genannt, als solche welche von Çraosha geschlagen werden (Vd. XIX, 138). Auch nach Vd. XIX, 53 hält Çraosha eine Waffe gegen die Köpfe der Daevas und so finden wir ihn Vd. XVIII, 70 flg. wo er offenbar die besiegten Drujas zwingt ihm ihre Geheimnisse mitzutheilen. Nach Yç. LVI, 9. 5 ist die Waffe welche Çraosha führt eine geistige: der Ahunavairya und der Yaçna Haptaghâiti. Wie Mithra so hat auch Çraosha eine Wohnung auf der hohen Haraiti, er hat vier Pferde, welche Hufe von Blei haben mit Gold überzogen und die dabei doch schneller sind als der Wind. Er umfasst Alles, wie Mithra (Yç. LVI, 11. 2 flg.). Er erscheint als ein starker rühriger Jüngling, der in den Schlachten siegreich ist (Yç. LVI, 5. 2 flg. und ib. 6. 2 flg.). Er erscheint öfter mit Mithra und Rashua-razista zusammen (Yt. 10, 41. 100), auch mit Ashis-vaġuhi und Nairyo-çâġha (Vsp. VIII, 2; XIV, 4. Yç. X, 2. 3; LVI, 1. 8), an einigen Stellen mit Arstât oder Arsti (cf. Yç. LVI, 13. 5. Yt. 11, 19 und auch Yç. I, 22. 23).

Ausser dieser mehr materiellen hat jedoch Çraosha auch noch eine ethische Bedeutung. Er ist es der zuerst das Bareçma zusammenband und dem Ahura-Mazda, den Amesha-çpentas so wie dem Schöpfer und Erhalter (Mithra) opferte (Yç. LVI, 1. 1 flg.), er ist es der zuerst die Gâthâs sang und die heiligen Texte (ib. 3. 2 flg.), darum gilt er auch als Lehrer des Gesetzes (Yç. LVI, 10. 2. Yt. 11, 14), wie bereits gesagt wurde, so ist sein Leib der Mañthra (cf. oben). Wie Mithra ist er der Bewahrer der Verträge (Yt. 11, 14. 20). Dabei ist Çraosha auch ein barmherziger Genius, welcher die Armen ernährt (Yç. LVI, 4. 2. Yt. 11, 3). Er ist der Feind aller Lasterhaften (Yç. LVI, 7. 2. Yt. 11, 2), aber gegen alle Schrecken und Bedrängnisse kann man ihn anrufen (Yt. 11, 4. 5). Da er ebenso wie Mithra ein Vermittler ist, so ruft man ihn bei Scheidewegen an (Yt. 11, 4). Von der Rolle, welche dem Serosh in späterer Zeit gewöhnlich zu Theil wird: ein Vermittler der göttlichen Befehle und Bote des Ahura-Mazda zu sein, kann ich in alten Schriften keine Spur entdecken. Neriosengh bezeichnet den Çraosha öfter als Herrn des Gehorsams und auch die neuern Parsen als den Meister der Diener (cf. Vullers s. v.). Hier mag der Anknüpfungspunkt liegen.

Der achtzehnte Tag ist dem Rashnu-razista geweiht, der zwar oft genug angerufen wird, über den aber doch nur sehr wenig zu sagen ist, da selbst in dem ihm gewidmeten Yast er nur nebenbei behandelt wird. Seine Attribute finden sich am vollständigsten Yt. 12, 7. 8. Das Wichtigste was von ihm ausgesagt wird ist, dass er der Schrecken der Diebe und Räuber ist und dass er in der ganzen Welt zu finden ist. Als Genosse des Mithra ist er Yt. 10, 41. 100. 126 genannt, ib. 79 heisst es dass ihm Mithra eine Wohnung gab. Im Yaçna erscheint er gewöhnlich mit Çraosha und Arstât zusammen (cf. Yç. I, 23; II, 29 flg.).

Diese drei Genien, Mithra, Çraosha und Rashnu, gelten bei den Parsen der neuern Zeit als die drei Richter, welche die Seele des Menschen nach dem Tode richten. In den ältern Schriften finde ich keine Anspielung darauf, auch nicht an den Stellen wo man sie füglich erwarten könnte, wie Vd. XIX, 89 flg. Yt. 22, 7 flg. Die Ansicht mag aber darum doch alt sein und in der Liturgie ist bereits auf sie Bedacht genommen, da bei dem Absterben eines Menschen diesen drei Genien Draonas geopfert werden müssen.

Es ist leicht zu sehen, wie mit den ebengenannten Genien die Schutzgeister des neunzehnten Tages, die Fravashis, in Verbindung stehen. Die Bedeutung des Namens ist noch unaufgeklärt, in dem ältesten Theile der uns erhaltenen Texte, im zweiten Theile des Yaçna, finden sie sich nur ein einziges Mal genannt, nämlich Yç. XXXVII, 8 auch im Vendidâd nur sehr wenig, wahrscheinlich aber nur weil die Veranlassung dazu fehlt. In den liturgischen Theilen des Yaçna dagegen ist ihre Anrufung ziemlich häufig, gleichwol aber würden wir aus diesen Anrufungen uns kaum eine Vorstellung von ihrem Wesen machen können, wenn uns nicht der ziemlich ausführliche Yast der Fravashis zu Hülfe käme. Zuerst muss bemerkt sein, dass der Ausdruck fravashi nicht blos von den Genien gebraucht wird sondern auch einen Theil, und zwar den edelsten und göttlichsten Theil, der menschlichen Seele bezeichnet. Diese Vorstellung, welche spätere Bücher ausführlich erörtern, findet man schon in den Texten cf. Yç. LIV, 1; LXII, 4 und die Anmerkung zu ersterer Stelle. Die Fravashis selbst aber erscheinen als Zeitgottheiten, nämlich als die Schützer des Gâh Aiwiçrûthrema, d. i. der Zeit vom Aufgehen der Sterne bis Mitternacht (cf. Yç. I, 16—19. Gâh 4, 2 flg.). Die Fravashis werden gewöhnlich blos bezeichnet als Fravashis der Reinen (z. B. Vsp. VIII, 5; XXIV, 2. Yç. I, 37 u. s. w.), aber auch als die guten, starken, heiligen Fravashis der Reinen (Yç. II, 61; XVII, 30; XXVI, 1 etc.) oder die starken anstürmenden Fravashis der Reinen (Yç. LXIV, 48 und Yt. 13, 1), oder die Fravashis die stark und kräftig sind zum Schutze der Reinen (Yç. IV, 11. Vsp. XII, 33). Sie heissen ferner die Fravashis der Reinen die allen Geschöpfen nützlich sind (Vd. XIX, 124). An einigen Stellen werden auch die Fravashis angerufen; die Frauen die eine Versammlung von Männern haben, doch weiss ich nicht gewiss ob dieser letztere Zusatz eine Beziehung auf die Fravashis hat. Es werden ferner die Fravashis in gewisse Abtheilungen getheilt, am häufigsten in zwei; in die Fravashis der Paoirya-tkaeshas, d. i. derjenigen Frommen die vor dem Gesetze lebten und die Fravashis der nächsten Anverwandten, gewöhnlich wird dann die Anrufung der eigenen Seele beigefügt (z. B. Yç. I, 47), dann die Fravashis der Gebornen, Ungebornen und der zukünftig Lebenden (Yç. XXVI, 20). Nach Yt. 13, 17 sind die Fravashis der Frommen welche vor dem Gesetze lebten und die Fravashis derer die noch kommen sollen (Çaoshyańç etc.), die Mächtigsten, von den übrigen Menschen die der Lebenden mächtiger als die der Todten. Dann werden auch die Fravashis derer angerufen die in- und ausserhalb der Gegenden sind (Yç. XXVI, 28. 29) und am ausführlichsten Yt. 13, 143 flg. Dann auch die Fravashis von Gayo-maratan bis Çaoshyańç (Yç. XXVI, 33. Yt. 13, 145). Die ausführlichste Liste der namentlich anzurufenden Fravashis enthält Yt. 13, 82 flg. Für die spätere Zeit kann man auch das p. 230 übersetzte Gebet vergleichen.

Ueber die äussere Vorstellung von den Fravashis belehrt uns Yt. 13, 35. 45, wir sehen aus diesen Stellen dass wir uns dieselben als Krieger denken müssen, wie denn auch viele der namentlich Angerufenen wirklich Krieger waren. Ihre Wirksamkeit erstreckt sich über Himmel und Erde. Sie waren und sind die Gehülfen des Ahura, durch ihren Glanz und Majestät erhält derselbe den Himmel Yt. 13, 2, wie denn nach spätern Büchern die Fravashis als Sterne an der Aussenseite des Himmels als Wachen aufgestellt sind und den Agromainyus und seine Heerschaaren verhindern in derselben einzudringen. Durch ihren Glanz und Majestät ist es dem Ahura möglich die Ardvi-çura Anâhita zu beschützen (Yt. 13, 4), ferner die Erde (ib. 9), dann die Geburten der Menschen (ib. 11 flg.). Wenn sie den Ahura nicht Beistand leisten würden, so könnte es weder Vieh noch Menschen auf der Welt geben. Sie machen dass Wasser und Bäume, der Mond und alle leuchtenden Sterne ihren Weg finden (Yt. 13, 53 flg.). Sie sind die Gehülfen des Çatavaeça bei der Vertheilung des Wassers (Yt. 13, 43), sie helfen die Sterne Hapto-irińga beaufsichtigen (Yt. 13, 60). Sie sind aber auch noch wichtig weil sie für die künftige Auferstehung der Todten wirken, dies thun sie nämlich, indem sie den Leib des Kereçâçpa beaufsichtigen, so dass ihm Agro-mainyus und seine Schaaren nichts anhaben können (Yt. 13, 61). Sie beschützen ferner den Saamen Zarathustras, der bekanntlich im See Kańçu niedergelegt ist und zur Zeit der Auferstehung wieder erscheinen soll (Yt. 13, 62). Sie leisten überhaupt sowol den Daevas als den schlechten Menschen Widerstand und zerstören die von ihnen verursachte Pein (ib. 33).

Hinsichtlich der Wirksamkeit der Fravashis in dieser Welt ist vor Allem zu erwähnen, dass sie mit den Clanen und Gegenden denen sie angehören in Verbindung bleiben und eine Vorliebe für sie zeigen (Yt. 13, 49. 68 flg.), sie sind also zu den Clangöttern (vitbibis bagaibis) der Keilinschriften zu zählen. Sie sind vor Allem ein Beistand in den Schlachten (Yt. 13, 30. 31. 34 etc.) und daher anzurufen bei allen Schrecknissen (Yt. 13, 20). Einige unter den Paoiryotkaeshas sind als Schützer bei besonderen Veranlassungen genannt. So wird Yima angerufen als Helfer bei Trockenheit, Thraetaona gegen Krankheiten und alle von den Schlangen verursachten Uebel, Haoçravo zum Widerstand gegen böse Mächte überhaupt, Kereçaçpa gegen die Räuber, Haoshyaṅha gegen die von den Daevas verursachte Pein, Fradàkhsti gegen die Peinigung des Aeshma (Yt. 13, 131. 133 flg.).

Da die Fravashis als Sterne gedacht werden, so ist es wol am besten hier einige Worte über die in den Parsenschriften vorkommenden Gestirne zu sagen. Nach dem Bundehesh (cap. 5) bilden die Sterne ein Heer und sind als solches in verschiedne Heerhaufen getheilt und unter Heerführer geordnet. Wenn ich auch mich keiner Stelle der alten Texte entsinne in der wirklich die Fravashis als Heer bezeichnet werden, so ist doch die ganze Beschreibung welche von ihnen gemacht wird die der Soldaten und es wird ausdrücklich gesagt, dass sie Schlachten schlagen. Wir werden mithin die spätere Vorstellung auch auf die ältere Zeit übertragen dürfen. Als den obersten Aufseher aller Gestirne haben wir schon oben den Tistrya kennen lernen. Nach dem oben genannten Capitel des Bundehesh ist Tistrya Heerführer im Osten, Çatvés im Westen, Vanañt im Süden, Haptoirang im Norden. Alle diese Gestirne sind auch den ältern Texten bekannt, Çatavaeça findet sich öfter genannt, Yt. 8, 32 erscheint er als Gehülfe des Tistrya bei Vertheilung des Wassers, nach Yt. 13, 43 ist er in Verbindung mit den Fravashis. Haptoiringa finden sich Yt. 8, 12; 13, 60 erwähnt, abgesehen von einigen Anrufungen der Sterne. Dem Vanant ist ein eigner kleiner Yast gewidmet in welchem er zum Widerstande gegen die hässlichen Khrafçtras angerufen wird Yt. 20, 1. In spätern Büchern wird als vorzüglichstes Geschäft des Vanant genannt die Thore der Hölle zu behüten, so dass die Daevas nicht allzuviel Schaden anrichten können. Dass man auch schon in älterer Zeit die obige Ordnung der Heerführer des Himmels kannte scheint mir Yt. 8, 0 zu beweisen. In spätern Schriften wird den Sternen ein noch grösserer Einfluss auf die Geschicke der Menschen zugeschrieben als wir in dem Avestatexte bis jetzt bemerken können. Nach dem Bundehesh und Minokhired ist das Gute an den Thierkreis, das Böse an die sieben Planeten gebunden, während Sonne und Mond natürlich zu den guten Wesen gehören. Ausführlicheres hierüber habe ich zusammengestellt Zeitschr. der DMG. VI, 80 flg. und in meiner Einleitung in die traditionellen Schriften II, 163 flg.

Noch sind einige Worte über den Cultus der Fravashis zu sagen. Die Hauptstelle dafür ist Yt. 13, 49 flg. Auch dort wird hervorgehoben, dass sie sich beim Herabkommen auf die Erde nach den Clanen vertheilen, dass dieses Herabkommen zur Zeit Hamaçpathmaedhaya stattfindet und dass sie dann zehn Nächte lang auf der Erde verweilen. Sie wollen, dass man ihnen Fleisch und Kleider gebe. Ueber die Art und Weise wie dieser Cultus der Fravashis bis auf den heutigen Tag fortgeführt wird, wie man ihnen zu Ehren in den letzten Tagen des Jahres Festmahlzeiten veranstaltet, brauchen wir hier nicht ausführlich zu reden, da dies schon früher (cf. Bd. II. p. CI flg.) geschehen ist.

Wir wenden uns nun zu einer neuen wichtigen Gottheit der Eränier, nämlich zu Verethraghna. Ehe wir uns aber mit dem Gotte selbst beschäftigen, ist es nöthig, erst einige Worte über seinen Namen zu sagen. Dass das Wort Verethraghna nichts Anderes ist als das moderne Behrâm, auf das es durch die Mittelstufen וראראן und ورهرام hinübergeführt wird, ist bereits anderswo (Huzvâresch-Grammatik p. 176) gesagt. Verethraghna ist zusammengesetzt aus Verethra und ghna. Das Wort verethra findet sich noch oft im Avesta und heisst Sieghaftigkeit (סירוגברש in der Huzv.-U. z. B. Yç. X, 63; LXX, 39. Yt. 1, 33; 5, 69; 19, 54. 79 u. s. w.), dann verethrem-jañthwâ, siegreich schlagend (Yç. XLIII, 16), wo verethrem wol adverbialer Accusativ ist. Verethraghna wird also heissen müssen: mit Sieghaftigkeit schlagend, ebenso finden wir auch verethra taurvâo, mit Sieghaftigkeit peinigend. So findet sich auch gebildet verethravat, sieghaft, superl. verethravaçtema (Yt. 1, 2; 19, 79. Vd. XIX, 52 u. s. w.), ferner verethrajan in derselben Bedeutung. Dieses letztere Adjectivum ist das Beiwort verschiedener Genien: des Çaoshyañç (Vd. XIX, 18. Yç. XXVI, 33; LVIII, 2), des Haoma (Yç. IX, 52), des Ahura (Vsp. XII, 2. Yç. LIV, 16) und vor Allem des Çraosha (Yç. I, 22. Vd. XIX, 133 u. s. w.). Der Superlativ verethrajañçtema findet sich von Zarathustra gebraucht (Yç. IX, 47). Auch verethraghna heisst oft genug im Avesta nichts weiter als Sieg und an manchen Stellen lässt sich zweifeln ob man das Wort als nomen appellativum oder nomen proprium fassen soll. Doch darüber dass Verethraghna als persönliches Wesen gefasst werden müsse kann auch nicht der geringste Zweifel obwalten und zwar ist der ihm gewidmete Yast die Hauptquelle. Aus diesem sehen wir nun dass Verethraghna in verschiedenen Gestalten gedacht wird: als Wind, als Stier, als Pferd, als Kamel, als Eber, als Jüngling, als Vogel, als Widder, als Bock und als Mann (Yt. 14, 2. 7. 9. 11. 15. 17. 19. 23. 25. 27) doch scheint es mir, namentlich mit Bezug auf Yt. 14, 39, dass diese Thiere den Gott nicht selbst repräsentiren, sondern nur symbolisch andeuten. Unter diesen Gestalten allen scheint mir die eines Vogels die gewöhnlichste gewesen zu sein, denn in der Beschwörung, welche Yt. 14, 34 flg. steht, spielen die Vogelfedern (wenn ich nämlich die schwierige Stelle richtig verstanden habe) eine wesentliche Rolle. Diesem Verfahren, den Verethraghna mit Hülfe von Vogelfedern herbeizuzaubern, ist es analog wenn im Schâhnâme der Vogel Simurgh dem Zâl anweist eine seiner Federn mitzunehmen, dass er dadurch stets im Schutze seiner Macht bleibe, im Nothfalle solle er eine Feder verbrennen so werde er ihm persönlich erscheinen. Für die Auffassung des Verethraghna als Vogel spricht auch dass er nach Yt. 14, 21 die Stimmen der Vögel kennt. Bekanntlich ist dies auch in späterer Zeit in Persien noch als ein Zeichen besonderer Begabung bekannt. Von ihm als dem Siegesgott wird gesagt, dass er die Kampfesreihen zerschneidet (Yt. 14, 62), dass er dem Zarathustra Sehkraft und verschiedene andere Kräfte verleiht (Yt. 14, 29 flg.). Wie Mithra ist er ein Feind der mithratrügenden Menschen (Yt. 14, 63). Am engsten ist er verbunden mit der Stärke (Yç. I, 19 etc. Yt. 14, 45), dann mit Mithra und Rashnu. Wie Mithra ist er nicht blos ein schützender sondern auch ein angreifender Gott, wenn man ihn beleidigt (Yt. 14, 47). Es ist selbstverständlich dass er als der stete Begleiter der grossen siegreichen Herrscher der Vorzeit gedacht wird, namentlich des Thraetaona, des Kava Uça und Kava-Haoçrava oder Huçrava (Yt. 14, 39. 40).

Was den Cultus des Verethraghna anbelangt so scheint es fast als ob man geglaubt habe ihn durch Beschwörungen herbeizaubern zu können. Eine solche Formel die aber nicht in allen Einzelheiten ganz klar ist, scheint Yt. 14, 43 flg. zu stehen und auf die Heimlichkeit des Verfahrens weisst hin, dass Yt. 14, 46 gegen die allgemeine Verbreitung dieses Mânthra geeifert wird. Von Opfern welche dem Verethraghna dargebracht werden sollen handelt übrigens Yt. 14, 49 flg. Diese Opfer sind ganz dieselben wie sie dem Tistrya dargebracht werden und auch dieselben Klassen von Personen sind von ihnen ausgeschlossen.

Der nächste Genius den wir zu behandeln haben ist Râman. Wir haben ihn als Râma-qâçtra schon als einen mit Mithra enge verbundenen Genius kennen gelernt und wissen bereits dass er der Genius der Luft ist. Nach den Huzvâresch-Uebersetzungen ist er auch Genius des Geschmacks. Als Luft, vayu, wird er besonders im fünfzehnten Yast gepriesen. Die Luft ist ihrer Gestalt nach besonders Yt. 15, 54. 57 geschildert. Sie ist natürlich vor Allem eine bebende, rüstige Gottheit, aber sie wird nicht blos gedacht als der Schnellsten der Schnellen, sondern auch als der Stärkste der Starken. Sie hat eine goldene Rüstung, einen goldenen Wagen und goldenes Rad. Sie wird darum auch in Schlachten angerufen (Yt. 15, 49). In ihrer Streitbarkeit liegt der Grund, dass sie von den Helden der Vorzeit angerufen wurde und diesen den Sieg verlieh, es werden namentlich Haoshyagho, Takhma nrupa, Yima, Thraetaona und Kereçáçpa genannt (Yt. 15, 7. 11. 15. 23. 27). Auch böse Wesen wie Dahâka und Aurvaçâra opfern ihr theilweise, jedoch ohne erhört zu werden (cf. Yt. 15, 19 flg. 31 flg.). Besonders aber wird sie von Frauen und Mädchen angerufen (Yt. 15, 35. 39). Ueber ihr Opfer spricht Yt. 15, 55. 56. Man verehrt sie mit Bareçma und Gebeten; Thiere scheinen ihr nicht dargebracht worden zu sein. Sie verleiht dafür Schutz gegen Agro-mainyus und seine Daevas sowie gegen die bösen Zauberer. Noch muss bemerkt werden dass die Luft öfter mit dem ausdrücklichen Beisatze verehrt wird — insofern sie dem Çpeñtomainyus angehört (Yç. XXII, 27). Den Grund finde ich in Yt. 15, 43 angegeben, die Luft weht natürlich beiderlei Geschöpfe hinweg, die des Çpenta-mainyus sowie die des Agro-mainyus, sie wird blos angerufen insofern sie den Zwecken der guten Schöpfung dienstbar ist.

Von der Luft finden wir den Wind (vâta) als einen eigenen Genius abgeschieden und darum ist ihm auch ein besonderer Tag des Monats geweiht. Im Vendidâd (Vd. XIX, 45. 56) wird er als der starke wohlgeschaffene Wind angerufen, ebenso Yç. XLI, 24. Dagegen Yç. XVII, 33 als der reine, wohlgeschaffene Wind. In neuern Schriften erscheint ein Mythus dass der Wind, erzürnt über ein von bösen Wesen ihm zugetragenes Gerücht, dass Kereçâçpa geäussert haben solle er sei stärker als der Wind, so heftig zu wehen angefangen habe, dass Nichts ihm Widerstand zu leisten vermochte, bis ihn Kereçâçpa mit den Armen auffing und zwang seinem Wehen

Einhalt zu thun. In den ältern Schriften habe ich diese Angabe nicht gefunden.

Nicht viel mehr als eine Personification ist der Genius des 24. Monatstags: das gute mazdayaçnische Gesetz, Daena, oder Din. Als eine Persönlichkeit wurde dasselbe jedoch gedacht. Wir wissen dass es zu den zuerst geschaffenen Wesen gehört, dass es seiner Schöpfung nach gleichzeitig mit Vohu-mano ist. Gewöhnlich heisst es das gute mazdayaçnische Gesetz (daeua vaģuhi mâzdayaçnis) verschiedne andere Beiwörter erhält Daena erst Yt. 16, 1. Unter den dort genannten Ausdrücken ist der Ausdruck „von selbst abwehrend" wol der sinnlichste und bezieht sich wol darauf, dass Daena als eine Waffe gegen die Daevas gedacht wird, die von selbst sich hüten in die Nähe zu kommen. Die Daena wird sachgemäss besonders von Zarathustra, dann von seiner Frau, der Hvovi, endlich von den Priestern und Königen angerufen (cf. Yt. 16, 6 flg. 15. 17. 19).

Nicht viel anders als mit der Daena verhält es sich mit der Ashis-vaģuhi. Auch sie scheint eine blose Personification, doch tritt ihre Persönlichkeit viel mehr hervor als die des eben genannten Genius. Eine Beschreibung von ihr findet sich Yt. 13, 107, sie stimmt mit der Beschreibung welche gewöhnlich von Ardvî-çûra anâhita gegeben wird. In Yt. 17, 2 wird sie die Tochter des Ahura-Mazda, weiterhin die Schwester der Amesha-çpentas und des Çraosha genannt, ihre Schwester ist das mazdayaçnische Gesetz (Yt. 17, 16), ihre Mutter ist Çpenta ârmaiti (ibid.). Sie ist schön und strahlenreich (Yt. 17, 6), sie fährt auf einem Wagen (Yt. 17, 21). Sie erhält den Beinamen Khshôithni, die glänzende (Yç. II, 57). In Yç. LV, 5. 7; XIV, 2 erscheint sie als Gesellschafterin der Pârendi, ebenso Yt. 10, 66 wo noch Dâmôis upamano hinzutritt. Der Name Ashi ist in unsern Texten noch oft genug nomen appell: sie ist die Göttin des Segens und der weltlichen Glücksgüter (Yt. 17, 7 flg; 18, 4 flg.) und da bei den Erâniern Nachkommenschaft und namentlich männliche Nachkommenschaft als der grösste Segen galt, so ist es begreiflich dass sie namentlich von verheiratheten Männern und Frauen angerufen wird. Doch giebt sie auch geistige Güter, vorzüglich Verstand (Yt. 17, 2). Als die Helden der Vorzeit denen sie ganz besonders hold war werden Haoshyağha, Yima, Thraetaona, Haoma, Huçrava, Zarathustra, Kavi-Vistâçpa genannt (Yt. 17, 24. 28. 33. 37. 41. 45. 49 flg.). An ihren Opfern sollen nicht theilnehmen: Jungfrauen und unmündige Kinder, auch keine alten und kraftlosen Personen, so wie keine Buhlerin (Yt. 17, 54 flg.). Ihrem ganzen Wesen nach gehört Ashis-vaġuhi zu den Beschützern der Ehe.

Wenig ist über den Genius zu sagen der den Namen Arstâṭ führt. Arstâṭ ist ein weiblicher Genius, sie erscheint aber nur nebenbei, meistens in Gemeinschaft mit Rashnu (cf. Yç. 1, 23; II, 29. 30 etc.), auch mit Çraosha und wird dann mit dem Namen Arsti bezeichnet (Yç. LVI, 13. 5. Yt. 11, 19), was nicht auffallend wäre, wenn nur nicht der letztern Name als masc. behandelt würde. Der Name Arstâṭ ist ganz durchsichtig, er bedeutet Richtigkeit, Geradheit, die Verbindung der Arstâṭ mit dem Rashnu ist daher ganz gerechtfertigt.

Obwol die Erânier den Himmel (Açman) als ein Ding ansehen das von Ahura-Mazda geschaffen ist, so gilt er ihnen doch auch als ein Genius und wird darum angerufen. Doch ist nicht eben viel von ihm die Rede. Ohne weitern Beisatz wird er angerufen Yç. XVII, 38; XLI, 23; LXX, 43. Dagegen heisst er Vd. XIX, 118 der glänzende Himmel. Zweifelhaft bleibt ob Vsp. XII, 10 Himmel oder Stein zu übersetzen ist (vgl. die Note zu d. St.). Vsp. VIII, 20 heisst der Himmel der erste unter den Geschöpfen, eine Ansicht welche auch der Bundehesh bestätigt. Die ausführlichste Stelle über ihn steht Yt. 13, 2—3. Er umgiebt rings die Erde, er hat ferne Gränzen die nach keiner Seite hin gesehen werden können. Er ist mit einen sternbesäeten Kleide angethan, ihm zur Seite stehen Mithra, Rashnu und Çpeñta-Ârmaiti. Im dritten Capitel des Bundehesh (p. 9, 13 ed. W.) wird von dem Kampfe erzählt, den der Himmel mit Agromainyus beim Beginne der Welt auszuhalten hatte.

Ueber die drei noch übrigen Genien des Parsenkalenders ist wenig mehr zu sagen. Der Genius Zemyâd, der zunächst auf den Açman folgt, ist ein Genius der Erde, dessen Stellung neben Çpeñtaârmaiti nicht recht klar ist. Es scheinen die Anrufungen der einzelnen Berge, Landstriche, Flüsse etc., kurz Alles was materiell die Erde betrifft, hierher zu gehören. Es ist zwar ein eigener Yast vorhanden welcher den Namen des Zemyâd trägt, aber dieser beschäftigt sich fast gar nicht mit der Erde, sondern mit der Majestät, qareno, über welche wir darum auch hier reden wollen. Das Wort qareno bedeutet, wie es schon Burnouf erklärt hat, Licht und Glanz, aber es ist im Avesta nicht jedes Licht, jeder Glanz, sondern ein Lichtglanz der vielleicht unserm Heiligenschein ähnlich gedacht wurde, der den göttlichen Wesen und gewissen bevorzugten Menschen zu Theil geworden war. Es ist qareno lautlich und sachlich das neup. خَرِ, welches auch noch Licht im allgemeinen bedeutet, dann aber nach Vullers speciell: „lumen divinum, mentem humanam illuminans, per quod alii aliis dominantur et praesunt, per quod artes et artificia discere possunt et per quod regibus magnis et justis vis propria tribuitur quod etiam كِياخَرِ „lumen regium" dicitur." In Uebereinstimmung mit dieser neuern Ansicht finden wir denn auch kavaem qareno, die königliche Majestät oft genug im Avesta angerufen (Yç. I, 12 u. s. w. Siroza I, 9. 25 etc. Yt. 1, 33) daneben auch aqaretem qarenô (Yç. I, 42 etc. Siroza I, 25), was ich mit unvergängliche, unverwüstliche Majestät übersetzt habe. Die Uebersetzungen gaben das Wort mit agereft, agribita, ich habe aqareta von qar, essen, verzehren abgeleitet: die Majestät die nicht verzehrt werden kann. Nach der Erklärung ist das die geistliche Majestät, wahrscheinlich diejenige welche sich die Priester durch grosse Frömmigkeit zu eigen machen können. Mit dieser Majestät werden nun göttliche Wesen begabt gedacht. Ahura-Mazda heisst der Majestätischste (Yt. 1, 15), sehr oft aber der majestätische, glänzende (Yç. XIII, 4; XVII, 12 etc.), ebenso Tistrya (Yç. I, 35. Yt. 8, 2 flg. und oft). Mithra heisst sogar der majestätischste (Vd. XIX, 52). Nach Vd. XIX, 125 trägt auch Verethraghna den Glanz oder die Majestät und dieser Lichtglanz kommt wol unzweifelhaft allen Yazatas ohne Ausnahme zu (Yt. 19, 22), namentlich führt noch Mańthra-çpenta den Brinamen as-qarenâo, sehr glänzend oder sehr majestätisch (Yç. II, 50. Vd. XIX, 54). Von diesem göttlichen Lichtglanz scheint nun ein Theil auch in die Welt gesandt zu sein und besonders den Ariern zu Theil zu werden, daher denn auch öfter von der arischen Majestät die Rede ist (Vd. XIX, 132. Yt. 18, 1; 19, 56). Besonders ist sie den Königen eigen von denen sie flieht, wenn sie den Pfad des Rechtes verlassen. So ist Vd. XIX, 132 von der Majestät oder dem Glanze des Yima die Rede und Yç. IX, 14 heisst er sogar der majestätischste unter den Gebornen. Aber aus Yt. 19, 35 flg. erfahren wir auch, dass sich diese Majestät von Yima entfernte, als er sich der Lüge ergab. Es wünschen diese den arischen Herrschern eigene Majestät auch Fremde, Unwürdige zu erhalten wie Dahâka, Fragraçê, aber sie können sie nicht erlangen oder doch nicht behaupten (Yt. 19, 47 flg.). Sogar zu Agro-mainyus wird sie in eine Verbindung gesetzt (Yt. 19, 46). Ihr eigentlicher Bewahrer ist Apấm napât und zwar bewahrt er sie im See Vouru-Kasha (Yt. 19, 51). Dass die vorzüglichsten Herrscher der Vorzeit mit dieser Majestät bekleidet waren versteht sich ohnehin, ebenso auch dass Zarathustra majestätisch ist (Vd. XIX, 9. Yt. 19, 79). Von Flüssen heisst Haetnmat der majestätische oder glänzende (Vd. I, 50; XIX, 130). Eine Erklärung für diesen Umstand giebt Yt. 19, 66, es liegt nämlich in jener Gegend (cf. die Note zu d. St.) der See Kançu aus welchem der Retter Çaoshyanç erstehen wird der natürlich gleichfalls mit dieser Majestät bekleidet ist (cf. Yt. 19, 89).

Maṅthra-çpenta oder die heilige Schrift ist ein Genius eben so abstrakter Art als die Daena oder das Gesetz. Es heisst öfter im Avesta, dass Maṅthra-çpenta die Seele des Ahura-Mazda sei (Vd. XIX, 48. Yt. 13, 80. 81), nach andern Stellen ist Maṅthra-çpenta der Körper des Çraosha (Yç. IV, 50 etc.), personificirt erscheint er namentlich im letzten Capitel des Vendidâd wo er als heilend gedacht wird (Vd. XXII, 7). Diese Rolle, die beweist dass die Zaubersprüche unter den Erâniern in grossen Ansehen standen, erhält derselbe auch sonst zugetheilt, cf. Vd. VII, 120. Yt. 3, 5. 6. Mit ihm in Verbindung gesetzt ist Çaoka, eine im Avesta öfter erwähnte aber darum doch nicht gerade klare Gottheit (Vd. XXII, 8 flg. Yt. 2, 2 und die Note zu diesen St.). Mit dem Maṅthra-çpenta werden wir am besten auch die Anrufungen der einzelnen Gebete verbinden. Die Worte welche Ahura-Mazda ausgesprochen hat sind Waffen (Vd. XIX, 30. 31), als eine solche gebraucht nun (Yt. 17, 20) Zarathustra den Ahuna-vairya. Mit dem Ahuna-vairya zusammen wird auch Airyama-ishya angerufen (Vsp. XXVII, 2), diesen finden wir gewöhnlich mit Asha-vahista zusammen (cf. die Note zu Yt. 2, 2. Yt. 3, 5). Ebenso wird es wol auch mit dem dritten der heiligen Gebete, dem Ashem-vohû der Fall gewesen sein, obwol ich mir keine Stellen angemerkt habe. Es kann uns auch nicht auffallen, wenn wir im letzten Capitel des Vendidad den Airyama-ishya in ähnlicher Weise dargestellt finden wie die Daena und Maṅthra-çpenta.

Der Schutzgeist des letzten Monatstages ist eine ganz abstracte Gottheit das unendliche Licht (anaghra raocão). Es wird öfter angerufen und zwar in Stellen wie Yç. I, 45; LXX, 45 zusammen mit Sonne, Mond und Sternen, Vd. XIX, 119 mit dem Himmel. Auch Siroza I, 30; II, 30 werden Gegenstände wie Garo-nemâna, die Brücke Cinvaṭ u. s. w. neben dasselbe gestellt. Einiges Licht über sein Wesen giebt uns die Glosse der Stelle Vd. II, 131, wo eine Unterscheiduug zwischen anfangslosen Lichtern (anaghra raocào) und in Ordnung oder für die Welt geschaffenen Lichtern (çtidhàta raocào) gemacht und bemerkt wird, dass die erstern nach oben, die zweiten nach unten leuchten. Wie mir scheint dachte man sich das anfangslose Licht als einen Stoff der den Ort wo Ahura-Mazda wohnt in ähnlicher Weise ausfüllt wie die Luft die irdische Welt erfüllt. Man dachte sich wol, dass Ahura-Mazda einen Theil dieses Stoffes genommen und das irdische Licht daraus gebildet habe. Das anfangslose Licht ist das erste der Wesen das uns begegnet, welche den Namen Qadhâta führen. Meine Ansicht über die Bedeutung dieses Namens habe ich schon früher (Bd. II, p. 218) angegeben, so dass es unnöthig ist hier nochmals darauf zurückzukommen.

Es wird wol am passendsten sein, hier gleich die übrigen Gottheiten anzuschliessen welche im Avesta den Namen Qadhâta führen. Hier ist vor Allem zu nennen: das Firmament, thwâsha. Im Huzvâresch lautet das Wort ܐܫܡܝܐ, dafür würde auch ܫܡܝܐ stehen können, ich halte die Worte thwâsha und neup. سپهر für identisch. Eine ausführliche Erklärung über die Wirksamkeit dieses Qadhâta findet sich nicht, er wird blos angerufen Vd. XIX, 44. 55, in Yt. 10, 66 ist er mit Mithra in Verbindung gebracht. Auch Qarséṭ-nyâyish § 2. Siroza I, 21 und II, 21 wird er angerufen, an letzterer Stelle mit Râman, der Luft, in Verbindung gesetzt. Ich halte Thwâsha für den unendlichen Himmelsraum, im Gegensatze zu dem steinernen Himmel, der Açmân genannt wird. In Verbindung mit Thwâsha oder auch mit Anaghra raocào steht Miçvâna, das immer nützende Haus, Vd. XIX, 122. Siroza I, 30; II, 30. Es ist dies wie ich schon in der Note zur erstgenannten Stelle des Vendidâd gesagt habe, das Schatzhaus, wo die überzähligen guten Werke der Frommen aufbewahrt werden; bekanntlich haben auch die spätern Juden dieselbe Vorstellung. Auch Miçvâna ist ein Qadhâta und ebenso eine Gottheit des Raumes. — Eine Gottheit der Zeit begegnet uns dagegen in dem nächsten Qadhâta, dem Zrvâna akarana. Ueber diese Gottheit ist schon so ausführlich geredet worden (Bd. II, p. 217 flg.) dass wir hier nicht darauf zurückzukommen brauchen. Wie mir scheint sind sowol Thwâsha als Zrvâna akarana kosmische Mächte, welche mit dem Weltlaufe in gar keiner Verbindung stehen, darum werden sie auch so selten angerufen. Sie umfassen sowol den Ahura-mazda als den Aĝro-mainyus, es scheinen mir dies die Gottheiten des Raumes und der Zeit zu sein welche die Parsen nach Angabe des Damascius verehrt haben sollen[1]). — Welche Bewandtniss es aber mit dem **Merezu pourva qadhâta** hat, welcher in einer nach meiner Ansicht eingeschobenen Stelle des neunzehnten Capitels des Vendidâd steht (Vd. XIX, 140), vermag ich nicht anzugeben.

In enger Verbindung mit Zrvâna akarana steht **Zrvâna daregho-qadhâta** (Sîroza II, 21), die Zeit, die Herrscherin der langen Periode. Es wird darunter die zwölftausendjährige Periode verstanden, welche die Dauer der materiellen Welt bis zum jüngsten Gericht umfasst. Auch über diese ist schon früher (Bd. II l. c.) geredet und gezeigt worden dass sie die Schicksalsgottheit der modernen Parsen ist. Es scheint dass man sich diese zwölftausendjährige Periode gleichsam als ein Stück Zeit vorstellte, welches aus der unendlichen Zeit herausgeschnitten ist. Aber nicht blos dieses grosse Stück Zeit, sondern auch weit kleinere Perioden geniessen im Avesta Verehrung und werden häufig angerufen. So vor Allem die sechs grossen Zeitperioden des Jahres, die von den Neuern sogenannten **Gabañbârs**. Es sind dies die Feste die zum Andenken an die Schöpfung der Welt eingerichtet wurden. Ueber diese Feste haben wir in Kürze schon Bd. II, p. 4 gesprochen, der Âferîn Gabanbâr (Bd. III, p. 239 flg.) verbreitet sich ausführlich über dieselben. Sie finden sich angerufen Vsp. I, 2 flg. etc. Yç. I, 26 flg. u. s. w. Ebenso finden wir auch die **monatlichen Feste**: den **Vollmond** und den **Neumond** angerufen (Yç. I, 24. 25 u. sonst), ebenso auch die **Jahre** und die **Tage** (Yç. I, 32 u. sonst). Besonders gebräuchlich ist aber auch die Anrufung der einzelnen **Tagesabschnitte** und bei dem täglichen Cultus von grosser Wichtigkeit. Sie werden **Gâhs** genannt. Es giebt deren fünf (im Winter nur vier), 1) **Usbahina**, Morgen, von Mitternacht bis die Sterne verschwinden; 2) **Hâvani**, von Sonnenaufgang bis Mittag; 3) **Rapithwina**, von Mittag bis zum Eintritt der Abenddämmerung; 4) **Uzayêirina**,

---

1) Damasc. de primis princ. ed. Kopp. p. 384. Μάγοι δὲ καὶ πᾶν τὸ ἄριον γένος, ὡς καὶ τοῦτο γράφει ὁ Εὔδημος, οἱ μὲν τόπον οἱ δὲ χρόνον καλοῦσι τὸ νοητὸν ἅπαν καὶ τὸ ἡνωμένον· ἐξ οὗ διακριθῆναι ἢ θεὸν ἀγαθὸν καὶ δαίμονα κακὸν ἢ φῶς καὶ σκότος πρὸ τούτων, ὡς ἐνίους λέγειν. Οὗτοι δὲ οὖν καὶ αὐτοὶ μετὰ τὴν ἀδιάκριτον φύσιν διακρινομένην ποιοῦσι τὴν διττὴν συστοιχίαν τῶν κρειττόνων· τῆς μὲν ἡγεῖσθαι τὸν Ὡρομάσδην, τῆς δὲ τὸν Ἀρειμάνιον. Dass diese Versuche die kosmischen Gottheiten an die Spitze des Systems zu setzen von Secten ausgingen ist schon früher gesagt worden, cf. Bd. II, p. 220 flg.

von Anfang der Dämmerung bis die Sterne sichtbar werden; 5) Aiwiçrûthremâ, von der Zeit wo die Sterne sichtbar werden bis Mitternacht (cf. zu Yç. 1, 7). Die Anrufung der Tageszeiten finden wir vornehmlich in den ersten Capiteln des Yaçna und in den Stücken welche den Namen Gâhs führen. In Verbindung mit den Tageszeiten werden gewöhnlich noch andere Gottheiten angerufen welche als ihre Gehülfen und Beschützer gelten, nämlich: ein himmlischer Genius und dann noch zwei andere, die, wie es scheint, in der Welt zu wirken haben und sonst nicht weiter genannt werden. In Verbindung mit Ushahina erscheint Çraosha als himmlischer Wächter, dann aber Berejya und Nmânya, von denen der erstere nach spätern Quellen das Wachsthum des Getreides zu überwachen hat, während Nmânya seinem Namen nach zu urtheilen auf das Gedeihen der Familien sehen muss. Der Beaufsichtiger der Zeit Hâvani ist Mithra, mit ihm in Verbindung steht Çâvaghi, der Beschützer der Heerden und Viçya, der Beschützer der Clane. Mit dem Rapithwina steht Asha-vahista und das Feuer in Verbindung, von irdischen Gottheiten der Frâdaṭfshu, der Vermehrer des Viehs und Zañtuma, der Beschützer der Genossenschaften. Uzayêirina hat zu seinem Beschützer den Apañmnapâṭ, den Nabel der Gewässer, mitwirkend sind in der Welt Frâdaṭvîra, der Bewahrer der Menschen und Daqyuma, der Beschützer der Gegenden. Der letzte Gâh endlich: Aiwiçrûthrema, ist unter die Aufsicht der Fravashis gestellt, mit ihnen wirken der Sieg und das Schlagen das aus der Höhe stammt, von weltlichen Gottheiten Frâdaṭvîçpañm-hujyâitis, das gänzliche Wohlbefinden, und Zarathustrotema, der Beschützer der Priester. Es findet also, wie man sieht, eine beständige Steigerung statt.

Hier mögen noch einige Gottheiten ihren Platz finden, welche im Avesta seltner und meist nur in Begleitung andrer genannt werden und deren Bedeutung darum zum Theil nicht sehr klar ist. Unter ihnen ist wol Haoma am wichtigsten. Die genaue Verwandtschaft welche dieser Gott mit dem indischen Soma hat, musste ihm schon sehr bald die Aufmerksamkeit sichern. Haoma hat dieselbe Zwitterstellung in der éranischen Mythologie wie in der indischen, er wird bald als Pflanze bald als Gott gedacht. Von der Pflanze werden wieder zwei verschiedene Haomas unterschieden: der weisse oder himmlische Haoma und der gelbe oder irdische. Der weisse Haoma ist natürlich der vorzüglichste unter den Bäumen, mit seinem Safte werden nach der Auferstehung die Menschen unsterblich gemacht. Dieser

Baum führt den Namen Gaokerena, um ihn stehen die andern heilbringenden Bäume herum (Vd. XX, 16 flg. und die Note), nach spätern Schriften wächst dieser fabelhafte Haoma im See Vouru-kasha. Es ist begreiflich und natürlich, dass dieser kostbare Baum unter den Schätzen des Ameretâṭ immer besonders hervorgehoben wird (Yt. 2, 3. Sîroza I, 7). Wegen seiner Eigenschaft der Unsterblichkeit hat er den Beinamen dûraosha, der ferne vom Tode ist. Es scheint mir keinem Zweifel unterliegen zu können, dass dieser fabelhafte Haoma es ist, welcher die Veranlassung zur Mythe von der Quelle des Lebens gegeben hat, welche nach spätern muhammedanischen Berichten Alexander in den Finsternissen sucht. Auch der Haoma wächst nach persischer Ansicht an einem ganz dunklen Orte. Ein Abbild dieses himmlischen Haomas, der erst zur Zeit der Auferstehung in Wirksamkeit treten wird, ist der irdische, der fort und fort auszupressen und von den Priestern zu geniessen ist. Dieser wächst auf Bergen (Yç. X, 6. 7), wo man ihn zubereitet da schwindet die Unreinigkeit und da sind Heilmittel für die Gesundheit vorhanden (l. c. 14—17). Haoma ist heilbringend, seine Wissenschaft (wol die Heilkunst) hängt mit Asha zusammen, während die übrigen Wissenschaften mit Aeshma dem argen in Verbindung stehen (Yç. X, 18. 19). Daneben wird Haoma auch als Gott gedacht. Als solcher heisst er mit gutem Körper begabt und siegreich, durch Weisheit und Stärke ausgezeichnet (Yç. IX, 51 flg.). Dem Zarathustra erscheint er als das schönste der Wesen (Yç. IX, 4). Er wird angerufen um Erlangung des Paradieses, um Gesundheit und langes Leben und um Sieghaftigkeit. Er gewährt den Reitern Stärke, den Hausherrn welche die Naçkas lesen Heiligkeit, den Mädchen schafft er Gatten, den Frauen Nachkommenschaft. Er hat zuerst den Gürtel der Mazdayaçnas getragen, er hat dem Kereçâni, der alles Wachsthum vernichten möchte, die Macht abgenommen (Yç. IX, 75 flg.). In die Geschicke der Menschen hat er verschiedene Male thätig eingegriffen, erstlich dadurch dass er seinen Verehrern Söhne verlieh welche in der Urgeschichte des éräuischen Stammes bedeutend wirkten: dem Vivaghâo gab er den Yima, dem Âthwya den Thraetaona, dem Thrita den Kereçâçpa und Urvâkhshya, endlich dem Pourushaçpa den Zarathustra. In die Geschichte des Kava Huçrava greift er sogar persönlich ein, wie wir unten sehen werden. Ueber das Opfer welches dem Haoma zu bringen ist haben wir schon im zweiten Bande gesprochen. In älterer Zeit war es die Zunge und das linke Auge des Thieres (Yç. X, 38;

XI, 16) in späterer Zeit der ganze Kopf (cf. Bd. II, p. LXXII). Hiermit glaubte man das Leben des Thieres das man schlachtete in die Gewalt des Haoma, als des Herrn der Unsterblichkeit, gegeben zu haben. Nach Yt. 10, 88 verehrte er den Mithra.

Unter den Wesen die meist in Begleitung anderer genannt werden ist Nairyô-çaġha zuerst hervorzuheben. Der Ausdruck bedeutet „männliches Wort", wird aber meines Erachtens stets als nomen propr. gebraucht. In Vsp. VIII, 2 erscheint er nach Ashisvaġuhi und mit Akhsti, dem Frieden, ebenso Vsp. XII, 34. Im Yaçna finden wir ihn mit Apãm napāṯ und Dâmôis upamano zusammen genannt (Yç. LXX, 92). Im Siroza (I, 9) erscheint er in Verbindung mit dem Feuer. Am persönlichsten erscheint er im Vendidâd. Dort dient er als Begleiter der frommen Seelen auf ihrem Wege zum Paradiese, als ein Abgesandter Ahura-Mazdas (Vd. XIX, 111. 112). An einer andern Stelle desselben Buches (Vd. XXII, 22) erhält er den Beinamen „Versammler" und wird von Ahura-Mazda entsandt um dem Airyama eine Botschaft zu überbringen. Alle diese Erwähnungen reichen nicht hin um uns ein klares Bild zu verschaffen. Mit Bezug auf Sîroza I, 9 sehen neuere Parsen in Nairyo-çaġha den Namen eines Feuers, das im Nabel der Könige und der Priester wohnen und ihnen die Kraft zum Handeln verleihen soll. — Auch Pâreñdi wird nicht eben oft erwähnt, aber ihr Wesen wird uns deutlicher erklärt. Sie erscheint schon im zweiten Theile des Yaçna, Yç. XXXVIII, 6, dann auch Yç. XIV, 2, an beiden Stellen erklärt sie Neriosengh als die Beschützerin der Schätze. Aus Vsp. VIII, 13 lässt sich ein Aufschluss über ihr Wesen nicht gewinnen. In Yt. 8, 38 erscheint sie (wie auch Yç. XIV, 2) in Gemeinschaft mit Ashisvaġuhi, was sich aus ihrem Amte als Beschützerin der Schätze hinreichend erklärt. Aus dem Umstande dass sie in der genannten Stelle hinter dem Sterne Tistrya herfahrend gedacht wird, habe ich sie früher (cf. die Note zu Vsp. VIII, 13) für eine Gestirngottheit erklären wollen und habe sie mit dem neup. پرند verglichen, da sich in den Hdschr. auch Pâreñdi findet. Ob dies so sei will ich dahingestellt sein lassen. Sie erscheint auch mit Mithra verbunden und heisst Pârendi mit leichtem Wagen (so nach der Tradition) cf. Yt. 10, 66. So wird sie auch im Sîroza (I, 25; II, 25) genannt und erscheint auch dort im Gefolge der Ashis-vaġuhi. — Schwierig ist die Bestimmung des Gottes der den Namen Dâmôis upamanô führt. Dass es eine Personification sei darf man daraus schliessen, dass er das Beiwort

Yazata erhält. Ueber die Etymologie hat Burnouf Yç. p. 539 flg. gesprochen, fortgesetzte Erörterungen über die schwierigen Worte würden hier zu weit führen. Im Allgemeinen ist man über die Fassung des Begriffes nicht im Unklaren, aber die Nuaneirung desselben hat ihre Schwierigkeit. Burnouf fasst Dâmôis upamanô als „Gedanke, Wunsch," Windischmann als „Fluch", ich selbst als „Schwur". Es bleibt uns unter diesen Umständen nur übrig auf die Stellen hinzuweisen wo er vorkommt. Im Yaçna und Vispered findet er sich öfter in den Aurufungen und wird besonders mit dem Segenswunsche (âfriti) zusammengestellt, cf. Yç. I, 44 u. die Note z. d.; VIII, 2; LXX, 93; Vsp. I, 26; II, 28. In Yt. 10, 66 ist er ein Begleiter des Mithra und Yt. 10, 127 wird er in derselben Gestalt geschildert wie Verethraghna, nämlich als Eber. Ob wir auch Ama, die Stärke, für mehr als eine Personification ansehen dürfen ist mir nicht klar. Dies scheint jedoch der Fall zu sein mit den Gâthâs. Die Gâthâs sind bekanntlich ursprünglich Gesänge die der Yaçna enthält und sind in fünf Abschnitte getheilt. Diese fünf Abschnitte sind aber nun auch die Schutzgeister der fünf letzten Tage des Jahres, die nach ihnen benannt werden und insofern Zeitgötter. Sie werden an mehrern Stellen, am ausführlichsten in Yç. LIV angerufen, dort wird gesagt (Yç. LIV, 6) sie seien für uns Speise und Kleidung zugleich. Nach einer Notiz Anquetils, welcher im Sad-der Bundehesh eine Anhaltspunkt zu haben scheint, werden die Gâthâs oder Gâhân als weibliche Gottheiten gedacht die im Himmel Kleider weben, die sie denjenigen Frommen schenken welche ohne Kleidung in den Himmel kommen. Diess ist aber bei allen denen der Fall welche hinübergegangen sind ohne dass ihre Verwandten dem dienstthuenden Priester mit einem neuen Kleide beschenkt hätten.

Zum Schlusse mag noch erwähnt werden, dass ein späterer Text, der Âferin der sieben Amschaspands (cf. Bd. III, p. 234 flg.), uns die Mittel an die Hand giebt die vorzüglichsten der genannten Gottheiten anders zu ordnen, nämlich so dass sie als Hülfsarbeiter der sieben Amesha-çpentas gedacht werden. Nach dieser Eintheilung hat Bahman oder Vohumano die Jazads Mâh, Gos, Râm; Ardibihist oder Ashavahista: das Feuer, Çros und Behrâm; Schahrêvar oder Khshathra-vairya: die Sonne, Mihr, Açmân und Anêrân (oder Anaghra raocão); Çpendârmaṭ oder Çpenta-ârmaiti: das Wasser, Din und Mahreçpanṭ; Khordâṭ oder Haurvatâṭ: den Tistar, Vâṭ und die Fravashis; Amerdâṭ oder Ameretâṭ: den Rasn, Astâṭ und Zamyâṭ.

ZWEITES CAPITEL.

Unsere Mittheilungen über die finstere Seite der Geisterwelt werden erheblich sparsamer ausfallen müssen als die über die lichte Seite derselben. Ohwol von den Dämonen der Finsterniss im Avesta oft genug die Rede ist, so wird doch nicht so ausführlich von ihnen gesprochen dass wir uns ein klares Bild von ihnen machen könnten. Das Folgende ist das Wichtigste von dem, was ich über sie zusammenzustellen vermochte.

Unzweifhaft ist es dass, wie an der Spitze der guten, so auch an der Spitze der bösen Wesen eine oberste Gottheit steht. Diese heisst in den ältern Schriften Ağro-mainyus, in den spätern Àharman, Ahriman und Ganâ-mainyo. Die beiden ersten Namensformen sind aus dem alten Namen Aǧro-mainyus entstanden, die letztre ist eine Uebersetzung desselben: Aǧro-mainyus oder Ganâ-mainyo heisst nach Ansicht der Parsen der schlagende Geist und die Etymologie bestätigt die Richtigkeit dieser Deutung. Aǧro-mainyus ist der Gegensatz des Çpeñto-mainyus, was den vermehrenden Geist bedeutet. Wie der gute Geist beständig bemüht ist seine Schöpfungen zu vermehren, so ist der andere der Geist welcher zu verneinen, zu zerstören sucht. Aǧro-mainyus heisst gewöhnlich der schlechte Aǧro-mainyus (Yç. XXVII, 2. Vd. IX, 36) oder Aǧro-mainyus der voll Tod ist (Vd. I, 7 u. sonst) auch: Uebles wissender Aǧro-mainyus (Vd. XIX, 16) und Aǧro-mainyus der schlechte Geschöpfe geschaffen hat (ib. 20. 27), auch Peiniger (ib. 7). Als Daeva der Daevas wird er bestimmt bezeichnet in Vd. XIX, 1 Auch im zweiten Theile des Yaçna ist er schon bekannt und wird dort als acistô, der schlechteste, oder dregvâo, der böse, endlich als acistem mano, der schlechteste Geist (Yç. XXX, 4. 5. 6), dem guten Geiste entgegengesetzt. Desto weniger erfahren wir über das eigentliche Handeln dieses bösen Dämons. Hauptsächlich sind es Belege seiner Ohnmacht, den guten Wesen gegenüber, welche erzählt werden. Nach Yt. 3, 13 schlägt Asha-vahista die bösen Geschöpfe des Aǧro-mainyus, während dieser selbst machtlos zusieht ohne es hindern zu können. Nach Yt. 15, 12. 19, 29 hatte sich Takhma urupa den Aǧro-mainyus so dienstbar gemacht dass er auf denselben ritt, eine Sage auf die wir unten wieder zurückkommen werden. Am unangenehmsten aber ist dem Aǧro-mainyus die Geburt des Zarathustra. Der neunzehnte Fargard des

Vendidâd enthält eine Erzählung wie er dieselbe zu hindern suchte, erst indem er einen der Daevas ausschickte um ihn zu tödten, dann als dies sich als eine Unmöglichkeit erwies, indem er ihn zu verführen trachtete. Als auch dieses misslungen war eilte er bestürzt und rathlos mit seinen Genossen in die tiefste Hölle zurück. Auch in andern Büchern wird auf diesen Vorgang angespielt. Nach Yt. 17, 19 flg. entläuft Ağro-mainyus bei der Geburt und dem Wachsthume des Zarathustra und versichert dass kein anderer Mensch oder Gott ihn so wider seinen Willen von der Erde vertreiben könne. Nach Yt. 15, 56 wird er machtlos wenn man der Luft opfert.

Unter dem Ağro-mainyus steht nun das Heer der höllischen Geister. Als Heer (haena) werden sie öfter bezeichnet und auch die Keilinschriften kennen sie unter diesen Namen (haina) cf. Yt. 1, 11; 8, 56 flg.; 14, 48 flg. Yç. LVI, 10. 6 u. s. w. Zu diesem Heere des Ağro-mainyus gehören nun die Daevas und die, wie es scheint, mehr untergeordneten Drujas und Pairikas. Ich kann jedoch in diesem Heere keine solche Rangordnung herstellen als bei den guten Wesen. Was nun die Daevas betrifft, so sind sie ohne Zweifel die mächtigsten unter den bösen Wesen, dass Ağro-mainyus als ihr Oberhaupt zu ihnen gehört haben wir schon gesehen. Es ist aber dieser Name nicht etwa, wie der der Amesha-çpentas auf einige wenige Dämonen beschränkt, sondern weiter ausgedehnt, es werden mit diesem Namen nicht blos solche bezeichnet welche den Amesha-çpentas gegenüber stehen, sondern auch viele andere. Sie werden in verschiedene Classen eingetheilt, von denen eine der allgemeinsten ist dass man sie mainyava daeva nennt, d. i. die himmlischen oder unsichtbaren Daevas, denn beide Ausdrücke sind gleich; dass Ağro-mainyus und seine vorzüglichsten Geschöpfe mit zur himmlischen oder immateriellen Welt gezogen werden, haben wir schon gesehen. Den mainyava daeva stehen gewöhnlich die varenya daeva zur Seite (cf Yt. 10, 69. 134). An andern Stellen werden die mazanischen und varenischen Daevas zusammen genannt (Yt. 5, 22; 19, 26). An einigen Stellen werden, nachdem Ağro-mainyus und Aeshma besonders hervorgehoben sind, noch die Classen der mazanischen Daevas und aller Daevas erwähnt (Vd. IX, 36—39; X, 26—29). Die varenischen Daevas erscheinen Vd. X, 24 neben den Dämonen des Windes und ich habe sie dort als Dämonen des Regens gefasst (cf. die Note zu Yt. 5, 22). Neriosengh fasst varenya (cf. Yç. XXVII, 2) als „verwirrend" und sieht darin ein allgemeines Beiwort, während Westergaard, wie mir jetzt scheint höchst wahrscheinlich, darin die Daevas sieht welche der Landschaft Varena angehören. Unter den mazanischen Daevas versteht die Tradition immer die in der Gegend von Mazanderân sich aufhaltenden Dämonen (vgl. jedoch Einleitung in die trad. Schr. II, 426. s. v. מאזנדרין). Wie dem auch sei, ich glaube, dass wir den Namen mainyava daeva: himmlische, geistige, unsichtbare Daevas als ein ganz allgemeines Beiwort für alle Daevas fassen dürfen, während dagegen die mazanischen und varenischen Daevas bestimmte Unterabtheilungen sind. In Yt. 14, 54 wird der vyambura daeva als einer besondern Art gedacht. Ich habe nach dem Zusammenhange dieser Stelle vyambura mit „zerfleischend" wiedergegeben, etymologisch dürfte an skr. ambhṛiṇa, schrecklich und griech. ἔμβριμος zu denken sein. Neben den Daevas werden am häufigsten die Drujas und die Pairikas genannt. Das Wort drukhs ist bekanntlich skr. druh, das Wort pairika das spätere Pari; beides sind weibliche Wesen. Als böse Wesen werden an vielen Stellen (Yç. IX, 60. 61. Yt. 5, 13. 22. 26 u. s. w.) die Yâtus, Pairikas, Kavi, Çâthras oder Çâtars und Karapas genannt, allein es wird stets gesagt dass diese Classen aus Daevas und Menschen zusammengesetzt sind, wir dürfen sie also nicht alle zu den geistigen Schöpfungen des Aǵro-mainyus zählen.

Der Wohnort aller bösen geistigen Wesen ist die Hölle duzhaka (neup. دوزخ) oder acista ahu, der schlechteste Ort. Ihre Haupteigenschaft ist die Finsterniss (Vd. V, 174 flg.) nach den Glossen ist die Finsterniss so dick dass man sie mit Händen greifen kann. Ebenso wird sie Vd. XIX, 147 finster, arg und böse genannt. Von da kommen sie auf die Erde herauf und laufen zusammen auf den Gipfel eines Berges Arezura (Vd. III, 23; XIX, 140). Sie vermochten früher Gestalten anzunehmen, seit Zarathustra in die Welt gekommen ist hat dies aufgehört und sie vermögen nur noch unsichtbar herüber zu kommen (Yç. IX, 46). Ueber ihr Verschwinden reden einige Stellen die aber dunkel sind (Vd. III, 105—110). Man sieht jedoch dass sie äusere Zeichen der Trauer annehmen wenn sie besiegt werden.

Unter den einzelnen Daevas welche mit Namen im Avesta genannt werden, sind natürlich die oben an zu setzen welche als Widersacher der Amesha-çpentas gelten. Ihre Namen werden uns im Avesta selbst und übereinstimmend in den spätern Parsenschriften: im Bundehesh, Saddar Bundehesh etc. genannt. Ako-mano ist der Gegner des Vohu-mano, Añdra der Gegner des Asha-vahista, Nâoġhaithi oder Nâoġhaithya Gegner der Çpeñta-ârmaiti, Tauru und

Zairica Gegner des Haurvatât und Ameretât (cf. Vd. X, 17; XIX, 140). Leider erfahren wir von den meisten dieser Dämonen, von denen einige in sehr alte Zeit zurückzugehen scheinen, wenig mehr als den Namen. Am meisten ist noch Ako-mano hervortretend, der auch schon in den Gâthâs Yç. XXXII, 3 erwähnt ist, personificirt ist er Vd. XIX, 12. Yt. 19, 96. Aus der zuletzt genannten Stelle lässt sich vielleicht auch schliessen dass die Dämonen Tauru und Zairica[1]) mit Hunger und Durst identisch sind.

Von den übrigen Daevas tritt am meisten der Daeva Aeshmô heraus. Dass ihm die Auszeichnung wird neben Agro-mainyus meist namentlich herausgehoben zu werden, haben wir schon gesehen. Er erscheint schon in den Gâthâs ohne weiteres Beiwort, Yç. XXIX. 1. 2. Er ist Gegner des Çraosha, aber auch des Mithra und heisst der böse Aeshma (drvâo), auch Aeshma mit schrecklicher Waffe (während Çraosha darshidru, mit starker Waffe versehen heisst) Yç. LVI, 12. 5. Vd. IX, 37; X, 23; XI, 26. In Yç. LVI, 10. 7 erscheint er in Verbindung mit Açtô-vidhôtus und auch in spätern Büchern erscheint er als Widersacher der Seelen. Er wird gewöhnlich als Dämon des Zorns aufgefasst und dies entspricht auch seinem Namen, der sich im neup. خشم, Khasm oder Khism, noch erhalten hat. Nach Yç. X, 18 werden alle Wissenschaften, mit Ausnahme der des Haoma, d. i. der Heilwissenschaft mit Aeshma in Verbindung gesetzt. In enger Gemeinschaft mit Aeshma wird Vd. X, 23; XIX, 140 auch ein Dämon Akatasha oder Aghatasha (beide Formen sind gut bezeugt) gesetzt, allein über sein Wesen kann ich keine Auskunft geben.

Dem Range nach dürfte den genannten Daevas am nächsten kommen Açtô-vidhotus der Zerstörer der Leiber, er ist der Dämon des Todes. Ueber den alten Namen hat schon Burnouf gesprochen (Yaçna p. 465), in neuern Schriften heisst er Açt-vahât, woraus bei Anquetil Astouïad geworden ist. Als derjenige welcher die Menschen tödtet erscheint er am deutlichsten in Vd. V, 23 flg., auch Yt. 13, 11. 28 heisst es dass die Fravashis die Menschen beschützen „bis zum hergebrachten Vidhôtus", d. h. bis der Tod herbeikommt und nicht mehr abgewehrt werden kann. Nach Yt. 10, 93 erscheint

---

1) Zur Vermeidung von Missverständnissen bemerke ich, dass ca in Zairica auch bei den neuern Parsen stets zum Worte gezogen wird und ein Suffix (vielleicht Entartung aus ka) zu sein scheint.

er in naher Gemeinschaft mit dem Aeshma. — Wir erwähnen hier ferner die Bûshyançta, die in doppelter Weise unterschieden wird: Bûshyançta daregho-gava, die Bûshyançta mit langen Händen und Bûshyançta zairina, die gelbliche Bûshyançta. Es scheint ein weiblicher Dämon zu sein und gewiss Dämon des Schlafes (cf. Vd. XI, 28. 29; XVIII, 38). Wie es scheint drückt er mit seinen langen Händen den Menschen die Augen zu. Die gelbliche Bûshyançta mag krankhafter Schlaf sein. Wie Mithra so ist auch Arstât eine Gegnerin der gelblichen Bûshyançta (Yt. 18, 2). In neuern Schriften wird der Dämon Bûshaçp oder Bûshyaçp genannt, mit ähnlichen Uebergange von çt in çp wie in harviçt und harviçp. — Hierher gehört auch Apaosha, der Vertrockner, der Gegner des Tistrya von welchem schon oben die Rede gewesen ist (Yt. 8, 13—34; 18, 2). Er hält in Gestalt eines schwarzen Pferdes den Tistrya vom See Voûru-kasha ab. Auch der Dämon des Windes (Vd. X, 24), wol der den Nordwind verursacht (cf. Yt. 3, 12) scheint mir hierher zu gehören. — Der Daeva Bûiti ist uns blos aus dem 19. Fargard des Vendidâd (Vd. XIX, 4 flg.) bekannt, als ein Dämon der den Zarathustra zu tödten sucht. Der Daevan Çpeñjaghra (Vd. XIX, 135) ist ein Gehülfe des Apaosha und wird von dem Feuer Vâzista erschlagen. In Vd. XIX, 138 erscheinen die Daevas Kunda, Banga und Vibanga als Gegner des Çraosha, es sind dies Dämonen der Trunkenheit. Vd. XIX, 94 findet sich ein Daeva Vizaresho der die Seele des schlechten Menschen gebunden fortschleppt. In der, wie ich glaube eingeschobenen, Stelle Vd. XIX, 140, werden noch einige Daevas namhaft gemacht die aber blos personificirte Begriffe sind: Driwis oder Bettelei, Daiwis oder Daewis, Betrug, Kaçvis, Armuth oder Kleinheit, Temo oder Finsterniss. Noch mag hier bemerkt werden, dass nach Vd. II, 84—86. Yt. 5, 92. 93 die Missgestalten unter den Menschen Werke der Daevas sind.

Von den Daevas zu scheiden sind einige Wesen welche zwar nicht selbst Daevas sind aber von ihnen geschaffen wurden, dahin gehört der Winter der als ein herzutretender Dämon gedacht wird (Vd. I, 8 flg.). Ferner Âzi, der Dämon der Begierde, einer der schlimmsten und am schwersten zu besiegenden Dämonen (Yt. 18, 1. Yç. LXVII, 22). Nach Vd. XVIII, 45 scheint er als Gegner des Feuers gedacht zu werden. Endlich Araçko (رشکی), der Neid (Yç. IX, 18. Yt. 15, 16). Dies mögen die wichtigsten der Daevas sein, alle zu nennen ist nicht möglich, da es deren viele

Tausende giebt (cf. Yt. 3, 13 Yt. 4, 2). Zu den Daevas oder den von Daevas geschaffenen Wesen dürfen wir wol auch den Kereçâni rechnen, den Feind der Priester, dem Haoma die Herrschaft abgenommen hat (Yç. IX, 75 flg.).

Noch kürzer müssen wir uns über die untergeordneten Wesen fassen, über die Drujas und Pairikas, da sie meist nur gelegentlich genannt werden. Der Name Drukhs ist weiblich und auch die meisten der Drujas werden weibliche Genien gewesen sein (Vd. XVIII, 70 flg.), doch nicht ausschliesslich, da auch Dahâka zu ihnen gerechnet wird (Yç. IX. 26. Yt. 9, 14 u. sonst). Hieher dürfte Jahi gehören, in spätern Schriften jeh, der Dämon der Unzucht. In ältern Schriften wird sie blos genannt (Vd. XXI, 2), heisst auch gewöhnlich die mit Zauberern versehene Jahi (Vd. XXI, 35. Yt. 3, 12), dass sie schon damals für den Dämon der Unzucht galt beweist das abgeleitete Wort jahika, Buhlerin. Genauer wird sie im Bundehesh (c. 3) charakterisirt: sie ist derjenige der Dämonen dem es allein gelingt den Aĝro-mainyus seiner Bestürzung zu entreissen und zur Aufnahme des Kampfes mit Ahura-Mazda zu bewegen. Die häufigst vorkommende Drukhs ist Naçus (i. e. νέκυς), der Dämon der Leichenunreinigkeit, der gleich nach dem Tode herbeikommt und sich auf die Leichname setzt (Vd. VII, 3). Dann agha doithra, das böse Auge (Vd. XIX, 142. Yt. 3, 8), ein mächtiges Wesen, dem die Daevas viel zutrauen, wie denn überhaupt noch heute der böse Blick bei den Orientalen sehr gefürchtet ist. Zu den Drujas darf man wol meist die abstracten Begriffe rechnen wir Hochmuth, Verachtung, Krankheit, Fieber etc., welche hie und da personificirt werden. Hieher gehören auch die Jainis und Janyi, die ich (zu Yç. X, 42) mit lat. genius und den arabischen Dshinnen verglichen habe, von denen aber im Avesta eben nur der Name erscheint (cf. Vd. XX, 25. Yç. X, 42. Yt. 19, 80). Hieher rechnen wir endlich die nur den Namen nach bekannten Dämonen wie Hashi, Bashi, Çaeni, Bûzi (Yt. 4, 4) und Kaquzhi, Ayêhyê (Vd. XXI, 35) sowie die in einer eingeschobenen Stelle von Vd- XI, 28. 30 vorkommenden Bûidhi, Bûidhizha, Kuñdi, Kuñdizha, Mûidhis und Kapaçtis. Auch die Pairikas sind weibliche Dämonen zum Theil, wie es scheint, mit schönen Gestalten ausgestattet, um die Menschen zu verführen. Unter ihnen ist die wichtigste die Pairika Duzhyâirya, d. i. schlechtes Jahr, Misswachs, eine Gegnerin des Tistrya, die schon in den Keilinschriften genannt wird (cf. Yt. 8, 51).

Dass der Misswachs der Gegner des Gestirns ist welches Regen bringt, ist in einem Lande wie Erân leicht erklärlich. Eine weitere Pairika ist Khnaúthaiti, was Götzendienst bedeuten soll (Vd. I, 36; XIX, 18). Sie hängt sich an Kereçâçpa und scheint in Gestalt einer schönen Fee gedacht zu werden. Dunkel ist die Pairika die Mûs genannt wird (Yç. XVII, 46; LXVII, 23), ich habe das Wort mit „widerstrebend" übersetzt, ob Mûs mit dem im Bundehesh genannten Muspar etwas zu schaffen hat, steht dahin. In engster Beziehung zu den Pairikas stehen die Yâtus oder Zauberer (cf. Yt. 5, 22. 26. 46. 50. Yt. 6, 4 u. a. m.). Es ist schwer, sich über diese Wesen, die zwischen Geistern und Menschen in der Mitte zu stehen scheinen, eine klare Vorstellung zu machen. Sie werden meist nur obenhin erwähnt und die wenigen Stellen wo sie etwas ausführlicher besprochen werden sind dunkel (cf. Vd. I, 52—57; XVIII, 116. Yç. VIII, 7). Ich möchte glauben dass sie nach Art unsrer Wehrwölfe auf der Erde herumstreichend gedacht wurden, in verschiedene Thier- und vielleicht auch Menschengestalten verkappt und den Menschen zu schaden suchen.

Bei den spärlichen Notizen über das Wesen der Daevas sind wir nicht im Stande anzugeben welche einzelnen derselben immer einem guten Wesen entgegenstehen. Es liegt indess in der Natur des Systems, dass ein solcher Gegensatz stattgefunden hat, wenn wir ihn auch nicht nachweisen können. Einen Fingerzeig, wenigstens im Allgemeinen, giebt uns der Âferin der sieben Amshaspands. Nach ihm wirkt Vohu-mano im Verein mit Mâh, Gos, Râm als Gegner des Ashemaogha (s. unten), des Akoman und der Druja der Verachtung; Ardabihist oder Asha-vahista im Verein mit dem Feuer, mit Çros und Behrâm gegen den Dämon des Winters, der Unfruchtbarkeit und Hinfälligkeit. Schahrévar oder Khshathra-vairya ist sammt der Sonne, Mihr, Açmân und Anérân der Gegner von Busyaçp, dem Dämonen der Faulheit und Trägheit; Çpandârmaṭ oder Çpenta ârmaiti in Gemeinschaft mit dem Wasser, Din und Mahreçpanṭ (Mañthra-çpenta) widerstehen den Açto-vahaṭ oder Açto-vidhotus. Khordâṭ mit Tistar, Vâṭ, den Fravashis: dem Âz, dem Târi und Zârik. Amerdâṭ sammt Rasn, Astâṭ und Zamyâd soll die Tusas — ein mir ganz unbekanntes Wesen — schlagen.

DRITTES CAPITEL.

Nachdem wir die jenseitige Welt und ihre Schöpfungen betrachtet haben, wenden wir uns nunmehr zur disseitigen und ihrer Schöpfung. Eine ausführliche Geschichte der Weltschöpfung ist im Avesta nirgends vorhanden, allein die einzelnen Thatsachen und Anspielungen zeigen dass wir getrost die Mittheilungen der neuern Parsen für identisch mit der alten Ansicht halten dürfen. Wir besitzen einen ausführlichen Bericht davon im ersten Capitel des Bundehesh. Nach dieser Erzählung ist anfangs die Macht des Ahura-Mazda und des Agro-mainyus ganz gleich, sie wohnen von einander geschieden, der eine im höchsten Lichte, der andere in der tiefsten Finsterniss. Wie Ahura-Mazda die Vollkommenheit selbst ist, so ist Agro-mainyus ein Ausbund alles Schlechten. Wie Ahura-Mazda durch seine Allwissenheit alles voraus weiss wie es kommen wird und demgemäss seine Handlungen einrichtet, so weiss dagegen Agro-mainyus die Folgen seiner Handlungen erst nachher, wenn er schon gehandelt hat. Zwischen dem guten und dem bösen Genius ist ein leerer Luftraum in der Mitte, der sie von einander trennt. Agro-mainyus, sobald er erkannte dass Ahura-mazda vorhanden sei, da fasste er auch alsbald eine Feindschaft gegen das ihm so ungleiche Wesen desselben und trachtete ihn zu vernichten. Ahura-Mazda, der vermöge seiner Allwissenheit voraussah, dass der Kampf mit dem ihm an Macht gleichen Agro-mainyus zweifelhaften Ausgangs sei wenn er ihn sogleich beginne, dass es aber möglich sei ihn sicher zu vernichten, wenn es nur gelänge Zeit zu gewinnen und ihn nach und nach zu schwächen, schlug einen Waffenstillstand von 9000 Jahren vor, nach deren Verlauf der eigentliche Kampf beginnen solle. Agro-mainyus war seines Nachwissens wegen mit dieser ihm so nachtheiligen Bedingung einverstanden. Die geistige Schöpfung hatte Ahura-Mazda schon vor dem Eingehen des Vertrages geschaffen, eben so auch Agro-mainyus seine Daevas und Drujas. Nachdem Agro-mainyus den Vertrag eingegangen hatte da sprach Ahura-Mazda den Ahura-vairyo aus, alsbald sah Agro-mainyus welchen üblen Vertrag er abgeschlossen habe, wie zuletzt Ahura-Mazda siegen, seine eigene Macht aber und die der Daevas abnehmen werde. Voll Schrecken über diese Entdeckung eilte er in die dunkelste Hölle zurück und verhielt sich dort 3000 Jahre ruhig. Diese Ruhezeit benutzte Ahura-Mazda zur Schöpfung der materiellen Welt. Es war diese gleichsam ein Bollwerk welches in den leeren Raum, der zwischen den beiden Principien liegt, hineingeschoben wurde. Ahura-Mazda schuf von den materiellen Geschöpfen zuerst den Himmel, dann das Wasser, dann die Erde, hierauf die Bäume, das Vieh und den Menschen. Dass dieselbe Eintheilung auch schon Yç. XIX, 2 vorliegt ist schon gesagt worden. Die Schöpfung geschah in den sogenannten Gahanbârs (cf. unten p. 241 flg.): der Himmel wurde in 45 Tagen geschaffen, das Wasser in 60 Tagen, die Erde in 75 Tagen, die Bäume in 30 Tagen, das Vieh in 80 Tagen, die Menschen in 75 Tagen. Die ganze Schöpfung ist somit auf 365 Tage ausgedehnt worden. Ueber die Schöpfung des Ahura ist Yt. 19, 10. 11 zu vergleichen, die Schöpfungen des Ahura und Agro-mainyus finden sich gegenüber gesetzt im Yç. XXX, 4 flg. Yt. 15, 43.

Es war eine Bedingung des Vertrags, dass der Kampf während der 9000 Jahre nicht vollständig ruhen sondern in der Vermischung geführt werden sollte. Nur so, dies wusste Ahura-Mazda, würde Agro-mainyus angetrieben seine Kraft nutzlos zu vergeuden und am Ende zu besiegen sein. Vergeblich redeten dem Agro-mainyus seine Daevas zu: den Kampf zu wagen und die neue Schöpfung des Ahura-Mazda zu bekriegen; erst nach Verfluss von 3000 Jahren gelang es dem Zureden der Jahi ihn zur Aufnahme des Kampfes zu bewegen. Es waren nun nur noch 6000 Jahre bis zur entscheidenden Schlacht übrig und Agro-mainyus begann seinen Angriff mit grosser Macht um das Versäumte wieder einzuholen.

Ehe wir aber von den Begebenheiten sprechen welche sich auf der Erde rasch auf einander folgten, wird es nöthig sein noch einige Worte von dieser selbst und von einigen fabelhaften Kräften zu sagen, welche innerhalb derselben ihren Sitz hatten. Die Erde war ursprünglich als ein Ganzes geschaffen, aber durch die Bedrängungen der bösen Dämonen wurde sie in sieben Theile zerbrochen: dies sind die sieben Kareshvares. Die Namen dieser Kareshvares werden öfter genannt (z. B. Vd. XIX, 129. Vsp. XI, 1) sie sind aber nicht Theile dieser Welt von der gewöhnlich die Rede ist, die uns bekannte Welt ist nur das siebente Kareshvare, Qaoiratha genannt, welches das vorzüglichste von allen ist, Qauiratha wird nach späteren Quellen wieder in sieben Climas eingetheilt: Érân, Turân, Mâzenderân, China, Rûm, Sind und Turkestân. Zwischen Qaniratha und den übrigen Kareshvaras werden Meere gedacht, welche sie abtrennen. Unter diesen ist am wichtigsten Vouru-kasha, im Osten von Erân gelegen.

Aus ihm steigen die segensreichen Gewässer auf, welche dann Tistrya herabregnen lässt (Vd. V, 56 flg. Yt. 8, 32 flg.). Im Westen ist der See Pûitika, wohin die unreinen Gewässer fliessen, die dann gereinigt werden und wieder in den See Vouru-kasha gelangen. Dieser See Vouru-kasha ist nun der Sitz mehrerer fabelhafter Wesen. Dass die Gottheit Apańm napåt in der Tiefe dieses Sees wohnt ist schon gesagt worden, dort ist auch der Baum Gaokerena, der den weissen Haoma trägt (cf. meine Note zu Vd. XX, 17). Dort sind auch die Bäume Hu-bis, Eredhwo-bis und Viçpo-bis, welche den Saamen aller Bäume enthalten (cf. Yt. 12, 17 u. die Note), diese Bäume müssen dort sein, weil der Saame der Pflanzen mit dem Wasser vermischt auf die Erde herabgeregnet wird. Dort sind die Vögel Amru und Camru, von denen der eine die vorhin genannten Bäume schüttelt, damit der Saame herabfällt, der andere verbreitet ihn (cf. Yt. 13, 109 u. die Note). Nach Yt. 12, 17 und dem Minokhired muss auch der Aufenthalt des Çaena dahin gesetzt werden. Es ist dies der spätere Simurgh (noch im Pârsi heisst er Çinamru) und hat, wie in der spätern Zeit, schon damals für einen sehr weisen Vogel gegolten. Nach Yt. 13, 97 war er der Erste der mit hundert Schülern einherging, ebenso ist er Yt. 13, 126 wegen seiner Weisheit gepriesen. Nach einer Notiz des Bundehesh stehen zwei Çaenas am Eingange der Unterwelt. Im Minokhired wird dem Çaena die Rolle zugetheilt welche wir dem Amru und Camru gegeben haben. Als einen Zögling des Çaena dürfen wir vielleicht den Vogel Karshipta betrachten, der nach Vd. II, 139 das Gesetz im Vara des Yima zuerst ausgebreitet hat. Welche Bewandtniss es mit Vifra-navâza (Yt. 5, 61) habe, kann bei der Kürze mit der er erwähnt ist nicht mehr gesagt werden. Es bewohnen den Vouru-kasha dann auch noch andere fabelhafte Wesen. Dort ist der scharf sehende Karo-maçyo, der spätere Khar-mâhî, ein Fisch dessen Aufgabe es ist den weissen Haoma vor den Angriffen böser Wesen zu schützen welche Agromainyus geschaffen hat um ihn zu vernichten. Er sieht jeden noch so kleinen Wasserfleck. Man findet ihn Yt. 14, 29; 16, 7 erwähnt, aber als in der Ragha wohnend, ein Aufenthalt der für ihn weit weniger passt als Vouru-kasha, wohin ihn spätere Werke setzen. Dort ist der dreibeinige Esel der in der Mitte des Sees steht (Yç. XLI, 28) und mit seinem Geschrei die bösen Wesen vertreibt und alles Wasser, das mit unreinen Wesen und Dingen in Berührung kommt, sogleich reinigt. Auch der Yç. XLI, 27 genannte Pançaçadvara scheint nicht ein Ruheplatz, sondern ein fabelhafter Fisch zu sein.

In dieser so beschaffenen Welt wurden, nach dem einstimmigen Zeugnisse späterer Quellen, — parsischer sowol als muhammedanischer, ursprünglich zwei Wesen geschaffen: der Urstier oder die eingeborne Kuh (dieses Wesen vereinigte beide Geschlechter) und der Urmensch. Dies sind zwei Grundtypen, in denen die Eigenschaften der Thier- und Pflanzenwelt gleichsam concentrirt waren. Beide gehören zweifellos schon dem Urtexte des Avesta an. Der Urstier (Gâus aevo-dâto) wird in Vsp. XXIV, 3. Yç. LXVII, 63. Yt. 7, init. genannt, mehr aber als diese Einleitungsformel beweist für seine frühere Existenz, dass der Mond sehr häufig den Beinamen gaocithra, den Stiersaamen enthaltend, führt, weil, nach der oben (p. XXI) schon angeführten Stelle des Bundehesh, der Saame des Urstiers nach dessen Tode dem Monde anvertraut wurde. Aus dem gereinigten Saamen des Urstiers entstanden die Rinder von vielen Arten (gaus pôruçaredho) von denen Yt. 7, init. gleichfalls geredet wird und die im Bundehesh c. 14 ausführlicher behandelt sind. Zahlreicher als für den Urstier sind die Belege für Gayo-maratan oder Gayomarth[1]). Ueber ihn hat Windischmann (Mithra p. 73 flg.) geredet, ich begnüge mich hier blos mit Hinweisung auf die Stellen der Texte (Yç. XIV, 18; XXVI, 14. 33; LXVII, 63. Vsp. XXIV, 3. Yt. 13, 86. 87). Beide Wesen können aber nicht leben, da Agro-mainyus zu mächtig ist, dies zu gestatten. Wie aus dem Saamen des Urstiers die verschiedenen Thierarten, so gehen aus dem Saamen des Gayo-maretan die Menschen hervor; zuerst Meshia und Meshiâna, die, soviel ich wenigstens weiss, im Grundtexte des Avesta selbst nirgends vorkommen. Da aber die Grundtexte öfter die Formel „von Gayo maratan bis Çaoshyanç" (z. B. Yç. XXVI, 33. Yt. 13, 145) gebrauchen, so ist es ausser allem Zweifel, dass schon in alter Zeit der Verlauf der irdischen Welt in derselben Weise gedacht wurde wie später.

Nachdem durch die Nachkommen Meshias und Meshiânas die Erde bevölkert war, begann eine Zeit des Kampfes mit den Kräften der Finsterniss, die in dem Avesta nur in ihren Umrissen, im Schâhnâme des Firdosi aber ausführlich erzählt ist. Dass im Grossen und

---

1) Windischmann will den Namen Gayo-marathan lesen, der Nominativ kommt leider nicht vor. Ich ziehe die Form maratan für den Nom. vor, weil dieses Wort im zweiten Theile des Yaçna in der Bedeutung Mensch vorkommt.

Ganzen die Erzählungen, welche Firdosi aus dem Volksmunde gesammelt hat, mit denen des Avesta übereinstimmen, dass das Avesta sogar die Königsreihe, wie sie das Schâhnâme annimmt, voraussetzt, lässt sich aus den einzelnen Erwähnungen auf das Bündigste beweisen. Wir geben die vorkommenden Persönlichkeiten hier in Kürze durch und legen dabei die Reihenfolge des Schâhnâme zu Grunde.

Der erste dieser fabelhaften Könige ist Haoshyaġha, der Hoshang der spätern Sage. Er heisst durchgängig Paradhâta was dem spätern Péshdâd entspricht, so übersetzt den Ausdruck auch die Huzvâresch-Uebersetzung, Neriosengh dagegen mit pûrvâeârakŗit, es muss der Ausdruck soviel heissen als: der vormals (zuerst) das Gesetz hatte (cf. Vd. XX, 7 und die Note), weil er es war der zuerst regierte. So fasst auch Hamza von Ispâhân den Namen: اول حاکم cf. Hamza p. 29. ed. Gottwaldt. Er wird in den Yasts an vielen Stellen genannt (Yt. 5, 21; 9, 3; 13, 137; 15, 7; 17, 24; 19, 26), aber wir erfahren über ihn doch nichts weiter als dass er der Schrecken aller Daevas war und viele derselben erschlug. Nach dem Bundehesh c. 32 (p. 77, 4 ed. W.) und Hamza (p. 24 ed. G.) war er der Sohn Fravak's, des Sohnes vom Çiâmek, des Sohnes von Meshia. Auch der Minokhired weiss uns nichts weiter zu sagen als dass er von den Daevas, die in der Welt Tod verbreiteten, zwei Drittel erschlug. Ob er schon in älterer Zeit als erster Verbreiter der Civilisation angesehen wurde wie im Schâhnâme, steht dahin. Nach dem zuletzt genannten Buche soll er zuerst die Kunst das Eisen zu bereiten und damit die Möglichkeit Jagd zu treiben erfunden haben; ferner die Entlockung des Feuers aus Steinen und die Kunst Thierfelle zu Kleidern zu verwenden, während sie früher blos aus Blättern gemacht wurden. Selbst die Gottesverehrung, obwol diese schon früher bekannt war, soll er gefördert und namentlich den Feuercultus zuerst eingeführt haben.

Lebendiger als Haoshyaġha tritt uns Takhmo urupa entgegen, obwol er an weniger Orten genannt wird als sein Vorgänger. Als ein Sohn des Haoshyaġha ist er nicht bezeugt wol aber als Nachkomme desselben, sowol im Mojmil uttewârich als bei Hamza. Er ist nach diesen Quellen ein Sohn des Vîvaġhâo, وجيهان, im Mojmil, وينگهان, vinghâu, bei den Parsen, zwischen Vîvaġhâo und Takhmo urupa liegen noch zwei Namen. Dass Takhma urupa derselbe Name ist wie der spätere Tahmuraf oder Tahmurath, ist klar. Nach dem Âferin des Zarathustra (§ 2) heisst er „bewehrt", in den beiden Stellen der Yasts wo er sich vorfindet (Yç. 15, 11; 19, 28), wird von ihm gesagt dass er den Aġro-mainyus sich unterwürfig machte so dass er auf ihm wie auf einem Rosse ritt dreissig Jahre lang. Was in diesen Stellen nur angedeutet ist, das erzählen spätere Parsenbücher ausführlich[1]). Tahmurath hat sich den Ahriman so dienstbar gemacht, dass er auf diesem reitet, ihn lenkt wohin er will. Diese Gabe ist aber an die Bedingung geknüpft, dass Aġro-mainyus wisse dass er sich nicht fürchte Nachdem diese Knechtschaft dreissig Jahre gedauert hat weiss Aġro-mainyus die Frau des Tahmurath durch Versprechen schöner Geschenke zu bewegen ihren Gemahl zu befragen, ob er sich denn gar nicht fürchte, wenn er auf dem bösen Geiste reite. Da vertraut ihr Takhmo-urupa: dass er sich allerdings nicht fürchte, eine einzige Stelle von Alburj ausgenommen. Dieses Geheimniss verräth das Weib dem Aġro-mainyus der ihr zum Lohne dafür seidene Kleider (die von Würmern kommen, also zur Schöpfung des Aġromainyus gehören) verehrt, aber auch die Menstruation wird an ihr sichtbar und ist seitdem den Frauen geblieben. Der Minokhired erwähnt noch, dass er die sieben Arten von Künsten und Wissenschaften, welche Aġro-mainyus verborgen hatte, wieder zum Vorschein brachte. Nach dem Schâhnâme ist er der Erfinder der Kunst die wilden Thiere zu zähmen und zu Hausthieren zu machen, sowie die Haare und Wolle derselben zu Kleidungsstoffen zu verwenden[2]).

Nach dem Schâhnâme ist Jem, der Yima der alten Texte, der Sohn des Tahmurath, aber schon der Verfasser des Mujmil sagt dass es richtiger sei ihn einen Bruder desselben zu nennen und Hamza stimmt mit ihm überein. Der Bundehesh (p. 77, 5 ed. W.) sagt dass Takhmo-urupa, Yima und Çpitura Brüder waren. Dieser Bruder gilt nun nach der érânischen Sage als der Nachfolger des Takhmo-urupa,

---

1) Cf. meine Einleitung in die trad. Schriften II. p. 317 flg.

2) Im Mujmil ul-tewârich (p. 167 ed. Mohl) erhält Takhmo urupa den Namen ريباوند, ribâvend, dem Worte ist die Erklärung beigefügt: „die Bedeutung von ribûvend ist dass er alle Waffen besitzt." Daneben fügt dieses Buch noch bei er habe auch Dévband, Devsbändiger, geheissen und diese Erklärung schien mir lange die vorzüglichere. Nun liest aber Hamza zibâvend زيباوند p. 29 ed. G) und in Yl. 15, 11; 19, 28 wird er azinavañt genannt, was unbewehrt heissen muss, im Aferin Zarathustras § 3 aber im Gegentheile zinavañt. Ich halte diese Lesart für die richtige und schlage vor für ribâvend und zibavend vielmehr zinâvent (زيناوند) zu lesen.

sein eigentlicher Name ist Yima, man nannte ihn aber auch Yima khshaeta oder Jamschéd, wie der Verfasser des Mujmil richtig sagt, wegen des Glanzes der von ihm ausging. Nach einer spätern Quelle (cf. meine Einleitung II. p. 327 flg.) hatte Aġro-mainyus, nachdem er den Takhmo-urupa ermordet hatte, den Leib desselben verschlungen und Yima suchte ihn vergebens in der ganzen Welt, bis ihm durch göttliche Offenbarung die Kunde zu Theil ward, dass derselbe im Leibe des Aġro-mainyus verborgen sei. Durch List, indem er sich anstellte als ob er mit Aġro-mainyus Päderastie treiben wollte, gelang es ihm den Leib des Takhmo urupa, an den ein Vertrag geknüpft gewesen zu sein scheint (cf. den Minokhired in meiner Pàrsigrammatik p. 168), wieder hervorzuholen. Aġro-mainyus verfolgt den Yima, aber dieser entgeht ihm indem er, gleichfalls auf göttliches Geheiss, immer fortläuft ohne sich umzudrehen. Aġro-mainyus vermag den Yima nicht zu erreichen; er muss von der fruchtlosen Verfolgung abstehen und dieser ist gerettet. Durch die Berührung des Aġro-mainyus ist aber ein Aussatz an Yimas Hand zurückgeblieben den dieser auf göttliche Offenbarung hin durch die Excremente der Kuh heilt, seit dieser Zeit sind diese als Heilmittel im Gebrauche geblieben.

Was die Regierung des Yima selbst betrifft, so ist das Avesta mit den spätern Berichten in den Hauptgesichtspunkten einig. Wie die späteren Quellen nimmt das Avesta an, dass die Regierungszeit des Yima eine äusserst glückliche war (cf. Yç. IX, 13—20. Yt. 5, 24; 9, 8; 15, 16; 17, 28). Ueberfluss an Vieh und Glücksgütern aller Art herrschte unter seiner Regierung auf Erden, die Menschen und Geschöpfe waren unsterblich und zwar dauerte dieser Zustand nach Yt. 17, 28 tausend Jahre lang. Was aber nach dem Verfluss dieser glücklichen Zeit geschah, darüber scheinen die Quellen auseinander zu gehen. Nach dem Vendidàd (II, 61 flg) macht Yima, nachdem die Uebel von der Erde nicht mehr fern zu halten sind, auf Geheiss des Ahura-Mazda einen Garten (vara) wohin er die besten Pflanzen und Bäume mitnimmt und wo er mit seinen Getreuen im steten Wohlsein und Freude fortlebt. Diese Ansicht kennen auch spätere Parsenbücher. Der Verfasser des Minokhired erwähnt sie mit dem Beisatze: dass zur Zeit der letzten Dinge, wenn der Regen Malkoçàn eintritt, diese Geschöpfe aus dem Vara des Yima auf die verödete Erde herüberkommen und diese wieder bevölkern werden (Pàrsigr. p. 167). Nach derselben Quelle ist der Var des Yima unter der Erde (ib. p.

171). Nach Bundehesh c. 30 (p. 70, 10 ed. W.) ist dieser Var in der Mitte von Persien unter dem Berge Damekân. Es ist mir nicht möglich zu sagen wie die Eränier diese Ansicht, nach welcher Yima offenbar nicht gestorben war sondern mit seinen Getreuen fortlebt, obwol sein Gebiet beschränkt ist, mit einer andern in Uebereinstimmung gebracht haben nach welcher Yima in der letzten Zeit seines Lebens stolz und übermüthig wurde und daher der Lüge sich ergab (Yt. 19, 30 flg.), der Glanz (qareno), der vorher den Yima umschattet hatte, flog darauf von ihm hinweg in Gestalt eines Vogels. Nach dem Bundehesh (p. 77, 8) ist Çpitur derjenige welcher in Gemeinschaft mit Dahâka den Yima zersägte, nachdem man sich seiner Person bemächtigt hatte. Ganz dasselbe wird Yt. 19, 46 berichtet, leider aber ohne einen weitern Zug hinzuzufügen als dass er in eine Berührung mit dem göttlichen Lichtglanz, dem qarenô, von Agro-mainyus gebracht wurde. Auch nach den Berichten der spätern Schriften ist Yima der Förderer der geselligen Zustände, er thut einen bedeutenden Schritt vorwärts, indem er ein geordnetes Staatsleben herstellte und die vier Stände der Priester, Krieger, Ackerbauer und Handwerker einführte. Ob diese Ansicht das Avesta für sich hat muss zweifelhaft bleiben, wir werden wenigstens unten eine andere Ansicht kennen lernen die dieses zweifelhaft machen kann. Noch mag bemerkt werden dass Yt. 13, 130 Yima angerufen wird zur Vertreibung der Trockenheit und dass nach dem Minokhired er ursprünglich unsterblich geschaffen war, aber durch seine Sünden sterblich wurde.

Auf den gefallenen Yima folgt ein Gebilde des Agro-mainyus, der durch die Macht des bösen Geistes den Thron besteigt. Er wird auch gewöhnlich als die mächtigste Druja dargestellt welche Agro-mainyus geschaffen hat. Azhis dahâka heisst ursprünglich die beissende Schlange und wird als ein fabelhaftes Wesen mit drei Köpfen, sechs Augen und tausend Kräften im Avesta dargestellt (cf. Yç. IX, 25 flg. Yt. 5, 29. 34; 14, 40; 15, 19; 17, 34; 19, 37). Da er von Agro-mainyus abstammt, so kann er natürlich nicht zu den wahren Königen Erâns gezählt werden, sein Stammland ist ganz verschieden. Man findet denselben Bundehesh (p. 77, 12 flg.) und im Mujmil (p. 169 ed. Mohl) und bei Hamza (p. 32 ed. Gottwaldt) aber überall sind die Namen verdorben, man sieht jedoch, was für unsern Zweck am wichtigsten ist, dass er durch einen gewissen Tâj, dem Stammvater der Araber, auf Meshia von väterlicher Seite zurückgeht, während seine Mutter im Bundehesh geradezu auf Agro-mainyus zurückgeführt wird. Sein Wohnsitz ist in Bawri, d. i. Babylon (cf. (Yt. 5, 29 und die Note dazu), damit stimmt Hamza und Mujmil überein. Er ist also, wie auch die später geltende allgemeine Ansicht ist, von Westen her nach Erân gekommen. Die Herrschaft über Erân hätte er keinenfalls erlangen können wenn er sich nicht des qarenn, der königlichen Majestät, wenigstens vorübergehend bemächtigt hätte. Diese merkwürdige Mythe wird Yt. 19, 47 flg. erzählt. Das Feuer, welches die Majestät zu entführen strebt, wird daran von Dahâka gehindert und muss sie demselben überlassen. Aber das Feuer, obwol nicht stark genug die Majestät selbst zu schützen, ist doch wenigstens so mächtig sie dem Dahâka wieder abzujagen und sie flüchtet sich dann zum Apãm napât in den See Vouru-kasha. Nach der oben aus dem Yaçna angeführten Stelle erschlug Dahâka Menschen und Pferde, seine Hauptabsicht aber war, wie öfter gesagt wird, die Welt menschenleer zu machen. Auch im Avesta wird öfter und auf das Bestimmteste Thraetaona, der spätere Frêdûn, als der Besieger des Azhi dahâka gepriesen, so dass also auch hierin die ältere mit der spätern Sage in vollkommner Uebereinstimmung sich findet.

Von Thraetaona ist nun einmal soviel sicher, dass er ein Mitglied des Clanes des Âthwya war und dass sein Vater Âthwya hiess, woraus später Abtîn geworden ist, so wie auch sein eigner Name in Frêdûn (Feridun ist eine noch spätere Form) umgewandelt wurde. Dieser Âthwya ist nun nach Firdôsi, Hamza und Mujmil auf den Stamm des Yima zurückzuführen und auch die spätern Erzählungen von der verborgenen Erziehung des Thraetaona werden richtig sein, wenn man auch dieselben in den Urtexten nicht mehr nachzuweisen vermag. Seine Geburt wie sein ursprünglicher Aufenthalt wird nach Varena gesetzt und ich habe schon zu Vd. I, 68 meine Ueberzeugung dahin ausgesprochen dass dieser Ort in Taberistân zu suchen sein dürfte (vgl. auch Münchner gel. Anzeigen April 1859. p. 367 flg.). Von Thraetaona ist häufig im Avesta die Rede (cf. Yç. IX, 23—27. Yt. 5, 33; 9, 13; 13, 131; 14, 40; 15, 23; 17, 33; 19, 36). Allein die Hauptsache die wir von ihm erfahren ist doch nur dass er eben den Azhis Dahâka tödtete, daraus erklärt sich dass er in Yt. 13, 131 als Helfer gegen alle von den Schlangen verursachten Pein angerufen wird. Wenn uns Yt. 14, 30 gesagt wird, dass der Sieg mit ihm verbunden war und Yt. 19, 36 dass er die von Yima entweichende Majestät aufgriff, so ist damit nichts wesentlich Neues gesagt. Ein neuer mythologischer Zug würde beigefügt werden, wenn es uns gelänge seine Stellung zu Vifra-navâza zu enträthseln (Yt. 5, 61 flg.), die Stelle ist aber zu dunkel. Auf welche Weise Thraetaona den Azhis dahâka schlägt wird nicht näher angegeben, auch kann man nicht sagen ob er ihn erschlägt oder, in Uebereinstimmung mit der späteren Sage, blos bindet und in dem Berge Demâvend anfesselt, dies letztere ist mir das Wahrscheinlichere. Auch die kummervollen Scenen, welche die letzten Lebensjahre des Thraetaona ausfüllen, muss das Avesta schon gekannt haben wenn es auch nicht direct darauf anspielt. Wie der spätere Frédun, so muss auch Thraetaona sein Weltreich unter seine drei Söhne Iraj, Çalm und Tûr getheilt haben, denn Yt. 13, 143 finden wir die arischen, çairimischen und turânischen Gegenden erwähnt, freilich werden in § 144 auch noch die çânischen und dahischen hinzugefügt. Der unglückliche Sohn der dem spätern Iraj entspricht heisst Airyu und es wird Yt. 13, 131 auf ihn angespielt.

Höchst merkwürdig ist es gewiss, dass wir von dem Enkel des Thraetaona, dem berühmten Mìnocehr, im Avesta so gut wie gar nichts erfahren. Nur sein Name Manucithra kommt Yt. 13, 131 vor. Bundehesh, Hamza und der Minokhired nennen diesen Fürsten immer Manoscihr. Aus dem Bundehesh erfahren wir, dass er auf dem Berge Manus geboren war (cf. meine Einleitung II. p. 108). Hieraus ersehen wir, dass der später gewöhnliche Name Minocehr, d. i. Himmelssame, eine Volksetymologie ist, welche ziemlich früh entstanden sein muss, um den unverständlich gewordenen Namen Manucithra zu erklären. Dieser muss vielmehr, „Same des Manu" bedeuten und beweist uns zur Genüge, dass auch die Erânier früher einen Manu gekannt haben müssen. Uebrigens weiss uns das Schâhnâme im Grunde auch nichts weiter von Minocehr zu berichten als dass er der Rächer des Iraj gewesen sei. Seine Bauten am Euphrat erwähnen der Bundehesh, Hamza und der Mujmil, er scheint mehr nach Westérân als nach Ostéran zu gehören. Unter seiner Regierung erscheint auch zuerst in der érânischen Sagengeschichte Afrâsiâb, jener Typus der Regenten von Turân der durch die folgenden Reihen der Könige hindurch geht. Das Avesta kennt ihn auch, doch werden wir ihn am besten bei der Regierung des Huçrava betrachten. Die Kämpfe Afrâsiâbs mit Minocehr, den er der Sage nach eine Zeitlang in Taberistân eingeschlossen hielt, gehören in die Localsagen von Taberistân.

Nach den Berichten des Firdosi und Mujmil folgt Nandar, auf

Manoscihr, aber der Bundehesh, Hamza und Minokhired kennen ihn nicht und sagen blos dass Afrâsiâb während der letzten zwölf Jahre von Manoçihrs Regierung sich der Herrschaft bemächtigt habe. Es ist Naotara oder Naotairya seiner Nachkommen wegen keinesfalls ganz zu streichen, nur ob er zur Regierung gekommen oder ob er ermordet worden sei ohne zur Regierung zu kommen — das wagen wir nicht zu entscheiden. Zab, der Sohn Tahmaçps wird in allen Quellen, mit Ausnahme des Minokhired, genannt. Statt dieser zwei Herrscher giebt Yt. 13, 131 den Aoshnara den sehr lebendigen (cf. auch Aferîn des Zarathustra § 2) und Uzava den Sohn Tûmâçpâs. Beide werden aber vor Manucithra genannt, scheinen ihm also der Zeit nach vorhergegangen zu sein.

Wie es sich nun auch mit diesen beiden Herrschern verhalten möge, soviel ist gewiss, dass nach érânischer Ansicht durch die Verwirrung, welche der Einfall des Afrâsiâb und seine Verheerungen gebracht hatte, die gerade Linie érânischer Könige zum zweiten Male abgerissen war und dass Kai Kobâd die Linie und den Stamm der Könige wieder weiter gehen liess, wie der Minokhired sich ausdrückt. Man kennt die schöne Sage von der Auffindung des Kaikobâd bei Firdosi, aus dem Avesta ist aber weiter nichts zu entnehmen als sein Name: Kavi Kavâta (Yt. 13, 132; 19, 71). Nach den Schâhnâme hat Kai-Kobâd vier Söhne: Kai-Kâus, Kai-Arish, Kai-Pishîn und Kai-Armîn. Von diesen ist Kai-Kâus der Kava-Uça oder Uçadhan, Kai-Arish der Kavi-Arshan, Kai-Pishîn der Kavi-Pishina des Avesta (Yt. 13, 132; 19, 71). Für den neuen Kai-Armîn kann man entweder, wie ich in der Note zur ersten Stelle meinte, den Kavi-Byarshâna oder, wie mir jetzt wahrscheinlicher ist, den Kavi-Aipivohu oder Aipivaghu gelten lassen. Dieser Kavi-Uçadhan in den beiden genannten Stellen des Yasts muss identisch sein mit dem sonst öfter genannten Kava-Uç oder Uça, dem Kaikâus der spätern Sage (cf. Yt. 5, 45; 14, 39. Aferîn des Zarathustra § 2). Er wird als Bezwinger der Daevas gepriesen, im Schâhnâme wird er als ein eigensinniger und allzuviel wagender Herrscher beschrieben, die Sage von seiner Himmelfahrt, die schon im Bundehesh erwähnt wird, habe ich Grund für alt zu halten. Zu den Söhnen Kavi-Uças gehört, wie ich jetzt glaube, Byarshan oder Byarshâna so gut als Çyâvarshan oder Çyavarshâna, der Çiâvakhs der neuern Sage. Die ganze Sage von Çiâvakhs muss als den Verfassern des Avesta bekannt vorausgesetzt werden, theils weil sich bestimmte Anspielungen darauf finden, cf. Yt. 9, 18; 17, 42; 19, 77.

Aferin des Zarathustra §3. Es fordert dies aber auch der ganze Verlauf der Erzählung, denn durch Kavi-kavâta und den Vertrag, den er mit den Turâniern geschlossen hat, ist die Blutrache, die sich von der Ermordung des Airyu herschrieb, erloschen und zur Rechtfertigung neuer Kriege bedurfte es neuer Ursachen und eine solche bot die unerhörte Ermordung des unschuldigen Çyâvarshâna. Doch, ehe wir auf diesen neuen Krieg eingehen, werden wir mit einigen Worten auf die Verhältnisse in Turân eingehen müssen wie sie nach der érânischen Sage sich gestaltet hatten. Wie in Erân die Nachkommen des Airyu, so sassen in Turân die Nachkommen des Tûr, des Bruders von Airyu auf dem Throne. Zwischen beiden Reichen bestand nothwendiger Krieg wegen der Blutrache. Diese hatten ungerechter Weise die bösen Brüder Çalm und Tûr hervorgerufen durch Ermordung des Airyu, diesen Mord hatten nun zwar die Erânier durch die Ermordung der beiden Missethäter gerächt, allein nun lag es eben den Nachkommen des Çalm und Tûr ob, diesen Mord wieder zu rächen. Hierzu warteten die Turânier nur auf eine günstige Gelegenheit und eine solche fand Afrâsiâb in den letzten Regierungsjahren des Manucithra. Afrâsiâb wird von Mujmil und einigen andern geradezu als Herrscher Erâns aufgeführt, wenn dies im Bundehesh, Mînokhired etc. nicht geschieht, so sind doch alle in der Sache einig dass er faktisch zwölf Jahre lang Herr von Erân war. Afrâsiâb geht auf die Familie von Tûr zurück, wie sein Geschlechtsregister (cf. Mujmil p. 170. ed. M.) bezeugt. Das Avesta kennt diesen turânischen Herrscher auch und nennt ihn Frağraçê, i. e. Frağhraçyan (cf. Yç. XI, 21. Yt. 9, 18; 17, 42; 19, 56. 82. 93). Der Name muss auf eine Wurzel hraç zurückgehen die ich mit neup. هراس, hirâç, Schrecken, in Verbindung setzen möchte. Auf den Versuch dieses Frağraçê sich dauernd in Erân festzusetzen möchte ich die merkwürdige Mythe beziehen welche Yt. 19, 56—64 erzählt ist, nach der Frağraçê dreimal an den See Vouru-kasha hineintaucht um die arische Majestät zu erlangen, die ihm aber immer entflieht. Da er nun diese Majestät nicht zu erreichen vermag, so kann auch seine Herrschaft über Erân keinen Bestand haben.

Wir werden annehmen müssen, dass Frağraçê nach der Ansicht des Avesta, ganz so wie es im Schâhnâme zu lesen ist, einen Vertrag mit Kavi-kavâta abschloss, kraft dessen seine Herrschaft auf das jenseitige Ufer des Oxus beschränkt wurde. Wir werden annehmen müssen, dass das Zerwürfniss mit seinem Vater Kava-Uç den

Çyâvarshâna ebenso nach Turân führte wie im Schâh-nâme. Dass er mit Gewalt erschlagen wurde sagt das Avesta in den meisten Stellen wo von ihm die Rede ist. Nur in einer Nebensache scheint eine Abweichung sich zu finden. Nach dem Schâhnâme schliesst Çiâvakhs eine enge Freundschaft mit Pîrâu, dem redlichen Minister des Afrâsiâb und nimmt die Tochter desselben zur Frau, später heirathet er auf dessen Anrathen dazu noch eine Tochter des Afrâsiâb. Von der ersten Frau stammt ein Sohn, Firûd, von der zweiten aber Kai-Khosru. Nach den Stellen des Avesta scheint aber Çyâvarshâna keinen Sohn sondern eine Tochter hinterlassen zu haben, welche mit Aghraeratha-Narava verheirathet war und aus dieser Ehe Kava-Huçrava entstanden zu sein. Unsere Quellen äussern sich über diesen Punkt nicht, doch sehen wir aus dem Mujmil, dass eine volle Uebereinstimmung darüber ob Çiâvakhs einen Sohn gehabt habe oder nicht, keineswegs vorhanden war. Aghraeratha ist offenbar Aghrêrath (اغريرث, nicht Aghrîrath wie gewöhnlich geschrieben wird), nach Firdosi ein Bruder des Afrâsiâb und ein gerechter Mann der aber von diesem ermordet wird, weil er den Zug nach Erân widerräth, lange ehe Çyâvarshâna nach Turân kommt. Es scheint dass eine andere Fassung der Sage den Helden zwar durch Verheirathung mit der Schwester des bösen Fraǧraçè in genaue Berührung mit diesen bringt, aber dessen Tochter dem frommen Bruder des Fraǧraçè zur Frau gab. Dass aber Çyâvarshâna auch nach Ansicht des Avesta sich in Turân einen eignen Bezirk Kañgdiz zum Wohnorte genommen habe, erhellt aus Yt. 5, 54. 57 wo Kagha ausdrücklich genannt wird.

In den Kämpfen, welche Kava-Huçrava und seine Getreuen mit den Turâniern führten um den Mord des Çyâvarshâna zu rächen, wird auch der Kampf des Tuça, d. i. Toç (توس) seinen Platz finden müssen, obwol ich diesen Kampf mit den Aurva-Hunava (Yt. 5, 53. 57) im Schâhnâme nicht nachweisen kann. Zur Bezwingung des Fraǧraçè einigen sich nach dem Avesta Huçravo oder Haoçravo und Haoma, der letztere bringt den Fraǧraçè gebunden herbei, damit Kava-Huçrava ihn schlage (cf. Yt. 9, 18; 17, 37 und Yt. 5, 49; 9, 21; 13, 132; 14, 39; 17, 41; 19, 74). Ueber diese Erzählung giebt uns das Schâhnâme sehr gute Auskunft, nur ist die religiöse Seite der Begebenheit etwas verwischt. Der Sachverhalt ist der folgende: Fraǧraçè war nach der gänzlichen Besiegung aller seiner Getreuen nur noch darauf bedacht sein Leben zu fristen und hielt sich deshalb in einer Höhle bei der Stadt Berdaa auf. Diese Höhle führt den Namen hañg-i-Afrâsiâb (افراسياب هنگ), hañg offenbar = hañkana in Yt. 5, 41). Haoma, im Schâhnâme als ein frommer Büsser dargestellt, hört die Klagen des Afrâsiâb und erkennt ihn, überwältigt ihn und führt ihn gebunden fort. Als er aber auf die Bitten und Schwüre des Gefangenen hin diesem die Bande lockert, da entwischt er ihm und verbirgt sich im Wasser Caecaçta (خنجست) Bd. II, 990, 1 bei Macan ist ein alter Fehler statt (جينجست). Von dort wird er wieder hervorgelockt, dem Kava Huçrava übergeben und getödtet. Eine andere Sage von Kava Huçrava, die sich auf eine Begebenheit im Walde zu beziehen scheint, vermag ich nicht nachzuweisen und sie bleibt daher dunkel. Der Feind scheint Aurvaçâra zu heissen, Yt. 15, 31.

Wieder ist ein Act der turânischen Ungerechtigkeit gesühnt und der Mord des Çyâvarshâna gerochen. Sein Sohn (oder vielleicht Enkel) Kava Huçrava regiert nach ihm, aber bei seinem Geschlechte bleibt die Regierung nicht, denn Huçravas Abstammung ist unrein, von mütterlicher Seite geht sie auf Afrâsiâb zurück, auch ist er immerhin durch die Ermordung seines Grossvaters befleckt. Rein ist aber der Stamm der auf Naudar zurückgeht, aus diesem Stamme ist Tuça der nach dem Schâhnâme schon die Erhöhung des Kava Huçrava ungern ertrug und sich zurückgesetzt fühlte. Obwol ein Sohn des Huçrava, Àkhrûra, genannt wird (Yt. 13, 137), so geht nun doch die Herrschaft auf das Geschlecht der Naotairyas zurück. Zwar nach unsern muhammedanischen Quellen ist Aurvaṭ-açpa oder Kai Lohrâçp der Oheim des Kava Huçrava, aber nach dem Avesta ist sein Sohn Vistâçpa aus dem Geschlechte der Naotairyas (Yt. 5, 89) also muss er es auch selbst sein. Der Mord des Naotara oder Naotairya ist noch nicht gerächt, also auch diese Familie in der Nothwendigkeit Krieg mit Turân zu führen. Von Aurvaṭ-açpa wird uns nur erzählt dass er der Vater des Vistâçpa war, um so häufiger wird sein Sohn erwähnt (cf. Yt. 5, 108; 9, 29; 17, 49). Er ist der Gustâçp der Späteren so wie sein öfter genannter Bruder, Açpâyaodha Zairivairis (Yt. 5, 112; 13, 101), der spätere Zerîr. Vistâçpa führt Kämpfe wie seine Vorgänger mit den Turâniern, leider aber ist es mir bis jetzt nicht gelungen den Zusammenhang dieser Kämpfe mit denen des Schâhnâme nachzuweisen, darum bleiben auch die kurzen Erwähnungen des Avesta dunkel, in einigen Fällen ist selbst ungewiss was Eigenname und was Beiwort sei. Nur dies eine steht fest: dass der Mittelpunkt dieser Kämpfe Arejaṭ-açpa ist (Yt. 5, 109. 116) derselbe, der in den spätern Büchern als Arjâçp wiederkehrt.

Mit Vistaçpa ist die altëränische Heldensage zu Ende, denn von seiner Regierung ab nimmt die Welt eine andere Gestalt an durch das welthistorische Ereigniss der Erscheinung Zarathustras mit dem Gesetze. Durch dieses Ereigniss lenkt die Welt in ihre natürlichen Bahnen ein, Agro-mainyus und seine Daevas haben einen solchen Schlag erhalten, dass sie körperlich nicht mehr auf der Welt umhergehen können, sondern nur unsichtbar noch Schaden zu thun vermögen. Hierdurch hört dann auch für Ahura-Mazda die Nöthigung auf, sichtbar auf übernatürliche Weise in den Gang der Weltereignisse einzugreifen. Ehe wir aber von diesem wichtigen Ereignisse sprechen, welches diesen Zustand herbeigeführt hat, wollen wir erst noch einiges nachholen was früher keinen Platz finden konnte. Es kommen nämlich im Avesta noch einige Anspielungen auf Sagen vor, die sich aus dem Schâhnâme nicht erklären lassen, ich gebe indess die Hoffnung noch nicht auf, dass andere persische Sagenbücher, deren es bekanntlich noch mehrere giebt, künftig auch über diese Punkte noch Licht bringen. Dahin gehört die wie es scheint ziemlich zahlreiche Familie des Pourudhâkhsti (cf. Yt. 13, 111. 112), ein Mitglied derselben, Ashavazdâo, wird zugleich mit Ashavazdâo und Thrita den Abkömmlingen des Çâyuzhdri (cf. Yt. 13, 113) als die Widersacher von Kara Açbana und Vara Açbana genannt (Yt. 5, 72). Ferner Vistaurusha der Nachkomme des Naotairya (Yt. 5, 76 flg.), vielleicht identisch mit dem Yt. 13, 102 genannten Viçtavarn, der so viel Daevaverehrer erschlagen hat als er Haare auf dem Kopfe trägt und zum Lohne dafür von Ardvi Çûra über den Fluss Vitaĝuhaiti gesetzt wird. Dann Yasto fryananañm oder, nach anderer Lesart: Yôisto fryananañm (Yt. 5, 81; 13, 120) der den schlechten Akhtya überwindet welcher die Menschen mit Fragen quält. Alle diese Wesen scheinen mir als Seitenfiguren in die alte Heldensage einzufügen zu sein, aber es lässt sich nicht bestimmen an welcher Stelle. Die wichtigste aber von allen diesen neben den königlichen Helden hervortretenden Figuren gehören in ein Heldengeschlecht, das auch im Schâhnâme eine sehr grosse Rolle spielt, das Geschlecht dem die Reichspehlevâne entnommen sind und das in Seïstân regiert hat. Im Schâhnâme ist Çâm der älteste dieses Geschlechtes und tritt, wiewol bereits verschwindend, unter Minocehr hervor. Nach dem Avesta ist deutlich Çâma der Name des Geschlechtes (cf. Yç. IX, 30) und der älteste derselben ist Thrita. Ueber die Abstammung dieses Geschlechtes giebt uns Mujmil genügende Auskunft (p. 167. ed. Mohl.). Es ist eine Seitenlinie des königlichen Geschlechtes (noch heute nennt sich der regierende Stamm in Seistân die Kayâniden, cf. N. de Khanikof: memoire sur la partie méridionale de l'Asie centrale p. 159) und stammt von Yima ab, obwol von einer andern Mutter als Thraetaona. Nach dem Mujmil ist der Stammbaum der folgende:

Yima	
Maheng Tochter des Königs von Mâcin	Pericihre Tochter des Königs von Zabul
Betvâl Humâyûn	Thûr
Âbtin	Schidâçp
Frédûn	Thurek
	Shem (Çâm)
	Thrita (اثرط)
	Kershâçp
	Nerimân
	Çâm

Von Thrita wird Yç. IX, 30 und Vd. XX, 11 flgd. geredet, wo er als Heilkundiger dargestellt wird. Nach der ersten der beiden genannten Stellen wird als die segensreichste Begebenheit seines Lebens dargestellt dass ihm zwei Söhne verliehen wurden, Urvâkhsya (nach anderer Lesart Urvâkhshaya und Urvâkhsha) und Kereçâçpa. Was dem ersten dieser beiden betrifft so war offenbar sein Wirken mehr geistiger Art wie die wenigen Stellen zeigen wo von ihm die Rede ist (Yç. IX, 32. Âferin des Zarathustra §3). Wie man aus Yt. 15, 28 sieht, ist er von Hitâçpa getödtet worden, wofür sein Bruder Kereçâçpa Rache nimmt. Dieser Kereçâçpa ist weit berühmter als der erstgenannte Bruder. Er führt im Avesta gewöhnlich den Beinamen Nairimanâo oder Neremanâo, woraus das neuere Nerîmân entstanden ist. Spätere Autoren haben dies missverstanden und Nerîmân bald zum Vater, bald zur Mutter des Çâm gemacht. Ebenso ist sein Geschlechtsname Çâm öfter allein gebraucht und muss dann unter Çâm Kereçâçpa verstanden werden (cf. meine Abhandlung über Çâm in Zeitschr. der DMG. III. p. 251). Er heisst der stärkste unter den Menschen ausser Zarathustra und ausser der männlichen Tapferkeit (Yt. 19, 38), darum wird er auch gegen die Räuber und ähnliche Bedrängnisse angerufen (Yt. 13, 136). Seine Stellung in der erânischen Königsgeschichte ist etwas schwankend, im Mujmil erscheint er bereits unter Frédûn, bei Firdosi und Hamza unter Minocehr, freilich ist er da schon ein alter Mann. Dass man ihn zu den Königen Erâns rechnen darf, wie manche Quellen und namentlich Firdosi thut, glaube ich nicht, trotzdem dass Yt. 19, 38 von ihm gesagt wird er habe die königliche Majestät ergriffen. Da er aber die Majestät ergreift nach-

dem sie von Yima entflohen ist, so scheint er der Vertreter des
Rechts in der ungerechten Zeit zu sein die nach der Entthronung des
Yima folgt. Auf jeden Fall gehört er in eine Zeit des Interregnums
und kann dann als Reichsverweser gelten, an der eigentlichen Nach-
folge auf dem Throne hinderte ihn ein für allemale das Geschlecht.
Seine Thaten werden öfter im Avesta und auch in spätern Quellen
aufgezählt. Unter den Thaten ist eine der bedeutendsten die Tödtung
der Schlange Çruvara von der das grüne Gift daumensdick lief. Sie war
von ungeheurer Grösse und Kereçâçpa musste nach spätern Quellen
(cf. meine Einleitung II, p. 338) von Morgens bis Nachmittags laufen
um an ihren Kopf zu gelangen (cf. Yt. 19, 40. Yç. IX, 34—39 und
die Note zu dieser St.). Ferner schlägt Kereçâçpa den Gañdarewa
mit goldner Ferse (Yt. 5, 37; 19, 41). Nach der ersten der beiden
Stellen hat er seine Wohnung im See Vouru-kasha, auch nach spätern Quellen (cf. Einleitung II, 339) war dieser Dämon von ungeheurer Grösse, sein Haupt reichte bis zur Sonne, das Meer ging ihm
bis an die Knie und Kereçâçpa musste neun Tage lang kämpfen bis
dass es ihm gelang den Gañdarewa aus dem Meere herauszuziehen
und zu tödten. Die neun Räuber (Yt. 19, 41) finden ihr Gegenbild
in den sieben Räubern welche in spätern Quellen (l. c. p. 341) erwähnt werden; sie waren Menschenfresser und verzehrten in drei
Jahren dreitausend Menschen, Niemand wagte aus Furcht vor ihnen
sich mehr zu zeigen. Noch einige andere Thaten erscheinen in den
Yasts die ich in spätern Quellen nicht nachweisen kann. Dahin gehört die Besiegung des Hitâçpa (Yt. 15, 27; 19, 41) der am Wagen
ziehen muss, die Besiegung des jungen Çnâvidhaka (Yt. 19, 43—44),
der an Bosheit selbst den Agro-mainyus übertrifft und danach strebt
sowol den Çpeñto-mainyus als Agro-mainyus zu seinen Lastthieren
zu machen, also in ähnlicher Art zu behandeln wie Takhmo urupa
den Agro-mainyus behandelt hat. Allein Kereçâçpa erschlägt ihn ehe
er mündig ist. Einige andere Thaten des Kereçâçpa: seine Besiegung
des Vareshava, Sohn des Dâna und des Pitaona (Yt. 19, 41) so wie
des Arezo-shamana (Yt. 19, 42) lassen sich gar nicht erörtern, weil
es durchaus an Material dazu gebricht. Dagegen nennen auch die
neuen Quellen eine That des Kereçâçpa die sich bis jetzt im Avesta
nicht nachweisen lässt: die Ermordung des Vogels Kâmek (Pârsigr.
p. 169. Einleitung etc. II, 343). Dieser Vogel breitete seine Flügel
über alle Sterblichen aus und machte die Welt finster indem er das
Sonnenlicht nicht herabliess, regnete es, so fing er den Regen mit

seinen Flügeln auf und goss ihn vermittelst des Schwanzes wieder
ins Meer, so dass kein Tropfen auf die Erde herabkam, die Flüsse
und Quellen vertrockneten und die Menschen starben, abgesehen von
denen welche der Vogel selbst auffrass. Sieben Tage und Nächte
schoss Kereçâçpa mit Pfeilen nach diesen Vogel so dass endlich seine
Flügel mit Pfeilen ganz gespickt waren und er niederfiel und noch
im Fallen Menschen und Thiere tödtete. Ferner wird erzählt (cf. Einleitung l. c. p. 341) dass Ağro-mainyus den himmlischen Wind belogen habe, Kereçâçpa habe gesagt, Nichts in der Welt könne sich
an Stärke mit ihm messen, er halte auch den himmlischen Wind
nicht für sehr stark und sich für stärker, worauf der himmlische
Wind in seinem Zorne dergestalt an zu wehen fing, dass er die Berge
in Ebenen verwandelte, die Bäume mit der Wurzel ausriss und mit
sich fortführte. Als er aber an Kereçâçpa kam, da vermochte er ihn
nicht von der Stelle zu bewegen, dieser aber ergriff den himmlischen
Wind und hielt ihn so lange fest bis er versprach sich zu beruhigen
und unter die Erde zu gehen. Ueber einige andere Thaten, wie das
Tödten des Wolfes Kapût und das Erschlagen des Dêvs der Verwirrung (Pârsigr. p. 169) kann ich keine näheren Angaben beibringen.
  Es ist mir keinem Zweifel unterworfen, dass Kereçâçpa nach
Segestân oder Seïstân zu setzen sei. Darum betet er auch nach Yt.
5, 73 hinter dem Vara Pishinagha den ich, wie ich hoffe richtig, mit
dem Thal Pischin verglichen habe (cf. die Note zu d. St.). Wenn in
Vd. I, 68 gesagt wird dass eine Pairika, Khnanthaiti, in Vaekereta
(nach der Tradition Kabul) sich an Kereçâçpa gehängt habe, so wird
Kabul wahrscheinlich der Geburtsort dieser Pairika gewesen sein,
nicht aber des Kereçâçpa selbst. Ueber diese — jedenfalls sündliche
— Liebe zu einer Pairika die wahrscheinlich den Götzendienst in
ihrem Gefolge hatte (s. o.), wird uns wol das noch erhaltene
Çâm-nâme nähere Auskunft geben. Ueber ein solches Çâm-nâme
habe ich zwar schon früher (Zeitschr. der DMG. III, 251 flg.) gesprochen und gezeigt dass es keine sagengeschichtlichen Momente
enthält, ich habe mich indess jetzt überzeugt dass es noch ein von
jenem verschiedenes Buch gleichen Namens giebt, das wahrscheinlich
ächt sein dürfte. Ueber das Schicksal Kereçâçpas nach dem Tode
liegen uns zwei verschiedene Fassungen vor. Aus Yt. 13, 61 erfahren wir dass der Körper Kereçâçpas noch vorhanden ist und von
99999 Fravashis bewacht wird. Nach dem Bundehesh (p. 69, 10.
ed. W.) ist er nicht todt, sondern er war vom Anfange an unsterblich,

aber seiner Verachtung des mazdayaçnischen Gesetzes wegen hat ihn ein Turânier, Nehâz, in der Ebene Peshyâuçai mit einem Pfeile getroffen, seitdem ist diese Ungerechtigkeit des Boshaçp (d. i. der Schlaf cf. oben) über ihn gekommen. Dass er zur Zeit der letzten Dinge wieder erwachen und den seinen Banden entronnenen Azhi-dahâka besiegen wird, erzählen nur späte Quellen (cf. oben Bd. I, 24 und meine Einleitung in die trad. Schriften II, p. 134). Nach andern spätern Nachrichten befand sich Kereçâçpa einige Zeit in der Hölle. Es sei nämlich in früherer Zeit Sitte gewesen, dass das Feuer auf den Wunsch grosser Helden von selbst herbeikam ohne entzündet zu werden. Da habe es sich nun begeben, dass das Feuer, als Kereçâçpa das Holz zurechtgelegt und den Kessel aufs Feuer gesetzt hatte, etwas lange gezögert habe, aus Zorn habe Kereçâçpa bei seiner Ankunft dasselbe geschlagen und dadurch den Asha vahista so beleidigt dass er ihn nicht in den Himmel gelassen habe bis Zarathustra Fürbitte für ihn einlegte. Die letztere Bemerkung halte ich für spät, die Mythe auf welche sie sich gründet dagegen für alt. Von allen diesen Dingen weiss das Schâhnâme nichts, das als den Hauptzug nur die Aussetzung und spätere Aufsuchung von Çâms Sohn, dem Zâl, kennt. Von diesem Zâl, d. i. dem Alten, da er schon mit weissen Haaren geboren wird, weiss das Avesta nichts, sein Name müsste wol Zaoruro lauten. Noch auffälliger ist, dass das Avesta auch über den im Schâhnâme so berühmten Rostem gar nichts zu sagen weiss, nicht einmal seinen Namen habe ich entdecken können. Ich vermag nicht zu sagen woran dies liegt. Dass übrigens Segestân auch dem Avesta schon als ein besonders bevorzugtes Land erschien ersieht man daraus dass dorthin der See Kançu oder Kançaoya zu setzen sein muss, wie die spätern Quellen bestimmt angeben und aus Vd. XIX, 19 hervorgeht, wonach Çaoshyañç aus dem Osten kommen wird und in der That Segestan ist ein ganz im Osten gelegenes érânisches Land.

  Wir kehren nach dieser sehr langen Abschweifung wieder zur Regierung des Königs Vistâçpa zurück, um das Hauptereigniss seiner Zeit, die Erscheinung Zarathustras, zu erwähnen. Ich fasse mich über Zarathustra kurz, da ich auf eine ausführliche Abhandlung Windischmanns verweisen kann, die nächstens erscheinen wird und der ich Vieles verdanke. Obwol das Wesen des Zarathustra mehr geistiger Natur ist, so ist es doch in der Ordnung ihn den grossen Helden beizufügen von denen wir eben gesprochen haben, denn auch er ist ein kämpfender Held, der die Dämonen schlägt und macht, dass

sie sich unter die Erde verbergen müssen, nachdem sie vorher in
Menschengestalt umher gelaufen waren. (Yç. IX, 46). Nach der
Huzvâresch-Glosse ist dies so zu verstehen, dass er die Leiber derer
zerbrach die sich unsichtbar machen konnten, wer dies nicht konnte
den zerbrach er selbst (ganz und gar). Auch an andern Stellen (Yt.
17, 19. 20; 19, 80. 81) ist von der Stärke des Zarathustra die Rede
und nach Yt. 19, 38 ist er sammt der männlichen Tapferkeit stärker
als irgend ein anderes Wesen; am ausführlichsten findet er sich Yç.
IX, 47 flg. gepriesen. Aber wie seine Hauptwirksamkeit als Held
gegen die Geisterwelt gerichtet ist, so ist auch seine Waffe eine geistige, die heilige Schrift, die heiligen Ceremonien und besonders der
Ahuna vairya (Vd. XIX, 30. 31). Es begreift sich hiernach dass
die Daevas die Geburt des Zarathustra zu verhindern oder ihn wenigstens auf ihre Seite zu bringen wünschten, dass sie wehklagten
als ihre Anschläge misslangen und Zarathustra doch geboren wurde,
wie dies Alles der neunzehnte Fargard des Vendidâd ausführlich beschreibt. Als Vater des Zarathustra wird im Avesta selbst Pourushaçpa namhaft gemacht (Vd. XIX, 15. Yç. IX, 40). Eine vollstän-
digere Aufzählung seines Stammes giebt der Bundehesh (79, 4. ed.
W.). Man sieht daraus, dass er auf die Familie des Manuscithra zurückgeführt wird. Wegen seines Geburtsortes verweisen wir auf
Bd. II, p. VIII flg. In jeder Hinsicht stimmt das was Bundehesh und
spätere Parsenquellen von den Familienverhältnissen Zarathustras
berichten mit dem überein was uns das Avesta selbst, die Gâthâs mit
eingeschlossen, von Zarathustra erzählt. Wie bei den Spätern so
hat er auch dort drei Söhne: Içaṭ-vaçtra, Hvare-cithra und Urvataṭ-
nara (Yt. 13, 98) und drei Töchter Fréni, Thriti, Pouruciçta (Yt.
13, 139. Yç. LII, 3). Hier wie dort heisst seine vornehmste Gemahlin Hvovî (Yt. 13, 139; 16, 15. Yç. L, 17), auf die wir unten zurückkommen werden. Sein erster Schüler und Nachfolger ist sein
Oheim Maidhyomâoṅha — wir finden ihn Yt. 13, 95. 106 und sogar Yç.
L, 19. Das Gesetz erhält Zarathustra schon nach dem Avesta durch
Unterhaltung mit Ahura-Mazda (cf. Yç. I, 33; XIII, 18 flg.; LXIV,
37 flg.; LXX, 65). Zarathustra ist Herr der irdischen Schöpfung
wie Ahura in der himmlischen, Vsp. II, 6. 7; XIX, 7. 8. Sein Sohn
Urvataṭ-nara ist mit ihm Herr im Vara des Yima, Vd. II, 140 flg.
Sein Fravashi wird häufig gepriesen, Yç. VI, 52; XXIII, 4; XXIV,
13 u. s. w. Zarathustra ist der erste Verbreiter der Gesittung, er
richtet die Stände ein und ist der erste Priester, der erste Krieger,

der erste Ackerbauer (Yt. 13, 88. 89). Er hat mithin einen Anhaltspunkt in den Grundtexten, wenn die drei Söhne des Zarathustra als die Begründer der drei Stände gelten. Wie die wirklichen Söhne Zarathustras in vergangener Zeit, so haben auch die welche künftighin noch geboren werden ihre Begründung in den Texten, denn Yt. 13, 98 ist von den Drillingen die Rede, die Namen Ukhshyaṭ-ereto und Ukhshyaṭ-nemo (Yt. 13, 128) hat neuerlich Oppert als die neuen Oshédar-hâmi und Oshédar-mâh nachgewiesen. Der Name des dritten Sohnes, Çaoshyañç, ist schon länger bekannt. Die Mutter des Çaoshyañç, Eredhaṭ-fedhri, erscheint Yt. 13, 142. Alles dies weist uns darauf hin, dass die Zarathustrasage soweit hinaufgeht als unsere ältesten Texte und es ist eine reine Willkühr, die Gâthâs von den übrigen Stücken loszulösen und dort als geschichtlich zu betrachten was anderwärts der Sage angehört.

Dass der Verkünder der mazdayaçnischen Religion gerade unter Vîstâçpa erscheinen musste, ist nicht ein Werk des Zufalls, sondern göttlicher Fürsorge. Ahura-Mazda hat den Zarathustra in der Zeit erscheinen lassen welche die passende war. Ich verweise über diesen Punkt wieder auf Windischmanns Forschungen, der nach meiner Ansicht unwiderleglich nachgewiesen hat, dass Zarathustras Erscheinung in der heiligen Chronologie der Parsen fest bestimmt ist. Ahura-Mazda hat es auch gefügt, dass zu dieser Zeit der rechte Mann regierte der Zarathustras Religion fördern konnte und wollte. Die hohe Bedeutung Vîstâçpas für die zarathustrische Religion wird an mehrern Stellen des Avesta hervorgehoben (Yt. 5, 105; 13, 99; 19, 84), dasselbe thun die Gâthâs, cf. Yç. XXVIII, 7; XLV, 14; L, 16; LII, 2. Auch die Frau des Vistâçpa, die Hutaoça heisst, wirkt mit zur Verbreitung des Glaubens (cf. Yt. 9, 26; 13, 139; 15, 35). Neben Vistâçpa und seiner Familie ist es das Geschlecht der Hvogva (nach den Gâthâs) oder Hvovas welche für Verbreitung der Religion thätig sind (Yt. 5, 98; 13, 103. 104), namentlich Jâmâçpa der Minister des Königs Vistâçpa (cf. Yç. XLV, 17; L, 18; XIII, 24. Yt. 13, 127) und sein Bruder Frashaostra (Yç. XLV, 16; L, 17; XIII, 24; LXX, 1). Die erste Frau des Zarathustra ist die Tochter dieses Glaubenshelden Frashaostra (cf. Yç. L, 17) und führt daher den Namen Hvovi, d. i. dem Geschlechte der Hvôvas angehörig.

Zarathustra erscheint im Avesta öfter ohne alle Beiwörter genannt (Vd. IV, 128; IX, 32. 41; X, 36. Vsp. XXIV, 5 u. s. f.), oft auch ashâum zarathustra, o reiner Zarathustra (Vd. II, 4; VII,

84 und viele andere Stllellen), an einer Stelle (Yç. LXX, 1) heisst er auch paurvatare zarathustra, erster Zarathustra, als derjenige welcher in religiösen Angelegenheiten an der Spitze steht. Am häufigsten aber ist das Beiwort çpitama oder çpitâmo, denn so heisst Zarathustra schon in den Gâthâs (Yç. XXIX, 8; XLV, 13; L, 11. 12) und seine Tochter führt den Beinamen çpitâmi (Yç. LII, 3). Die Parsentradition, so weit wir sie hinauf verfolgen können fasst dies Wort als Patronymikum: Nachkomme des Çpitama und im Geschlechtsregister des Bundehesh findet sich allerdings ein Çpitama als Vorfahr des Zarathustra und schon bei Ktesias (Pers. 8) wird Σπιτάμης als Eigenname erwähnt. Gleichwol haben ihn sowol Anquetil wie Burnouf als ein Adjectivum aufgefasst und ich bin ihnen gefolgt. Was mich zu dieser Abweichung veranlasste ist die gänzliche Abwesenheit jeder Endung welche die Abstammung bezeichnet. Wir haben auch schon Beispiele genug gesehen die zeigen wie gering im Avesta der Unterschied zwischen Eigennamen und andern Substantiven ist, so dass im Bewusstsein der Leser selbst der Eigennamen meist seine ursprüngliche Bedeutung noch beibehielt.

Mit Zarathustra beginnt, wie bereits gesagt wurde, die eigentlich geschichtliche Weltordnung ohne sichtbare göttliche Eingriffe in dieselbe, die dem Vistâçpa nachfolgenden Herrscher sind: Behmen dirâz daçt oder Bahman mit der langen Hand und die Königin Humâi. Das Avesta weiss von keiner dieser beiden Persönlichkeiten etwas, in dem erstern scheint eine schwache Erinnerung an Artaxerxes Longimanus erhalten zu sein, die Königin Humâi halten nach Hamza und Mujmil manche für die Semiramis (شميرا). In dieser Notiz sehe ich einen Fingerzeig über die Zeit an der wir angelangt sind. Wir müssen zwischen Humâi und den Dârâs die ganze Dynastie der Achämeniden einschalten. Auch die beiden Dârâs haben keinen historischen Hintergrund, sondern sind blos eine erânische Einleitung zu der Alexandersage. — Dass die religiöse Sage nicht mehr wirklich Geschichtliches in sich aufgenommen hat wird ihr Niemand verargen. In religiöser Hinsicht kennt das Avesta unter den Menschen der jetzigen Welt zwei Classen: Gottesverehrer (mazdayaçna) oder Rechtgläubige und Daevaverehrer (daevayaçna) oder Ungläubige. Dass letztere eine wirklich in der Nähe der Rechtgläubigen wohnende Menschenclasse waren beweisen Stellen wie Vd. VII, 94 flg., dass diese Ungläubigen zum Theil sogar erânische Gottheiten verehrten lässt sich aus Yt. 5, 94 schliessen. Hieher sind auch die Ashemaoghas zu rechnen, die Bösen welche Zank und Verwirrung unter den Menschen anzurichten suchen, die Çâtars oder Çâthras, d. i. Tyrannen, dann die Kavis und Karapas, nach der Tradition die welche in Sachen des Gesetzes blind und taub sind, eine Erklärung welche nicht blos ich allein sondern auch Burnouf (Etudes p. 242 flg.) angenommen hat, Westergaard aber (Ind. Studien III, 408) die feindlichen Wesen die Blindheit und Taubheit bringen darunter versteht. Diese Masse der Gläubigen und Ungläubigen bilden die beiden grossen Heere mit denen sich Ahura-Mazda und Agro-mainyus hier in dieser Welt gegenwärtig bekämpfen. Der Lohn für gute und die Strafe für böse Thaten kann in dieser Welt der Vermischung des Guten und Bösen nicht immer gleich erfolgen, er folgt aber ganz bestimmt in der jenseitigen Welt. Dorthin ist die Vermischung noch nicht gedrungen, bös und gut ist, wie Licht und Finsterniss, strenge geschieden. Wer als gut in die jenseitige Welt kommt der einigt sich mit dem Lichte, wer als böse hinkommt mit der Finsterniss. Zur Entscheidung der Ansprüche beider Mächte werden förmliche Gerichte gehalten von denen schon Vd. XIX, 89 flg. die Rede ist. Die Seelen der Frommen gehen über die Brücke Cinvat (schon in den Gâthâs erwähnt Yç. XLV, 10; L, 13). Am ausführlichsten schildert das Fragment von Yt. 22 diesen Zustand nach dem Tode. Nach der Ansicht dieses Stückes verweilt die Seele des Frommen wie des Unfrommen noch drei Nächte nach dem Tode in der Nähe des Leibes, dann geht sie vorwärts, ihre guten Werke geleiten sie in Gestalt eines schönen Mädchens, ein wohlriechender Wind weht ihr entgegen, sie kommt hin zu den Paradiesen, wo sie von den Reinen und den Yazatas sowie von Ahura-Mazda selbst mit Liebe aufgenommen wird und wo man darauf bedacht ist sie die Schrecken des Todes vergessen zu machen. Ganz das Entgegengesetzte begegnet der Seele des Unfrommen: ein hässliches Mädchen empfängt sie, ein schlechter Wind weht ihr entgegen, die Daevas und die Unfrommen empfangen sie mit Spott und Hohn und behandeln sie auf das Schlechteste. Bei dieser Gelegenheit werden drei und mit Garo-nemâna vier Paradiese unterschieden, welche den guten Gedanken, Worten und Werken entsprechen. Sonst wird im Avesta das Paradies (vahisto aġhus) der Hölle (acisto aġhus) entgegengesetzt und nur summarisch genannt. Natürlich giebt es auch drei Höllen die den schlechten Gedanken, Worten und Werken entsprechen, ausser der anfangslosen Finsterniss, der Wohnung des Agro-mainyus.

Drittes Capitel.

Allein dieser Zustand der Trennung der Guten und Bösen, ihr Lohn und ihre Strafe wird nicht ewig währen, sondern nur bis zur Periode des grossen Kampfes zwischen Ahura-Mazda und Agromainyus. Diesem Kampfe wird die Auferstehung der Todten vorhergehen. Ueber diesen Vorgang liegen in den spätern Schriften ausführliche, in den ältern spärliche Notizen vor, weswegen früher Burnouf und ich mit ihm (cf. Bd. I, p. 247) geschlossen haben, dass die älteren Schriften diese Lehre noch nicht kennen. Mit Recht hat aber Windischmann dagegen die Stelle Yt. 19, 89 flg. geltend gemacht, welche das Vorhandensein dieser Lehre auch in alter Zeit beweist, wie sie ja auch schon von Theopompus bezeugt ist (cf. Bd. I, p. 16). Seitdem nachgewiesen ist dass auch die Namen der drei künftighin erscheinenden Söhne Zarathustras im Avesta vorkommen (s. o. p. LXXII), werden wir annehmen müssen, dass schon in alter Zeit die 3000 Jahre welche von Zarathustras Erscheinen bis zum Weltende noch zu verfliessen haben in der Gestalt abgetheilt wurden wie später, nämlich dass alle tausend Jahre ein Prophet auftrete der den schon bekannten Nosks oder Abtheilungen des Gesetzes noch einen neuen hinzufügt. Während aber von den beiden ersten nichts als der Name bekannt ist, wird der dritte im Avesta häufig genannt. Ueber diese Persönlichkeit brauche ich nur an bereits Bekanntes zu erinnern, da schon Windischmann (Mithra p. 78 flg.) das Wesentliche über ihn zusammengestellt hat. Der Name Çaoshyañç ist ein ganz regelmässiges Participium fut. der häufig vorkommenden Wurzel çu, nützen. Wenn in manchen Handschriften dafür sich çaoskyañç findet so ist dies blos eine verschiedene Schreibung des sh, die in manchen Codd. vor i-Lauten gewöhnlich ist. In der angegebenen Weise wird nun das Wort im Avesta selbst erklärt (Yt. 13, 129). Ausserdem führt er auch den Namen Açtvaṭ-ereto (der Hohe oder Erhöhte unter den Beköperten), cf. Yt. 13, 110. 117. 129. Er selbst führt gewöhnlich den Beinamen verethraja, der Siegreiche (Vd. XIX, 18. Yç. LVIII, 3), der Grund dieses Namens erhellt am deutlichsten aus Yt. 19, 95 wo seine Wirksamkeit bei der Auferstehung geschildert wird, und er den Sieg des ahurischen Glaubens vollendet. Da Çaoshyañç als Prophet gefasst wird so muss er, wie seine Vorgänger, aus dem Saamen des Propheten, aus dem Stamme Zarathustras sein. Dieser Saame des Propheten wird deswegen von 99999 Fravashis der Reinen bewacht (Yt. 13, 62). Das Wasser aus dem er geboren werden wird ist das Wasser Kañçaoya oder Kañçu (cf. Vd. XIX, 18. Yt. 19, 66 und die Note). Nach dem Bundehesh liegt dieser See in Segestån und die zuletzt angeführte Stelle bestätigt es. Einen Zusammenhang des Wortes mit kaçu, klein, kann ich mit Windischmann (Mithra p. 81) nicht erkennen. Was auch die Silbe kań bedeuten mag, in çn oder çaoya darf man wol Ableitungen der Wurzel çn suchen. Wie Gayo-maratan der Anfang, so ist Çaoshyańç das Ende der bekörperten Welt. Ağro-mainyus wird besiegt und muss sich unterwerfen und wird der Herrschaft beraubt (Yt. 19, 96). Ahura-Mazda hat keinen Widersacher mehr, die Macht des Guten hat gesiegt und hinfort ist Friede und Seligkeit auf der ganzen Welt herrschend. Nach den spätern Quellen hat Çaoshyańç bei seinem Kampfe Genossen und dass dies auch schon die ältere Ansicht war beweist Yt. 19, 95. Dass seine Mutter Eredhaṭ-fedhri heisst ist schon oben (p. LXXII) gesagt worden.

VIERTES CAPITEL.

In den vorhergehenden Capiteln haben wir versucht die religiösen Anschauungen der Parsen zu zeichnen wie sie sich aus dem Avesta darstellen lassen. Absichtlich haben wir uns dabei aller Herbeiziehung eines fremden Stoffes möglichst enthalten, wir haben sogar vermieden an die Quellen der zweiten Periode des Parsismus uns zu wenden, so lange nicht die Unvollständigkeit der Grundtexte dazu nöthigte. Da diese Einleitung nichts weiter sein soll als ein Leitfaden, um sich in den Anschauungen der Texte zurechtfinden zu können, so glaubten wir diese Scheidung vornehmen zu dürfen. Damit soll indess nicht gesagt sein, dass die zweite Periode des Parsismus wesentliche Abweichungen von der ältern biete, sie schliesst sich ihr im Gegentheil auf das Genaueste an und müsste bei einer vollständigen Darlegung der éranischen Religion durchgängig berücksichtigt werden. — Betrachten wir nun die éranische Religion als Ganzes so fällt uns vor Allem die strenge Systematik derselben auf. Es sind nicht Anschauungen verschiedener Jahrhunderte die sich nach und nach zu einem lose verbundenen Ganzen zusammengefügt haben, sondern ein durchdachtes, von gewissen Grundansichten beherrschtes System in welchem jede Einzelheit ihre bestimmte Bedeutung hat und gerade nur so und nicht anders gefasst werden kann. Das Ganze macht mehr den Eindruck einer festgegliederten Dogmatik oder eines philosophischen Systemes als einer Volksreligion. Es scheint uns demnach dass der Gang der Religion der Erânier ebenso wie der ihres Epos von dem der übrigen Völker sich unterscheide. Das érânische Epos ist nicht aus einzelnen Volksliedern zusammengeflossen, sondern der einzige Firdosi hat die alten Sagen in sich aufgenommen und mit kräftiger Hand zu einem Ganzen verarbeitet. Ebenso scheinen auch die religiösen Vorstellungen der Erânier, wie sie sich im Laufe der Jahrhunderte gebildet hatten, von dem Genius eines einzigen Mannes in ein System gebracht worden zu sein.

Die erste Frage die sich uns aufdrängt ist: wie alt ist dieses merkwürdige System? Wir wissen darauf keine bestimmte Antwort zu geben. Nur so viel vermögen wir zu sagen, dass dasselbe so hoch hinaufreicht als unsere Kenntniss vom érânischen Alterthume überhaupt. Die Keilinschriften der Achämeniden enthalten zwar keine vollständige Darstellung der érânischen Religion zu ihrer Zeit, aber Alles was sie davon berichten ist mit dem Avesta leicht vereinbar und zeigt dass das System im Ganzen und Grossen dasselbe war, mögen auch einzelne Abweichungen vorhanden gewesen sein. Wenn nicht etwa noch die assyrischen und babylonischen Inschriften künftighin Aufklärungen über die Entwicklung der érânischen Religion gewähren, so dürften alle historischen Zeugnisse für immer verloren sein. Wir sind auf jeden Fall vor der Hand darauf beschränkt zu untersuchen ob sich nicht innerhalb des Systems selbst noch Nähte finden lassen durch welche Verschiedenartiges verbunden ist. Wir können dann auch durch Vergleichung mit den verwandten Religionssystemen der indogermanischen Völker, namentlich der Inder, die ursprünglichere Form der érânischen Religion zu ermitteln suchen. Die erste dieser Methoden führt uns nicht über Erân hinaus, die zweite dagegen in eine ferne, vorgeschichtliche Zeit zurück.

Niemand, der die obige Skizze des érânischen Religionssystems gelesen hat, wird die Versicherung Herodots mehr auffallend finden, dass die Perser sich keine Bildnisse von ihren Göttern machen. Es dürfte auch in der That einem Künstler schwer werden, aus den wenigen materiellen Anschauungen die von den meisten Genien gegeben werden, irgend ein charakteristisches Bild zu formen. So weitläufig z. B. Ahura-Mazda in dem Yast geschildert wird der seinen Namen trägt, so gehören doch alle die Eigenschaften die ihm zugeschrieben werden mehr in die Dogmatik als in die Mythologie. Wie mit Ahura-Mazda so ist es auch noch mehr mit den Amesha-çpentas der Fall und eben so mit den meisten Yazatas. Daneben treten aber doch einige Genien in mehr körperlicher Form heraus und diese sind es welche, wie ich glaube, den Volksvorstellungen entnommen worden sind und an die sich das Volk auch zumeist gehalten haben mag. Hieher rechne ich vor Allem Ardvi-çûra. Sie wird in Mädchengestalt gedacht und bis auf den Anzug genau beschrieben, so wie sie beschrieben wird hat man sie später auch abgebildet. Auch Tistrya scheint mir Züge an sich zu tragen die auf eine lebhafte Vorstellung schliessen lassen. Ardvi-çûra und Tistrya als Gottheiten des Wassers und der Befruchtung mussten namentlich dem éranischen Landbauer nahe am Herzen liegen. Das Gleiche gilt von Mithra, dem Beschützer der Heerden, dem Helfer in der Schlacht, er war wichtig für die Nomaden und die Krieger. Wie mir scheint hat sich dieser Gott noch immer am wenigsten in das System des Avesta schicken können, er wird uns als ein angreifender zorniger Gott geschildert, der an denen die ihn beleidigen Rache nimmt. Dies ist ein Zug der sonst gar nicht im zarathustrischen Systeme liegt. Den Siegesgott, Verethraghna, wird man bei einem so kriegerischen Volke wie die Eränier waren gewiss nicht für ganz jung halten dürfen. Am wichtigsten war, wie mir scheint, der Cultus der Fravashis, der dem Cultus der Mauen bei andern Völkern entspricht. Hier mag wohl von jeher wenig Uebereinstimmung in der Verehrung stattgefunden haben, indem jeder Stamm, ja jeder Clan und jede Familie die Abgeschiedenen seiner Angehörigen besonders verehrt haben wird. Die $\pi\alpha\tau\varrho\tilde{\omega}\iota\;\vartheta\varepsilon o\iota$, welche die Griechen den Eräniern zuschreiben, werden wir unter die Fravashis stellen müssen. Der ganze Heroencult wird sich natürlich auch an die Fravashis angeschlossen haben. Neben diesen sinnlich hervortretenden Göttern finden wir nun eine ganze Reihe abstracter Wesen die zum Theil nicht viel Anderes sind als verkörperte Begriffe, das eine oder andere unter diesen Wesen mag alt und nur nach und nach verblasst sein, dass aber alle diese Gottheiten aus ursprünglich lebensvollen Gestalten abgeblasst seien, kann ich nicht glauben. Die meisten scheinen mir nie mehr Körper gehabt zu haben als sie jetzt haben und überhaupt nicht derselben Zeit anzugehören wie die obigen. Und so glaube ich denn auch im Avesta die beiden Arten von Göttern nachweisen zu können die sich auch in andern Mythologien vorfinden. Die einen sind der Ausdruck der Volksansichten, die andern die ersten Bildungen der beginnenden Speculation.

Drittes Capitel.

Weit mehr als durch das Studium der verschiedenen Abtheilungen des zarathustrischen Systems selbst, hat man bis jetzt das Verständniss der éranischen Religion dadurch zu fördern gesucht, dass man für dieselbe Anknüpfungspunkte in den Religionen anderer indogermanischer Völker, namentlich der Inder, zu finden suchte. Es ist unleugbar, dass auf diesem Wege schöne Resultate erzielt worden sind, es ist aber eben so unleugbar dass man mehrfach auf Abwege gerathen ist und darum wird es nicht ohne Nutzen sein wenn wir etwas länger bei diesem Gegenstande verweilen. Man ist sich weder über den Zweck der Forschung noch über die Tragweite der gewonnenen Resultate immer hinreichend klar gewesen. Was wir zuerst verlangen ist eine reinliche Sonderung der éranischen Mythologie von der vergleichenden Mythologie. Gar häufig kommt es vor, dass man glaubt indem man vergleichende Mythologie treibt zugleich éranische Mythologie zu lehren. Die vergleichende Mythologie ist ebensowenig éranische Mythologie als sie griechische oder deutsche Mythologie ist. Die vergleichende Mythologie hat als besondere Wissenschaft ihre besondern Zwecke und diese fallen keineswegs immer mit denen der Philologie zusammen. Wohl wissen wir dass die einzelnen Mythologien auch wieder die vergleichende Mythologie als Hülfswissenschaft gebrauchen können, allein dies setzt immer schon einen vorgerückten Stand der Einzelforschung voraus, zur Begründung derselben kann die vergleichende Mythologie ihrer Methode nach nicht dienen, denn die vergleichende Mythologie hat ihren Namen vom Vergleichen, zum Vergleichen braucht man aber immer zum wenigsten zwei Dinge. Wenn wir die mustergültigen Arbeiten auf dem Gebiete der vergleichenden Mythologie betrachten (z. B. Kuhns Arbeiten) so finden wir immer, dass sie zuerst die Ansichten der zu vergleichenden Einzelmythologien in möglichster Genauigkeit und Vollständigkeit aufzählen und dann aus denselben Schlüsse ziehen.

Wenden wir uns nun zu denjenigen Arbeiten der vergleichenden Mythologie durch welche namentlich die nahe Verwandtschaft der éranischen und indischen Mythologie bewiesen worden ist, so finden wir leicht, dass man dieselbe Methode befolgt hat. Nehmen wir z. B. die treffliche Arbeit Windischmanns über Soma und Haoma, so sehen wir dass er eben so bemüht ist zu sammeln was die Eránier über Haoma als was die Inder über Soma sagen und dann das Gleichartige verknüpft. In seiner Abhandlung über die Ursagen der arischen Völker vergleicht derselbe Gelehrte den Garten des Yima mit dem griechischen Elysium, aber wir erfahren sowol wie sich die Eränier den Garten des Yima als wie die Griechen sich das Elysium dachten. In derselben Weise untersucht Windischmann die Verwandtschaft zwischen dem eränischen Mithra und dem vedischen Mitra. Ganz ebenso hat R. Roth seine Vergleichungen über Thraetaona und den vedischen Trita, über Yima und Yama geführt und in derselben Weise, dies müssen wir fordern, sind alle ferneren Vergleichungen zu machen. Diese Vergleichungen haben nun zu dem Resultate geführt dass zwischen verschiedenen mythischen Persönlichkeiten des Avesta und der Vedas eine unleugbare Verwandtschaft bestehe. Aber nirgends ist der Beweis auch nur versucht worden, dass die eine oder andere Persönlichkeit des Avesta mit der der Vedas identisch sei, es ist im Gegentheil überall neben aller Aehnlichkeit unleugbare Verschiedenheit zu Tage getreten, wodurch das Eränische eränisch, das Indische indisch wird. Keiner von diesen Forschern hat deswegen auch behauptet dass Veda und Avesta identisch seien, im Gegentheile haben sie gesagt, dass jene Verwandtschaft in eine frühere, vorvedische Zeit zurückgehe. Gleich auf der ersten Seite seiner Abhandlung über Soma und Haoma hebt Windischmann hervor, dass jene gemeinsamen Mythen „ein lange vor der Trennung des arischen Volksstammes in die zwei grossen Gebiete diesseits und jenseits des Indus, in zarathustrische und vedische Lehre, gemeinschaftlich besessenes, aus uraltester Tradition stammendes Erbgut sind." Dasselbe will wol auch R. Roth sagen, wenn er (Zeitschr. der DMG. II, 216) äussert dass: „Veda und Zendavesta aus einer Quelle fliessen als zwei Arme, von welchen der eine — im Veda — voller, reiner, seinem ursprünglichen Wesen gleicher geblieben ist, der andere vielfach sich verfärbte, seinen ersten Lauf geändert hat und darum nicht immer mit gleicher Sicherheit bis zu seinen Ursprüngen zurück verfolgt werden kann." Auch Burnouf sagt richtig verstanden nichts Anderes wenn er sich (Etudes p. 84) folgendermassen äussert: „Des exemples aussi frappants sont hien faits pour confirmer dans l'opinion qu'il n'y a presque aucune dénomination importante parmi celles qui forment le fonds des croyances indopersanes qui ne se retrouve également en zend et en sanscrit." So konnte Lassen mit Recht im Jahre 1851 sagen (Ind. Alterthumsk. I, 753): „Im Zendavesta wie im Rigveda ist schon die religiöse Ansicht in ihrer Eigenthümlichkeit vollständig ausgeprägt, welche die

Iránier von den arischen Indern scheidet und daraus zu folgern, dass beide Völker sich schon lange von einander getrennt hatten."

Erst seit dieser Zeit tritt nun plötzlich die Behauptung einer durchgängigen Identität des Veda und Avesta auf und zwar nicht in Form einer neuen Ansicht, welche durch ihre Gründe die ältere zu verdrängen sucht, sondern als bewiesene Thatsache, die gar keines Beweises bedarf. Man wird fragen wie kommt das? Sind etwa seit dem Jahre 1851 identische Gestalten in solcher Menge im Veda und Avesta nachgewiesen worden, dass man die frühere Ansicht stillschweigend für veraltet ansehen kann? Mir wenigstens ist nichts davon bekannt geworden und es scheint mir die ganze Ansicht auf einem Missverständnisse zu beruhen, indem man theils mit bewiesenen Dingen mehr beweisen will als sich beweisen lässt, theils aber auch unbewiesene Dinge als vollkommen erwiesen ansieht.

Wenn man der Kürze wegen sagt: der éranische Haoma sei der indische Soma, der éranische Yima der indische Yama u. s. w., so mag dies angehen, vorausgesetzt dass man es richtig versteht und nicht etwa annimmt die éranischen Persönlichkeiten wurzelten im Veda. Dies, wir wiederholen es, ist bei keiner einzigen erwiesen. Bedenklicher schon ist es wenn man eine andere Gattung vom Wesen herbeizieht von der wir Bd. I, 10 gesprochen haben. Man sagt der Aṅdra des Avesta sei der Indra der Vedas, Nåoġhaithya entspreche den Nåsatyas, Çaurva dem Çarva. Hier ist aus einer richtigen Thatsache ein ganz unrichtiger Schluss gezogen. Die Namen sind in beiden Religionssystemen die nämlichen, wie weit die Aehnlichkeit der Sache ging kann gar nicht einmal in der Weise erörtert werden wie die Aehnlichkeit des Soma und Haoma etc. weil eben das Avesta von keinem dieser Wesen mehr sagt als den Namen. Aus éranischen Schriften kann so wenig deren Aehnlichkeit als deren Verschiedenheit behauptet werden, die vergleichende Mythologie hat hier nichts zu vergleichen. Den Analogieschluss aus den andern Persönlichkeiten weisen wir gleichfalls ab, da eine Identität bei diesen selbst nicht nachgewiesen ist, so können sie diese noch weniger für andere erweisen. Es versteht sich, dass wir keineswegs gesonnen sind den hohen Werth auch dieser blosen Namensgleichheit für die vergleichende Mythologie in Abrede zu stellen, nur dass die Identität des Avesta mit den Vedas dadurch erwiesen werde, können wir bestimmt verneinen. Noch bestimmter müssen wir einige andere Vergleichungen zurückweisen auf die man sich neuerdings gestützt hat.

Man hat gesagt z. B. Ahura-Mazda sei Asura-medhas in den Veden, die éranische Ârmaiti die vedische Aramati. Wie die Sachen jetzt stehen sind diese Vergleichungen nicht zu gebrauchen. Vor der Hand wissen wir blos dass die Namen gleich sind, erst wenn eine genaue Vergleichung sowol des Materials des Avesta als der Vedas vorliegen wird kann ein Urtheil gefällt werden, ob und wie diese Begriffe verwandt sind. Soviel indess kann jetzt schon gesagt werden, dass an eine Identität dieser Begriffe nicht zu denken ist. Hierzu muss noch Einiges gefügt werden, wo die Verwandtschaft bestimmt auf die Worte beschränkt werden muss, ohne auf die Sache Einfluss zu haben. Ein solches Beispiel ist Verethrajan, der nichts weniger als identisch mit dem indischen Vṛitrahan ist, wie ich diess nächstens an einem andern Orte ausführlicher darthun werde.

Die genannte Ansicht von der Identität des Avesta mit den Vedas würde nun freilich an Wahrscheinlichkeit sehr gewinnen, wenn sich historische Beweise dafür finden liessen, dass die Erânier die vedische Periode wirklich mit den Indern durchlebt haben. Ich zweifle aber sehr, dass die Gründe welche dafür beigebracht werden von einer nur einigermassen gesunden historischen Kritik stichhaltig befunden werden. Das erste ist das Vorkommen des Namens hapta hendu im ersten Capitel des Vendidâd (cf. Bd. II, p. CIX). Allein die Kenntniss dieses Namens beweist zwar dass Inder und Erânier schon frühe mit einander in Berührung gekommen sind, aber nimmermehr dass die letztern die vedische Periode mit durchlebt haben, besonders seitdem die Wanderungshypothese beseitigt ist die man immer mit dem genannten Capitel zu verknüpfen pflegte. Man hat ferner den Zarathustra in Indien finden wollen, indem man ihn an das vedische Wort jaradashṭi anknüpfte. Indess dieser Versuch ist schon an dem allgemeinen Widerstande der Indianisten gescheitert, welche in Abrede stellen dass jaradashṭi überhaupt nur ein Eigenname sei, so dass ich über diesen verunglückten Versuch nicht weiter zu reden brauche. Es würden übrigens, ganz abgesehen von den Vedas, noch viele Gründe geltend gemacht werden können, die gegen die Wahrscheinlichkeit der obigen Annahme sprechen würden.

Nach diesem Allen bleiben wir also bei der Annahme: dass die Gemeinsamkeit der Inder und Erânier in eine frühe, vorvedische Zeit zurückgehe und dass, wie Lassen gesagt hat, Inder und Erânier schon lange geschieden waren als Veda und Avesta geschrieben wurden. Sollte es der vergleichenden Mythologie gelingen auf wissenschaftlichem Wege die Identität des Veda und Avesta zu erweisen so würden wir dagegen nichts einzuwenden haben, so wenig wie gegen irgend ein anderes wissenschaftliches Resultat. Was wir bekämpfen ist blos die Lehre von der Identität des Avesta und der Vedas als **wissenschaftliches Dogma**. Man geht häufig schon von der Voraussetzung aus dass Veda und Avesta identisch sind, dieser Satz ist der Maassstab der an die wissenschaftlichen Hülfsmittel gelegt wird und es liegt die beständige Tendenz vor ihn zu beweisen. Dieser Ansicht wollten wir hier auch auf dem sachlichen Gebiete entgegentreten, wie wir auf dem sprachlichen nicht ermüden werden sie zu bekämpfen.

AVESTA.

KHORDA-AVESTA.

I. Ashem-vohû.

1. Reinheit ist das beste Gut.
2. Heil ist, heil ihm:
3. Nämlich dem besten Reinen an Reinheit.

II. Yathâ ahû vairyo.

1. Wie es des Herren Wille ist, also (ist er) der Gebieter aus der Reinheit.
2. Von Vohu-mano Gaben (wird man empfangen) für die Werke (die) in der Welt für Mazda (man thut).

I. Ueber dieses oft vorkommende Gebet sehe man Bd. II. p. LXXXII. Es ist sowol ins Huzvâresch als auch ins Sanskrit übersetzt, auch, wie sich versteht, ins Guzerati. Die beiden zuerst genannten Uebersetzungen sind ziemlich gleichlautend, die letzte unterscheidet sich in einigen unwesentlichen Punkten, aber nicht zu ihrem Vortheil. Nur in § 3. weiche ich etwas von der Tradition ab. Die ältere Tradition will übersetzen: ,,(Glücklich ist, oder Heil ist dem Manne) der das Reine vorwärtsgehen macht." Dies lässt sich kaum mit den Worten vereinigen, noch weniger die Guzeratiübers.: ,,Wer ein Verkünder der Gerechtigkeit ist, auch der ist sehr rein und gut."

II. Auch über dieses Gebet ist Bd. II. p. LXXXII. zu vergleichen. Dieses berühmteste unter allen Parsengebeten ist ungleich schwieriger als das vorige und es liessen sich sehr verschiedene, von der traditionellen ganz abweichende, Deutungen aufstellen, namentlich wenn man nicht blos die Wortverbindung, sondern auch die traditionelle Satzabtheilung angreift. Auch von diesem Gebete, wie vom vorigen, besitzen wir dreierlei Uebersetzungen, von denen die beiden ersten so ziemlich mit der unseren übereinstimmen. Als Erklärung zu § 1. wird beigefügt: Jede gute That — welche sie auch sei — ist so auf rechtschaffene Art zu thun, wie es der Wille des Ormazd ist. In § 2. unterscheiden sich mehrere Erklärungen, die namentlich den Anfang anders verstehen aber doch auch auf den obigen Sinn hinauskommen. Die allzu freie Guzeratiübersetzung füge ich hier der Vergleichung wegen bei: ,,Welcher Gestalt es der Wunsch Ormazds ist, solcher gestalt ist das Gebot für jede rechte (That). (Weil man diese thut und) weil man in dieser Welt gute Thaten thut, giebt Ormazd gute Gedanken und wer die Armen unterhält dem giebt Ormazd die Herrschaft (d. h. das hohe Paradies)." Es ist mir nicht bekannt, auf welche Autorität sich diese Uebersetzung stützt, auf die alten Uebersetzungen gewiss nicht.

3. Und das Reich dem Ahura (giebt man) wenn man den Armen Schutz verleiht.

III. Gebet beim Nehmen des Kuhurins [1]).

Gebrochen, gebrochen sei der Satan Ahriman dessen Handeln und Thun verflucht ist. Sein Handeln und sein Thun möge nicht (zu uns) gelangen. Die drei und dreissig Amschaspands [2]) *und Ormazd seien siegreich und rein.* Ashem-vohû [3]).

IV. Nirang-Kuçti [4]).

Ormazd möge König, Ahriman [5]) *der schlechte Fernhalter geschlagen und zerbrochen sein. Ahriman, die Dévs, die Drujas, die Zauberer, die schlechten Kikas und Karapas* [6]), *die Bedrücker, die Uebelthäter, die Asmogs, die Schlechten, die Feinde, die Paris mögen geschlagen und zerbrochen sein. Die schlechten Herrscher mögen ferne sein* [7]). *Die Feinde mögen betrübt sein. Die Feinde mögen fern sein. Ormazd, Herr! Alle Sünden bereue ich mit Patet* [8]).

Alle schlechten Gedanken, schlechte Worte, schlechte Handlungen, die ich in der Welt gedacht, gesprochen, gethan, begangen habe, die mir zur Natur geworden sind — diese Sünden,

---

1) Anquetil bemerkt zu diesem Gebete: *Il faut se lever ou gâh Oshen, défaire et remettre le Kosti, restant sur le même tapis où l'on a dormi; ensuite se laver les mains et le visage avec de l'urine de boeuf, et les sécher avec de la terre. Tenant dans les deux mains l'urine de boeuf le Parse dira cet Avesta:* Gebrochen etc.

2) Merkwürdig ist die Erwähnung der dreiunddreissig Amschaspands. Ich habe diese Zahl nirgends sonst mehr angegeben gefunden als in diesem spätern Stücke. Vergl. indess die Bem. zu Yç. I, 33.

3) Es ist vorgeschrieben das obige Gebet dreimal zu wiederholen.

4) Dieses Gebet wird gesprochen während man den Kuçti umbindet. (Cf. darüber Bd. I. p. 21. Bd. II. p. XLVIII.)

5) Anquetil bemerkt hierzu: *Au mot: Ahriman etc., le Parse tenant de la main gauche le bout du Kosti, le secoue vers la droite, une, deux ou trois fois: puis, tenant toujours le Kosti, il continue:*

6) Kiks und Karapas sind die Kaoyas und Karapanas der älteren Schriften. Cf. zu Yç. IX, 61. XLV, 11.

7) Anquetil fügt noch bei: *En disant ces dernieres paroles et les suivantes, le Parse secoue doucement le Kosti de la main gauche vers la droite, ayant la main droite sur la poitrine; puis il ajoute:*

8) Anquetil: *En disant ces paroles, le Parse partage le Kosti en trois.*

Gedanken, Worte und Handlungen, körperliche, geistige, irdische, himmlische[1]) *o Herr verzeihe ich bereue sie mit den drei Worten*[2]).

Befriedigung für Ahura-mazda, Verachtung für den Ağramainyus[3]). — Was für den Wunsch des offenbar Handelnden am höchsten ist (Yç. XLIX. 11e). — Ashem Vohu[4]). — Yathâ ahû vairyo (2)[5]). — Ashem-vohû[6]). — Komme meines Schutzes wegen o Ahura! — Ich bin ein Mazdayaçna etc. (Yç. XIII. 24—29.) Ashem-vohû.

V. Çros-vâj.

Im Namen des Gottes Ormazd, des Herrn, des Vermehrers. An grosser Majestät möge zunehmen: Çrosh der reine, starke, dessen Leib der Manthra, dessen Waffe furchtbar, dessen Waffe erhoben ist, der Beherrscher der Geschöpfe Ormazds, er möge kommen.

Alle Sünden bereue ich mit Patet. Alle schlechten Gedanken u. s. w.[7]).

Yathâ ahû vairyo (5.) — Ashem-vohû (3.)

Ich bekenne (mich) als Mazdayaçua, Anhänger des Zarathustra, Gegner der Daevas, Verehrer des Ahura, für Ushahina den reinen,

---

1) Anquetil: *En disant ces paroles, le Parse baisse la tête et éleve le Kosti, dont il se touche le front. — En Kirman il y a quelques differences.*

2) d. h. mit Gedanken, Worten und Werken.

3) *Le Parse porte le Kosti à son front, et se le met outour le corps en disant.*

4) *puis tenant les deux bouts devant soi, il dit.*

5) Beim ersten Ahuna-vairya beim Worte *skyaothénaoaǹm* bemerkt Anquetil: *Le Parse fait pardevant un noeud, passant le bout droit du Kosti de dehors en dedans; et ou Kirman, de dedans en dehors.* — Beim zweiten Ahuna-vairya bei demselben Worte: *Il fait un deuxieme noeud en devant et acheve cette priere: puis repassont les deux bouts du Kosti par derriere, il dit:* (Ashem vohu) *et fait deux noeuds por derriere. Le Parse, pendant qu'il fait ces quatre noeuds, dit en lui même: 1) Dieu est un. 2) La loi de Zoroastre est vraie. 3) Zoroastre est le vrai Prophéte. 4) Je suis resolu de faire le bien: puis il prononce trois fois à voix haute ces paroles.*

6) *et oyant les deux mains posés en devant sur le Kosti il dit.*

7) Cf. das vorhergehende Gebet. In den Ausgaben und Handschriften, die mir zugänglich sind, führt das ganze nachfolgende Gebet den Namen Çros-vâj. Anquetil scheint nur die in Pârsi geschriebene Einleitung unter diesem Namen zu verstehen.

Herrn des Reinen zum Preis, Anbetung, Zufriedenstellung und Lob, für Berezya und Nmànya den reinen, Herrn des Reinen zum Preis, Anbetung, Zufriedenstellung und Lob, Khshnaothra[1]) für Çraosha den heiligen, starken, dessen Körper der Manthra, dessen Waffe furchtbar ist, den von Ahura stammenden zum Preis, Anbetung, Zufriedenstellung und Lob[2]).

Wie es des Herrn Wille ist, so sage es mir der Zaota. (Zaota): So (verkündet) der Herr aus Heiligkeit, der Reine, Wissende spreche:

Den Çraosha den hehren, wohlgewachsenen, siegreichen, den Förderer der Welt, den reinen Herrn des Reinen preisen wir.

Den Ahuna-vairya der den Leib schützt[2]) (3) Yathà ahù vairyo.

Wen hat Ahura-mazda mir und meinesgleichen zum Beschützer geschaffen? etc. (cf. Vd. VIII, 52—62.)

Preis soll sein den Gütern der Weisheit. (Yç. XLVIII, 10.) Ashem-vohù — Yathà ahù vairyo (2).

Opfer, Preis, Kraft, Stärke erflehe ich für Çraosha den hehren starken, dessen Leib der Manthra, dessen Waffe furchtbar ist, der von Ahura stammt. — Ashem-vohù.

Ihm gehört Glanz etc. (Yç. LXVII, 32—36.) So möge es kommen wie ich wünsche. Ashem-vohù.

Tausend Heilmittel, zehntausend Heilmittel (wünsche ich) (3). Ashem-vohù.

Komme mir zur Hülfe o Mazda (3).

Der Stärke der wohlgebildeten, wohlgewachsenen, dem Siege dem von Ahura geschaffenen, dem Schlagen das von oben stammt,

---

1) Cf. die Anmerkung zu Yç. IV, 50.

2) So wie ich den Text gegeben habe befindet sich derselbe in Uebereinstimmung mit Anquetil und ich zweifle nicht, dass diese Anordnung richtig ist. Es ist hinlänglich bezeugt und aus mehreren Stellen des Avesta klar, dass es die Aufgabe des Çraosha ist, den Gàh Ushahius, also die Zeit des Tagesanbruchs, zu beaufsichtigen. Demgemäss müssen denn auch mit Çraosha vereint die Genien angerufen werden die noch mit ihm wirken und das sind die oben genannten. Die meisten Hdschrr. aber nennen nicht den Gàh Ushahinn, sondern Hàvani und die um diese Zeit anzurufenden Genien. Es ist leicht zu sagen woher diese Abweichung kommt: um Mitternacht, zur Zeit Ushahina, pflegen nur die Priester aufzustehen, der Laie erhebt sich erst gegen Morgen und ruft dann natürlich auch den Zeitabschnitt an der bei seinem Aufstehen eben angebrochen ist. Noch andere Handschriften gebrauchen die Vorsicht kurze Gebete für jede der einzelnen Tageszeiten beizufügen, unter denen man eben zu jeder Zeit das passende wählen kann.

3) Cf. Vd. XI, 8.

dem Râma-qâçtra, dem Vogel der in der Höhe wirkt, der gesetzt ist über die übrigen Geschöpfe, das von dir o Vogel, was von Çpentamainyu abstammt¹), dem Himmel, der seinem eigenen Gesetze folgt, der unendlichen Zeit, der Zeit der Herrscherin der langen Periode. — Ashem-vohû — *Des Lohnes der guten Thaten, der Verzeihung der Sünden wegen thue ich Reines, aus Liebe für die Seele. Theil möge haben an den guten Werken: die ganze Welt, die sieben Keshvars der Erde, nach der Breite der Erde, der Länge der Flüsse, der Höhe der Sonne²), vollkommen möge der Lohn kommen, der Reine möge lange leben.* Also möge es kommen wie ich wünsche. Ashem-vohû.

VI. Hos-baům (Gebet bei Anbruch des Morgens).

1. Dann sollst du diese Worte hersagen, die am siegreichsten und heilkräftigsten sind: Fünf Ahuna-vairya sollst du hersagen: Yathâ. ahû. vairyô (5), den Ahuna-vairya (welcher) den Körper beschützt³) (3). (Yathâ ahû vairyo). — Wen hat Ahura-mazda mir etc.⁴) — Preis soll sein den Gütern der Weisheit⁵) — Ashem-vohû — Yathâ ahû vairyo (21) Ashem-vohû (12)⁶).

2. Preis dir, hohe Morgenröthe! Nun wollen wir ihn, den grössten von allen, zum Herrn und Meister machen: den Ahuramazda, um zu schlagen den Ağra-mainyu den bösen, um zu schlagen den Aeshma mit schrecklicher Waffe, um zu schlagen die mazanischen Daevas, um alle Daevas zu schlagen auch die varenischen, schlechten, (*Gebrochen sei Gand-mainyo, hunderttausendmal Fluch über Ahriman*)⁷) um zu fördern den Ahura-mazda den glänzenden majestätischen, um zu fördern die Amescha-çpentas, um zu fördern den Stern Tistrya den glänzenden, leuchtenden; um zu fördern den reinen Mann, um zu fördern alle reinen Geschöpfe des Çpenta-mainyu⁸). Yathâ ahû vairyo (2). — Die guten Männer etc. (Yç. LI.)

---

1) Cf. Yç. XXII, 26, 27.
2) Cf. Yt. 13, 32.
3) Cf. Vd. X, 10. XI, 7, 8.
4) Cf. Vd. VIII, 52—62.
5) Cf. Yç. XLVIII, 10.
6) Die in Klammern gesetzten Angaben stehen nicht in allen Handschriften.
7) Dieser Ausruf, der den Zusammenhang unterbricht, ist in Pârsi sprechen und zwar erst aus sehr später Zeit.
8) Cf. Yç. XXVII. bis zu Ende.

Nach Wunsch und mit Glück etc. (Yç. VIII, 10—16.)
Damit froh sein möge unser Sinn etc. (Yç. LIX, 17—20).
Ashem-vohû. — Ihm gehört Glanz etc. — Tausend etc. — Komme mir etc. — Des Lohnes etc.

VII. Qarsét-nyâyis.

Im Namen Gottes. Ich lobe und preise (dich) den Schöpfer Ormazd, den glänzenden, majestätischen, allwissenden, den Vollbringer der Thaten, den Herrn der Herren, den Fürsten über alle Fürsten, den Beschützer, den Schöpfer des Geschaffenen, den Geber der täglichen Nahrung, den Gewaltigen, Guten, Starken, Alten, Verzeihenden, Verzeihung Gewährenden, Liebreichen, Mächtigen und Weisen, den reinen Erhalter. Möge deine gerechte Herrschaft ohne Aufhören sein. — Ormazd König, Vermehrer! an grosser Majestät möge zunehmen: die Sonne, die unsterbliche, glänzende, mit vorzüglichen Pferden versehene, sie möge herbei kommen.

Alle meine Sünden bereue ich mit Patet. Für alle schlechten Gedanken, Worte und Werke die ich in der Welt gedacht, gesprochen und gethan habe, die ich begangen habe, die meiner Natur anhängen für alle sündigen Gedanken, Worte und Werke, körperliche und geistige, irdische wie himmlische, bitte ich, o Herr, um Verzeihung und bereue sie mit den drei Worten[1]*).*

1. Preis dir, Ahura-mazda, dreifach vor den andern Geschöpfen. Preis euch, den Amescha-çpentas, die ihr alle mit der Sonne gleichen Willen habt. Dies möge kommen zum Ahura-mazda, zu den Amescha-çpentas, zu den Fravaschis der Reinen, dies zu den Vögeln, dem Herrscher der langen Periode[2]). — Zufriedenstellung (sei) für Ahura-mazda, Verachtung für Aġra-mainyus (wie es) dem Willen der Wohlthuenden nach am besten ist. Ich preise: Aschem-vohû. Ich preise mit guten Gedanken etc. (Yç. XII.) Aschem-vohû.

Preis sei dem Ahura-mazda[3]), Preis den Amescha-çpentas,

---

1) Cf. oben unter IV. (p. 5.)
2) Statt: „dies möge kommen zum Ahura-mazda" etc. will die Tradition, dass man übersetze: „hieher möge kommen Ahura-mazda" etc., was grammatisch unmöglich ist. Dunkel sind die Worte: „zu den Vögeln des Herrschers der langen Periode" die auch hinsichtlich der Lesart nicht sicher sind. Die Tradition: „hieher komme der Vogel, der Herrscher der langen Periode" und versteht darunter den Râm.
3) Cf. Yç. LXVII, 58 flg.

Preis dem Mithra der weite Triften besitzt, Preis der Sonne der mit schnellen Pferden begabten, Preis den Augen des Ahura-mazda, Preis dem Stiere, Preis dem Gaya (maratan), Preis dem Fravaschi des Zarathustra, des heiligen, reinen, Preis der ganzen Welt des Reinen der gewesenen, seienden und seien werdenden (Morgens). Möge ich wachsen mit gutem Geiste etc. (Yç. XXXIII, 10) A. V. (3). (Mittags). Das grösste unter den grossen Lichtern (Yç. XXXVI, 11) (Abends). Bei dieser Auflösung etc. (Yç. XLII, 6.) Ashem-vohû (3).

2. Die Sonne die unsterbliche, glänzende, mit schnellen Pferden versehene, preisen wir, den Mithra der viele Triften besitzt, verehren wir, den rechtsprechenden Versammler, der Tausendohrigen, wohlgebildeten, mit 10000 Augen versehenen, grossen, den mit weiten Warten versehenen, starken, nicht schlafenden, wachsamen, den Mithra den Herrn aller Gegenden preisen wir, welchen Ahura-mazda geschaffen hat als den glänzendsten der himmlischen Yazatas. Deswegen kommet uns zu Hülfe: Mithra und Ahura die grossen. Die Sonne die unsterbliche, glänzende, mit schnellen Pferden begabte preisen wir. — Den Tistrya mit gesunden Augen preisen wir (3). — Den Tistrya preisen wir. — Die mit Tistrya zusammengehörenden (Sterne) preisen wir[1]). — Den Tistrya den glänzenden, majestätischen preisen wir[2]). — Den Stern Vanaṅt, den von Mazda geschaffenen, preisen wir. — Den Stern Tistrya, den glänzenden, majestätischen, preisen wir. — Den Himmel, der seinem eigenen Gesetze folgt, preisen wir. — Die unendliche Zeit preisen wir. — Die Zeit, die Beherrscherin der langen Periode, preisen wir. — Den heiligen Wind, den wohlgeschaffenen, preisen wir. — Die richtigste Weisheit, die von Mazda geschaffene, reine, preisen wir. — Das gute mazdayaçnische Gesetz preisen wir. — Die Annehmlichkeit der Wege preisen wir. — Die Goldgrube, die treffliche[3]), preisen wir. — (Den Berg) Çaokaṅt[4]), den von Mazda geschaffenen, preisen wir. — Alle rei-

---

1) Dies ist meine Vermuthung. Nach Edal: den Tistrya preise ich, damit er hier regnen möge.

2) Die Worte die hier im Texte stehen, sind grammatisch unrichtig. Nach Edals unmöglicher Uebersetzung sollen sie bedeuten: die Reinheit und den Glanz des Tistrya preisen wir. Anquetil bemerkt noch: *Taschter est nommé trois fois, à cause des trois corps sous lesquels il verse l'eau.* Cf. unten Yt. 8, 13 flg.

3) So nach der Tradition.
4) Der Berg ist mir nicht bekannt.

nen himmlischen Yazatas preisen wir — alle reinen irdischen Yazatas preisen wir. — Die eigene Seele preisen wir. — Den eigenen Fravaschi preisen wir. — Komme herbei mir zur Hülfe, o Mazda! — Die guten, starken, heiligen Fravaschis der Reinen preisen wir. — Die Sonne, die unsterbliche, glänzende, mit starken Pferden versehene preisen wir. Ashem-vohû (3).

3. Ich bekenne als ein Mazdayaçna, dem Zarathustra angehöriger, ein Feind der Daevas, dem Glauben an Ahura zugethaner: (Morgens). Für Hâvani den reinen, Herrn des Reinen, zum Preis, Verehrung, Zufriedenstellung und Lob, für Çâvaghi und Viçya den reinen, Herrn des Reinen zum Preis etc. (Mittags.) Für Rapithwina den reinen, Herrn des Reinen zum Preis etc. Für Frâdaṭ-fshu und Zantuma den reinen, Herrn des Reinen, zum Preis etc. (Abends.) Für Uzayeirina den reinen, Herrn des Reinen, zum Preis etc. Für Frâdaṭ-Vîra und Daqyuma den reinen, Herrn des Reinen, zum Preis etc. Der Sonne der unsterblichen, glänzenden, mit schnellen Pferden begabten (sei) Khshnaothra zum Preis etc. Yathâ ahû vairyô.

4. Die Sonne, die unsterbliche, glänzende, mit schnellen Pferden begabte preisen wir. — Dann, wenn die Sonne in der Helle leuchtet etc.[1])

5. *Ormazd! Herr, Vermehrer der Menschen, der Arten von Menschen aller Gattungen! Allen Guten und mir möge er die Kunde, der feste Glaube und die Güte des guten mazdayaçnischen Gesetzes zukommen lassen. Also sei es*[2]). Yathâ. ahû. vairyô (2).

6. Opfer, Preis, Stärke, Kraft erflehe ich der Sonne, der unsterblichen, glänzenden, mit schnellen Pferden begabten. Ashem-vohû (3). Die Ahurischen Triften des Ahura (preise ich) mit den besten Gaben, mit den schönsten Gaben, mit Gaben, die unter Gebeten ausgesucht sind.

Ashem-vohû. — Ihm gehört Glanz etc. — Des Lohnes etc.[3])

7. *Preis den Schöpfer der Welt (und) der Geschöpfe.* Zufriedenstellung für Ahura-mazda etc. (wie oben VII, 1). Ich preise: Ashem-vohû.

---

1) Hier wird der ganze Yt. 7 bis zum Ende gebetet.
2) Der Ausruf: „also sei es" scheint mir dem christlichen Amen nachgebildet. Eine ähnliche Formel, aber in altbaktrischer Sprache, nicht in Pârsi wie die vorliegende, findet sich oben am Schlusse von V.
3) Dieselben Gebete sehe man oben unter V (p. 6).

Es möge wachsen die Sonne an grosser Majestät, die unsterbliche, glänzende, mit schnellen Pferden begabte, starke, siegreiche, an Stärke und Majestät. Die Kunde, Verbreitung und Bekanntschaft mit dem Herkommen und dem mazdayaçnischen Gesetze möge stattfinden auf den sieben Keshvar's der Erde. Also sei es!

Ich muss dorthin gelangen! (3) Dem Reinen, Ashem-vohû. *Der Schöpfer der Welt hat das gute mazdayaçnische, zarathustrische Gesetz geschaffen!*

8. Preis sei dir, nützlichste Ardvî-çûra, fleckenlose, reine – Ashem-vohû. — Preis dir dem Baume, dem guten, von Mazda geschaffenen, reinen — Ashem-vohû. — Die Sonne die unsterbliche, glänzende, mit schnellen Pferden begabte preisen wir. Ashem-vohû.

Die grosse Majestät möge zunehmen, die Sonne die unsterbliche, glänzende, mit schnellen Pferden begabte möge kommen. Ashem-vohû

VIII. Mihr-nyâyis.

Im Namen Ormazds des Herrscher, des vermehrendee. An grossem Glanze möge zunehmen, Mihr der weite Triften besitzt, der gerechte Richter, er möge kommen (zur Hülfe).

Alle meine Sünden etc.

1. Preis dir, Ahura-mazda etc. (wie oben VII, 1. 2.)

2. Ich bekenne als Mazdayaçna, Anhänger des Zarathustra, Gegner des Daevas, dem Gesetze des Ahura zugethan: für Hâvani dem reinen, Herrn des Reinen, zum Preis, Anbetung, Zufriedenstellung und Lob; für Çâvaghi und Viçya, den reinen, Herrn des Reinen zum Preis etc. (wie oben VII, 3), für Mithra der weite Triften besitzt, tausend Ohren und zehntausend Augen hat, einen genannten Namen besitzt und dem Râma qâçtra. Kshnaothra zum Preis etc. Wie es des Herrn etc. (p. 10).

3. Den Mithra, der weite Triften besitzt, preisen wir. Den rechtsprechenden, versammelnden, tausendohrigen, wohlgebildeten, mit 10000 Augen versehenen, grossen, weite Warten besitzenden, starken, nicht schlafenden, wachsamen. — Mithra, der über die Gegenden gesetzt ist preisen wir. — Den Mithra, der innerhalb der Gegenden ist, preisen wir. — Den Mithra, der bei diesen Gegenden ist, preisen wir. Den Mithra, der über den Gegenden ist, preisen wir. — Den Mithra,

der unter den Gegenden ist, preisen wir. — Den Mithra, der vor den Gegenden ist, preisen wir. — Den Mithra, der hinter den Gegenden ist, preisen wir. — Mithra und Ahura, die beiden grossen unvergänglichen, reinen, preisen wir. Die Sterne, den Mond und die Sonne, die Bäume, welche Bareçma tragen preisen wir. Mithra den Herrn aller Gegenden preisen wir [1]). Wegen seines Glanzes, wegen seiner Majestät will ich ihn preisen mit hörbarem Preise: den Mithra der weite Triften besitzt mit Darbringungen. Mithra der weite Triften besitzt preisen wir; das angenehme Wohnen, das gute Wohnen für die arischen Provinzen. Möge er zu uns kommen zum Schutze, möge er zu uns kommen zur Freude, möge er zu uns kommen zum Vergnügen, möge er zu uns kommen zur Mildthätigkeit, möge er zu uns kommen der Heilung wegen, möge er zu uns kommen der Sieghaftigkeit wegen, möge er zu uns kommen der Reinigung wegen, möge er zu uns kommen der Heiligung wegen. Stark, sehr mächtig, opferwürdig, preiswürdig, nicht zu belügen in der ganzen mit Körper begabten Welt (ist) Mithra der weite Triften besitzt. Diesen kräftigen, verehrungswürdigen, starken, unter den Geschöpfen nützlichsten Mithra will ich preisen mit Gaben, zu ihm komme ich mit Freundschaft und Gebet, ihm will ich opfern mit hörbaren Preise den Mithra der weite Triften besitzt, mit Gaben. Den Mithra der weite Triften besitzt preisen wir mit Haoma der verbunden ist etc. [2]).

3. *Ormazd, Herr, Vermehrer aller Menschen* etc. (cf. oben VII, 5.)

Preis, Anbetung, Stärke, Kraft erflehe ich dem Mithra der weite Triften besitzt, 1000 Ohren und 10000 Augen hat, der einen genannten Namen besitzt, dem verehrungswürdigen (und) dem Râmaqâçtra. Ashem-vohû.

Ihm gehört Glanz etc. [3])

Preis etc. (wie VII, 7 bis) Ashem-vohû. — *An grosser Majestät möge zunehmen Mithra der weite Triften besitzt der gerechte Richter, der starke, siegreiche, an Stärke und Majestät. Die Kunde* etc. (cf. VII, 7. 8 bis zu den W) Preis dir dem Baume, dem von Mazda geschaffenen reinen. Den Mithra, der weite Triften besitzt, preisen wir. Ashem-vohû.

---

1) Cf. Yt. 10, 144, 145.
2) Cf. Yt. 5, 104.
3) Wie oben in Nr. VI.

IX. Mâh-nyâyis.

1. *Im Namen Ormazds, des Gottes, des Herrn, des Vermehrers. An grossem Glanze möge zunehmen der Mond, der Reiniger. Er möge kommen (zur Hülfe). Alle meine Sünden etc.*

2. Preis dem Ahura-mazda, Preis den Amesha-çpentas, Preis dem Monde der den Stiersamen enthält, Preis dem Geschauten, Preis durch das Schauen (3). Zufriedenstellung sei für Ahura-mazda (wie oben VII, 1) etc. Ich preise: Ashem-vohû (3).

3. Ich bekenne als ein Mazdayaçna Anhänger, des Zarathustra, Feind des Daevas, dem Gesetze des Ahura zugethan: für Aiwiçrùthrema Aibigaya den reinen, Herrn des Reinen, zum Preis etc. Für Frâdaṭ-viçpańm-Hujyâiti und Zarathustrotema den reinen, Herrn des Reinen, zum Preis etc. Für den Mond, der den Stiersamen enthält, für den eingebornen Stier, für den Stier von vielen Arten, Khshnaothra zum Preis etc. Wie es des Herrn Wille etc.

Preis dem Ahura-mazda, Preis den Amesha-çpentas, Preis dem Monde der den Stiersamen enthält, Preis dem Erblickten, Preis durch das Erblicken.

Wann nimmt der Mond zu, wann nimmt er ab[1]) etc.

4. *Ormazd, Herr* etc.[2]) Yathâ ahû vairyo (2).

Opfer, Preis, Stärke, Kraft erflehe ich dem Monde der dem Stiersamen enthält, und dem eingebornen Stier und dem Stier von vielen Arten. Ashem-vohû (3).

5. Gebet Stärke und Sieghaftigkeit, gebet Reichthum (?) an Fleisch, gebet eine Fülle von Männern von ausdauernden (?) versammelnden, schlagenden, die nicht geschlagen werden, die nur einmal schlagen die Feinde, die einmal schlagen die Uebelwollenden, offenbar schützende den der sie erfreut[3]).

6. Yazatas, mit vielem Glanze begabte, Yazatas, sehr heilbringende! Offenbar möge von euch sein Grösse, offenbar von euch der Nutzen der auf das Anrufen folgt. Grosse! seid offenbar in Bezug auf den Lichtglanz für den Opfernden.

---

1) Hier ist Yt. 8. bis zum Schlusse zu recitiren.
2) Wie oben in Nr. VII, 5.
3) Diese Sätze leiden an Undeutlichkeit und sind daher nicht vollkommen sicher. Die Fülle von Männern, von der hier die Rede ist, erklärt die Gzeratiübersetzung als eine Fülle von männlicher Nachkommenschaft. Vgl. übrigens Yt. 24, 6—7.

Wasser gebet — Ashem-vohû.
Ihm gehört der Glanz etc.

7. *Anbetung dem Schöpfer der Welt (und) der Geschöpfe.* Zufriedenstellung für Ahura-mazda, Preis dem Ahura-mazda, Preis den Amesha-çpentas, Preis dem Monde der den Stiersamen enthält, Preis dem Erblickten, Preis durch das Erblicken. Ashem-vohû.

Es möge zunehmen der Mond an grosser Majestät, der Reiniger, der starke, siegreiche an Stärke und Sieghaftigkeit. Die Kunde, Verbreitung und Bekanntschaft mit dem Herkommen und dem mazdayaçnischen Gesetze möge stattfinden, auf allen sieben Keshvars der Erde. Also sei es. (Wie oben VII, 7, 8 bis)

Preis dir, Baum von Mazda geschaffener, reiner! — Ashem-vohû (3).

Der Mond der den Stiersamen enthält, den reinen, Herrn des Reinen preisen wir. Ashem-vohû.

X. Nyâyis Ardvîçur.

Im Namen des Gottes Ormazd des Herrn, des vermehrenden, es möge zunehmen Ardvi-çûra, die Herrin möge kommen.

Alle meine Sünden etc.

Zufriedenstellung für Ahura-mazda etc. Ich preise: Ashem-vohû (3).

Ich bekenne etc. für die guten Gewässer die von Mazda geschaffen, für Ardvi-çûra die fleckenlose, reine, für alle Wasser die von Mazda geschaffenen, für alle Bäume die von Mazda geschaffenen Khshnaothra etc. Yathâ ahû vairyo (10).

2. Es sprach Ahura-mazda zu dem heiligen Zarathustra: Preise sie, o heiliger Zarathustra, die Ardvi-çûra, die reine, die vollfliessende, heilende, den Daevas abgeneigte etc[1]). Welche ich, Ahura-mazda, mit guter Kraft aufrecht erhalte, zur Förderung des Hauses, des Clanes, der Genossenschaft, der Gegend.

3. Welches deswegen die preiswürdigen Opfergebete sind, will ich recitiren: den Ahuna-vairya, ich will hersagen den Ascha-vahista, ich will loben die guten Gewässer, ich will reinigen mit diesen den Gâthâ's entnommene Rede. Der Garo-nemâna (und) Ahura-mazda möge (mir) zuerst zukommen, er möge also diese Gunst gewähren.

4. Wegen ihres Glanzes, wegen ihrer Majestät will ich sie

---

1) Cf. unten Yt. 5, 1—7, nur die Schlussworte sind etwas verschieden.

preisen mit hörbarem Preise, will ich sie preisen mit wohlgeopferten Opfer, damit bist du sehr um Hülfe angerufen, dadurch bist du wohl geopfert Ardvî-çûra, fleckenlose mit Opfern. Wir preisen die Ardvî-çûra, die fleckenlose, reine, die Herrin des Reinen mit Haoma der verbunden ist etc.

5. *Ormazd, Herrscher, Vermehrer der Menschen etc.* Yathâ ahû vairyo (2).

Opfer, Preis, Stärke, Kraft erflehe ich den guten Gewässern, den von Mazda geschaffenen, der Ardvî-çûra, der fleckenlosen, reinen, allen Gewässern der von Mazda geschaffenen, allen Bäumen den von Mazda geschaffenen. Ashem-vohû.

Ihm gehört der Glanz etc. (Wie oben VII, 6.)

Preis dem Schöpfer der Welt (und) der Geschöpfe. Zufriedenstellung für Ahura-mazda etc. Ashem-vohû.

Es nehme zu Ardvî-çûra an grosser Majestät; die Herrin die starke, siegreiche an Stärke und Sieghaftigkeit. Die Kunde etc. (wie oben).

Preis dir Baum, guter von Mazda geschaffener reiner! (Ashem-vohû.) Die Ardvî-çûra die fleckenlose, reine, Herrin des Reinen preisen wir. Ashem-vohû.

XI. Âtas-behrâm-nyâyis.

1. *Im Namen des Gottes Ormazd, des Herrschers, des Vermehrers von grosser Majestät. Es möge zunehmen das Feuer Behrâm (das Feuer) Adar-frâ.*

Alle meine Sünden etc.

2. Reinige mich, o Herr, durch Ârmaiti gieb mir Kraft,
Heiligster, himmlischer Mazda, gieb mir auf mein Flehen in Güte
Durch Asha starke Gewalt, durch Vohû-mano Güterfülle.

Um weithin zu lehren zu (deiner) Freude gieb mir das Gewisse,
Das von dem Reiche, o Ahura, was zu den Segnungen des Vohû-
    mano gehört.
Lehre, o Çpenta-ârmaiti mit Reinheit die Gesetze.
Zarathustra giebt als Gabe aus seinem Körper die Seele,
(Gieb du ihm) den Vortritt des guten Geistes, o Mazda,
Reinheit in That und Wort, Gehorsam und Herrschaft[1]).

3. Zufriedenstellung (sei) für Ahura-mazda. Preis sei dir Feuer

---

1) Cf. Yç. XXXIII, 12—14.

(Sohn) des Ahura-mazda, Geber des Guten, grösster Yazata! Ashem-vohû (3). Ich bekenne etc. für das Feuer den Sohn des Ahura-mazda, für dich, Feuer, Sohn des Ahura-mazda, für das Feuer den Sohn des Ahura-mazda, für die Majestät, den Nutzen den von Mazda geschaffenen; den Glanz der Arier, den von Mazda geschaffenen, der königlichen Majestät, der von Mazda geschaffenen. — Für das Feuer den Sohn des Ahura-mazda, für den Kava Huçravagha, für den Vara des Huçravagha, für den Berg Açnavañta, den von Mazda geschaffenen, für den Vara Caecaçta, den von Mazda geschaffenen, für die königliche Majestät die von Mazda geschaffene. — Für das Feuer dem Sohn des Ahura-mazda, für den Berg Raevañta, dem von Mazda geschaffenen, für die königliche Majestät die von Mazda geschaffene. — Für das Feuer den Sohn Ahura-Mazdas. Feuer heiliges, Krieger, Yazata mit vieler Majestät, Yazata mit vielen Heilmitteln! Dem Feuer, dem Sohne Ahura-mazdas mit allen Feuern. Dem Nabel der Könige, dem Nairyo çagha dem verehrungswürdigen[1]). Zufriedenstellung etc. (Yathâ ahû vairyo.)

4. Opfer und Preis, gute Nahrung, glückliche Nahrung, hülfreiche Nahrung gelobe ich dir, o Feuer, Sohn das Ahura-mazda! Dir ist zu opfern, du bist zu preisen, mögest du stets mit Opfer und Preis versehen sein in den Wohnungen der Menschen. Heil sei dem Manne, der stets dir opfert, Brennholz in der Hand haltend, Bareçma in der Hand haltend, Fleisch in der Hand haltend, den Mörser in der Hand haltend. Mögest du stets richtiges Brennholz erhalten, richtigen Wohlgeruch, richtige Nahrung, richtige Zulage, mögest du in vollständiger Nahrung, in guter Nahrung sein o Feuer, Sohn des Ahura-mazda, mögest du brennen in dieser Wohnung immer mögest du brennen in dieser Wohnung, im Glanze mögest du dich befinden in dieser Wohnung, im Wachsthum mögest du dich befinden in dieser Wohnung, die lange Zeit hindurch, bis zur vollkommenen Auferstehung, die vollkommen gute Auferstehung mit eingeschlossen. Gieb mir, o Feuer, Sohn des Ahura-mazda, schnell Glanz, schnell Nahrung, schnell Lebensgüter, viel Glanz, viel Nahrung, viele Lebensgüter, Grösse an Heiligkeit, Geläufigkeit für die Zunge, für die Seele aber Sinn und Verstand, der sich nachher vergrössert, nicht abnimmt, dann männlichen Muth, Rührigkeit, Schlaflosigkeit, den dritten Theil der Nacht, leichten Gang, Wachsamkeit, wohlgenährte

---

1) Cf. Siroza I, 9.

himmlische Nachkommenschaft, die einen Kreis bildet, sich versammelt, die heranwächst, ausdauernd, die rein von Schuld und männlich ist, die mir fördern kann das Haus, den Clan, die Genossenschaft, die Gegend, den Bezirk.

5. Gieb mir, o Feuer, Sohn des Ahura-mazda, was mich belehrt jetzt und für alle Zeiten, über den besten Ort der Reinen, den leuchtenden, ganz glänzenden. Möge ich erlangen guten Lohn, guten Ruhm, für die Seele gute Heiligung. — Mit Allen spricht das Feuer Ahura-mazdas (Sohn), welchen es die Nacht hindurch leuchtet und Speise kocht, von Allen verlangt es gute Nahrung, heilsame Nahrung, hülfreiche Nahrung. Allen die kommen sieht das Feuer auf die Hände (sprechend): „Was bringt der Freund dem Freunde, der Herzutretende dem einsam Sitzenden?"

6. Wir preisen das heilige Feuer, das starke, den Krieger. Wenn man für dasselbe herbeibringt Holz mit Reinheit gebrachtes, Bareçma, das in Heiligkeit zusammengebunden ist oder den Baum Hadhâ-naepata, da segnet das Feuer (der Sohn) Ahura-mazdas, zufrieden, ohne Hass, gesättigt: „Mögen um dich her entstehen Heerden von Vieh, Fülle von Männern, möge es nach dem Wunsche deines Geistes gehen, nach dem Wunsche deiner Seele. Sei fröhlich, lebe dein Leben die ganze Zeit die du leben wirst". Dies ist der Segenswunsch des Feuers für den, der ihm trocknes Brennholz bringt, für das Brennen ausgesucht, gereinigt mit dem Wunsche nach Reinheit[1]).

7. *Ormazd, Herrscher* etc. Yathâ ahû vairyo (2).

Opfer, Preis, Stärke und Kraft erflehe ich dem Feuer, dem Sohne Ahura-mazdas, für dich, o Feuer, Sohn Ahura-mazdas etc. (wie oben p. 16 bis: dem Nabel der Könige, dem Nairyô çagha dem verehrungswürdigen.) Ashem-vohû (3).

Wir wünschen herbei dem starkes Feuer, o Ahura, sammt Asha,
Das sehr schnelle, kraftvolle, offenbar Schutz gewährende für dem der es erfreut,
Dem Peiniger aber, o Mazda, durch mächtige Waffe Strafe bereitet[2]).
Ashem-vohû. — Ihm gehört der Glanz etc.

---

8. *Preis dem Schöpfer der Welt (und) der Geschöpfe.* Zufrieden-

---

1) Cf. Yç. LXI, 1 bis zum Schlusse.
2) Cf. Yç. XXXIV, 4.

stellung (sei) für Ahura-mazda. Preis dir Feuer, Sohn des Ahuramazda, Geber des Guten, grösster Yazata. Ashem-vohû.

9. *An grossem Glanze möge zunehmen das Feuer Bahrâm — Âdar frâ — Âdarân — der siegreiche König Âdar Gusasp, Adar Khordât, Âdar Bursin-mihr (sowie) die andern Âderâns, Feuer die\ im Dâdgâh befindlich sind. An grossem Glanze möge zunehmen Mainyo-karko*[1]*) der starke, siegreiche. Stärke, Sieghaftigkeit, Kunde etc.*

10. Preis dir, Baum, guter von Mazda geschaffener, reiner! — Ashem-vohû. — Zufriedenstellung sei für Ahura-mazda, Preis dir Feuer des Ahura-mazda, Geber des Guten, grösster Yazata! Ashem-vohû.

XII. Nirang-âtas.

1. Preis sei dir, o Feuer, Sohn des Ahura-mazda, Geber des Guten, grösster Yazata[2]) Ashem-vohû (3). — Ich bekenne etc. für das Feuer den Sohn Ahura-mazdas, für dich, o Feuer, Sohn des Ahura-mazda. Zufriedenstellung etc.

2. Ashem-vohû. — Dich, das Feuer, ergreife ich mit den Darbringungen des guten Gedankens. Dich, das Feuer, ergreife ich mit den Darbringungen der guten Worte. Dich, das Feuer, ergreife ich mit den Darbringungen der guten Werke zur Erleuchtung der Gedanken, Worte und Werke[3]).

3. Preis dir Ahura-mazda, der du der Nützlichste bist etc.[4]) — Zufriedenstellung für Ahura-mazda etc. Der guten Gedanken[5]). — Reinige mich etc.[6]) — Opfer und Preis etc.[7]) — Ashem-vohû.

Yathâ ahû vairyo. — Opfer, Preis, Stärke, Kraft etc.[8]) — Für dein Fener die Darbringungen des guten Geistes soviel ich vermag und denke[9]). — Ihm gehört der Glanz etc.

---

1) Dies ist, nach Edal, der Name eines Feuers in der Nähe Ormazds.

2) Dieses Gebet ist nur in einer einzigen Hdschr. enthalten und scheint mir ein kürzerer Vertreter des vorhergehenden Gebetes zu sein.

3) Cf. Yç. LXVII, 6—8.
4) Cf. Yç. XXXIII, 11.
5) Cf. Yç. XXXV, 4—6.
6) Cf. Yç. XXXIII, 12—14.
7) Cf. Yç. LXI, 1 bis zum Schlusse.
8) Wie oben in XI, 7.
9) Cf. Yç. XLII, 9.

XIII. Viçpa. Humata[1]).

1. Alle guten Gedanken, Worte und Werke sind mit Wissen gethan.
2. Alle schlechten Gedanken, Worte und Werke sind nicht mit Wissen gethan.
3. Alle guten Gedanken, Worte und Handlungen mögen nach dem Paradiese führen.
4. Alle schlechten Gedanken, Worte und Handlungen mögen nach der Hölle führen.
5. Für alle guten Gedanken, Worte und Werke (gehört) das Paradies — also (ist es) offenbar für den Reinen. — Ashem-vohû.

XIV. Nañm-çtâisni[2]).

1. *Im Namen Gottes des Gebenden, Verzeihenden, Liebreichen. Preis sei dem Namen Ormazds, des Gottes „der da immer war, immer ist und immer sein wird" mit Namen, Çpenta-mainyu, der Himmlische unter den Himmlischen*[3]*), „von dem allein die Herrschaft stammt" mit Namen. Ormazd ist der grösste Herrscher, mächtig, weise, Schöpfer, Erhalter, Zuflucht, Beschützer, Vollbringer guter Thaten*[4]*), Beaufsichtiger, rein, gut und gerecht.*
2. *Mit aller Kraft (bringe ich) Dank: dem Grossen unter den Wesen, der da schuf und zerstörte*[5]*) und durch seine eigene*

---

1) Anquetil sagt: *Après avoir lu le Néaesch de Mithra, on recite les paroles qui suivent. Cette prière se dit trois fois au gâh Hâvan.*

2) Dieses Gebet Nañm-çtâisni d. i. Preis der Namen (Ormazds), ist in Pârsi geschrieben und gehört darum der neueren Zeit an. Nach Anquetil recitirt man es in Indien nach dem Qarsét-nyàyis und den Mihr-nyàyis, in Kerman dagegen zur Zeit Ushahina.

3) Nach der Guzeratiübersetzung: der Unsichtbare unter den Unsichtbaren, da die Parsen das Wort, welches wir mit himmlisch übersetzen, gewöhnlich mit unsichtbar wiedergeben (cf. die Note zu Yç. I, 49). Wie die Parsen glauben, kann sich Ormazd, wenn er will, selbst vor den Amschaspands unsichtbar machen. Cf. Yç. IV, 12. bei Neriosengh und meine Bemerkung zu der Stelle.

4) So auch Anquetil: *qui fait du bien*. Dagegen Edal in seiner Guzeratiübersetzung: Herr des Rechten. J. Wilson (cf. *the Parsi religion unfolded* p. 117) *the source of all virtues*. Ich leugne nicht, dass dieser Sinn in den Worten möglicherweise liegen kann, aber er muss nicht darin liegen.

5) Eine schwierige Stelle mit unsicherer Lesart. Die andern Uebersetzungen finden den Begriff des Zerstörens — dieser könnte sich natürlich nur auf

Zeitbestimmung, Kraft, Weisheit[1]) *höher ist als die sechs Amschaspands*[2]) *und die vielen Yazatas, das leuchtende Paradies Gorothman, der Umkreis des Himmels, die leuchtende Sonne, der glänzende Mond, die zahlreichen Sterne, der Wind, das Andervâi, das Wasser, das Feuer, die Erde, die Bäume, das Vieh, die Metalle, die Menschen.*

3. *Opfer und Preis jenem Herrn, dem Vollbringer guter Thaten, der den Menschen grösser machte als alle irdischen Wesen und durch das Geschenk (?) der Sprache ihn schuf zum Beherrschen und Zeitbestimmen für die Wesen, zum Kriegführen gegen die Devs.*

4. *Preis der Allwissenheit des Herren, der gesandt hat durch den heiligen Zartuscht mit reinem Frohar Friede*[3]) *für die Geschöpfe, die Wissenschaft des Gesetzes — die leuchtende, vom himmlischen Verstande herrührende und die mit Ohren gehörte*[4]) *— die Weisheit und Lenkung für alle Wesen die da sind, waren und sein werden (und) die Wissenschaft der Wissenschaften: den Manthraçpenta, der für die Seele an der Brücke (Cinvat) die Befreiung von der Hölle bewirkt und sie hinüber geführt wird zu jenem Paradiese, dem glänzenden, wohlriechenden der Reinen.*

5. *Alles Gute nehme ich an auf deinen Befehl hin, o Herr, und denke, spreche und thue es. Ich bin gläubig an das reine Gesetz, durch jede gute Handlung suche ich Vergebung für alle Sünden. Ich erhalte rein für mich selbst das nützliche Thun und die Enthaltsamkeit (vom Unnützen)*[5]). *(Ich erhalte) rein die sechs*

---

die Hervorbringung Ahrimans beziehen — nicht im Texte. Anquetil übersetzt: qui a fait ce qui existe. Wilson: who has created the universe.

1) Der Ausdruck den ich mit Zeitbestimmung übersetzt habe ist sehr dunkel, Anquetil: qui veille sur le tems qui lui appartient, kaum richtig. Die Guzeratiübersetzung giebt das Wort, wie es scheint etwas frei, mit „Gleichbleiben" wieder.

2) Ich übersetze: höher als die sechs Amschaspands, woraus nicht folgt, dass Ormazd selbst zu den Amschaspands gerechnet werden müsste, wie Anquetil meint. Wenn Ormazd höher ist als die Amschaspands, so ist er auch höher als die übrigen genannten Dinge. Andervâi ist der Luftraum zwischen Himmel und Erde.

3) So die Guzeratiübersetzung, aber kaum richtig.

4) d. h. die unmittelbare Offenbarung und die durch Tradition empfangene. Cf. zu Yç. XXII, 29.

5) d. h. wol: ich setze das Vollbringen nützlicher Werke und die Enthaltsamkeit von bösen Thaten in das richtige Verhältniss zu einander.

Kräfte: Denken, Sprechen, Handeln, Gedächtniss, Geist und Verstand. Nach deinem Willen vermag ich zu vollbringen, o Vollbringer des Guten: deine Verehrung mit guten Gedanken, guten Worten, guten Werken.

6. Ich betrete den glänzenden Weg (zum Paradiese), möge der furchtbare Schrecken der Hölle nicht über mich kommen! möge ich die Brücke Cinvat überschreiten, möge ich gelangen zum Paradiese mit vielem Wohlgeruch und allen Genüssen und allem Glanze.

7. Preis dem Beaufsichtiger, dem Herren, der die welche nach (eignem) Wunsche gute Thaten vollbringen belohnt, die Gehorsamen zuletzt reinigt und (selbst) die Schlechten aus der Hölle (zuletzt) reinigt. — Aller Preis sei dem Schöpfer Ormazd, dem allwissenden, mächtigen, machtreichen, den sieben Amschaspands, dem Izad Bahrâm, dem siegreichen, Vernichter der Feinde.

XV. Gebet nach den vier Seiten [1]).

Alle Sünden bereue ich mit Patet. Ashem-vohû. — Preis diesen Orten und Plätzen, Weiden etc.[2]) — Ashem-vohû. — Ihm gehört Glanz etc. Tausend etc. Komme mir etc. *Des Lohnes etc.* Ashem-vohû. —

XVI. Gâhs[3]).

1. Gâh Hâvan.

1. Zufriedenstellung für Ahura-mazda. Ashem-vohû (3). — Ich bekenne (mich) als Mazdayaçna, Anhänger des Zarathustra, Gegner der Daevas, dem Glauben an Ahura zugethan: für Hâvani den reinen, Herrn des Reinen zum Preis, Anbetung, Zufriedenstellung und Lob, für Çâvaghi und Viçya den reinen, Herrn des Reinen zum Preis etc.

---

1) Das Gebet der 4 Seiten oder der 4 Himmelsgegenden wird nach Anquetil nach den Nyâyis und zwar viermal gebetet in folgender Ordnung: 1) Am Morgen zuerst gegen Osten, Süden, Westen, Norden. 2) Mittags und um 3 Uhr Nachmittags: gegen Westen, Süden, Osten, Norden. In Kerman und in Baroteh (einer Stadt in Guzerate) wendet man sich ausschliesslich gegen Norden.

2) Ganz wie Yç. I, 45.

3) Die Gâhs sind Gebete die bei verschiedenen Gelegenheiten in andere Gebete, z. B. in die Nyâyis, eingeschaltet werden. Dort sind sie dann in den Handschriften blos mit dem Worte Gâh angedeutet.

2. Für Mithra der weite Triften besitzt, 1000 Ohren und 10000 Augen hat, der einen genannten Namen besitzt, den verehrungswürdigen und für Râma-qâçtra Zufriedenstellung zum etc. Wie es des Herren Wille ist, so sage es mir der Zaota. (Zaota): So (verkündet) der Herr aus Heiligkeit, der Reine. Wissende spreche:

3. 4. Den Ahura-mazda den reinen, Herrn des Reinen preisen wir etc.[1])

5. Hâvani den reinen, Herrn des Reinen preisen wir. Haurvatât den reinen, Herrn des Reinen preisen wir. Ameretât den reinen; Herrn des Reinen, preisen wir. Die ahurischen Fragen die reinen, Herrn des Reinen, preisen wir. Das ahurische Herkommen das reine, den Herrn des Reinen, preisen wir. Den starken Yaçna Haptaghâiti den reinen, Herrn des Reinen, preisen wir[2]).

6. Çâvaghi und Viçya den reinen, Herrn des Reinen, preisen wir. Den Airyama ishya den reinen, Herrn des Reinen, preisen wir, den starken, siegreichen, leidlosen, alle Leiden schlagenden, alle Leiden vertreibenden, der der unterste, der mittelste, der oberste ist, um anzutreiben (zum Lesen) durch den Mainthra hindurch zu den fünf Gâthâs.

7. Und den Mithra der weite Triften besitzt preisen wir, den Râma-qâçtra preisen wir, zum Preis, Anbetung, Zufriedenstellung und Lob des Herrn Viçya. Den Viçya den reinen, Herrn des Reinen, preisen wir.

8. Den Mithra der weite Triften besitzt, 1000 Ohren und 10000 Augen hat, einen genannten Namen hat, den Verehrungswürdigen (und) den Râma-qâçtra preisen wir.

9. Dich das Feuer den reinen, Herrn des Reinen, den Sohn des Ahura-mazda preisen wir. Dieses Bareçma das mit Zaothra und mit Aiwyâoghana versehene den reinen Herrn des Reinen preisen wir. Den Nabel der Gewässer preisen wir.

10. Den Nairya-çagha den starken, in Weisheit höchsten, den verehrungswürdigen preisen wir. Die Seelen der Verstorbenen preisen wir: die Fravashis der Reinen. Den grossen Herrn preisen wir: den Ahura-mazda, den Höchsten der Reinheit, den Hülfreichsten der Reinheit. Alle Worte die von Zarathustra stammen preisen wir. Alle guten Thaten preisen wir, die gethanen und die welche noch gethan werden sollen. — Yèghè hâtanm.

---

1) Wie Yç. LXX, 3—9. Die Stelle kehrt in sämmtlichen Gâhs wieder.
2) Cf. Yç. LXX, 57—60.

11. Yathâ ahû vairyô (2). — Opfer, Preis, Stärke und Kraft erflehe ich für Mithra, der weite Triften besitzt, 1000 Ohren und 10000 Augen hat, einen genannten Namen besitzt, den verehrungswürdigen (und) den Râma-qâçtra.

Ashem-vohû. — Ihm gehört Glanz etc. — Tausend etc. — Komme mir etc. — Des Lohnes wegen etc. — Ashem-vohû etc. —

2. Gâh Rapitan.

1. Zufriedenstellung für Ahura-mazda. Ashem-vohû (3). — Ich bekenne (mich) als ein Mazdayaçna, Anhänger des Zarathustra, Gegner der Daevas, dem Glauben an Ahura zugethan: für Rapithwina den reinen, Herrn des Reinen, zum Preis, Anbetung, Zufriedenstellung und Lob; für Frâdaṭ-fshu und Zañtuma, den reinen, Herrn des Reinen zum Preis etc.

2. Für Asha-vahista und das Feuer (den Sohn) des Ahura-mazda Zufriedenstellung zum etc. Wie es etc.

3. 4. Den Ahura-mazda etc.[1]

5. Den Rapithwina den reinen, Herrn des Reinen, preisen wir. Die Gâthâ Ahunavaiti die reine, Herrin des Reinen preisen wir. Die Gâthâ Ustavaiti die reine, Herrin des Reinen preisen wir. Die Gâthâ Çpeñtâ-mainyu die reine, Herrin des Reinen preisen wir. Die Gâthâ Vohû-Khshathra die reine, Herrin des Reinen preisen wir. Die Gâthâ Vahistôisti die reine, Herrin des Reinen preisen wir.

6. Den Frâdaṭ-fshu und Zañtuma den reinen, Herrn des Reinen preisen wir. Den Fshûsha-mañthra preisen wir. Die rechtgesprochene Rede preisen wir. Die rechtgesprochenen Reden preisen wir, die siegreichen, welche die Daevas vernichten preisen wir. Die Gewässer und Ländereien preisen wir, die Bäume und die himmlischen Yazatas preisen wir, welche Güter verleihen, die reinen. Die Amesha-çpenta preisen wir, für die Reinen.

7. Die guten, starken, heiligen Fravashis der Reinen preisen wir. Die Spitzen des Ashavahista preisen wir: die grössten Mañthras, die grössten in Bezug auf das Handeln, die grössten in Bezug auf das Vollenden, die grössten in Bezug auf das offenbar Handeln, die grössten in Bezug auf das Erlangen des mazdayaçnischen Gesetzes[2] preisen wir.

---

1) Wie oben in 1, 3. 4.
2) Diese Stelle ist sehr schwierig und ich kann nicht versichern, dass ich das Richtige getroffen habe. Unter Asha-vahista ist nach der Tradition hier der

8. Jene Versammlung und Zusammenkunft der Amesha-çpentas preisen wir, die ist in der Höhe jenes Himmels veranstaltet, zum Preis und Anbetung des Zañtuma, des Herrn. Den Zañtuma den reinen, Herrn des Reinen preisen wir.

9. Den Asha-vahista und das Feuer, den Sohn des Ahura, preisen wir.

10. 11. Dich das Feuer, den Sohn des Ahura-mazda, den reinen, Herrn des Reinen preisen wir. Dieses Bareçma etc.[1]).

12. Yathà ahû vairyô (2). — Opfer, Preis, Stärke, Kraft erflehe ich für Asha-vahista und das Feuer (den Sohn) des Ahura-mazda. Ashem-vohû. — Ihm gehört der Glanz etc.[2]),

3. Gâh Uziren.

1. Zufriedenstellung für Ahura-mazda. Ashem-vohû (3). — Ich bekenne (mich) als Mazdayaçna, Anhänger des Zarathustra, Gegner der Daevas, dem Glauben an Ahura zugethan: für Uzayeirina den reinen, Herrn des Reinen zum Preis, Anbetung, Zufriedenstellung und Lob, für Frâdaṭ-vîra und Daqyuma den reinen, Herrn des Reinen zum Preis etc.

2. Zufriedenstellung für den grossen Herrn, den Nabel der Gewässer und das von Mazda geschaffene Wasser zum etc. Wie es etc.

3. 4. Den Ahura-mazda etc.

5. Den Uzayèirina den reinen, Herrn des Reinen preisen wir. Den Zaota den reinen, Herrn des Reinen preisen wir. Den Hâvanân den reinen, Herrn des Reinen preisen wir. Den Âtarevakhsha den reinen, Herrn des Reinen preisen wir. Den Frabereta den reinen, Herrn des Reinen preisen wir. Den Âberet den reinen, Herrn des Reinen preisen wir. Den Âçnâta den reinen, Herrn des Reinen preisen wir. Den Raethwiskara den reinen, Herrn des Reinen preisen wir. Den Çraoshâvareza den reinen, Herrn des Reinen preisen wir.

6. Den Frâdaṭ-vîra und Daqyuma den reinen, Herrn des Reinen preisen wir. Die Sterne, den Mond, die Sonne, die Lichter preisen wir. Die anfangslosen Lichter preisen wir. Den Glanz der Lehren preisen wir, welche die Vernichtung des schlechten Mannes sind[3]).

Amschaspand Ardibihiseht gemeint, was auch sehr wahrscheinlich ist. Im folgenden werden nun nach meiner Ansicht die Dinge aufgezählt, welche als die Spitzen des Asha-vahista zu betrachten sind. Anquetil's Uebersetzung ist gründlich verfehlt.

1) Wie oben 1, 9 flg.
2) Dieselben Formeln wie oben am Schlusse von 1.   3) Cf. Vsp. XXI, 4.

7. Den offenbar Handelnden den reinen, Herrn des Reinen preisen wir. Die spätere Unterweisung preisen wir¹). Den offenbar handelnden den reinen, Herrn des Reinen preisen wir, bei Tage und bei Nacht mit Gaben die unter Gebet dargebracht werden zum Preis und Anbetung für Daqyuma den Herrn. Den Daqyuma den reinen, Herrn des Reinen preisen wir.

8. Den grossen Herrn den mit Frauen versehenen, glänzenden, den Nabel der Gewässer, den mit schnellen Pferden versehenen preisen wir²). Das Wasser, das von Mazda geschaffene, preisen wir.

9. 10. Dich das Feuer, den Sohn Ahura-mazdas, den reinen, Herrn des Reinen preisen wir. Dieses Bareçma etc. ³).

11. Yathâ ahû vairyô (2). — Opfer, Preis, Stärke, Kraft erflehe ich dem grossen Herrn, dem Nabel der Gewässer, dem Wasser dem von Mazda geschaffenen. Ashem-vohû etc. ⁴).

4. Gâh Aiwiçrûthrema.

1. Zufriedenstellung für Ahura-mazda. Ashem-vohû (3). — Ich bekenne (mich) als ein Mazdayaçna, Anhänger des Zarathustra, Gegner der Daevas, dem Glauben an Ahura zugethan: für Aiwiçrûthrema Aibigaya den reinen, Herrn des Reinen zum Preis, Anbetung, Zufriedenstellung und Lob, für Frâdaṭ-viçpaǹm-bujyâiti und Zarathustrotema den reinen, Herrn des Reinen zum Preis etc.

2. Zufriedenstellung für die Fravashis der Reinen und für die Frauen die Schaaren von Männern haben und das jährliche gute Wohnen; und für die Stärke die wohlgeschaffene, wohlgewachsene, für den Sieg und das Schlagen das von oben kommt zum Preis etc. Wie es etc. (wie oben).

3. 4. Den Ahura-mazda etc. (wie oben).

5. Den Aiwiçrûthrema den reinen, Herrn des Reinen preisen wir. Den Aibigaya den Reinen, Herrn des Reinen preisen wir. Dich das Feuer, den Sohn Ahura-mazdas, den reinen, Herrn des Reinen preisen wir. Die steinernen Mörser, die Herren des Reinen preisen wir. Die eisernen Mörser, die Herren des Reinen preisen wir. Dieses Bareçma, das mit Darbringung und mit Umbindung versehene, mit Heiligkeit zusammengebundene, den reinen Herrn des Reinen

---

1) Diese Worte sind dunkel, so fasst sie aber auch Anquetil. In der Guzeratiübersetzung steht: die höhere Gerechtigkeit.
2) Cf. zu Yç. II, 21.   3) Wie oben 1, 9.   4) Wie oben 1, 12.

preisen wir. Wasser und Bäume preisen wir. Die Vollkommenheit für die Seele preisen wir, den reinen Herren des Reinen.

6. Den Frâdaṭ-viçpanm-hujyâiti den reinen, Herrn des Reinen preisen wir. Den Zarathustra den reinen, Herrn des Reinen preisen wir. Den Mañthra-çpenta den reinen, Herrn des Reinen preisen wir. Die Seele des Stiers die reine, Herrin des Reinen preisen wir. Den Zarathustrotema den reinen, Herrn des Reinen preisen wir. Den Zarathustra den reinen, Herrn des Reinen preisen wir.

7. Den Priester den reinen, Herrn des Reinen preisen wir. Den Krieger den reinen, Herrn des Reinen preisen wir. Den thätigen Ackerbauer den reinen, Herrn des Reinen preisen wir. Den Herrn des Hauses den reinen, Herrn des Reinen preisen wir. Den Herrn des Clanes den reinen, Herrn des Reinen preisen wir. Den Herrn der Genossenschaft, den reinen, Herrn des Reinen preisen wir. Den Herrn der Gegend den reinen, Herrn des Reinen preisen wir.

8. Den Jüngling der gut denkt, gut spricht, gut handelt, dem guten Gesetze anhängt, den reinen, Herrn des Reinen preisen wir. Den Jüngling, den Sprecher der Gebete[1]) den reinen, Herrn des Reinen preisen wir. Den welcher unter Verwandten heirathet den reinen, Herrn des Reinen preisen wir. Den Durchwanderer der Gegend[2]) den reinen, Herrn des Reinen preisen wir. Den dienstwilligen Verehrer den reinen, Herrn des Reinen preisen wir. Die Herrin des Hauses die reine, Herrin des Reinen preisen wir.

9. Die reine Frau preisen wir die besonders gut denkt, gut spricht, gut handelt, gut sich befehlen lässt, dem Herrn gehorcht, die reine: die Çpenta-ârmaiti und welches sonst deine Frauen sind, o Ahura-mazda. Den reinen Mann preisen wir, der besonders gut denkt, spricht und handelt, der den Glauben kennt, die Sünde nicht kennt, durch dessen Thaten die Welten an Reinheit zunehmen zum Opfer und Anbetung für den Zarathustrotema. Den Zarathustrotema den reinen, Herrn des Reinen preisen wir.

10. Die guten, starken, heiligen Fravashis der Reinen preisen wir. Die Frauen die eine Versammlung von Männern haben preisen wir. Das jährliche gute Wohnen preisen wir. Die Stärke, die wohlgebildete, wohlgewachsene preisen wir. Den Sieg, den von Ahura geschaffenen, preisen wir. Das Schlagen das von oben stammt preisen wir.

---

1) Hierzu wie zum Folgenden, cf. Vsp. III, 18 flg.

2) Diese Uebersetzung des Wortes, die mit der Guzeratiübersetzung stimmt, halte ich jetzt für richtiger als meine frühere a. a. O. gegebene.

11. 12. Dich o Feuer etc.¹).

13. Yatbâ ahû vairyô (2). — Opfer, Preis, Stärke, Kraft erflehe ich für die Fravashis der Reinen, für die Frauen die Schaaren von Männern haben, für das jährliche gute Wohnen, für die Stärke, die wohlgebildete, wohlgewachsene, für den Sieg der von Ahura stammt, für das Schlagen das aus der Höhe kommt. Ashem-vohû etc.²).

5. Usahin.

1. Zufriedenstellung für Ahura-mazda. Ashem-vohû (3). — Ich bekenne (mich) als Mazdayaçna, Anhänger des Zarathustra, Gegner der Daevas, dem Glauben an Ahura zugethan: für Ushahina, den reinen, Herrn des Reinen zum Preis etc., für Berejya und Nmânya den reinen, Herrn des Reinen zum Preis etc.

2. Zufriedenstellung für Çraosha den heiligen, hehren, siegreichen, die Welt fördernden und für Rashnu den gerechtesten und Arstât, welche die Welt fördert, die Welt mehrt zum etc. Wie es etc.

3. 4. Den Ahura-mazda etc.

5. Den Ushahina den reinen, Herrn des Reinen preisen wir. Die schöne Morgenröthe preisen wir. Die Morgenröthe preisen wir, die glänzende, mit glänzenden Pferden begabte, die die Männer bedenkt, die Helden bedenkt, die mit Glanz, mit Wohnungen versehen ist. Die Morgenröthe preisen wir, die erfreuende, mit schnellen Pferden versehene, welche schwebt über der aus 7 Karshvares bestehenden Erde. Jene Morgenröthe preisen wir. Den Ahura-mazda den reinen, Herrn des Reinen preisen wir. Den Vohû-mano preisen wir. Den Asha-vahista preisen wir. Khshathra-vairya preisen wir. Die Çpenta-ârmaiti preisen wir.

6. Den Berejya den reinen, Herrn des Reinen preisen wir aus Verlangen nach dem Guten der Reinheit, aus Verlangen nach dem guten mazdayaçnischen Gesetze zum Preis und Anbetung für den Herrn Nmânya. Den Nmânya den reinen, Herrn des Reinen preisen wir.

7. Den Çraosha den heiligen, wohlgewachsenen, siegreichen, die Welt fördernden, reinen, Herrn des Reinen preisen wir. Den Rashnu den gerechtesten preisen wir. Die Arstât, welche die Welt fördert, die Welt mehrt, preisen wir.

8. 9. Dich das Feuer etc.

---

1) Wie oben 1, 9.
2) Die Formeln wie gewöhnlich am Schlusse eines Gâhs.

10. Yathâ ahû vairyo (2). Opfer, Preis, Stärke, Kraft erflehe ich dem Çraosha dem heiligen, hehren, siegreichen, die Welt fördernden, und dem Rashnu dem gerechtesten und der Arstât, welche die Welt fördert, die Welt vermehrt. Ashem-vohû etc.

XVII. (1) Ormazd-yast[1].

Im Namen des Gottes Ormazd, des Herrn des vermehrenden. An grossem Glanze möge wachsen der Schöpfer Ormazd der glänzende, majestätische, der himmlische der Himmlischen, er der Höchste möge kommen (uns zur Hülfe).

Alle Sünden bereue ich etc.

Ich preise mit guten Gedanken etc. (Cf. Yç. XII.)

Ich bekenne etc. zum Preis für Ahura-mazda, den glänzenden, majestätischen. Zufriedenstellung etc.

1. Es fragte Zarathustra der Ahura-mazda: Ahura-mazda! Himmlischer, Heiligster, Schöpfer der mit Körper begabten Welten, Reiner!

2. Was ist vom Mańthra-çpenta das Kräftigste, was das Sieghafteste, was das Majestätischste, was das welches für die Bitten am meisten Erfüllung bringt, was das am siegreichsten Schlagende, was das Heilendste, was peinigt am meisten die Peinigungen der Daevas und (schlechten) Menschen, was ist von der ganzen mit Körper begabten Welt für mich das Hülfreichste[2]), was ist von der ganzen mit Körper begabten Welt das was das Innere am meisten reinigt?

3. Darauf entgegnete Ahura-mazda: Unsere Namen, der Amesha-çpentas, o heiliger Zarathustra, das ist vom Mańthra-çpenta das Kräftigste, das das Sieghafteste, das das Majestätischste, es ist dasjenige, welches für die Bitten am meisten Erfüllung bringt, es ist das am siegreichsten Schlagende, es ist das Heilendste, es peinigt am meisten die Peinigungen der Daevas und (schlechten) Menschen, es ist von der ganzen mit Körper begabten Welt von mir das Hülfreichste, es ist das was von der ganzen mit Körper begabten Welt das Innere am meisten reinigt.

4. Da sprach Zarathustra: Sage mir doch den Namen, o reiner

XVII. 1) Diese Einleitung ist allen Yast gemeinsam und besteht aus Formeln die schon früher vorgekommen sind. Cf. Yç. XII, n. oben.

2) Statt für mich das Hülfreichste, übersetzen die Parsen: in Bezug auf den Verstand das Hülfreichste, was sich auch vertheidigen lässt.

Ahura-mazda, welcher Dein grösster, bester und schönster ist, der für die Bitten am wirksamste, der am sieghaftesten Schlagende und Heilendste, der am meisten die Peinigungen peinigt der Daevas und der (schlechten) Menschen.

5. Damit auch ich peinige alle Daevas und (schlechten) Menschen, damit ich peinige alle Zauberer und Pairikas, damit mich Niemand peinige, weder Daeva, noch Mensch, noch Zauberer, noch Pairikas.

6. Darauf entgegnete Ahura-mazda. Mein Name ist: der zu Befragende o reiner Zarathustra, der zweite: der Versammler, der dritte: der Ausbreiter, der vierte: beste Reinheit, der fünfte: alle Güter die vom Mazda geschaffenen, die einen reinen Ursprung haben, der sechste: ich bin der Verstand, der siebente: ich bin der mit Verstand begabte, der achte: ich bin die Weisheit, der neunte: ich bin der mit Weisheit begabte, der zehnte: ich bin die Vermehrung, der elfte: ich bin der mit Vermehrung begabte, der zwölfte: der Herr, der dreizehnte: der Nützlichste, der vierzehnte: der ohne Leiden, der fünfzehnte: der Feste, der sechszehnte: der Berechner des Verdienstes, der siebenzehnte: der Alles Beobachtende, der achtzehnte: der Heilende, der neunzehnte: dass ich der Schöpfer bin, der zwanzigste: dass ich den Namen Mazda führe[1]).

7. Preise mich, Zarathustra am Tage und in der Nacht mit Gaben die unter Bitten herbeigebracht werden.

8. Ich will zu dir kommen zum Schutze und zur Freude, ich der ich Ahura-mazda bin, es wird zu dir kommen zum Schutze und

---

1) Der Versammler heisst Ormazd deswegen, weil er sämmtliche Arten von Menschen, Thieren und auch Pflanzen geschaffen und dadurch auf der Erde versammelt hat. — Statt der Ausbreiter, übersetzt die Tradition der Mächtige, nämlich in Bezug auf das Gesetz und die Religion. — Als alle Güter die einen reinen Ursprung haben wird Ahura-mazda aus demselben Grunde bezeichnet, wie er der Versammler heisst. Alle Güter die einen reinen Ursprung haben, rühren von ihm her, folglich ist er der Inbegriff derselben. An eine mystische Anschauung ist hierbei zuerst nicht zu denken, Schöpfer und Geschöpf werden im Parsismus immer strenge geschieden. — Weisheit und mit Weisheit begabt, Vermehrung und mit Vermehrung begabt, werden hier nebeneinander gestellt, an sich ist Ahura-mazda die Weisheit, die Vermehrung selbst, in Bezug auf seine Geschöpfe heisst er mit Weisheit, mit Vermehrung begabt, indem er auch ihnen diese Eigenschaften verleihen kann. — Der Berechner des Verdienstes heisst Ahuramazda insofern, als er die guten und die bösen Thaten der einzelnen Menschen kennt und ihnen darnach Lohn oder Strafe zukommt.

zur Freude: der gute Çraosha, der heilige, es werden zu dir kommen zum Schutze und zur Freude: Wasser, Bäume und die Fravashis der Reinen.

9. Wenn du willst, o Zarathustra, magst du peinigen diese Pein der Daevas und Menschen, der Zauberer und Pairikas, der Çâthras, Kavis und Karapana¹).

10. Der verderblichen zweibeinigen, der Ashemaogas der zweibeinigen²).

11. Der Wölfe mit vier Füssen, der Heerschaaren der aus vielen Feinden bestehenden, mit vielen Fahnen, mit hohen Fahnen, mit emporgehohenen Fahnen, eine verwundende Fahne tragenden³).

12. Diese Namen behalte (und) spreche sie aus bei Tage und bei der Nacht.

13. Ich bin der Beschützer, ich bin der Schöpfer, ich bin der Nährer, ich bin der Wissende, ich bin der heiligste Himmlische.

14. Mein Name ist: der Heilende, mein Name ist: der Heilendste, mein Name ist: der Priester, mein Name ist: der Priesterlichste, mein Name ist: Herr, mein Name ist: grosser Weiser⁴).

15. Mein Name ist: der Reine, mein Name ist: der Reinste, ich heisse der Majestätische, ich heisse der Majestätischste.

16. Ich heisse der viel Sehende, ich heisse der viel Sehendste, ich heisse der ferne Sehende, ich heisse der fernhin Sehendste⁵).

17. Ich heisse der Wächter, ich heisse der Begehrer⁶), ich heisse

---

1) Cf zu Yç. IX, 61. Das dort Gesagte habe ich noch dahin zu ergänzen, dass nach der Tradition die Çâthras Tyrannen sind, die Kavis Menschen, die weder das Gute in der Schöpfung Ahura-mazdas sehen wollen noch können, die Karapas solche die keine Lehren Ahura-mazdas hören mögen.

2) Ashemogha werden nach der Tradition solche Menschen genannt, welche Streit und Zank unter den Menschen zu verursachen und dieselben auf verschiedene Weise zu betrügen suchen. —

3) Eine verwundende Fahne tragen wird dahin erklärt, dass diese Heere, welche unter diesen Fahnen erscheinen zu verwunden trachten.

4) Herr und grosser Weiser ist die Uebersetzung der beiden Namen Ahura-mazda.

5) Der viel Sehende, dazu die Glosse: ich merke sehr auf das Gesetz und Herkommen. Der viel sehendste d. h. ich sehe mehr als die übrigen Yazatos.

6) Der Wächter, d. h. ich halte Wache über die Menschen. Der Begehrer, d. h. ich begehre Gutes für meine Geschöpfe. (Die Bedeutung, welche die Tradition diesem schwierigen Worte beilegt ist übrigens keineswegs erwiesen.)

der Schöpfer, ich heisse der Schützer, ich heisse der Nährer, ich heisse der Kenner, ich heisse der Kennendste.

18. Ich heisse der Vermehrer, ich heisse der welcher vermehrende Manthras besitzt[1]), ich heisse der Herrscher nach Willen, ich heisse der am meisten nach seinem Willen herrschende.

19. Ich heisse mit Namen herrschend[2]), ich heisse der am meisten mit Namen herrschende, ich heisse der Nichtbetrügende, ich heisse der Unbetrogene.

20. Ich heisse der Beschützende, ich heisse der Peiniger der Pein, ich heisse der hier Schlagende[3]), ich heisse der Alles Schlagende, ich heisse der Alles Schaffende.

21. Ich heisse der ganz Majestätische, ich heisse der mit vieler Majestät begabte, ich heisse der sehr Majestätische, ich heisse der mit sehr grosser Majestät Begabte, ich heisse der Nutzen Bewirkende, ich heisse der Gewinn Bewirkende, ich heisse der Nützliche.

22. Ich heisse der Starke, ich heisse der Nützlichste, ich heisse der Reine, ich heisse der Grosse.

23. Ich heisse der Königliche, ich heisse der Königlichste, ich heisse der Wohlweise, ich heisse der Wohlweiseste, ich heisse der fernhin Sehende[4]).

24. Diese meine Namen — wer in der mit Körper begabten Welt, o heiliger Zarathustra, diese meine Namen behält und spricht.

25. Am Tage und in der Nacht, stehend oder sitzend, sitzend oder stehend, umgürtet mit dem Aiwyâoġhana, oder den Aiwyâoġhana ausziehend.

26. Vorwärts gehend aus dem Hause[5]), vorwärts gehend aus

---

1) Vermehrende Manthras = fshûsha-manthra, cf. Vsp. I, 18. Die Tradition stimmt übrigens nicht mit obiger Uebersetzung überein und erklärt den Ausdruck: ich schaffe an Maass soviel als sieh passt.

2) Mit Namen herrschend ist wol soviel als: unter seinem eigenen Namen herrschend.

3) Der hier Schlagende, nämlich auf dieser Welt. Die einheimischen Uebersetzungen geben das Wort schwankend wieder, die Pârsiübersetzung hat: der nun Schlagende, die Guzeratiübersetzung: der einmal Schlagende.

4) Die Uebers.: Der fernhin Nützende; Glosse: mein Nutzen hält lange Zeit hindurch an.

5) Aus den in §§ 26, 27. angegebenen Gründen ist es darum auch vorgeschrieben, den vorliegenden Yast zu beten, wenn man an eine andere Gegend kommt, vgl. Bd. II. p. LXXX.

der Genossenschaft, vorwärts gehend aus der Gegend, kommend in eine Gegend.

27. Nicht werden einen solchen Mann an jenem Tage und in jener Nacht schädigen des von Aeshma ausgehenden Drukhsgeistigen nicht Spitzen, nicht Schleudern, nicht Pfeile, nicht Messer, nicht Keulen, nicht dringen Wurfgeschosse ein (und) wird er beschädigt.

28. Und wegen der Annahme unterziehen sich dieselben mit Namen als Rückhalt und Wall gegen die unsichtbare Drukhs, der varenischen, schlechten.

29. Gegen den zu schaden trachtenden, rachgierigen, alles tödtenden, ganz schlechten Aġra-mâinyus.

30. Aehnlich dem wie ein Tausend Männer, einen einzigen Mann beaufsichtigen kann. —

31. Wer ist der siegreich Schlagende etc.[1])

32. Preis der königlichen Majestät, Preis für Airyana-vacja, Preis dem Nutzen dem von Ahura-mazda geschaffenen, Preis dem Wasser Dàitya, Preis dem Wasser Ardvi çûra, dem reinen, Preis der ganzen Welt des Reinen.

33. Yathâ. ahû. vairyô (10). — Ashem-vohû (10). — Den Ahuna-vairya preisen wir. Den Asha-vahista, den schönsten Amesha-çpenta preisen wir. Die Stärke, die Macht; die Gewalt, die Sieghaftigkeit, die Majestät und die Kraft preisen wir. Den Ahura-mazda den glänzenden, majestätischen preisen wir[2]).

34. Schütze den befreundeten Menschen immerfort, o Zarathustra vor dem feindlichen Schlechtgeistigen[3]).

35. Nicht überlasse den Freund dem Schlagen, nicht dem Ertragen von Uebeln, der Erlangung von Schaden.

36. Nicht wünsche für den Mann eine Gabe, welcher uns statt

---

1) Cf. Yç. XLIII, 16.

2) Es folgen hier noch einige Formeln, nämlich 1) das Gebet Yeġhe hàtan'm, dann: Preis und Anbetung, Kraft und Stärke weihe ich für Ahura-mazda den glänzenden, majestätischen, und Ashem-vohû. — Bei Beginn der in § 33. enthaltenen Formeln sind 10 Ahuna-vairyas und 10 Aschem-vohus zu sprechen.

3) Was von hier an folgt, wird von den Parsen eigentlich nicht mehr als zum Yast des Ormazd gehörig, sondern als ein Fragment des Bahman-yast angesehen, das aber freilich von dem verschieden gewesen sein muss, den wir noch in der Huzvâresch-Sprache besitzen.

36. Sinn dieses schwierigen Satzes soll wol der sein, dass der Mann keine Gabe zu erwarten habe der für empfangene Wohlthaten zwar das schuldige

eines grössten Opfers das kleinste opfert, von dem zu opferndem, vollständigen Preise für uns die Amesha-çpentas.

37. Hier ist Vohu-mano, mein Geschöpf, o Zarathustra, Asha-vahista, mein Geschöpf, o Zarathustra, Khshathra-vairya, mein Geschöpf, o Zarathustra, Çpenta-ârmaiti, mein Geschöpf, o Zarathustra, hier sind Haurvat und Ameretât, meine Geschöpfe, o Zarathustra, welche der Lohn sind für die Reinen die zur Körperlosigkeit gelangen.

38. Wisse auch das wie es (ist) o reiner Zarathustra: durch meinen Verstand, meine Weisheit, durch die der Anfang der Welt war, wird ebenso auch ihr Ende sein.

39. Tausend Heilmittel, zehntausend Heilmittel (3). — Komme mir zu Hülfe, o Mazda. — Für die Stärke, die wohlgeschaffene, wohlgewachsene, und den Sieg den von Ahura-mazda geschaffenen und das Schlagen das von oben kommt und die Çpeñta-ârmaiti.

40. O Çpeñta-ârmaiti! zerschlaget ihre Peinigung, umschliesst ihnen den Verstand, ihre Hände bindet, Sommer und Winter schlaget, haltet den Verhindernden.

41. Wann, o Mazda, wird der Reine den Schlechten schlagen, wann der Reine die Drukhs, wann der Reine den Schlechten?

42. Den Verstand Ahura-mazdas preisen wir, um zu erfassen den Mañthra-çpenta. Den Verstand Ahura-mazdas preisen wir, um in dem Gedächtnisse zu behalten den Mañthra-çpenta. Die Zunge Ahura-mazdas preisen wir, um aussprechen zu können den Mañthra-çpenta. — Diesen Berg preisen wir, den Verstand verleihenden Ushi-darena, am Tage und in der Nacht mit unter Gebeten gebrachten Gaben.

43. Darauf sprach Zarathustra: Ich komme zu euch, den Augen der Çpenta-ârmaiti, die das was öde ist vernichten um in die Erde zu jagen den Schlechten.

44. Den Fravashi dieses reinen Mannes preise ich, der den Namen Açmô-qanvâo führt. Mehr als die übrigen Reinen will ich nachher preisen, als Gläubiger, den Gaokerena, den starken, von Mazda

---

Opfer und die verlangte Anbetung vollzieht aber sich seiner Pflicht auf die leichteste und wenigst kostspielige Weise zu entledigen trachtet.

37. Haurvat und Ameretât bilden die Summe des irdischen Wohlbefindens, dieses wird man natürlich im vollsten Maasse in den jenseitigen Welt geniessen, wenn man auf dieser Welt fromm und rein gelebt hat.

44. Es ist mir unbekannt, wer dieser Açmô-qanvâo ist, alle Uebersetzungen fassen aber das Compositum als einen Eigennamen. Cf. übrigens Yt. 22, 37. 38. Yt. 13, 96. Aus diesen Stellen geht klar genug hervor, dass ein Mann unter diesem Namen verstanden wird.

geschaffenen; den Gaokerena, den starken, von Mazda geschaffenen preisen wir. Den Verstand des Ahura-mazda preisen wir, um einzuprägen den Maṅthra-çpenta. Den Verstand des Ahura-mazda preisen wir, um zu behalten den Maṅthra-çpenta. Die Zunge des Ahuramazda preisen wir um aussprechen zu können den Maṅthra-çpenta. Den Berg, den Verstand verleihenden Ushi-darena, preisen wir am Tage und in der Nacht mit unter Bitten herbeigebrachten Gaben.

Ashem-vohû. — Den Fravashi (§ 44), die Weisheit preise ich. Çpeñta-ârmaiti preise ich. Die Reinheit dieser Gabe und die Reinheit der Reinen, Früheren, die zu den reinen Geschöpfen gehören. Ihm gehört der Glanz etc.

XVIII. (2) Yast der sieben Amschaspands.

Im Namen Gottes des Herrn Ormazds, des Vermehrers. An grossem Glanze mögen wachsen die sieben Amschaspands, sie mögen kommen. — Alle meine Sünden etc.
Zufriedenstellung etc. Ich bekenne etc.

1. Für Ahura-mazda, den glänzenden, majestätischen, für die Amesha-çpentas, für Vohu-manô, für den Frieden der siegreich schlägt, der gesetzt ist über die anderen Geschöpfe, für den himmlischen Verstand, den von Ahura-mazda geschaffenen, für den mit Ohren gehörten Verstand, den von Mazda geschaffenen [1]).

2. Für Asha-vahista, den schönsten, für Airyama-ishya [2]); den Starken, von Mazda geschaffenen, für Çaoka, die gute, mit weit sehenden Augen begabte, von Mazda geschaffene, reine, für Khshathra-vairya, das Metall, für die Barmherzigkeit, die den Bettler nährt.

3. Für die gute Çpenta-ârmaiti, für die Geschicklichkeit [3]) die

---

1) Cf. Yç. XXII, 29.

2) Airyama-ishya ist das Gebet, welches mit diesen Worten beginnt und in Yç. LIII. enthalten ist. Man hat früher, und ich selbst noch im ersten Bande, diesen Airyama für eine Person gehalten, welche mit dem indischen Aryaman identisch ist, man überzeugt sich aber leicht aus Vd. XXII, wo am weitläufigsten vom Airyama die Rede ist, dass diese vermeintliche Person nur eine Hypostasirung des genannten Gebetes ist, welches öfters mit Asha-vahista in Verbindung gesetzt wird. — Çaoka cf. Vd. XIX, 123. XXII, 27 flg., wo Çaoka gleichfalls mit Airyama in Verbindung gesetzt ist. Da Çaoka hier und sonst (cf. Siroza § 3) mit Asha-vahista in Verbindung gesetzt wird, so ist sie vielleicht eher ein Genius des Feuers als des Nutzens, wie ich früher glaubte. — Khshathra-vairya ist auch der Beschützer der Armen. Cf. zu Yç. I, 5.

3) Dass hier von der Fülle der Futterkräuter und der Nahrung für die

gute, mit weithin sehenden Augen begabte, von Mazda geschaffene, reine, für Haurvat, den Herrn, für das jährliche gute Wohnen, für die Jahre, die Herren des Reinen, für Ameretât, den Herrn, für die Fülle, welche die Heerden betrifft, für die Getreidefrüchte, welche Pferde betreffen, für Gaokerena, den starken, von Mazda geschaffenen.

4. (Gâh Hâvani) für Mithra, der weite Triften besitzt, 1000 Ohren und 10000 Augen hat, der einen genannten Namen hat, den Yazata, für Râma-qâçtra — (Gâh Rapitan). Für Asha-vahista und für das Feuer, (den Sohn) Ahura-mazdas — (Gâh Uziren), für den grossen Herrn, den Nabel der Gewässer, für das Wasser, das von Mazda geschaffene.

5. (Gâh Aiwiçrûthrema) für die Fravashis der Reinen und für die Frauen die eine Versammlung von Männern haben, für das jährliche gute Wohnen, für die Stärke, die wohlgeschaffene, wohlgewachsene, für den Sieg den von Ahura geschaffenen, für das Schlagen, das aus der Höhe stammt — (Gâh Ushahina) für Çraosha den heiligen mit Segen begabten, siegreichen, der die Welt fördert, für Rashnu den gerechtesten und für Arstât, welche die Welt fördert, die Welt mehrt: Khshnaothra etc.

6. Ahura-mazda den glänzenden, majestätischen preisen wir. Die Amesha-çpenta, die guten Könige, die weisen preisen wir. Den Amesha-çpenta Vohu-manô preisen wir. Den Frieden, den siegreich schlagenden preisen wir, der gesetzt ist über die anderen Geschöpfe. Den himmlischen Verstand, den von Mazda geschaffenen, preisen wir. Den mit Ohren gehörten Verstand, den von Mazda geschaffenen preisen wir.

7. Den Asha-vahista, den schönsten Amesha-çpenta preisen wir. Den Airyama-ishya preisen wir; den Starken, von Mazda geschaffenen preisen wir. Die Çaoka die gute, mit weithin sehenden Augen begabte, von Mazda geschaffene, reine preisen wir. — Den

---

Pferde die Rede sei, ist die Ansicht der traditionellen Uebersetzungen in Siroza § 7. und Yç. XLI, 22. Ich muss jetzt weit bestimmter als ich in der Anmerkung zu der letztgenannten Stelle gethan habe, die Ansicht vertreten, dass die traditionelle Uebersetzung richtig und nicht von den beiden Açvins die Rede sei. Nicht nur kommen die indischen Açvins mit keiner Silbe in irgend einer Parsenschrift vor, kein Mensch vermöchte auch einzusehen, warum sie an Stellen, wie die unsere und Siroza I, 7, erscheinen sollten. Warum aber die Futterkräuter gemeint werden ist leicht zu begreifen, denn Ameretât ist Herr der Bäume und Pflanzen überhaupt.

Kbshathra-vairya, den Amesha-çpenta preisen wir. Das Metall preisen wir. Die Barmherzigkeit, welche den Bettler nährt, preisen wir.

8. Die gute Çpenta-ârmaiti preisen wir. Die gute Geschicklichkeit, die mit weithin sehenden Augen begabte, preisen wir, die von Mazda geschaffene reine. — Den Haurvat den Amesha-çpenta preisen wir. Das jährliche gute Wohnen preisen wir. Die Jahre, die reinen, Herren des Reinen preisen wir. — Den Amesha-çpenta Ameretât preisen wir. Die Fettigkeit, welche auf Heerden Bezug hat, preisen wir. Das Getreide, das auf die Pferde Bezug hat, preisen wir. Den Gaokerena den starken, von Mazda geschaffenen preisen wir.

9. (Gâh Hâvani) Den Mithra, der weite Triften besitzt, 1000 Ohren und 10000 Augen hat, einen genannten Namen besitzt, den Yazata, preisen wir. Den Râma-qâçtra preisen wir. — (Gâh Rapitan.) Den Asha-vahista und das Feuer, den Sohn Ahura-mazdas, preisen wir. — (Gâh Uzîren) Den grossen Herrn, den königlichen, glänzenden, den Nabel der Gewässer, den mit starken Pferden begabten preisen wir. Das Wasser, das von Mazda geschaffene, reine, preisen wir.

10. (Gâh Aiwiçrûthrema) Die guten, starken, heiligen Fravashis der Reinen, preisen wir. Die Frauen, die mit Versammlungen von Männern versehenen, preisen wir. Das jährliche gute Wohnen preisen wir. Die Stärke, die wohlgeschaffene, wohlgewachsene, preisen wir. Den Sieg, den von Ahura geschaffenen, preisen wir. Das Schlagen, das aus der Höhe kommt, preisen wir. — (Gâh Ushahina) Den Çraosha, den heiligen, wohlgewachsenen, siegreichen, die Welt fördernden, reinen, Herrn des Reinen, preisen wir. Rashnu den gerechtesten preisen wir. Arstât, welche die Welt fördert, die Welt vermehrt, preisen wir.

11. Die Zauberer mögen schlagen, Zarathustra, Daevas und Menschen, welche im Hause (sind). Immer, o heiliger Zarathustra, schlägt jede Drukhs, vertreibt jede Drukhs bis sie erschrickt an diesen Worten.

12. An deinen Körper hängt sie sich, deinen Priester schlägt sie — Priester wie Krieger — so dass er gänzlich ungehorsam wird, durch die Kraft der zu Vertreibenden.

13. Wer sich zum Schutze nimmt die sieben Amesha-çpentas, die guten Könige, die weisen — (das tugendhafte[1]) mazdayaçnische

---

[1] Es ist nicht einzusehen warum das Gesetz den Körper eines Pferdes haben soll, ich ziehe es aber doch vor das betreffende Beiwort auf Gesetz und nicht auf Wasser zu beziehen.

Gesetz, das den Körper eines Pferdes hat, das von Mazda geschaffene Wasser preisen wir).

14. Der möge entsagen den Anstürmenden und Wegstürmenden[1]), o Zarathustra, den An- und Wegstürmern möge er entsagen, o Zarathustra, gegen den Vohu-mano, gegen die mehr offenbare Austreibung, Tödtung und Vernichtung der Gebete.

15. Hundert, hundertfach darüber hinaus tragen sie (sonst) hinweg wie einen Gebundenen das mazdayaçnische Gesetz der Fravashis (?) durch die Gewalt der zu Vertreibenden.

Aschem-vohû. Yathâ. ahû. vairyo (2). Ich erflehe Preis, Anbetung, Stärke und Kraft für Ahura-mazda etc. wie oben §§ 1—5. die Welt mehrt. Aschem-vohû (3).

XIX. (3) Yast Ardibihist.

Im Namen etc. An grosser Majestät möge zunehmen der Amschaspand Ardibihist, er möge kommen. Alle meine Sünden etc.

Für Asha-vahista den schönsten, für Airyama-ishya, für die Stärke die von Mazda geschaffene, für Çaoka die gute mit weithin sehenden Augen begabte, von Mazda geschaffene, reine, sei Zufriedenstellung etc.

Den Asha-vahista, den schönsten Amescha-çpenta preisen wir. Den Airyama-ishya preisen wir. Die Stärke, die von Mazda geschaffene, preisen wir. Die Çaoka, die gute, mit weitschenden Augen begabte, von Mazda geschaffene, reine, preisen wir.

1. Es sprach Ahura-mazda zu dem heiligen Zarathustra: Was dann anbelangt die Hülfleistung des Asha-vahista, o heiliger Zarathustra, (so ist er) Lobsänger, Zaota, Lobredner, Vorleser, Darbringer, Preiser, Ruhmredner des Guten, bewerkstelligend, dass die glänzenden Lichter leuchten, zu unserem Preise und Anbetung der Amesha-çpentas [1]).

2. Darauf sprach Zarathustra: Sprich das Wort, das wahre Wort, o Ahura-mazda, wie gewesen sind die Hülfleistungen des Asha-vahista als Lobsänger, Zaota, Lobredner, Vorleser, Darbringer, Prei-

---

1) Wer mit den Anstürmenden und Wegstürmenden gemeint ist geht aus dem Texte nicht sicher hervor, jedenfalls sind es Geschöpfe des Aĝra-mainyus.

2) Cf. Vsp. VI, 1. Yç. XV, 1. Die Rolle, welche hier dem Asha-vahista zugetheilt wird, ist ganz der gewöhnlichen Lehre gemäss. Asha-vahista ist der Genius des Feuers und gilt für den mächtigsten der Amesha-çpentas. Licht und Feuer scheuen alle bösen Wesen.

ser, Ruhmredner des Guten, bewerkstelligend, dass die guten Lichter leuchten zu eurem Preise und Anbetung, der Amesha-çpentas.

3. Ich will preisen den Asha-vahista, wenn ich den Asha-vahista preise, da (preise ich ihn) als den Hülfespender der übrigen Amesha-çpentas, welchen beschützt Mazda durch die guten Gedanken, welchen schützt Mazda durch die guten Worte, welchen schützt Mazda durch die guten Werke.

4. Für die reinen Männer gehört der Garo-nemâna, keiner von den schlechten vermag zu gehen zu dem Garo-nemâna zu dem in Freuden rein wohnenden, offenbaren Ahura-mazda.

5. Er (Asha-vahista) schlägt alle dem Agra-mainyus angehörigen Zauberer und Pairikas durch Airyama[1]) (der) von den Manthras (ist) der grösste der Manthras, der beste der Manthras, der schönste der Manthras, der allerschönste der Manthras, der starke des Manthras, der stärkste der Manthras, der feste unter den Manthras, der festeste unter den Manthras, der siegreiche unter den Manthras, der siegreichste unter den Manthras, der heilende unter den Manthras, der heilendste unter den Manthras.

6. Er ist der mit Reinheit heilende, mit dem Gesetze heilende, mit Messern heilende, mit Pflanzen heilende, mit Manthras heilende, mit dem besten Heilmittel heilt der, welcher mit dem Manthra-çpenta heilt, der für den reinen Mann mit Zaubersprüchen heilt, denn der ist von den Heilmitteln das Heilendste[2]).

7. Krankheit läuft hinweg, Tod läuft hinweg, die Daevas laufen hinweg, die Oppositionen laufen hinweg, Ashemaogha[3]) der unreine läuft hinweg, der sündige, feindliche Mensch läuft hinweg.

8. Die welche vom Saamen der Schlangen stammen laufen hinweg, die welche von den Wölfen stammen laufen hinweg, die welche von (bösen) zweibeinigen Wesen stammen laufen hinweg, Verachtung[4]) läuft hinweg, Uebermuth läuft hinweg, Fieber läuft hinweg,

---

1) Airyama wird hier als eine Waffe gedacht, wie denn überhaupt öfters die Gebete des Avesta als geistige Waffen gefasst werden, mit denen man die Geister zu schlagen vermag, deren Leiber nicht erscheinen. Cf. Vd. X, 25 flg., Yç. IX, 44 flg.

2) Cf. Vd. VII, 120, welche Stelle ohne Zweifel nach der vorliegenden interpolirt ist.

3) Ueber Ashemaogha cf. oben zu Yt. I, 10.

4) Wie öfter so werden auch hier ganz abstracte Begriffe, wie Hochmuth, Verachtung etc. als persönliche Wesen und zwar als Drujas gedacht, welche in die Menschen eindringen und ihre Thaten leiten, wenn sie nicht bezwungen werden.

Grausamkeit läuft hinweg, Friedlosigkeit läuft hinweg, das schlechte Auge läuft hinweg.

9. Die lügnerische, sehr verlogene Rede läuft hinweg, die mit Zauberern verbundene Jahi[1]) läuft hinweg, die boshafte Buhlerin läuft hinweg, der Wind, der gerade von Norden kommt, läuft hinweg, der Wind, der gerade von Norden kommt, geht gänzlich zu Grunde.

10. Welcher (Asha-vahista) mir von diesen die von dem Saamen der Schlangen stammen schlägt von diesen Daevas tausend mal tausend[2]), zehntausend mal zehntausend, er schlägt die Krankheiten, er schlägt den Tod, er schlägt die Daevas, er schlägt die Oppositionen, er schlägt den Ashemaogha den unreinen, er schlägt den Menschen, den feindlichen.

11. Er schlägt die welche vom Saamen der Schlangen stammen, er schlägt die welche vom Saamen der Wölfe abstammen, er schlägt die welche von (bösen) zweibeinigen (Wesen) abstammen, er schlägt die Verachtung, er schlägt den Uebermuth, er schlägt das Fieber, er schlägt die Grausamkeit, er schlägt die Friedlosigkeit, er schlägt des böse Auge.

12. Er schlägt die lügnerische, sehr verlogene Rede, er schlägt die mit Zauberern versehene Jahi, er schlägt die Buhlerin, die boshafte, er schlägt den Wind der gerade von Norden kommt, der Wind der gerade von Norden kommt, geht zu Grunde.

13. Welcher (Asha-vahista) mir von diesen die vom Saamen der (bösen) zweibeinigen (Wesen) abstammen, welcher schlägt von diesen Daevas tausend mal tausend, zehntausend mal zehntausend, während von vorne zusieht, der lügenhafteste unter den Daevas, Aĝra-mainyus, der voll Tod ist.

14. Da spricht Aĝra-mainyus: von diesen meinen Wesen wird Asha-vahista von den Krankheiten die heftigste schlagen, von den Krankheiten die heftigste peinigen, von den Todbringenden den heftigsten peinigen, von den Daevas den heftigsten schlagen, von den Daevas den heftigsten peinigen, von den Oppositionen die heftigste schlagen, von den Oppositionen die heftigste peinigen, den Ashemaogha, den unreinen, schlagen, den Ashemaogha, den unreinen,

---

1) Jahi ist die Druja der Unzucht.
2) Während in §§ 7—9. gesagt worden ist, dass die verschiedenen Geschöpfe der Finsterniss vor Asha-vahista erschreckt davon laufen, so wird dann im Folgenden gesagt, dass sie dies nichts hilft, denn Asha-vahista ereilt sie, schlägt und peinigt sie.

peinigen, von den feindlichen Menschen den feindlichsten schlagen, von den feindlichen Menschen den feindlichsten peinigen.

15. Von denen die aus dem Saamen der Schlangen stammen wird er den heftigsten schlagen, den heftigsten peinigen, von denen die aus dem Saamen der Wölfe stammen, wird er den heftigsten schlagen, den heftigsten peinigen, von denen die aus dem Saamen der (schlechten) zweibeinigen (Wesen) stammen, wird er den heftigsten schlagen, den heftigsten peinigen, er wird die Verachtung schlagen, die Verachtung peinigen, den Hochmuth schlagen, den Hochmuth peinigen, er wird von den Fiebern das heftigste schlagen, das heftigste peinigen, er wird von den Grausamkeiten die heftigste schlagen, die heftigste peinigen, er wird von den Friedlosigkeiten die heftigste schlagen, die heftigste peinigen, er wird von den bösen Augen das böseste schlagen, das böseste peinigen.

16. Die lügenhafteste, verlogenste Rede wird er schlagen, die lügenhafteste, verlogenste Rede wird er peinigen, die Jahi, die mit Zauberern versehene wird er schlagen, die Jahi die mit Zauberern versehene wird er peinigen, die boshafte Buhlerin wird er schlagen, die boshafte Buhlerin wird er peinigen, den Wind, der gerade von Norden kommt, wird er schlagen, den Wind, der gerade von Norden kommt, wird er peinigen.

17. Untergehen wird die Drukhs, vergehen wird die Drukhs, davon laufen wird die Drukhs, verschwinden wird die Drukhs hin im Norden vergehen zu den Welten des Todes. Wegen seiner Fülle und Glanz preisen wir diesen Asha-vahista den schönsten Amesha-çpenta mit Gaben, den Asha-vahista, den schönsten Amesha-çpenta, preisen wir. Mit Haoma etc.

Yathâ ahû vairyo. — Ich erflehe etc. dem Asha-vahista etc. (wie im Eingange.) Ashem-vohû. — Ihm gehört etc.

XX. (4) Yast Chordât.

Im Namen etc. An grosser Majestät möge zunehmen der Amschaspand Chordât, er möge kommen. Alle meine Sünden etc.

Khshnaothra für Haurvatât, den Herrn, für das jährliche gute Wohnen, für die Jahre, die Herrn des Reinen zum etc.

Den Amesha-çpenta Haurvatât preisen wir. Das jährliche gute Wohnen preisen wir. Die Jahre, die reinen, die Herren des Reinen preisen wir.

1. Es sprach Ahura-mazda zu dem heiligen Zarathustra¹): Ich habe geschaffen für die reinen Menschen diese Erfreuungen, Reinheiten, Eigenthümlichkeiten des Haurvaṭ. Diese gewähren wir (dem), welcher von den Deinen kommt zu den Amesha-çpentas wie man kommt zu den Amesha-çpentas: dem Vohu-mano, dem Asha-vahista, Khshathra-vairya, der Çpenta-ârmaiti, zu Haurvaṭ und Ameretâṭ.

2. Wer gegen diese Daevas die tausend mal tausend, die zehntausend mal zehntausend, die unzählige mal unzähligen die Namen der Amesha-çpentas (besonders) des Haurvaṭ ausspricht, der schlägt die Naçu, der schlägt die Hashi, der schlägt die Bashi, der schlägt Çaeni, der schlägt die Bûji²).

3. Daher sage ich ihn (den Namen) als den ersten, dem reinen Manne früher als den des Rashnu-razista, als den der Ameshaçpentas. Welches immer die kraftvollen Namen der himmlischen Yazatas sind, die reinigen den reinen Mann.

4. Von der Naçu, von der Hashi, von der Bashi, von der Çaeni, von der Bûji, von dem Heere das aus vielen Feinden besteht, von der Fahne die von Vielen emporgehalten wird, von dem Menschen mit schlechter Feindschaft, von dem blanken Dolche, von der Feindschaft gegen die Männer, von dem Zauberer, von der Pairika, der Urvaçta.

5. Wie trennt man sich von den Pfaden der Reinen³), wie von

---

1) Dieses kleine Stück, das glücklicher Weise keine grosse Bedeutung beanspruchen kann, ist in einem sehr verderbten Zustand auf uns gekommen. Die Handschriften weichen sehr von einander ab und lassen darum doch den Text an vielen Stellen dunkel, namentlich im letzten Theile. Die Uebersetzung kann daher nicht an allen Stellen als zuverlässig verbürgt werden, zumal da keine einheimische Uebersetzung vorhanden ist, welche als Leitfaden dienen könnte.

2) Die Namen der bösen Geister die hier genannt werden, kommen sonst nicht weiter vor, darum kann auch über ihren Charakter nichts näheres angegeben werden. Sie mögen eher dem Volksaberglauben als der mazdayaçnischen Glaubenslehre im engeren Sinne angehört haben. Aus der Gleichförmigkeit aller dieser Namen könnte man vielleicht sogar schliessen, dass sie von dem Verfasser dieses Stückes erfunden seien. Doch scheint mir dies nicht wahrscheinlich. Es sind wol untergeordnete Geister, die unter den höllischen Heerschaaren (haena) inbegriffen werden.

3) Die Stelle ist nicht ganz sicher. Die Antwort, die auf die am Anfange des Paragraphen gestellte Frage gegeben wird, bezieht sich natürlich nur auf den letzten Theil derselben. — Seinen Körper wahrt, d. h. ihn von der Verunreinigung fern hält.

denen der Schlechten? Darauf entgegnete Ahura-mazda: Wenn er meinen Manthra ausspricht, recitirend im Gedächtnisse behält, aussprechend einen Kreis zieht, seinen eigenen Körper wahrt.

6. Ich werde dich: jede Druja die offenbar umherläuft, jede die verborgen ist, jede die verunreinigt — dich jede Druja für die arischen Länder werde ich hinwegschlagen, dich die Druja werde ich binden mit Stricken (?) hinwegbeschwören will ich die Druja[1]).

7. Ich will zum reinen Manne sagen, er solle drei Kreise ziehen, richtige, runde Kreise soll er ziehen, richtige, runde will ich sagen zum reinen Mann, neun Kreise soll er ziehen, neun sage ich zu dem reinen Manne[2]).

8. Die Namen dieser Amesha-çpentas schlagen die Naçu mit einem Messer, geschnitten, zerschnitten an Saamen und Verwandtschaft, gestorben (ist sie). Zarathustra der Zaota (frei) vom Schlechtgeistigen nach eigenem Verlangen und Willen, wie es immer sein Wille ist

9. wird nach Sonnenaufgang die nördliche Gegend schlagen, diese (Sonne) wird nicht aufgegangen mit hinstreckender Waffe mit schweren Tod vertreiben die Naçu, zum Preis und zur Zufriedenheit für die himmlischen Yazatas[3]).

10. Zarathustra! mögest du diesen Manthra keinem Anderen[4])

---

1) Ein sehr schwieriger Paragraph, von dem es sich fragt, wem er in den Mund zu legen ist, ob dem Zarathustra oder dem Betenden. Das Letztere scheint mir wahrscheinlicher.

2) Hier scheint auf die Reinigungs-Ceremonien angespielt zu werden, wie sie Vd. XI, 1 flg. XIX, 69 beschrieben werden.

3) Diesen schwierigen Paragraphen glaube ich im Wesentlichen richtig gefasst zu haben. Zarathustra oder an seiner Stelle der Zaota wird vom Tagesanbruch an (zu dieser Zeit müssen die Priester ihre Gebete beginnen cf. Bd. II. p. XLIX.) die Naçus schlagen, die Sonne, die hierdurch zu Kräften kommt, wird, noch ehe sie vollständig aufgegangen ist, all die nächtlichen Unholde vollends vertreiben.

4) Cf. Yt. 14, 46. Diese Stelle ist nicht unwichtig, in ihr wird vorgeschrieben, dass man das Avesta nur innerhalb der priesterlichen Familien durch Tradition weiter verbreiten soll. Es ist dies wahrscheinlich die Stelle, zu welcher, wie in dem neuen Bahman-yast erzählt ist, in den Commentaren angemerkt wurde, dass Chosru-Nuschervan zu seiner Zeit den Desturs befohlen habe die Yasts blos in ihrem Geschlechte zu überliefern. Vgl. m. Einleitung in die trad. Schriften d. Pârsen, II. p. 129. Zur Vermeidung von Missverständnissen mag hier bemerkt sein, dass ich in dieser Schlussstelle — wie überhaupt durch das ganze Stück — Lesarten gefolgt bin, welche von denen der gewöhnlichen Handschriften sehr abweichen und die ich einer bombayer Ausgabe entnommen habe.

lehren als dem Vater oder dem Sohne oder dem leiblichen Bruder oder dem Âthrava, dem mit Nahrung begabten, welcher als Gläubiger, Unbeirrter alle Kreise ordnen wird. — Durch seinen Glanz und Majestät preisen wir ihn mit lautem Preise: den Amescha-çpenta Haurvat preisen wir.

XXI. (5) Abân-yast.

Im Namen etc. An grosser Kraft nehme zu die Königin Arduiçur, sie möge kommen. — Alle meine Sünden etc.

Zufriedenstellung etc. Ich bekenne etc. für Ardvî-çûra, das Wasser das fleckenlose zum etc.

1. Es sprach Ahura-mazda zu dem heiligen Zarathustra[1]): Preise mir sie, o heiliger Zarathustra, die Ardvi-çûra, die reine, die voll fliessende, heilende, den Daevas abgeneigte, dem Gesetze des Ahura zugethane, die preiswürdige für die mit Körper begabte Welt, die verehrungswürdige für die mit Körper begabte Welt, die reine für die, welche das Leben fördern, die reine für die, welche das Vieh fördern, die reine für die, welche die Welt fördern, die reine für die, welche den Reichthum fördern, die reine für die Förderer der Gegend.

2. Welche den Saamen aller Männer reinigt, welche die Leiber aller Frauen zur Geburt reinigt, welche allen Frauen gute Geburt verleiht, welche allen Frauen passende und zweckmässige Milch bringt.

3. Sie die gross und weithin berühmt ist, welche so gross ist als alle die (übrigen) Gewässer, die auf dieser Welt dahin eilen, welche stark dahin strömt, vom Hukairya aus dem hohen, hin zum See Vourn-Kasha.

4. Es vereinigen sich alle (Gewässer) in dem Gränzmeere Vourakasha, jeder mittlere vereinigt sich[2]), denn sie lässt ausströmen, sie giesst aus, Ardvi-çura die fleckenlose, die 1000 Canäle und 1000 Abflüsse hat hat, jeder dieser Canäle, jeder dieser Abflüsse ist 40 Tagreisen lang für einen wohlberittenen Mann.

5. Der Abfluss dieses meines Wassers allein kommt hin zu

---

1) Die §§ 1—5. sind mit Yç. LXVI, 1—27. identisch.

2) Die Uebersetzung „jeder mittlere vereinigt sich" ziehe ich jetzt meiner frühern (jeder strömt zu der Mitte desselben) vor. Ich glaube die Anschauung ist diese, dass die Flüsse sämmtlich in der mittleren Gegend der Welt fliessen, aber dahin streben in das Gränzmeer zu gelangen.

allen Kareshvares, den sieben und bringt von diesem meinen Wasser allein immerfort dorthin im Sommer wie im Winter. Dieses mein Wasser reinigt den Saamen der Männer, die Leiber der Frauen, die Milch der Frauen [1]).

6. Welche ich, Ahura-mazda, mit guter Kraft aufrecht erhalte, zur Förderung der Wohnung und des Clans, der Genossenschaft und der Gegend, zum Schutz und Schirm, zur Herrschaft, Beaufsichtigung und Ueberwachung.

7. Darauf ging vorwärts Zarathustra (sprechend): Ardvî-çûra die fleckenlose (kommt) vom Schöpfer Mazda, schön sind ihre Arme viel glänzender, grösser als Pferde. Mit schönen Willen geht, o heiliger, die an den Armen kräftige vorwärts, dieses im Geiste denkend [2]):

8. „Wer wird mich preisen, wer wird mir opfern mit Darbringungen die mit Haoma und mit Fleisch versehen, mit Darbringungen die gereinigt und genau ausgesucht sind, wem soll ich mich anschliessen, dem anhänglichen, gleichgesinnten, opfernden, wohlmeinenden [3]?"

9. Wegen ihres Glanzes, wegen ihrer Majestät will ich sie preisen mit hörbarem Preise, will ich sie preisen mit wohlgeopferten Opfer, die Ardvî-çûra, die fleckenlose, mit Opfern; du bist dadurch um Hülfe angerufen, dadurch wohlgepriesen o Ardvî-çûra,

---

1) Die Schlussworte dieses Absatzes finden sich auch Vd. VII, 37—40.

2) Dieser Paragraph ist schwierig und ich möchte nicht dafür einstehen, dass ich alle Einzelheiten richtig getroffen habe, auch dürften die Handschriften nicht ganz in Ordnung sein. Viel einfacher würde es nämlich sein, wenn man den ganzen Absatz als Fortsetzung der Erzählung in § 6. ansehen dürfte, so dass es dann Ardvi-çura ist die vorwärts geht, Zarathustra aber nur ein eingeschobener Vocativ wäre, den der erzählende Ahura-mazda an den zuhörenden Zarathustra richtet. Es fehlte auch nicht an Stellen der Yasts, welche diese Auffassung durch die Analogie bestätigten, aber die Handschriften sprechen nicht ganz für sie.

3) Es ist bekannt, dass die Genien der Parsen ebensowol der Menschen bedürfen als die letztern der Genien. Erhalten die göttlichen Wesen von den Menschen nicht die vorgeschriebenen Opfer, so werden sie kraftlos und unfähig ihren Pflichten nachzukommen, wenn nicht Ahura-mazda sich veranlasst sieht ihnen auf übernatürliche und aussergewöhnliche Art zu helfen. Diese Idee kommt oft genug in den Yasts vor. Cf. Yt. 8, 13 flg. 10, 34 flg. 13, 50 flg. u. sonst. — Mit ausgesuchten Opfern will die Ardvi-çura verehrt sein, d. h. die zu opfernden Dinge sollen vorher genau angesehen werden, ob auch nichts Unreines an ihnen klebt.

fleckenlose! durch den Haoma der (verbunden) ist mit Fleisch, mit Bareçma, mit dem Manthra der Weisheit der Zunge giebt, mit Wort, mit Handlung, mit Gaben, mit recht gesprochenen Reden.

2.

10. Preise mir sie die reine Ardvi-çûra, o heiliger Zarathustra etc. (wie 1 flg.).

11. Welche zuerst den Wagen fährt, die Zügel hält des Wagens, während sie kräftig der Wagen dahin führt, gedenkend an den Menschen, dieses im Geiste denkend: „wer wird mich preisen, wer wird mir opfern mit Darbringungen die mit Haoma und mit Fleisch versehen sind, mit Opfern die gereinigt und genau ausgesucht sind, wem soll ich mich anschliessen als dem Anhänglichen, Gleichgesinnten, Opfernden, Wohlmeinenden?" Wegen ihres Glanzes, wegen ihrer Majestät etc.

3.

12. Preise sie, die reine etc.

13. Welche vier Zugthiere besitzt, weisse, alle gleichfarbig, von gleicher Zucht, grosse, die peinigen die Pein aller Daevas und (bösen) Menschen, der Zauberer und Pairikas, der Çâthras, Kaoyas und Karapanas[1]). Wegen ihres Glanzes, wegen ihrer Majestät etc.

4.

14. Preise sie, die reine etc.

15. Die starke, glänzende, grosse, wohlgewachsene, deren fliessende Wasser bei Tag wie bei Nacht herbei kommen, nämlich alle diese Gewässer die auf der Erde dahin fliessen; welche kräftig dahin eilt. Wegen ihres Glanzes etc.

5.

16. Preise sie, die reine etc.

17. Diese pries der Schöpfer Ahura-mazda in Airyana-vaeja, der reinen Schöpfung mit Haoma der verbunden ist mit Fleisch, mit Bareçma, mit Manthra, der Weisheit für die Zunge giebt, mit Wort, mit Handlung, mit Opfer, mit recht gesprochenen Reden.

18. Darauf bat er sie um die Gunst[2]): „Gieb mir, o gute nütz-

---

1) Cf. zu Yç. IX, 61.
2) Hier — wie öfter in den Yasts — wird Ahura-mazda als selbst der

lichste Ardvî-çûra, fleckenlose, dass ich mich einige mit dem Sohne des Pourushaçpa, dem reinen Zarathustra, so dass er denkt nach dem Gesetz, spricht nach dem Gesetz, handelt nach dem Gesetze.

19. Da gewährte ihm diese Gunst Ardvî-çûra, die fleckenlose, dem immer Opfer Darbringenden, gebenden, opfernden, dem Bittenden um eine Gunst die Geberinnen. Wegen ihres Glanzes, wegen ihrer Majestät etc.

6.

20. Preise sie, die reine etc.

21. Dieser opferte Haoshyagha, der Paradhàta an dem Gipfel des Berges mit 100 männlichen Pferden, 1000 Kühen, 10000 Stück Kleinviehes.

22. Dann bat er sie um diese Gunst: Gieb mir, o gute, nützlichste Ardvî-çûra, fleckenlose, dass ich die oberste Herrschaft führe über alle Gegenden, über die Daevas und Menschen, über die Zauberer und Pairikas, über die Çâthras, Kaoyas und Karapanas, dass ich zwei Drittel der mazanischen und varenischen Daevas, der schlechten, erschlage [1]).

23. Es gewährte ihm diese Gunst Ardvî-çûra, die fleckenlose, dem immer Gaben Darbringenden, gebenden, opfernden, dem Bittenden um eine Gunst die Geberinnen. Wegen ihres Glanzes etc.

7.

24. Preise sie, die reine etc.

25. Dieser opferte Yima der glänzende, mit guter[2]) Versamm-

---

Hülfe der einzelnen Genien bedürftig dargestellt, was genau genommen ungereimt ist, denn diese sind seine Geschöpfe und haben ihre Kraft von ihm empfangen.

1) Cf. Yt. 9, 4. Ueber mazanisch cf. Bd. I. p. 165. Statt varenisch habe ich früher übersetzt: die Daevas des Regens, ich kann diese Uebersetzung auch jetzt noch nicht bestimmt für falsch erklären, doch wäre es möglich, dass der Ausdruck varenisch auf die Gegend Varena in Taberistan zu beziehen wäre.

2) Ich bemerke hier, dass der oft vorkommende Ausdruck: mit guter Versammlung versehen, der ein beständiges Beiwort des Yima ist, bezeichnen soll, dass er sowol reich an Viehheerden war, als auch immer eine stattliche Anzahl streitbarer und einsichtiger Männer um sich sah. Es ist ein ähnlicher Ausdruck wie ποιμὴν λαῶν bei den Griechen, شاه مِر bei den neuern Persern. — Hukairya ist nach dem Bundehesch der Berg, von welchem die Quelle Ardvî-çûra heraleder fliesst.

lung versehene am Berge Hukairya mit 100 männlichen Pferden, 1000 Kühen, 10000 Stück kleinen Viehes.

26. Dann bat er sie um diese Gunst: Gieb mir, o gute, nützlichste Ardvî-çûra, fleckenlose, dass ich der oberste Herrscher sei über alle Gegenden, über Daevas und Menschen, über Zauberer und Pairikas, über die Çâthras, Kaoyas, Karapanas, dass ich hinwegbringe¹) von den Daevas, Beides: Glückgüter und Nutzen, Beides: Fülle und Heerden, Beides: Nahrung und Preis.

27. Es gewährte ihm diese Gunst Ardvî-çûra, die fleckenlose, dem immer Gaben Darbringenden, gebenden, opfernden, dem Bittenden um eine Gunst die Geberinnen. Wegen ihres Glanzes etc.

8.

28. Preise sie, die reine etc.

29. Dieser opferte die Schlange Dahâka mit drei Rachen, in der Gegend des Bawri²) mit 100 männlichen Pferden, 1000 Kühen, 10000 Stück kleinen Viehes.

30. Dann bat er sie um diese Gunst: Gieb mir, o gute, nützlichste Ardvî-çûra, fleckenlose, dass ich unsterblich mache Alle, die in den sieben Kareshvares sich befinden³).

31. Nicht gewährte ihm diese Gunst Ardvî-çûra, die fleckenlose. Wegen ihres Glanzes, wegen ihrer Majestät etc.

9.

32. Preise sie etc.

33. Dieser opferte der Sprössling des Athwianischen Clans, des starken Clans: Thraetaona in Varena⁴), dem viereckigen mit 100 männlichen Pferden, 1000 Kühen, 10000 Stück kleinen Viehes.

---

1) Der Ausdruck im Texte sagt vielleicht noch mehr als der in der Uebersetzung gesetzte. Es ist möglich, dass Yima hier sagen will: dass ich retten möge ver den Daevas.

2) Bawri ist wol ohne Zweifel Babylen, denn dorthin wird der Regierungssitz Dahâkas verlegt. Cf. Hamza Isfâhâni p. 32. ed. Gottwaldi. Auch im Mojmil ut-tewârich heisst es بزمين بابل نشست er liess sich im Lande von Babel nieder.

3) Es muss beachtet werden, dass Dahâka zu seiner Zeit die Rechtschaffenen zum grössten Theil ausgerottet hatte, darum konnte Ardvî-çûra diese Bitte, die anscheinend sehr wohlwollend klingt, nicht erfüllen.

4) Cf. zu Vd. I, 68.

34. Dann bat er sie um diese Gunst: Gieb mir, o gute, nützlichste Ardvi-çûra, fleckenlose, dass ich schlagen möge die Schlange Dahâka mit drei Rachen, drei Schädeln, sechs Augen, 1000 Kräften, die sehr starke von den Daevas abstammenden Druj, das Uebel für die Welten, die schlechte, welche als die kräftigste Druj hervorgebracht hat Agra-mainyus hin zu der mit Körper begabten Welt zum Verderben für das Reine in der Welt[1]). Möge ich als ihn Schlagender treiben die welche (ihm) nützen und verpflichtet sind, die dem Körper nach die schönsten sind, um sie zu schieben, und die (sind) im Verborgensten der Welt.

35. Es gewährte ihm diese Gunst Ardvî-çûra etc.

10.

36. Preise sie etc.

37. Dieser opferte der männlich gesinnten Kereçâçpa hinter dem Vara Pishinagha[2]) mit 100 männlichen Pferden, 1000 Kühen, 10000 Stück Kleinviehes.

38. Dann bat er sie um diese Gunst: Gieb mir, gute, nützlichste Ardvi-çûra, fleckenlose, dass ich schlagen möge den Gandarewa[3]) mit goldener Ferse, der da ist ein Schlagender am Ufer des Sees Voura-kasha. Ich will hinlaufen nach der starken Wohnung des Schlechten auf der breiten, runden, fern zu durchschreitenden (Erde).

39. Es gewährte ihm diese Gunst Ardvi-çûra, die fleckenlose etc.

11.

40. Preise sie etc.

---

1) Cf. Yç. IX, 26. 27. Die Schlussworte sind äusserst schwierig, es kann nicht für alle Einzelnheiten eingestanden werden. Ich finde eine Anspielung darin auf das Verbergen des Dahâka unter dem Demâvend. Die Stelle kehrt wieder Yt. 9, 14. 15, 24.

2) Den Vara Pishinagha halte ich für das Thal, welches noch heute den Namen Pishin oder Pishing führt und im östlichen Sedschestân westlich von Kwettah liegt. Das Thal ist etwa 12 Stunden breit, durch dasselbe zieht sich ein Fluss, Lora genannt. Cf. Ritter, Asien VIII. 165 flg. Für die Gleichsetzung dieses Thales Pishin mit dem vorliegenden Pishinagha spricht nicht etwa bloss die oft trügerische Namensähnlichkeit, sondern vornehmlich der Umstand, dass Kereçâçpa und seine Familie recht eigentlich in jener Gegend Sedschestâns zu Hause sind.

3) Ueber Gandarewa und die ganze Sage cf. die Einl.

41. Dieser opferte der verderbliche Turânier Fraḡraçè¹) in einer Grube dieser Erde mit 100 männlichen Pferden, 1000 Kühen, 10000 Stück kleinen Viehes.

42. Dann bat er sie um diese Gunst: Gieb mir, o gute, nützlichste Ardvî-çûra, fleckenlose, dass ich jene Majestät erlangen möge die da fliegt in der Mitte des Sees Vourn-kasha, welche eigen ist in den arischen Gegenden den Gebornen und noch Ungebornen und die eigen ist dem reinen Zarathustra²).

43. Nicht gewährte ihm da diese Gunst Ardvî-çûra, die fleckenlose. Wegen ihres Glanzes, wegen ihrer Majestät etc.

12.

44. Preise sie etc.

45. Dieser opferte der behende, sehr glänzende Kava-Uç am Berge Erezifya³) mit 100 männlichen Pferden, 1000 Kühen, 10000 Stück kleinen Viehes.

46. Dann bat er sie um diese Gunst: Gieb mir, o gute, nützlichste Ardvî-çûra, fleckenlose, dass ich der oberste Herrscher sei über alle Gegenden, über Daevas und Menschen, über Zauberer und Pairikas, über Çâthras, Kaoyas und Karapanas.

47. Es gewährte ihm diese Gunst Ardvî-çûra etc.

13.

48. Preise sie etc.

49. Dieser opferte der mannhafte Vereiniger der arischen Gegenden zu einem Reiche: Huçrava, hinter dem Vara Caecaçta⁴)

---

1) Fraḡraçè ist der in den spätern Büchern Frâçyâk, bei Firdusi und den neuern Pârsen aber Afrâsiâb genannte König von Turân, der hier in einer Grube auf der Lauer liegt.

2) Ueber diese Sage cf. unten Yt. 19, 56 flg.

3) Ueber Kava Uç cf. die Einl. Der Berg Erezifya (= skr. rijipya ausgreifend, anstrebend, vgl. Boehtlingk-Roth Sanskritwörterb. s. v.) kann leider nicht näher bestimmt werden. In der Liste der im Bundehesch aufgezeichneten Berge kommt er nicht vor, wenn er nicht etwa unter dem dort Iraj genannten Berge zu suchen ist, der von Hamadan gegen Kharism hin sich erstrecken soll.

4) Huçrava oder Haoçrava ist der Kai-chosru der spätern Heldensage und wird hier der Vereiniger der arischen Gegenden genannt, weil in der That das ganze erânische Reich nach dem Tode des Kâus auseinander zu fallen in Gefahr lief und Afrâsiâb soweit in Erân Fuss gefasst hatte wie kaum zuvor. Die Erwähnungen im Avesta stimmen übrigens nicht ganz genau zu denen der spätern

dem tiefen, wasserreichen mit 100 männlichen Pferden, 1000 Kühen, 10000 Stück kleinen Viehes.

50. Dann bat er sie um diese Gunst: Gieb mir, o gute, nützlichste Ardvî-çûra, fleckenlose, dass ich der oberste Herrscher sei aller Gegenden, über Daevas und Menschen, über Zauberer und Pairikas, über Çâthras, Kaoyas, Karapanas; dass ich von allen Verbündeten zuerst dämpfe die lange Glanzlosigkeit nicht aber zerschneide den Wald¹) welcher Verderbliche mir jetzt in den Pferden den Verstand verdrehte.

51. Es gewährte ihm diese Gunst Ardvî-çûra, die fleckenlose etc.

14.

52. Preise sie etc.

53. Dieser opferte der starke Tuça, der Krieger, auf den Rücken der Pferde, bittend um Kraft für die Gespanne, Gesundheit für die Körper, viele Gewalt gegen die Peiniger, um die Besiegung der Schlechtgeistigen, um das Verschwinden von hier der Tödtlichen, Unfreundlichen, Peiniger.

54. Dann bat er sie um diese Gunst: Gieb mir, o gute, nützlichste Ardvî-çûra, fleckenlose, dass ich schlage die Aurva-Hunava²)

---

mohammedanischen Historiker. Der Var Caecaçta ist nach dem Bundehesch in Aderbaidjan. Rawlinson will darin den See sehen der auf dem Takht-i-Suleimân sich findet.

1) Der Schluss dieses Paragraphen ist dunkel, da uns die Sage nicht mehr erhalten zu sein scheint auf welche die obige Stelle anspielt. Ich habe den Ausdruck Razûra mit Wald oder Dickicht übersetzt. Cf. unten Yt. 15, 31. 19, 77, aber auch aus jenen Stellen gehen die Umrisse der alten Sage nicht mit vollkommener Sicherheit hervor.

2) Die Aurva-Hunava sind wol die Aurvasöhne, gegen die Tuça kämpfen soll. Hunu = skr. sunu, Sohn, scheint das Grundwort zu sein von dem Hunava abgeleitet ist (cf. unter § 57) und Yt. 13, 100. und im Althaktrischen nur von bösen Wesen gebraucht worden zu sein, cf. die Note zu Vd. XVIII, 132. Tuça der neuere Tus, ein Abkömmling des éranischen Fürstengeschlechts, wird als berühmter Feldherr unter den Königen Kai-Kâus und Kai-Chosru öfter genannt, aber gerade die hier erwähnte von seinen Thaten finde ich nirgends näher beschrieben. Auch Vaeshaka, das Länder- oder Städtenamen sein muss, finde ich nirgends, über Khshathro-çaokṛ, d. i. Reichsnutzen, ist wol der Name eines Palastes und Kaġha ist gewiss Kaṅg-diz, die von Siavakhs begründete Niederlassung im Norden, von der auch Firdosi zu erzählen weiss. Anquetil bemerkt zu unserer Stelle: *Véeschekéié c'est à dire qui vit beaucoup: cet attribut convient aussi à Paschoutan qui a regné dans le Kanguedez, et qui, selon les Parses y est actuellement vivant.*

in Vaeshaka an dem Thore Khshathro-çaoka dem obersten in Kaġha, dem grossen, reinen; dass ich schlagen möge von den turânischen Gegenden fünfzig von den Hunderttödtern, hundert von den Tausendtödtern, tausend von den Zehntausendtödtern, zehntausend von denen die Unzählige tödten.

55. Es gewährte ihm diese Gunst Ardvî-çûra, die fleckenlose, dem immerwährend Gaben Darbringenden etc.

15.

56. Preise sie etc.

57. Dieser opferten die Aurva-Hunava in Vaeshaka an dem Thore Khshathro-çaoka, welches ist das oberste in Kaġha, dem grossen, reinen mit 100 männlichen Pferden, 1000 Kühen, 10000 Stück Kleinvieh [1]).

58. Dann baten sie sie um diese Gunst: Gieb uns, o gute, nützlichste Ardvî çûra, fleckenlose, dass wir überwinden mögen den starken Tuça, den Krieger, mögen wir niederschlagen die arischen Gegenden, fünfzig von den Hunderttödtern, hundert von den Tausendtödtern, tausend von den Zehntausendtödtern, zehntausend von denen die Unzählige tödten.

59. Nicht gewährte diesen Ardvî-çûra diese Gunst etc. Wegen ihres Glanzes, wegen ihrer Majestät etc.

16.

60. Preise sie etc.

61. Dieser opferte der frühere Vifra-navâza, als ihn aufrief der siegreiche, starke Thraetaona, in der Gestalt eines Vogels, eines Kahrkâça [2]).

62. Dieser flog dort während dreier Tage und dreier Nächte hin zu seiner eigenen Wohnung, nicht abwärts, nicht abwärts ge-

---

1) Obwohl hier nur von einem einzigen Aurva-Hunava die Rede ist, so geht doch aus § 58. hervor, dass er im Namen Mehrerer bittet.

2) Die im Folgenden erzählte merkwürdige Mythe ist leider zu kurz erzählt um ganz klar zu sein. Westergaard (der Vafra navâza liest) vermuthet es sei der frisch gefallene Schnee zu verstehen, cf. Weber's Ind. Studien III, 421 flg. Gewiss ist, dass er als ein Bundesgenosse Thraetaonas in irgend einer Sache gedacht werden muss. Nach einer kurzen Andeutung im Âferin des Zarathustra (cf. unten XL, 4) möchte ich vermuthen, dass es ein Held gewesen sei, der sich nordwärts von der Raġha weit vorwärts gewagt hatte und den Rückweg nicht finden konnte.

gelangte er genährt. Er ging hervor gegen die Morgenröthe der dritten Nacht, der starken, beim Zerfliessen der Morgenröthe und betete zur Ardvî-çûra, der fleckenlosen:

63. „Ardvî-çûra, fleckenlose! eile mir schnell zu Hülfe, bringe nun mir Beistand, ich will dir 1000-Opfer mit Haoma und Fleisch versehene, gereinigte, wohl ausgesuchte, bringen hin zu dem Wasser Ragha, wenn ich lebend hinkomme zu der von Ahura geschaffenen Erde, hin zu meiner Wohnung.

64. Es lief herbei Ardvi-çûra, die fleckenlose, in Gestalt eines schönen Mädchens, eines sehr kräftigen, wohlgewachsenen, aufgeschürzten, reinen mit glänzendem Gesichte, edlen, unten am Fusse mit Schuhen bekleidet, mit goldnem Diadem auf dem Scheitel.

65. Diese ergriff ihn am Arme, bald war das, nicht lange dauerte es, dass er hinstrebte, kräftig, zur von Ahura geschaffenen Erde, gesund, so unverletzt als wie vorher, zu seiner eignen Wohnung.

66. Diese Gunst gewährte ihm etc.

17.

67. Preise du etc.

68. Dieser opferte Jâmâçpa[1]), als er das Heer der Daevayaçnas von ferne heranrücken sah, der zu Kämpfen eilenden, mit 100 männlichen Pferden, 1000 Kühen, 10000 Stück Kleinviehes.

69. Dann bat er sie um diese Gunst: Gieh mir, o gute, nützlichste Ardvi-çûra, fleckenlose, dass ich hier siegreich angreifen möge alle Nichtarier.

70. Diese Gunst gewährte ihm etc.

18.

71. Preise sie etc.

72. Dieser opferte Ashavazdâo, der Sohn des Pouru-dakhsti, Ashavazdâo und Thrita, die Söhne der Çâyuzdri[2]) bei dem hohen

---

1) Jâmâçpa ist der bekannte, der Religion des Zarathustra günstige Minister des Vistâçps.

2) Die beiden hier genannten Persönlichkeiten finden sich wieder erwähnt in Yt. 13, 111—113, wo man die Abstammung derselben finden kann. Der hier genannte Thrits scheint mir mit dem Vd. XXI. und Yç. IX. genannten, der zur Familie der Çâmas gehörte, nichts gemein zu haben, sondern blos ein Namensverwandter zu sein, der eher der Zarathustrasage angehört haben dürfte. Wäre der Vater des Kereçâçpa hier gemeint, so würde er wol schon oben vor diesem

Herrn, dem königlichen glänzenden Nabel der Gewässer, dem mit schnellen Pferden versehenen, mit 100 männlichen Pferden, 1000 Kühen, 10000 Stück Kleinvieh.

73. Dann baten sie dieselbe um diese Gunst: Gieb uns, o gute, nützlichste Ardvi-çûra, fleckenlose, dass wir schlagen mögen die Dànus, die turànischen, sich versammelnden, den Kara Açbana und den Vara Açbana, den sehr starken fernhin leuchtenden hier in den Kämpfen der Welt[1]).

74. Es gewährte ihnen diese Gunst etc.

19.

75. Preise sie etc.

76. Dieser opferte Vis-taurusha, der Nachkomme des Naotairya, an dem Wasser Vitaguhaiti[2]) mit wohlgesprochener Rede, also mit Worten sprechend:

77. „Das ist richtig, das ist wahr gesprochen, o Ardvi-çûra, fleckenlose, dass von mir soviel Daevayaçuas erschlagen worden sind als ich auf dem Kopfe Haare trage, also giesse mir aus, o Ardviçûra, fleckenlose, eine trockene Furth über die gute Vitaguhaiti."

78. Es lief herbei Ardvi-çûra, die fleckenlose, in Gestalt eines schönen Mädchens, eines sehr kräftigen, wohlgewachsenen, aufgeschürzten, rein an dem glänzenden Gesichte, edel, mit goldenen Schuhen bekleidet, welches an der Höhe der ganzen Furth die einen Gewässer stehen liess, die andern vorwärts beförderte, sie machte einen trockenen (Weg) über die gute Vitaguhaiti.

79. Es gewährte ihm diese Gunst etc.

20.

80. Preise sie etc.

---

genannt worden sein, da in unserm Yast und in den Yasts überhaupt die chronologische Ordnung festgehalten wird, wie wir sie aus dem Werke Firdosis und anderer muhammedanischer Schriftsteller kennen.

1) Ueber die hier genannten Wesen findet sich leider in keiner der mir zugänglichen Schriften eine nähere Notiz. Merkwürdig ist die Erwähnung der Dànus, die doch mit den Dànavas der indischen Mythologie verwandt zu sein scheinen, cf. zu Yt. 13, 34, wo sie aber einfach die turànischen Gegner zu bezeichnen scheinen. Ueber Açbana cf. Yt. 13, 140.

2) Auch die Persönlichkeit des Vistaurusha ist nicht weiter bekannt, der aber ein Nachkomme des Naotairya, d. i, wahrscheinlich des von Firdosi mit dem Namen Nandar benannte Königs ist, also dem königlichen Stamme angehört. Die Sage ist übrigens auch ohne nähere Erläuterungen aus dem Texte deutlich.

81. Dieser opferte Yaçtô-Fryananańm¹) am Ufer (?) der Ragha mit 100 männlichen Pferden, 1000 Kühen, 10000 Stück Kleinviehes.

82. Dann bat er sie um diese Gunst: Gieb mir, o gute, nützlichste Ardvi-çûra, fleckenlose, dass ich möge schlagen den schlechten Akhtya den finstern und dass ich ihm die 99 Fragen beantworten möge der Schrecklichen mit Pein Verbundenen, wenn mich fragt Akhtya der schlechte, finstere.

83. Es gewährte ihm diese Gunst etc.

21.

84. Preise sie etc.

85. Welcher Ahura-mazda wohl die Wasser aubefahl²): „Gehe herzu, komme herbei, o Ardvi-çûra, fleckenlose, von jenen Lagern³) hin zur von Ahura geschaffenen Erde, es werden dir opfern die vorzüglichen Herrn, die Herrn der Gegenden, die Söhne der Herren der Gegenden.

86. Von dir werden tapfere Männer erbitten schnelle Pferde und Majestät die von oben stammt, dich werden Âthravas, die recitirenden Âthravas, für den Nahrung gewährenden bitten um Grösse⁴) und Reinheit, um Sieg, um das von Ahura gegebene Schlagen das aus der Höhe stammt.

87. Dich werden Mädchen, heirathsfähige, junge Frauen, schwesterliche bitten um einen starken Hausherrn, Frauen die gebären sollen werden dich bitten um glückliche Geburt, du bist vermögend es diesen zu gewähren, Ardvi-çûra, fleckenlose."

88. Darauf kam, o Zarathustra, Ardvi-çûra, die fleckenlose, von jenen Lagern hin zu der von Ahura geschaffenen Erde, dann sprach die Ardvi-çûra, die fleckenlose:

89. „O glänzender, reiner, heiliger (Zarathustra) dich hat geschaffen Ahura-mazda zum Herrn dieser mit Körper begabten Welt, mich hat Ahura-mazda geschaffen zur Beschützerin der ganzen

---

1) Auch diese Persönlichkeit gehört, wie es scheint, ner der älteren Parsensage an. Da aber die Opfer am Ufer der Ragha vorgenommen werden, so darf man wohl schliessen, dass sich die in den folgenden Paragraphen erwähnten Vorgänge auf die Kämpfe im Norden beziehen. Der Dämon Akhtya (wol verwandt mit Akhti, Krankheit) scheint eine Art von Sphinx gewesen zu sein, welche den Yaçto-Fryananm nicht ziehen lassen wollte bevor er ihm gewisse Fragen beantwortet habe.

2) Oder auch: die Wasser der Scene.

3) Oder vielleicht: von diesen Gestirnen.

4) Grösse: nämlich des Verstandes und der Weisheit.

Welt des Reinen, durch meinen Glanz und Majestät wandeln auf der Erde umher Vieh, Zugthiere und zweibeinige Menschen. Ich beschütze ihm alle diese von Mazda geschaffenen Güter, die einen reinen Ursprung haben wie (mau behüte): Vieh und Viehfutter."

90. Es fragte Zarathustra die Ardvi-çûra, die fleckenlose: O Ardvi-çûra, fleckenlose, mit welchem Opfer soll ich dir opfern, mit welchem Opfer soll ich dich preisen, damit Ahura-mazda deinen Lauf mache nicht einen Lauf in der Höhe über der Sonne, dass dich nicht schädigen Schlangen, mit Schweiss, Geifer, Bedeckung und bedeckenden Flüssigkeiten [1])?

91. Darauf entgegnete Ardvi-çûra, die fleckenlose: „o glänzender, reiner, heiliger (Zarathustra) mit diesem Opfer sollst du mir opfern, mit diesem Opfer sollst du mich preisen vom Aufgang der Sonne bis Tagesaubruch [2]), du sollst von diesen Opfern verzehren (und) die Priester die um die Gebete gefragt werden, welche die Gebete gelesen haben, wer die Manthras kennt, mit Tugend begabt ist, wessen Körper der Manthra ist.

92. Nicht sollen mir von diesem Opfer verzehren: ein Feind, ein Jähzorniger, ein Lügner, kein Verläumder, kein Verkleinerer, keine Frau, Reiner der es verschmäht zu beten, kein Missgestalteter.

93. Nicht rechne ich als Opfer an die für mich verzehren: Blinde, Taube, Schlechte, Verderbliche, Feindselige, die schlechten Opferer, die Geschlagenen mit Zeichen, welche nicht als lebenverkündende Zeichen ausgesagt sind, von Allen, nach den Manthras. Nicht sollen von diesem meinen Opfer essen: der Streitsüchtige, der Zanksüchtige, nicht derjenige dessen Zähne das rechte Maass überschreiten [3]).

---

1) Der Schluss dieser Paragraphen ist sehr schwierig und lässt mancherlei Auffassungen zu, die eben gegebene scheint mir die wahrscheinlichste: dass er deinen Lauf mache, nicht einen Lauf in der Höhe über der Sonne, soll wol bedeuten, dass er das Wasser nicht in der Höhe zurückhalte, sondern dass es auf die Erde herabströmen möge und schädliche Thiere, welche im Wasser leben können, dasselbe durch die ihnen entströmenden Flüssigkeiten nicht verunreinigen.

2) Statt Tagesanbruch ist eigentlich zu übersetzen Vorwärtsgehen der Sonne. Hierunter wird nicht blos der Aufgang der Sonne verstanden (cf. zu Vd. VII. 150. Yt. 4, 9), sondern auch noch die demselben vorangehenden Dämmerungen. Es soll also nichts Anderes gesagt werden, als dass Ardvi-çûra vom Sonnenaufgang bis Mitternacht zu verehren sei, d. h. den ganzen Tag hindurch.

3) Die hier genannten vom Opfer ausgeschlossenen Personen sind zum

94. Es fragte Zarathustra die Ardvî-çûra, die fleckenlose: O Ardvî-çûra, fleckenlose: Zu wem kommen deine Opfer, wenn dir darbringen die schlechten Verehrer der Daevas nach dem Tagesanbruch?

95. Darauf entgegnete Ardvî-çûra, die fleckenlose: die Verscheucher, die Verfolger, die Springer, die Schreier, diese nehmen sie für mich an und bringen sie hinweg ein Tausend sammt sechshundert, heimlich kommen sie, die offen den Daevas Opfer bringen [1]).

96. Ich will preisen die Höhe Hukairya, die jeden Preis verdient, die goldene, von welcher mir herabfliesst die Ardvî-çûra, die fleckenlose, mit der Stärke von 1000 Männern. An Grösse der Majestät vermag sie soviel als alle die sämmtlichen Gewässer die auf dieser Erde fliessen, sie, die kräftig einherströmt. Wegen ihres Glanzes etc.

22.

97. Preise sie etc.

98. Um welche ringsherum die Mazdayaçnas stehen, Bareçma in der Hand haltend, ihr opferten die Hvo-vas, ihr opferten die Nachkommen des Naotara; Reichthum verlangen die Hvova, schnelle Pferde Nautairê. Bald nachher waren die Hvo-vas an Glücksgütern die gesegnetsten, bald nachher war der Nachkomme des Naotara, Vistâçpa, in diesen Gegenden mit den schnellsten Pferden begabt[2]).

99. Es gewährte ihnen diese Gunst etc.

23.

100. Preise sie etc.

101. Welche 1000 Becken, 1000 Abflüsse hat; jedes dieser

Theil, wie man sieht, Missgestaltete. Vd. II, 80 flg. werden zum Theil dieselben Verunstaltungen genannt und man sieht daraus, dass Verunstaltung des Körpers als ein von Ağra-mainyu aufgedrücktes Merkmal galt.

1) Ueber diese schwierige Stelle vergleiche man Windischmann's Schrift über die persische Anâhita p. 35. not. Die einzelnen Ausdrücke sind ἅπαξ λεγόμενα, und man kann nicht gewiss sagen was sie bezeichnen. Richtig aber dürfte jedenfalls sein was Wladischmann bemerkt, dass unsere Stelle beweist, dass auch Andersgläubige der Anâhita Opfer darbrachten, und dies mag möglicherweise auf eine Vermengung der éranischen Gebräuche mit semitischen bindeuten. Doch ist es auch möglich und liesse sich durch andere Stellen wahrscheinlich machen, dass es auch Eranier gab, welche éranische Gottheiten verehrten, ohne strenge des Lehren des Avesta zugethan zu sein.

2) Hvo-va sind gewiss die im zweite Theile des Yaçna genannten Hvo-gva cf. Yç. L, 17. 18 und dort werden Frashaoçtra und Jâmâçpa mit diesem Namen bezeichnet, es scheint mithin der Familienname derselben zu sein. Vgl. auch zu Yt. 13, 103.

Becken, jeder dieser Abflüsse ist 40 Tagereisen lang für einen wohlberittenen Mann, der reitet. An jedem Canale steht ein wohlgebautes Haus mit 100 Fenstern, ein hohes, mit 1000 Säulen, schön gebaut mit 10000 Stützen, ein festes.

102. In jedem Hause steht ein Thron, mit schön gepolsterten, wohlriechenden Kissen. Auf diesen eilt hin Ardvi-çûra, die fleckenlose, mit der Stärke von 1000 Männern. An Grösse der Majestät vermag sie soviel als alle die Gewässer die auf dieser Erde fliessen, sie die kräftig strömt. Durch ihren Glanz etc.

24.

103. Preise sie etc.

104. Dieser opferte der reine Zarathustra in Airyana-vaeja, der guten Schöpfung (sprechend): „durch den Haoma der (verbunden) ist mit Fleisch, mit Bareçma, mit dem Manthra, der Weisheit für die Zunge giebt, mit Wort, mit Handlung, mit Gaben, mit wohlgesprochenen Reden."

105. Darauf hat er sie um diese Gunst: Gieb mir, o gute, nützlichste Ardvi-çûra, fleckenlose, dass ich mich verbinde mit dem Sohne des Aurvaṭ-açpa, dem starken Kava-Vistâçpa, dass er bedenkt nach dem Gesetze, spricht nach dem Gesetze, handelt nach dem Gesetze.

106. Es gewährte ihm diese Gunst ets.

25.

107. Preise sie etc.

108. Dieser opferte der Berezaidhi Kava Vistâçpa hinter dem Wasser Frazdânu mit 100 männlichen Pferden, 1000 Kühen, 10000 Stück kleinen Viehs [1]).

109. Dann bat er sie um diese Gunst: Gieb mir, o gute, nützlichste Ardvi-çûra, fleckenlose, dass ich schlagen möge den aus der Finsterniss stammenden, Schlechtes wissenden, und den feindseligen Daevaverehrer, und den schlechten Arejaṭ-açpa hier in den Kämpfen der Welt [2]).

110. Es gewährte ihm diese Gunst etc.

---

1) Es ist unklar, warum hier Vistâçpa den Namen Berezaidhis führt, ich habe das Wort als ein Patronymicum verstanden, doch ist dies nicht ganz sicher. Frazdânu ist gewiss der in den späteren Büchern vorkommende Var Frazdân, der nach Bundehesch c. XXII. (cf. p. 55. S. 17, ed. Westerg.) in Segestan liegen soll.

2) Arejaṭ-açpa ist der auch den spätern Büchern als Gegner des Vistâçpa

26.

111. Preise sie etc.

112. Dieser opferte Açpâyaodha Zairivairi hinter dem Wasser Dàitya mit 100 männlichen Pferden, 1000 Kühen, 10000 Stück Kleinvieh [1]).

113. Dann bat er sie um diese Gunst: Gieb mir, o gute, nützlichste Ardvî-çûra, fleckenlose, dass ich schlagen möge den Peshorigha Asto-Kâna, den mit vieler Klugheit versehenen, die Daevas verehrenden und den schlechten Arejaṭ-açpa in den Kämpfen der Welt.

114. Es gewährte ihm diese Gunst etc.

27.

115. Preise sie etc.

116. Dieser opferte Arejaṭ-açpa der Sohn des Vañdaremano, au dem See Vouru-kasha mit 100 männlichen Pferden, 1000 Kühen, 10000 Stück Kleinvieh.

117. Dann bat er sie um diese Gunst: Gieb mir, o gute, nützlichste Ardvî-çûra, fleckenlose, dass ich schlagen möge den starken Kava-Vistâçpa, den Açpâyaodha Zairivairi, dass ich schlage in den arischen Gegenden fünfzig von den Hunderttödtern, hundert von den Tausendtödtern, tausend von den Zehntausendtödtern, zehntausend von denen die Unzählige tödten.

118. Nicht gewährte ihm diese Gunst Ardvî-çûra, die fleckenlose. Wegen ihres Glanzes, ihrer Majestät etc.

28.

119. Preise sie etc.

120. Für welche vier männliche Wesen bildete Ahura-mazda: den Wind, den Regen, das Gewölk, den Hagel. Sie giesst mir dies herab, o heiliger Zarathustra, als Regen, als Schnee, als Eis, als Hagel; welche so viele Heere besitzt, ein Tausend nebst neun Hunderten [2]).

121. Ich will preisen die Höhe Hukairya, die jeden Preis verdient, die goldne, von der herabströmt Ardvî-çûra, die fleckenlose,

---

bekannte Ardjâçp, ein König von Turàn. Die Wettkämpfe, von denen hier die Rede ist, sind wol Kämpfe um die Weltherrschaft.

1) Zairivairis ist der in der späteren Sage mit dem Namen Zerîr genannte Held. Açpâyaodha, d. i. Kämpfer zu Pferd, ist ein Beiwort dieses Helden.

2) Die vier in diesem Paragraphen genannten männlichen Wesen sind es, durch welche die Gewässer der Ardvî-çûra auf die Erde herabgebracht werden.

in der Stärke von tausend Männern. An Grösse der Majestät vermag sie soviel als alle diese Gewässer, welche auf der Erde strömen; sie, welche kräftig dahin eilt¹). Durch ihren Glanz etc.

29.

122. Preise sie etc.

123. Einen goldnen Paiti-dhâna hält die gute Ardvî-çûra, die fleckenlose, Opfer-Worte sprechend, das im Geiste bedenkend:

124. „Wer wird mich loben, wer wird mich preisen mit Gaben die mit Haoma und mit Fleisch versehen sind, mit reinen, wohlausgesuchten? Wem soll ich mich anschliessen, dem anhänglichen, gleichgesinnten, opfernden, wohlgesinnten?" Durch ihren Glanz etc.

30.

125. Preise sie etc.

126. Welche steht, beauftragt²), die Ardvi-çûra, die fleckenlose, in Gestalt eines schönen Mädchens, eines sehr kräftigen, wohlgewachsenen, aufgeschürzten, reinen mit glänzendem Gesichte, eines edlen; ein hervorwallendes Unterkleid tragend mit vielen Falten, ein goldenes.

127. Immerwährend — nach dem (vorgeschriebenen) Maasse — mit Bareçma in der Hand, Ohrgehänge, viereckige, herabhängen lassend, ein goldenes Halsband trägt die sehr edle Ardvî-çûra die fleckenlose, hin bis zum schönen Kopfe. Sie hat die Mitte des Körpers umgürtet, damit wohl gehalten, damit niederwallend seien die Brüste³).

128. Oben bindet sich ein Diadem Ardvî-çûra, die fleckenlose, ein mit 100 Sternen besetztes goldenes, achteckiges, ungewöhnliches, mit Fahnen versehen, schön, dick, wohlgemacht.

129. Biberkleider⁴) zieht sich an Ardvi-çûra, die fleckenlose, von dreissig der vier gebärenden Biber, was die schönsten Biber sind, welches Biber sind, welche die geschätzteste Farbe haben von solchen die im Wasser leben, nämlich gemacht zur passenden Zeit von Fellen, scheinende, glänzende, meist silberne und goldene.

---

1) Cf. oben § 96.
2) Oder vielleicht: aufgefordert. Cf. § 85.
3) Ueber die hier und durch die folgenden Paragraphen fortgehende Beschreibung der Persönlichkeit der Ardvi-çûra vergl. man Windischmann l. c. p. 30 flg. und die Einleitung. Die Einzelheiten sind zum Theil dunkel.
4) Der Biber ist bekanntlich ein heiliges Thier bei den Bekennern des Avesta. Cf. Vd. XIV, 1 flg. und Windischmann l. c. p. 32 flg.

130. Dann bitte ich, gute, hier nützlichste Ardvi-çûra, fleckenlose, um diese Gunst: dass ich nach eigenem Gefallen weite Reiche schützen möge, die Pferde nährende, viele Speise besitzende, schnaubende Pferde, blitzende, dahinfahrende Dolche besitzende, sehr grosse, mit Nahrung versehen, wohlriechend. Ich gebe auf den Ebenen den Schutz dem der mit gänzlichem Wohlleben anfüllt und das Reich wachsen macht[1]).

131. Dann, gute Ardvi-çûra, verlange ich von dir hier zwei starke (Gefährten) einen zweibeinigen starken und einen vierbeinigen starken, den zweibeinigen starken, welcher sein soll: schnell, aufrecht fest stehend, gut vorwärts stürzend auf Wagen in Schlachten; jenen vierbeinigen starken, welcher angreifen soll die Flügel des aus vielen Feinden bestehenden Heeres, links und rechts, rechts und links.

132. Zu diesen Opfern, zu diesen Lobpreisungen komme herbei, o Ardvi-çûra, fleckenlose, von diesen Lagern hin zu der von Ahura geschaffenen Erde, hin zu den opfernden Zaota, hin zur Fülle die nicht versiegt, zum Schutze für die Darbringer der Gaben, dem Geber, dem Opfernden der verlangt die Gewährung einer Gunst von den Geberinnen, damit alle starke, rechtschaffen herkommen, wie (die Angehörigen) des Kava Vistàçpa. Durch ihren Glanz, ihre Majestät etc.

XXII. (6) Qarshét-yast.

Im Namen etc. Es möge zunehmen die unsterbliche, glänzende Sonne, die mit schnellen Pferden versehene an grosser Majestät.

Alle meine etc.

Zufriedenstellung für Ahura-mazda etc. — Zufriedenstellung für die Sonne die unsterbliche, glänzende, mit schnellen Pferden begabte zum Preis etc. Yathâ ahû vairyo.

1. Die Sonne, die unsterbliche, glänzende, mit starken Pferden begabte, preisen wir. — Wenn die Sonne in der Helle leuchtet, wenn die Sonnenhelle leuchtet, da stehen die himmlischen Yazatas, Hunderte, Tausende. Sie tragen den Glanz zusammen, sie verbreiten den Glanz, sie vertheilen den Glanz auf der von Ahura geschaffenen Erde, und fördern die Welten des Reinen, und fördern für den Körper

---

1) Sehr schwierig und darum nicht ganz sicher.

des Reinen, und fördern die Sonne, die unsterbliche, glänzende, mit starken Pferden begabte.

2. Wenn dann die Sonne zunimmt[1]), da ist die von Ahura geschaffene Erde rein, das fliessende Wasser rein, das Saamenwasser rein, das Wasser der Seen rein, das Wasser der Teiche rein, es sind die reinen Geschöpfe gereinigt, die dem Çpeñta-mainyu angehören.

3. Denn wenn die Sonne nicht aufgeht, da tödten die Daevas Alle die in den sieben Kareshvares leben, nicht würde ein himmlischer Yazata in der mit Körper begabten Welt Abwehr (derselben) nicht Widerstand ausfindig machen.

4. Wer da opfert der Sonne, der unsterblichen, glänzenden, mit schnellen Pferden begabten, um zu widerstehen den Finsternissen, um zu widerstehen den Daevas die aus der Finsterniss stammen, um zu widerstehen den Dieben und Räubern, um zu widerstehen den Yâtus und Pairikas, um zu widerstehen dem Vergänglichen, Verderblichen (Agra-mainyus) der opfert dem Ahura-mazda, der opfert den Amesha-çpentas, der opfert seiner eigenen Seele; es stellt zufrieden alle himmlischen und irdischen Yazatas wer da opfert der Sonne, der unsterblichen, glänzenden, mit schnellen Pferden begabten.

5. Ich will preisen den Mithra der weite Triften besitzt, tausend Ohren und zehntausend Augen hat, preisen die Keule die wohl angewandte gegen den Kopf der Daevas, die gehört dem Mithra der weite Triften besitzt. Ich preise die Freundschaft die unter den Freundschaften die beste ist zwischen Mond und Sonne[2]).

6. Wegen ihres Glanzes, wegen ihrer Majestät will ich ihr opfern mit hörbarem Preise. Die Sonne die unsterbliche, glänzende, mit schnellen Pferden begabte preisen wir.

Mit Haoma etc. (cf. Yt. 5, 104.) Opfer, Preis, Stärke, Kraft erflehe ich für die Sonne die unsterbliche, glänzende, mit schnellen Pferden begabte. Ashem-vohû. — Ihm gehört etc.

---

1) Eigentlich: wenn die Sonne emporwächst. Die reinigende Kraft der Gestirne wird auch sonst öfter hervorgehoben. Die Sonne als das kräftigste Licht verscheucht vorzugsweise die Finsterniss und mit ihr die bösen Wesen die unter dem Schutze des Dunkels wirken.

2) Mithra erscheint hier als das junge Sonnenlicht und darum zur Sonne gehörig. Es besteht zwischen Sonne und Mond eine enge Freundschaft wegen ihres gemeinsamen Wirkens.

XXIII. (7) Mâh-yast.

Im Namen des Gottes Ormazd, des Herrn des Vermehrers. Es möge zunehmen der Mond, der Reiniger, der Verehrungswürdige. Er möge kommen.
Alle meine Sünden etc.

Zufriedenstellung etc. Ich bekenne etc. für den **Mond**, der den Stiersaamen enthält, für den eingebornen Stier, für den Stier von vielen Arten.

1. Preis dem Ahura-mazda, Preis den Amesha-çpentas, Preis dem Monde der den Stiersaamen enthält, Preis dem Geschauten, Preis durch das Schauen.

2. Wann nimmt der Mond zu, wann nimmt der Mond ab? Fünfzehn (Tage) nimmt der Mond zu, fünfzehn (Tage) nimmt der Mond ab. Wie viel seine Zunahme ist, so viel ist auch seine Abnahme, so viel ist seine Abnahme als seine Zunahme. „Wer (anders als) du macht, dass der Mond abnimmt und wächst?"[1])

3. Den Mond, der den Stiersamen enthält, den reinen, Herrn des Reinen, preisen wir. Zur Zeit, da ich den Mond sehe, zur Zeit da ich dem Monde mich unterwerfe, wenn ich den glänzenden Mond sehe, dem glänzenden Monde mich unterwerfe, da stehen die Ameshaçpentas und bewahren die Majestät, da stehen die Amesha çpentas und vertheilen den Lichtglanz über die von Ahura geschaffene Erde.

4. Wenn dann der Mond im hellen Raume erleuchtet, da giesst er herab grüne Bäume, im Frühlinge wachsen sie aus der Erde hervor, während der Neumonde, der Vollmonde und in der Zeit die zwischen beiden liegt. Den Neumond den reinen, Herrn des Reinen, preisen wir. Den Vollmond den reinen, Herrn des Reinen, preisen wir. Den Vishaptatha den reinen, Herrn des Reinen preisen wir.

5. Ich will preisen den Mond, der den Stiersaamen enthält, den Schenkenden[2]) glänzenden, majestätischen, den mit Wasser, mit Hitze versehenen, den strahlenden, den unterstützenden, friedfertigen, starken, nutzbringenden, der das Grüne hervorbringt, die Güter hervorbringt, den heilbringenden Genius.

6. Wegen seines Glanzes, wegen seiner Majestät will ich diesen preisen mit hörbarem Preise: den Mond der den Stiersaamen

---
1) Citat aus Yç. XLIII, 3.
2) Oder den Bagha. Der Mond wird hier unter diejenigen Genien gesetzt, welche den Namen Bagha führen.

enthält, mit Gaben. Den Mond den reinen, Herrn des Reinen, preisen wir mit Haoma der verbunden ist etc. (wie Yt. 5, 104).

Opfer, Preis, Kraft, Stärke erflehe ich dem Monde der den Stiersaamen besitzt, dem eingebornen Stiere, dem Stiere von vielen Arten. Ashem-vohû. Ihm sei Glauz etc.

XXIV. (8) Tistar-yast.

Im Namen Ormazds des Herrschers, des Vermehrers von grosser Majestät, er möge zunehmen. Tistar der glänzende, majestätische möge kommen.

Alle meine Sünden etc.

Ich bekenne etc. für den Stern Tistrya den glänzenden, majestätischen, für Çatavaeça den Spender des Wassers, den starken von Mazda geschaffenen, für die Sterne, welche den Saamen des Wassers enthalten, den Saamen der Erde enthalten, den Saamen der Bäume enthalten, den von Mazda geschaffenen, für Vanant, den von Mazda geschaffenen Stern; für die Sterne, welche die Hapto-iringa sind, die glänzenden, heilsamen¹) Khshnaothra etc. Yathâ ahû vairyo.

1.

Es sprach Ahura-mazda zu dem heiligen Zarathustra: Um zu schützen die Herrschaft, die Obergewalt, den Mond, die Wohnung, den Myazda wollen wir preisen, damit meine Sterne, die glänzenden sich einigen und dem Monde Glanz schenken. Preise du den Vertheiler des Feldes, den Stern Tistrya mit Opfern.

2. Den Stern Tistrya preisen wir, den glänzenden, majestätischen, mit angenehmer, guter Wohnung versehenen, lichten, leuchtenden, sichtbaren, umhergehenden, heilsamen, Freude gewährenden, grossen, von fernher umhergehenden mit leuchtenden Strahlen, den reinen und das Wasser das breite Seen bildet, das gute, weithin berühmte, den Namen des Stieres, den von Mazda geschaffenen, die starke königliche Majestät und den Fravashi des heiligen, reinen Zarathustra.

3. Wegen seines Glanzes, wegen seiner Majestät will ich preisen ihn mit hörbarem Preise den Stern Tistrya. Wir preisen den Stern Tistrya den glänzenden, majestätischen mit Opfern, mit Haoma der

---

1) Die hier aufgezählten Sterne sind die Wächter des Himmels in den vier Himmelsgegenden: Tistrya im Osten, Çatavaeça im Westen, Vanant im Süden, Haplo-iringa im Norden. Cf. Bundehesch c. V, init.

verbunden ist mit Fleisch, mit Barecma, mit Manthra der Weisheit für die Zunge giebt, mit Wort und That, mit Opfern, mit recht gesprochenen Reden.

2.

4. Den Stern Tistrya, den glänzenden, majestätischen, preisen wir, der den Saamen des Wassers enthält, den starken, grossen, mächtigen, weithin nützenden, den grossen in der Höhe wirkenden, von dieser Höhe aus berühmten, vom Nabel der Gewässer her glänzenden. Wegen seines Glanzes etc.

3.

5. Den Stern Tistrya, den glänzenden, majestätischen, preisen wir, welchen gedenken das Vieh, die Zugthiere und die Menschen, ihn voraus sehend, das Gewürm, voraus lügend[1]). „Wann wird uns aufgehen Tistrya, der glänzende, majestätische, wann werden die Wasserquellen laufen, welche stärker sind als Pferde, dahinrieselnd? Wegen seines Glanzes etc.

4.

6. Den Stern Tistrya, den glänzenden, majestätischen, preisen wir, der so sanft dahin fährt zum See Vouru-kasha wie ein Pfeil, der dem himmlischen Willen folgt, der da ist ein furchtbarer geschmeidiger Pfeil, ein sehr geschmeidiger Pfeil, der Ehrwürdige unter den Ehrwürdigen, der da kommt von dem feuchten Berge hin zum glänzenden Berge[2]).

7. Dann bringt ihm Hülfe Ahura-mazda, die Wasser und die Bäume, ihn fördert Mithra der weite Triften besitzt auf dem Wege. Wegen seines Glanzes etc.

5.

8. Den Stern Tistrya, den glänzenden, majestätischen, preisen wir, welcher die Pairikas peinigt, die Pairikas niederzuschlagen sucht, welche als Fischsterne[3]) umherfliegen zwischen Himmel und

---

1) Die schwierigen Worte sind nicht ganz sicher, doch kann der Sinn im Allgemeinen kaum zweifelhaft sein: Alle Wesen warten auf Tistrya, die guten Wesen ernstlich und im festen Glauben, die schlechten geben entweder blos vor auf ihn zu hoffen oder sie zweifeln doch an der Erfüllung ihrer Wünsche.

2) Cf. unten § 37.

3) Fischsterne oder Wurmsterne, beide Auffassungen lassen sich vertheidigen. Es scheinen mir damit die Sternschuppen gemeint zu sein.

Erde am See Vouru-kasha dem starken, wohlgewachsenen, tiefen, wasserreichen, dann geht er zu einem Kreise mit dem Leib eines Pferdes, dem reinen. Er vereinigt die Gewässer, es wehen kräftige Winde.

9. Dann lässt Çatavaeça die Wasser fortgehen hin zu der aus 7 Keshvars bestehenden (Erde). Wenn er in diesem (dem Wasser) kommt, da steht der schöne freudig da, hin zu den gesegneten Gegenden (sprechend)[1]. „Wann werden die arischen Gegenden fruchtbar sein?" Durch seinen Glanz etc.

6.

10. Den Stern Tistrya, den glänzenden, majestätischen preisen wir, welcher sagte zu Ahura-mazda, also sprechend: Ahura-mazda, himmlischer, heiligster, Schöpfer der mit Körper begabten Welten, Reiner!

11. Wenn mir die Menschen mit namentlichen Opfer[2] opfern würden, wie sie den andern Yazatas mit namentlichen Opfer opfern, da würde ich zu den reinen Männern zur bestimmten Zeit kommen, in der in meinem eigenen Leben, dem glänzenden, unsterblichen, bestimmten (Zeit) würde ich herbeikommen, auf eine Nacht, auf zwei, oder auf funfzig oder auf hundert.

12. Den Tistrya preisen wir. Die Gefährtinnen des Tistrya preisen wir. Den ersten (Stern) preisen wir. Die Gefährtinnen des ersten Sternes preisen wir[3]. Ich preise die Sterne Haplo-iringa um

---

1) Der Schöne und Freudige ist natürlich Tistrya, der auch sonst als der Geber des Regens gepriesen wird. Dass nach andern Stellen Ahura-mazda selbst die Rolle des Tistrya übernimmt, ist schon gesagt (cf. Bd. I. p. 108 not.). Çatavaçn gilt immer als Genosse des Tistrya bei diesem Geschäfte.

2) d. h. mit Opfer das eigens dem Tistrya unter Anrufung seines Namens dargebracht wird. — Der weitere Verlauf des Paragraphen ist etwas dunkel, doch hoffe ich das Richtige getroffen zu haben. Dem Tistrya ist nach der göttlichen Weltordnung eine Zeit bestimmt in der er den Regen auf die Welt herabzugiessen hat. Diese Zeit einzuhalten wird ihm durch die Sorglosigkeit der Menschen unmöglich gemacht, welche die ihm gebührenden Opfer nicht zur rechten Zeit bringen.

3) Die Worte die ich mit Gefährtinnen des Tistrya und Gefährtinnen des ersten Sterns übersetzt habe, sind blos conjectural übertragen, da sie weiter nicht mehr vorkommen (cf. oben pag. 9. Anm. 1.). Nur soviel sieht man, dass darunter weibliche Wesen gedacht sein müssen, die man sich als zu diesem Sterne gehörend vorstellt. Vielleicht sind es die Yt. 18, 5 u. 7 genannten Wesen.

zu widerstehen den Zauberern und Pairikas. Den Stern Vanañt, den von Mazda geschaffenen preisen wir. Für die Stärke, die wohlgebildete, für den Sieg, den von Ahnra geschaffenen, für das Schlagen das von oben kommt, für den welcher die Sünde, welcher das Leiden vertreibt preisen wir den Tistrya, der gesunde Augen hat.

13. Die ersten zehn Nächte, o heiliger Zarathustra, einigt sich Tistrya der glänzende, majestätische, mit einem Körper, in den lichten Räumen dahin fahrend, mit dem Körper eines fünfzehnjährigen Jünglings, eines glänzenden, mit hellen Augen, grossen, zu seiner Kraft gelangten, kraftvollen, gewandten.

14. Von dem Alter, in dem zuerst Mann in die Jahre kommt, von dem Alter, in dem zuerst ein Mann zu Kraft kommt, von dem Alter, in welchem zuerst ein Mann die rechte Reife hat.

15. Dieser ruft hier eine Versammlung zusammen, dieser fragt hier: Wer wird mir nun hier opfern mit Opfern die mit Haoma und Fleisch versehen sind, wem soll ich geben männliche Güter[1]), männlichen Anhang, für die eigene Seele aber Reinigung? Jetzt bin ich zu preisen, jetzt bin ich anzubeten für die mit Körper begabte Welt wegen der besten Reinheit.

16. Die zweiten zehn Nächte, o heiliger Zarathustra, einigt sich Tistrya der glänzende, majestätische, mit einem Körper, in den lichten Räumen dahin fahrend, mit dem Körper eines Stieres mit goldenen Klauen[2]).

17. Er ruft hier eine Versammlung zusammen, er fragt hier: wer wird mir nun opfern mit Opfern die mit Haoma und mit Fleisch versehen sind, wem soll ich geben Reichthum an Kühen, eine Heerde von Kühen, für die eigene Seele aber Reinigung? Jetzt bin ich zu preisen, jetzt bin ich anzubeten für die mit Körper begabte Welt, wegen der besten Reinheit.

18. Die dritten zehn Nächte, o heiliger Zarathustra, einigt sich Tistrya der glänzende, majestätische, mit einem Körper, in den lichten Räumen dahin fahrend, mit dem Körper eines Pferdes, eines

---

1) Tistrya, als der Geber der Fruchtbarkeit überhaupt, scheint nach dieser Stelle nicht blos auf Pflanzen und Bäume einzuwirken, sondern auch auf die Fruchtbarkeit der Menschen, denn unter diesen männlichen Gütern kann kaum etwas anderes gemeint sein als einen zahlreiche Nachkommenschaft.

2) Dies scheint die gewöhnliche Art, den Tistrya darzustellen. Cf. Vd. XIX, 126.

eines glänzenden, schönen, mit gelben Ohren, mit einer goldenen Schabracke.

19. Er ruft hier eine Versammlung zusammen, er fragt hier: wer wird mir nun opfern mit Opfern die mit Haoma und Fleisch versehen sind, wem soll ich geben Reichthum an Pferden, Heerden von Pferden, für die eigene Seele aber Reinigung? Jetzt bin ich preiswürdig, jetzt bin ich anzubeten, für die mit Körper begabte Welt, wegen der besten Reinheit.

20. Dann geht, o heiliger Zarathustra, Tistrya der glänzende, majestätische hin zum See Vouru-kasha, unter dem Körper eines Pferdes, eines glänzenden, schönen, mit gelben Ohren, mit goldener Schabracke.

21. Ihm entgegengebend läuft heraus der Daeva Apaosha[1]), unter der Gestalt eines Pferdes, eines schwärzlichen, eines kahlen, mit kahlen Ohren, eines kahlen, mit kahlen Rücken, eines kahlen, mit kahlem Schweife, gekennzeichnet mit einem schrecklichen Brandmale.

22. Beim Zusammenlaufe gebrauchen ihre Arme, o heiliger Zarathustra, sowol Tistrya der glänzende, majestätische, als auch Apaosha der Daeva. Sie kämpfen, o heiliger Zarathustra, während dreier Tage und dreier Nächte, der Daeva Apaosha bewältigt, besiegt ihn den Tistrya, den glänzenden, majestätischen.

23. Er scheucht ihn dann hinweg vom See Vouru-kasha auf die Weite eines Hâthra des Weges. Çâdra-Urvistra[2]) erfleht sich der Tistrya, der glänzende, majestätische: ,,den Çâdra-Urvistra, den dem Wasser und Bäumen geschenkten gieb, o Ahura-mazda, den mazdayaçnischen Nicht verehren mich nun die Menschen mit namentlichen

---

21. Apaosha ist wol der Verbrenner, ein Name der zu der Stellung dieses Dämons, der den Regen zurückhält, sehr gut passt: von der Wurzel ush, uro, brennen.

23. Ich habe den Ausdruck Çâdra-Urvistra im Texte stehen lassen, weil mir damit irgend ein übernatürliches Mittel oder eine übernatürliche Hülfe angedeutet scheint, welche Ahura-mazda dem Tistrya verleihen soll. Das Wort Çâdra kommt sonst im Avesta öfter vor und soll Beengung, Schwierigkeit bedeuten. Da das Çâdra-Urvistra als dem Wasser und Bäumen geschenkt angegeben wird, so scheint es mir eine Art von Kraftüberschuss zu sein, welcher in früherer Zeit schon aus der richtigen Vertheilung des Wassers und der Bäume entstanden ist und der nun in ähnlicher Weise dazu dient den Tistrya die fehlende Kraft zu ersetzen wie aus den überzübligen guten Werken der Frommen einem einzelnen Mazdayaçna unter Umständen so viele gute Werke beigelegt werden können als ihm abgehen.

Opfer, wie sie die übrigen Yazatas mit namentlichen Opfer verehren."

24. „Würden mich die Menschen mit namentlichen Opfer verehren, wie sie die andern Yazatas mit namentlichen Opfer verehren, so würde ich an mich gebracht haben die Stärke von zehn Pferden, zehn Stieren, zehn Bergen, zehn fliessenden Wassern."

25. Ich, der ich Ahura-mazda bin, opfere dann dem Tistrya dem glänzenden, majestätischen mit namentlichen Opfer, ich bringe ihm die Stärke von zehn Pferden, zehn Stieren, zehn Bergen, zehn fliessenden Wassern.

26. Dann kommt herbei, o heiliger Zarathustra, Tistrya der glänzende, majestätische, hin zum See Vouru-kasha, in Gestalt eines Pferdes, eines glänzenden, schönen, mit gelben Ohren, mit goldener Schabracke.

27. Ihm entgegen gehend läuft heraus der Daeva Apaosha in der Gestalt eines schwärzlichen Pferdes, eines kahlen, mit kahlen Ohren, eines kahlen, mit kahlen Rücken, eines kahlen, mit kahlem Schweife, gekennzeichnet mit einem schrecklichen Brandmale.

28. Beim Zusammenlaufe gebraucht seine Arme, o heiliger Zarathustra, sowol Tistrya der glänzende, majestätische als der Daeva Apaosha. Sie kämpfen bis zur Mittagszeit, o Zarathustra. Tistrya der glänzende, majestätische besiegt, er bewältigt den Daeva Apaosha [1]).

29. Er scheucht ihn hinweg vom See Vouru-kasha, einen Hâthra [2]) weit des Wegs, Heil verkündet Tistrya der glänzende, majestätische: Heil ist mir, o Ahura-mazda, Heil euch Wasser und Bäumen, Heil dir, mazdayaçnisches Gesetz, Heil sei euch ihr Gegenden. Die Ströme der Gewässer werden zu euch kommen ohne Widerstand, hin zu dem Getreide das viele Körner besitzt, hin zur Weide, die kleine Körner besitzt, zu den mit Körper begabten Welten.

30. Dann geht hinzu, o heiliger Zarathustra, Tistrya der glänzende, majestätische zum See Vouru-kasha in Gestalt eines Pferdes, eines glänzenden, schönen, mit gelben Ohren, mit goldener Schabracke.

---

1) Nach dem Bundehesch stösst Apaosha einen lauten Schrei aus, wenn er vom Tistrya bewältigt wird und dieser Schrei ist es den wir im Donner zu hören bekommen. Vgl. meine Einleitung Bd. II. p. 104. Die Aehnlichkeit mit der Vritrasage der Inder ist unverkennbar. Man vergl. die Einleitung zu diesem Bande.

2) Cf. Bd. I, 74. Anm. 1.

31. Er einigt den See, er scheidet den See, er lässt den See voll laufen, er lässt den See abnehmen, er kommt zu dem See an allen Ufern, er kommt bis zur Mitte des Sees.

32. Darauf erhebt sich, o heiliger Zarathustra, Tistrya der glänzende, majestätische aus dem See Vouru-kasha, dann erhebt sich auch Çatavaeça, der glänzende, majestätische aus dem See Vouru-kasha. Dann sammeln sich die Dünste oben, am Berge Hendava[1]), der mitten im See Vouru-kasha steht.

33. Er treibt die Dünste fort, die wolkenbildenden reinen, er führt zuerst die Winde hin zu den Wegen, welche da wandelt Haoma der Förderer, der die Welt fördert; dorthin bringt dann der starke von Mazda geschaffene Wind den Regen, die Wolken, den Hagel hin zu den Orten und Plätzen, hin zu den 7 Kareshvares.

34. Es vertheilt Apanm-napâo die Gewässer, o heiliger Zarathustra, in der bekörperten Welt, er vertheilt die den (einzelnen) Gegenden zugetheilten und der starke Wind und der in das Wasser gelegte Glanz und die Fravashis der Reinen. Wegen seines Glanzes etc.

7.

35. Den Stern Tistrya den glänzenden, majestätischen preisen wir, welcher sie (die Wasser) dort vorwärts führt von dem glänzenden, leuchtenden (Orte) hin zu dem ferne hinziehenden Pfade, zu der von den Baghas geschenkten Luft, zu dem wasserreichen (Weg) dem geschaffenen[2]), nach dem Willen Ahura-mazdas, nach dem Willen der Amesha-çpentas. Wegen seines Glanzes etc.

8.

36 Den Stern Tistrya, den glänzenden, majestätischen preisen wir, welcher die Jahreskreise des Menschen, die nach Ahuras Verstande gerechneten (?), und die glänzenden, an den Bergen sich aufhaltenden, und die starken, weitaus schreitenden (Thiere) hervorbringt[3])

---

1) Dieser Berg Hendava, der in der Mitte vom Vouru-kasha steht, hat wol mit Indien (heudu) nichts weiter zu thun, als dass sein Name — wie der Indiens — aus der Wurzel heüd = skr. syand stammt. Im Bundehesch wird er Hoçindum genannt (cf. meine Einleitung II. p. 107. Dieser Name dürfte wohl auf einer falschen Lesung des Wortes beruhen.

2) Cf. Yd. XXI. 22.

3) Der erste Theil dieses Paragraphen, der mehrere schwierige ἅπαξ λεγ. enthält, ist äusserst schwierig. Ist meine Auffassung richtig — was ich kaum in allen Einzelnheiten zu hoffen wage — so wird Tistrya hier gepriesen als das

und zu bewachen sucht, der zu den fruchtbringenden Gegenden kommt wie zu den nicht fruchtbringenden (sprechend): „Wann werden die arischen Gegenden fruchtbar sein?" Durch dessen Glanz etc.

9.

37. Den Stern Tistrya, den glänzenden, majestätischen preisen wir, den schnell dahin gleitenden, sanft fliegenden, der so sanft dahin gleitet zum See Vouru-kasha, wie ein Pfeil der himmlischem Willen folgt — welcher da ist ein furchtbarer, gleitender Pfeil, der am meisten gleitende Pfeil — der Ehrwürdige unter den Ehrwürdigen vom feuchten Berge hin zum glänzenden Berge[1]).

38. Ihm bereitet Ahura-mazda sammt den Amesha-çpentas (und) Mithra, der mit weiten Triften versehene, viele Wege voran, hinter ihm fegen Ashis-vaŋuhi die grosse und Pârendi mit schnellem Wagen so lange bis er erreicht hat fliegend den glänzenden Berg auf glänzendem Pfade (?)[2]). Wegen seines Glanzes etc.

10.

39. Tistrya den glänzenden, majestätischen Stern preisen wir, welcher die Pairikas peinigt, die Pairikas vertreibt, welche hinaufsetzte Aĝra-mainyus zum Widerstande gegen alle Gestirne die den Wassersaamen enthalten.

40. Diese nun peinigt Tistrya, er bläst sie hinweg vom See

Gestirn, nach welchem die Jahreskreise berechnet werden, und als derjenige, der die in dem Freien lebenden Thiere wieder ans Licht bringt, weil die Thätigkeit des Tistrya sich vorzüglich im Frühlinge bemerklich macht, in welchem auch das neue Jahr der Perser beginnt.

1) Cf. oben § 6. — Welches der feuchte und der glänzende Berg ist, die den Anfangs- und den Endpunkt der Wanderung des Tistrya bilden, vermag ich nicht anzugeben. Im Minokhired heisst es, dass da, wo die Sonne aufgeht, die Ansammlung des Wassers für den Keshvar Çavshi sei, da aber, wo die Sonne untergeht, sei der See Puitika. Da nach der Ansicht der Parsen die Gestirne um den Alberj kreisen, so sind wohl zwei Berge des allumfassenden Gebirges als die Anfangs- und Endpunkte für den Lauf des Tistrya gedacht.

2) Ahura-mazda und die Amesha-çpentas müssen dem Tistrya den Weg bereiten als die wichtigsten der göttlichen Wesen, weil sonst die bösen Dämonen ihm Hindernisse in den Weg legen würden. Hinter dem Tistrya aber und gewissermassen unter dessen Schutze fahren Ashis-vaŋuhi und Pârendi, d. i. die Genien der häuslichen Glückseligkeit und der Schätze dahin, d. h. diese kommen durch Tistryas Vermittelung auf die Erde herab. Cf. Yt. 18, 5 flg.

Vouru-kasha, dann ziehen Wolken hervor, die fruchtbare Wasser enthalten, unter welchen segensreiche Wolken sind, weithin sich verbreitende, Schutz bringende zu den sieben Kareshvares. Wegen seines Glanzes etc.

11.

41. Den Stern Tistrya, den glänzenden, majestätischen, preisen wir, an den die Gewässer denken: die Teichwasser, die laufenden Wasser, die Brunnenwasser, die Wasser der Ströme, die Hagel- und Regenwasser:

42. „Wann wird uns aufgehen Tistrya der glänzende, majestätische, wann die Quelle, welche stärker ist als Pferde, der Zufluss der fliessenden Wasser?" zu den schönen Orten und Plätzen und Triften hinlaufend bis zu den Keimen der Bäume (so dass) sie wachsen mit starken Wuchse. Durch dessen Glanz etc.

12.

43. Den Stern Tistrya, den glänzenden, majestätischen, preisen wir, der gänzlich vernichtet die Schrecken für das Wasser, als Heilbringer wächst und alle die Geschöpfe heilt, der Nützlichste, wenn er geopfert, befriedigt wird, er der mit Liebe annimmt. Durch dessen Glanz etc.

13.

44. Den Stern Tistrya, den glänzenden, majestätischen, preisen wir, den als Herrn und Aufseher[1] über alle Gestirne geschaffen hat Ahura-mazda, wie den Zarathustra über die Männer, den nicht tödtet Aǧra-mainyus, nicht die Zauberer und Pairikas, nicht die Zauberer unter den Menschen, an den sich nicht alle Daevas, die hier sind des Tödtens halber wagen. Durch dessen Glanz etc.

14.

45. Den Stern Tistrya, den glänzenden, majestätischen, preisen wir, welchem Ahura-mazda 1000 Kräfte gegeben hat, dem nützlichsten unter den den Wassersaamen enthaltenden (Sternen).

46. Welcher zu den (Sternen), welche den Wassersaamen enthalten hinkommt[2] in den hellen Räumen fliegend; er geht zu allen

---

[1] Auch im Minokhired wird gesagt, dass Tistrya an der Spitze sämmtlicher Gestirne stehe.

[2] Ich fasse diese Stelle so auf, dass Tistrya als der oberste der Wassersterne das Wasser an die ihm untergeordnete Sterne vertheilt.

Kreisen des Sees Vouru-kasha des starken, wohlgewachsenen, tiefen, mit vielen Wasser versehenen, zu allen schönen Abflüssen, allen schönen Abläufen in Gestalt eines Pferdes, eines glänzenden, schönen, mit gelben Ohren, mit goldener Schabracke.

47. Dann bringt man, o heiliger Zarathustra, die Gewässer aus dem See Vouru-kasha, die fliessenden, freundlichen, heilbringenden, diese vertheilt er dort unter diese Gegenden, der Nützlichste, wenn ihm geopfert wird, wenn er befriedigt ist, er der mit Liebe annimmt. Wegen seines Glanzes etc.

15.

48. Den Stern Tistrya, den glänzenden, majestätischen, preisen wir, an welchen gedenken alle Geschöpfe des Çpenta-mainyus die unter der Erde und die auf der Erde sind, die welche im Wasser und unter dem Himmel sind, und die geflügelten, und die weitschreitenden, und die Welt des Reinen die unbegränzte, unendliche[1]) die über diesen ist. Wegen seines Glanzes etc.

16.

49. Den Stern Tistrya, den glänzenden, majestätischen, preisen wir, den ausdauernden, glänzenden, kräftigen, mächtigen, herrschenden über ein Tausend von Gaben die er giebt dem der ihn zufrieden gestellt hat, dem Menschen der um viele Gaben bittet ohne (wieder) gebeten zu werden[2]).

50. Ich habe geschaffen, o heiliger Zarathustra, diesen Stern Tistrya so preiswürdig, so anbetungswürdig, so würdig zufrieden gestellt zu werden, so rechtschaffen wie mich selbst den Ahuramazda.

51. Damit er widerstehe dieser Pairika, damit er vernichte, vertreibe die feindliche Peinigung: die Duzhyâirya (Misswachs), welche schlecht sprechende Menschen Huyâirya (gutes Jahr) nennen[3]).

---

1) Nämlich die der irdischen entgegengesetzte überirdische Welt.

2) Der Sinn scheint mir zu sein, dass Tistrya, wenn er mit den unten § 58 flg. angegebenen Gaben zufriedengestellt wird, keine weitern Gaben von den Menschen verlangt, sondern nur solche verleibt.

3) Dass hier Tistrya als vorzüglichster Gegner einer bösen Unholdin, Duzhyâirya, genannt wird, ist nicht blos sehr wichtig für die Auffassung dieses Genius als einer fruchtspendenden Gottheit, sondern scheint mir auch das Alter seiner Verehrung zu beweisen. Dieser Dämon Duzhyâirya ist nämlich offenbar kein anderer als der von Darius in seinen Inschriften Dusiyâra genannte. Wir

52. Denn, wenn ich, o heiliger Zarathustra, nicht geschaffen hätte diesen Stern Tistrya, so preiswürdig, so anbetungswürdig, so würdig zufriedengestellt zu werden, so rechtschaffen wie mich selbst, den Ahura-mazda.

53. Damit er widerstehe dieser Pairika, damit er vernichte und vertreibe die feindliche Peinigung: die Duzhyâirya, welche schlecht sprechende Menschen Huyâirya nennen;

54. so würde alle Tage und alle Nächte diese Pairika Duzhyâirya Krieg führen gegen die ganze mit Körper begabte Welt, sie würde die Welten angreifen, indem sie umherläuft.

55. Denn Tistrya, der glänzende, majestätische, fesselt diese Pairika mit zwei, mit drei Fesseln, mit unbezwinglichen, mit allen Fesseln; gleichwie ein tausend Männer einen einzigen Mann fesseln würden, die an Körperstärke die stärksten sind.

56. Denn wenn, o heiliger Zarathustra, die arischen Gegenden den Tistrya, den glänzenden, majestätischen, richtiges Opfer und Anbetung darbringen würden, so wie es für ihn das richtigste Opfer und Anbetung ist aus der besten Reinheit, so würden nicht hier zu den arischen Gegenden vorwärts kommen Schaaren, nicht Hindernisse, nicht Schuld, nicht Gift[1]), keine feindlichen Wagen und erhobene Fahnen.

57. Es fragte ihn Zarathustra: was ist denn, o Ahura-mazda, das richtigste Opfer und Anbetung für Tistrya, den glänzenden, majestätischen, aus der besten Reinheit?

58. Darauf entgegnete Ahura-mazda: Opfer sollen ihm darbringen die arischen Gegenden, Bareçma sollen ihm streuen die arischen Gegenden, Vieh sollen ihm kochen die arischen Gegenden, ein lichtes, ein gutfarbiges oder was unter den Farben die Farbe des Haoma hat.

59. Nicht möge es ergreifen ein Verderblicher, nicht eine Buhlerin, nicht ein Ungläubiger der die Gâthâs nicht hersagt, einer der die Welt tödtet, ein Gegner des ahurischen, zarathustrischen Gesetzes.

60. Wenn es ein Verderblicher ergreift, eine Buhlerin, ein Ungläubiger der die Gâthâs nicht hersagt, die Welt tödtet, ein Geg-

---

wissen also, dass der Glaube an ihn bis zur Zeit des Darius zurückreicht, die Verehrung des Tistrya dürfte eben so alt sein.

1) Die Uebertragung dieser beiden Ausdrücke ist unsicher.

ner des ahurischen, zarathustrischen Gesetzes, da ergreift die Heilmittel Tistrya¹), der glänzende, majestätische, immerwährend kommen zu den arischen Gegenden Hindernisse, immerwährend stürzen sich Heere auf die arischen Gegenden, immerwährend wird an den arischen Gegenden geschädigt, so dass funfzig tödten die Hunderttödter, hundert die Tausendtödter, tausend die Zehntausendtödter, zehntausend die welche Unzählige tödten. Wegen seines Glanzes etc.

Opfer, Preis etc.

XXV. (9) Gosh-yast.

*Im Namen des Gottes Ormazd, des Herrn, des Vermehrers. An grosser Kraft möge zunehmen: Geus-urva Drvâçpa, die Majestät möge kommen*²).

Alle meine Sünden etc.

Khshnaothra dem Ahura-mazda etc.

1.

1. Die Drvâçpa die starke, von Mazda geschaffene, reine, verehren wir, die Gesundheit giebt dem Vieh, Gesundheit den Zugthieren, Gesundheit den Freunden, Gesundheit den Unmündigen, viele Wache hält von fernher schreitend, die glänzende, lange freundliche³).

2. Die angeschirrte Pferde, bewehrte Wagen, glänzende Räder hat, fett, rein ist, die starke, wohlgewachsene, von selbst nützende, heilsame, die fest stehende, fest bewehrte zum Schutze für die reinen Männer.

3. Ihr opferte der Paradhâta Haoshayagha auf dem Gipfel eines hohen Berges, eines schönen, von Mazda geschaffenen, mit 100 Pferden, 1000 Rindern, 10000 Stück Kleinvieh, Gaben darbringend.

---

1) d. h. wol, er behält sie für sich.

2) Aus dieser Einleitung geht schon hervor, dass der in diesem Yast angerufene Genius, Gos, derselbe ist der sonst als Géus-urva oder Stierseele personificiert wird. Er wird unter die Helfer des Vohu-mano gerechnet, sein Geschäft ist: die Gesundheit des Viehes zu befördern. Aus diesem Geschäfte erklärt sich auch der zweite Name, unter welchem diese Gottheit in diesem Yast besonders erscheint, Drvâçpa, d. h. gesunde Pferde besitzend. Wie man schon aus dem ersten Paragraphen dieses Yast entnehmen kann ist er aber nicht blos Erhalter der Gesundheit der Pferde, sondern der Thiere überhaupt.

3) Die letzten etwas schwierigen Worte dieses Absatzes glaube ich auf die Drvâçpa beziehen zu dürfen.

4. „Gieb mir, o gute, nützlichste Drvâçpa die Gunst, dass ich schlagen möge alle mazanischen Daevas, dass ich nicht erschrocken mich beugen möge aus Furcht vor den Daevas, dass von nun an alle Daevas nothwendig erschreckt sich beugen müssen und erschrocken zu der Finsterniss eilen"[1]).

5. Es gewährte ihm diese Gunst Drvâçpa, die starke, von Mazda geschaffene, reine, dem Ernährer, dem Darbringer von Opfern, dem Spender, dem Opferer, dem Bittenden um die Gunst die Geberinnen.

6. Wegen ihres Glanzes, wegen ihrer Majestät will ich ihr opfern mit hörbarem Preise, will ich ihr opfern mit wohlgeopferten Opfer; die Drvâçpa die starke, von Mazda geschaffene, reine, preisen wir mit Gaben. Mit Haoma etc.

2.

7. Die Drvâçpa etc.

8. Ihr opferte Yima-Khshaeta, der mit guter Versammlung versehene, vom hohen Hukairya aus mit 100 Pferden, 1000 Rindern, 10000 Stück Kleinviehs, Opfer darbringend:

9. „Gieb mir, o gute, nützlichste Drvâçpa, die Gunst, dass ich fette Heerden bringen möge hin zu den Geschöpfen Mazdas, dass ich Unsterblichkeit bringen möge hin zu den Geschöpfen Mazdas.

10. „Dass ich fern wegbringen möge Hunger und Durst von den Geschöpfen Mazda's, dass ich hinwegbringen möge Alter und Tod von den Geschöpfen Mazdas, dass ich ferner hinwegbringen möge warmen Wind und kalten von den Geschöpfen Mazdas tausend Jahre lang"[2]).

12. Es gewährte ihm die Gunst Drvâçpa, die starke, von Mazda geschaffene, reine, dem Ernährer, dem Darbringer von Opfern, dem Spender, dem Opferer, dem Bittenden um eine Gunst die Geberinnen. Wegen ihres Glanzes etc.

3.

12. Die Drvâçpa etc.

13. Ihr opferte der Sohn des Athwiyanischen Clanes, des starken Clanes: Thraetaona bei Varena dem viereckigen mit 100 Pferden, 1000 Rindern, 10000 Stück Kleinvieh, Gaben darbringend.

14. „Gieb mir, o gute, nützlichste Drvâçpa, die Gunst, dass

---

1) Cf zu Yt. 5, 22.
2) Vergl. über diese Sagen die Einleitung zu diesem Bande.

ich schlagen möge die Schlange Dahâka mit drei Rachen, drei Köpfen, sechs Augen, tausend Kräften, die sehr starke von den Daevas herrührende Druja, die schlechte für die Welt, die arge, welche als die kräftigste Drukhs geschaffen hat Aṅra-mainyus hin zu der mit Körper begabten Welt zum Tode für die Welt des Reinen, dass ich als Sieger vertreibe die, welche ihm nützen, ihm schuldig sind, die ihrem Körper nach die schönsten sind, um ihn hinzuwerfen in die verborgensten Theile der Welt"¹).

15. Es gewährte ihm diese Gunst Drvâçpa, die starke, von Mazda geschaffene, reine, dem Ernährer, dem Darbringer von Opfern, dem Spender, dem Opferer, dem Bittenden um die Gunst die Geberinnen. Wegen ihres Glanzes etc.

4.

16. Die Drvâçpa etc.

17. Ihr opferte Haoma der Förderer, der heilende, schöne, königliche, mit goldenen Augen auf der höchsten Höhe, auf dem hohen Berge.

18. Dann bat er sie um diese Gunst: Gewähre mir o gute, nützlichste Drvâçpa, diese Gunst, dass ich binden möge den mörderischen turânischen Fraṅraçyâna, dass ich ihn gebunden fortführe, gebunden hinführe als Gefangenen des Königs Huçrava. Es möge ihn tödten Kava Huçrava hinter dem Vara Caecaçta dem tiefen mit weiten Gewässern, der Sohn der Tochter des Çyâvarshâna des mit Gewalt erschlagenen Mannes und des Aġraeratha des Sohnes des Naru²).

---

1) Cf. Yt. 5, 31.
2) Man sieht, dass die neuere Parsensage hier einen Zug der alten Sage aufgegeben hat, wahrscheinlich weil er in nahen Beziehungen zur alten Religion stand und sie diesen nicht aufgeben konnte, ohne die Sage selbst zu beeinträchtigen. Nicht Kai-khosrû selbst schlägt den Afrâsiâb, sondern Haoma bindet ihn und führt ihn gebunden zu Kai-khosrû. Cf. Yç. XI, 21 und die Anmerkung zu jener Stelle. — Aghraeratha ist ohne Zweifel der als fromm dargestellte أغريرث, Aghrêrath der neueren Parsen, der ein Bruder des Afrâsiâb ist und von diesem getödtet wird, bei Firdosi ist übrigens dieser Mord in eine viel frühere Zeit versetzt als die des Kai-khosrû ist. Narava habe ich als Patronymicum genommen (cf. uoteo Yt. 13, 131), freilich ohne dazu eine besondere Berechtigung zu haben. Die Grundform müsste Naru sein, wenn meine Behauptung sich bestätigte, dies wäre vielleicht ein Seitenverwandter des indischen Königes Nala. — Çyâvarshâna ist der Sohn des Kai-kâus der bei Firdosi Çyâvakhs genannt wird.

19. Es gewährte ihm diese Gunst Drvâçpa, die starke, von Mazda geschaffene, reine, dem Ernährer, dem Darbringer von Gaben, dem Spender, dem Opferer, dem Bittenden um eine Gunst die Geberinnen. Wegen ihres Glanzes etc.

5.

29. Die Drvâçpa etc.

21. Ihr opferte der mannhafte Vereiniger der arischen Gegenden zu einem Königreiche[1]): Huçrava, hinter dem See Caeçaçta dem tiefen, wasserreichen, mit 100 Pferden, 1000 Rindern, 10000 Stück Kleinvieh, Opfer darbringend:

22. „Gieb mir, o gute, nützlichste Drvâçpa, diese Gunst, dass ich schlagen möge den mörderischen turânischen Fraġraçyâna hinter dem See Caeçaçta dem tiefen, wasserreichen, ich der Sohn der Tochter des Çyâvarshâna, des mit Gewalt erschlagenen Mannes und des Aghrae-ratha des Abkömmlings von Naru[2]).

23. Es gewährte ihm die Gunst Drvâçpa die starke, von Mazda geschaffene, reine, dem Ernährer, dem Darbringer von Gaben, dem Spender, dem Opferer, dem Bittenden um eine Gunst die Geberinnen. Wegen ihres Glanzes etc.

6.

24. Die Drvâçpa etc.

25. Ihr opferte der reine Zarathustra in Airyana-vaeja der guten Schöpfung: Mit Haoma der verbunden ist mit Bareçma mit Fleisch, mit dem Manthra der Weisheit für die Zunge giebt, mit Wort, mit That, mit Darbringungen, mit recht gesprochenen Reden.

26. Dann bat er sie um diese Gunst: „Gieb mir o gute, nützlichste Drvâçpa, diese Gunst: dass ich mit einigen möge mit der guten, edlen Hutaoça[3]) um zu bedenken das Gesetz, zu sprechen

---

1) Cf. zu Yt. 5, 49.
2) Die Abstammung, welche hier dem Kai-khosrû gegeben wird, ist von der gewöhnlichen Ueberlieferung der spätern Parsen abweichend. Nach ihr ist Kai-khosrû der Sohn der Feringis, einer Tochter des Afrâsiâb, nicht des Aghrêrath, wie hier steht. Der dem Çyâvakhs freundlich gesinnte Minister des Afrâsiâb heisst nach der neuern Form der Sage Pirân, seine Tochter Jerira ist die andere Frau des Çyâvakhs, ihr Sohn ist Firûd.
3) Cf. Yt. 13, 142. wo diese Frau mit der Zarathustrasage in genauer Verbindung steht. Aus Yt. 15, 36 geht mit Sicherheit hervor, dass sie die Gemahlin des Vistâçpa ist, welche, gleich ihm, sich zur Religion Zarathustras bekehrte.

nach dem Gesetze, zu handeln nach dem Gesetze. Sie soll mir das gute mazdayaçnische Gesetz von Zarathustra ins Gedächtniss prägen und dann (es) preisen, sie welche mir zum Dienste gutes Lob spenden soll.

27. Es gewährte ihm diese Gunst Drvâçpa die starke, von Mazda geschaffene, reine, dem Ernährer, dem Darbringer von Opfern, dem Spender, dem Opferer, dem Bittenden um eine Gunst die Geberinnen. Wegen ihres Glanzes etc.

7.

28. Die Drvâçpa etc.

29. Ihr opferte der Berezaidhi Kava Vistâçpa hinter dem Wasser Dâitya mit 100 Pferden, 1000 Rindern, 10000 Stück Kleinvieh, Opfer darbringend:

30. „Gieb mir, o gute nützlichste Drvâçpa, diese Gunst, dass ich in der Schlacht vertreiben möge den Asta-aurva, den Sohne des Viçpo-thaurvo-Açti, den alles peinigenden und einen weiten Helm, grosse Tapferkeit, einen grossen Kopf besitzenden[1]), der 700 lebende (?) Kamele hat, dass ich nach ihm in der Schlacht in die Flucht schlage den mörderischen, qyaonischen Arejaṭ-açpa, dass ich in der Schlacht vertreiben möge den Darshinika den Daevaverehrer,

31. dass ich schlagen möge den finstern Ungläubigen, dass ich schlage möge den Daevaverehrer Çpiñjairista, dass ich gelangen möge durch gute Wissenschaft zu den Gegenden der Varedhakas und des Qyaonya[2]), dass ich schlagen möge die qyaonischen Gegenden zum Funfzigtödten für die Hunderttödter, zum Tödten von Hun-

---

1) Wir haben hier wieder einen Zug der Vistâçpasage vor uns, der uns sonst unbekannt ist. Die ziemlich gleichlautende Stelle Yt. 17, 49 flg. giebt leider wenig Auskunft. Viçpaṭhaurvô-açti (d. i. einen Leib besitzend der alles peinigt) als Eigennamen zu fassen habe ich um so weniger Anstand genommen, als unten (Yt. 13, 143) ein Mädchen, Viçpa-taurvairi genannt, vorkommt. Nach der neuern Sage wird die Hauptstadt Gustâçps, Balkh, von Afrâsiâb überfallen, während der König gerade auf längere Zeit zum Besuch bei Rostam in Sedscheslan ist und er muss durch seine Tapferkeit erst das Reich wieder erobern und den Feind vertreiben. Eine Episode in diesen Kämpfen mag die Thal gebildet haben, auf welche hier angespielt ist. — Der am Schlusse genannte Dersehinika ist mir aber so unbekannt wie der im folgenden Paragraphen vorkommende Çpiñjairista.

2) Die hier genannten Gegenden sind mir nicht näher bekannt, doch weiss auch das Schâhnâme von fabelhaften Zügen des Gustâçp's und seines Sohnes

derten für die Tausendtödter, zum Tödten von Tausend für die Zehntausendtödter, zum Tödten von Zehntausenden für die, welche Unzählige tödten.

32. Es gewährte ihm diese Gunst Drvâçpa, die starke, von Mazda geschaffene, reine, dem Ernährer, dem Darbringer von Gaben, dem Spender, dem Opferer, dem Bittenden um eine Gunst des Gebers. Wegen ihres Glanzes etc.

Opfer, Preis etc.

XXVI. (10) Mihr-yast.

Im Namen Gottes, des Herrn Ormazd, des Vermehrers. An grossem Glanze möge zunehmen: Mihr, der weite Triften besitzt, der richtige Richter möge kommen.

Alle Sünden etc.

Khshnaothra dem Ahura-mazda etc. Zum Preise für Mithra der weite Triften besitzt, der tausend Ohren, zehntausend Augen hat, des Yazata mit genannten Namen und des Râma-qâçtra. Khshnaothra etc.

1.

1. Es sprach Ahura-mazda zu dem heiligen Zarathustra: Als ich den Mithra, der weite Triften besitzt, erschuf, o Heiliger, da erschuf ich ihn so verehrungswürdig, so preiswürdig wie mich den Ahura-mazda.

2. Es tödet die ganze Gegend der verderbliche Betrüger des Mithra, soviel Reine tödtet er wie hundert Uebelthäter. Den Mithra tödte nicht, o Heiliger, welchen du vom Schlechten verlangst, nicht den von dem Reinen, der eigenen Lehre zugethauen¹). Denn für Beide ist Mithra, sowol für den Schlechten wie für den Reinen.

Isfendiâr gegen Norden zu erzählen, bei welchen endlich die Hauptstadt Afrâsiâb's in die Hände der Eränier fällt. In den nördlichen Gegenden dürften auch die hier genannten Länder zu su suchen sein.

1) Ueber den Begriff der Mithra-Drujas vergl. man oben Bd. II. p. LV. Der Zweck unseres Paragraphen ist, wie dies Windischmann schon richtig angegeben hat, die Heiligkeit der Verträge einzuschärfen, welche Mithra ebenso heilig gehalten wissen will, wenn sie mit Gottlosen abgeschlossen worden sind, als wenn sie zwei Gläubige unter sich abgeschlossen haben.

3. Schnelle Pferde verleiht Mithra, der weite Triften besitzt, wenn man den Mithra nicht belügt; den richtigsten Pfad verleiht das Feuer (der Sohn) Ahura-mazdas, wenn man den Mithra nicht belügt; die guten, starken, heiligen Fravashis der Reinen verleihen göttliche Nachkommenschaft, wenn man den Mithra nicht belügt.

4. Wegen seines Glanzes, wegen seiner Majestät will ich diesen preisen mit hörbarem Preise, den Mithra der weiten Triften besitzt, mit Opfern. Wir preisen den Mithra der weite Triften besitzt, angenehmes Wohnen, gutes Wohnen (verleiht) den arischen Gegenden.

5. Möge er zu uns kommen zum Schutze, möge er zu uns kommen zur Frende, möge er zu uns kommen zur Erfreuung, möge er zu uns kommen zur Erbarmung, möge er zu uns kommen zur Heilung, möge er zu uns kommen zum Siege, möge er zu uns kommen zur Zubereitung, möge er zu uns kommen zur Heiligung, der starke, anstürmende, preiswürdige, anbetungswürdige, nicht zu belügende, hin zur beköperten Welt insgesammt: Mithra der weite Triften besitzt.

6. Diesen starken, verehrungswürdigen, kräftigen, nützlichsten unter den Geschöpfen, den Mithra will ich verehren mit Opfern, ihm will ich mich nähern als Freund und mit Gebet, ihm will ich opfern mit hörbarem Preise, dem Mithra der weite Triften besitzt. Den Mithra der weite Triften besitzt preisen wir mit Opfern. Mit Haoma[1]) etc.

2.

7. Den Mithra, den weite Triften besitzt, preisen wir, den Wahrheit sprechenden, vereinigenden, tausendohrigen, wohlgebauten, der 10000 Augen besitzt, den grossen, mit weiten Warten, den starken, schlaflosen, wachsamen.

8. Welchen preisen die Herren der Gegenden am frühen Tage[2]) herankommend zu den Grausamen unter den feindlichen Heerschaaren, zu den Zusammengekommenen für die Schlachten bei dem Kampfe um die Gegenden.

---

1) Wie oben Yt. 9, 25.

2) Oder in (dem Karesbvsre) Arezahi, wie Windischmann übersetzt. Für meine Auffassung darf ich wol auf Vd. XXI, 9. verweisen. Es scheint mir hier von wirklichen Schlachten die Rede zu sein, bei welchen Mithra helfend eingreift. Cf. unten zu § 35.

9. Wo man ihm zuerst opfert, zum Wachsthum für die Seele aus gläubigem Gemüthe, da kommt herzu Mithra der weite Triften besitzt, mit siegreichen Winden, mit dem Schwure des Weisen. Wegen seines Glanzes etc.

3.

10. Den Mithra etc.

11. Welchen die Krieger preisen auf den Rücken der Pferde, um Kraft flehend für die Gespanne, um Gesundheit für die Leiber, um Bezwingung der Peiniger, um Niederschlagung der Feinde, um gänzlichen Untergang der Gegner, der unfreundlichen, peinigenden. Wegen seines Glanzes etc.

4.

12. Den Mithra etc.

13. Welcher als der erste himmlische Yazata über die Hara steigt vor der Sonne, der unsterblichen, mit schnellen Pferden begabten, welcher zuerst mit goldener Gestalt die schönen Gipfel ergreift, dann den ganzen Ariersitz umfasst, der nützlichste [1]).

14. Wo Herrscher, treffliche, ringsum die Länder ordnen [2]), wo Berge, grosse, mit vielem Futter versehene, wasserreiche, Brunnen für das Vieh gewähren, wo Canäle, tiefe, wasserreiche sind, wo fliessende Wasser, breite mit dem Wasser forteilen nach Iskata und Pourula, nach Mouru und Haraeva, nach Gau, Çughdha und Qâirizâo [3]).

---

1) Aus dieser Stelle geht deutlich genug hervor, dass Mithra in der Gestalt der ersten hervorbrechenden Sonnenstrahlen dargestellt wird, welche die Bergesgipfel erleuchten, dass er aber dann doch von der Sonne getrennt und ihr vorauseilend gedacht wird, ähnlich wie die Açvins in den indischen Gedichten der Sonne vorauseilen.

2) Die Uebersetzung dieser Worte ist nicht ganz sicher. Auch im Folgenden weicht meine Uebersetzung einigermassen von der Windischmann's ab, was zum Theil darin seinen Grund hat, dass Ich andern Lesarten folge als er.

3) Diese Stelle ist wichtig für den Standpunkt des Verfassers unseres Stückes, man sieht, dass derselbe im Nordosten von Erân gelebt haben muss, denn nur von da aus ist es begreiflich, dass er sich die Ströme nach Norden und Süden abfliessend denkt. Mit Ausnahme von Iskata, dessen Lage noch dunkel ist (cf. zu Yt. 19, 3), sind sämmtliche geographische Ausdrücke schon von Burnouf erklärt. Pouruta ist wahrscheinlich das Land der Παρυηται, eines Volkes, das nach Ptolemäus im Norden Arachosiens seinen Sitz hatte. Qâirizâo (in den Keilinschriften Uvârazmi) ist das heutige Choaresm. Ueber Mouru, Harseva, Gau und Çughdha vergl. man zu Vd 1, 14. 18. 30. und meine Bemerkungen in den Münchner gelehrten Anzeigen April 1859. Nr. 45.

15. Nach Arezahê, nach Çavahê, nach Fradadhafshu, nach Vidadhafchn, nach Vouru-barsti und Vouru-jarsti, hin zu diesem Kareshvare Qaniratba, dem hohem. Den Wohnplatz der Rinder, die Wohnung der Rinder, die heilbringende, umgiebt Mithra, der starke.

16. Der in allen Kareshvares als himmlischer Yazata dahinfährt, Glanz verleihend; der in allen Kareshvares als himmlischer Yazata dahinfährt, die Herrschaft verleibend, er vermehrt den Sieg derer, welche ihm fromm, kundig, rein mit Spenden opfern. Wegen seines Glanzes etc.

5.

17. Den Mithra etc. welcher für niemand lügt, nicht für den Herrn des Hauses, nicht für den Herrn des Clans, nicht für den Herrn der Genossenschaft, nicht für den Herrn der Gegend.

18. Wenn man aber ihn belügt, sei es der Herr des Hauses, der Herr des Clans, der Herr der Genossenschaft, der Herr der Gegend, da zerstört Mithra der zornige, beleidigte die Wohnung, den Clan, die Genossenschaft, die Gegend und die Herrn der Wohnung, die Herrn des Clans, die Herrn der Genossenschaft, die Herrn der Gegend oder die Vorgesetzten der Gegenden[1]).

19. Zu jener Seite kommt hin Mithra erzürnt und beleidigt an welcher Seite der Mithratrug ist, nicht sichert er sie durch himmlischen Schutz.

20. Welcher von den Mithraträgern der schnellste ist der erreicht (obwol) sehr stark das Ziel nicht, reitend kommt er nicht fort, fahrend kommt er nicht weiter. Rückwärts fährt die Lanze, welche der Gegenmithra wirft, wegen der Menge der schlechten Manthras, welche der Gegenmithra macht.

21. Wenn er auch ein wohlgezieltes Geschoss wirft, wenn es auch den Körper erreicht, so verwundet es doch diesen nicht wegen der Menge der schlechten Manthras, welche der Gegenmithra macht. Der Wind führt jene Lanze fort, welche der Gegenmithra wirft we-

---

3) Es ist bemerkenswerth, dass Mithra in diesem und dem folgenden Paragraphen als ein zorniger Gott erscheint, der sich an seinen Gegner thatsächlich vergreift. Dieser Zug scheint mir auch aus einer sehr alten Zeit herzurühren, denn nach der Ansicht des zarathustrischen Systems wäre eigentlich nur zu erwarten, dass Mithra sich vor seinen Gegnern zurückzieht, wodurch dann die bösen Wesen Macht über sie erhalten.

gen der Menge der schlechten Mańthras, welche der Gegenmithra
macht¹). Wegen seines Glanzes etc.

6.

22. Den Mithra etc. der, wenn er nicht belogen wird, den
Menschen aus der Angst hinwegträgt, vom Verderben hinwegträgt.

23. Hinweg von der Angst, hinweg von den Aengstigeren bringe
uns, o Mithra, der du nicht belogen bist. Du bringst dadurch Furcht
zu den eigenen Körpern der mithratrügenden Menschen, von ihren
Armen bringst du Mithra, der du grimmig und mächtig bist, die Stärke
hinweg, von den Füssen die Kraft, von den Augen das Sehen, von
den Ohren das Gehör.

24. Nicht dringt dem irgend eine wohlgeschliffene Lanze oder
ein fliegender Pfeil in die Glieder, welchem zum Wachsthum für den
Geist Mithra zum Schutze herbeikommt, der da späht mit zehntausend (Augen) der starke, allwissende, nicht zu betrügende. Wegen
seines Glanzes etc.

7.

25. Den Mithra etc. den Herrn, den schützenden, starken, den
Verleiher des Nutzens, den Versammler, der Anbetung annimmt,
den Grossen, mit Tugenden der Reinheit begabten, dessen Leib der
Mańthra ist, den armkräftigen Krieger.

26. Den Schläger für die Schädel der Daevas, den Schlimmsten
für die Strafbaren (?), den Gegner²) der mithratrügenden Menschen, den Feind der Pairikas, welcher der Gegend, wenn er nicht
belogen wird, die höchste Stärke verleiht, der der Gegend, wenn er
nicht belogen wird, den höchsten Sieg verleiht.

27. Welcher von einer gottlosen Gegend die geradesten (Wege?)
hinwegträgt, den Glanz abwehrt, den Sieg hinwegbringt, unbeschützt sie wissentlich den Zehntausendtödtern überliefert, er der mit
zehntausend (Augen) sieht, der starke, allwissende, nicht zu betrügende. Wegen seines Glanzes etc.

8.

28. Den Mithra etc. welcher die Säulen trägt der hochgeform-

---

1) Ich bin in diesen beiden Paragraphen derselben Ansicht gefolgt wie
Windischmann. Die falschen Gebete, welche die Gegner des Mithra aussprechen, haben die ihren Absichten gerade entgegengesetzten Wirkung.

2) Eigentlich wol: der welcher nicht verleiht.

ten Wohnung, sie stark und unerschütterlich macht, dann dieser Wohnung giebt eine Menge von Vieh und Menschen, wo er nämlich zufrieden gestellt wird; die andern (Wohnungen) zerstört er, wo er beleidigt wird.

29. Du bist der Böse und Beste zugleich, o Mithra, für die Gegenden, du bist der Böse und der Beste zugleich, o Mithra, für die Menschen, du bist Herr, o Mithra, über den Frieden und Unfrieden für die Gegenden [1]).

30. Du machst berühmt durch Frauen, berühmt durch Wagen, schmutzlos mit hohem Giebel die Wohnungen, die grössten, die sehr grossen Wohnungen. Du machst berühmt durch Frauen, berühmt durch Wagen, schmutzlos mit hohen Giebel die hohe Wohnung, wenn dir mit namentlichem Opfer, mit zeitiger Rede opfert der Reine, Gaben darbringend.

31. Mit namentlichen Opfer, mit passender Rede o starker Mithra, will ich dir opfern mit Gaben. Mit namentlichen Opfer, mit passender Rede, o nützlichster Mithra, will ich dir opfern mit Gaben. Mit namentlichen Opfer, mit passender Rede, o unbeirrter Mithra, will ich dir opfern mit Gaben.

32. Höre, o Mithra, auf unser Opfer, sei zufrieden, o Mithra, mit unserem Opfer, komme zu unserem Opfer, nimm unsere Spenden an, nimm die geopferten Gaben an, trage sie zusammen an den Sammelort (Cinvat)[2]), lege sie nieder an dem Orte des Lobes (Garonemâna).

33. Gieb uns die Gunst um die wir dich anflehen, o Held, in Uebereinstimmung mit den gegebenen Gebeten: Reichthum, Stärke und Sieghaftigkeit, Sättigung und Heiligung, guten Ruf und Reinheit der Seele, Grösse und Wissenschaft des Heiligen, den von Ahura geschaffenen Sieg, das Schlagen das aus der Höhe stammt von der besten Reinheit, den Unterricht im heiligen Worte.

34. Damit wir wohlwollend und freundlich gesinnt, geliebt und geehrt tödten mögen alle Feinde, damit wir wohlwollend und freundlich gesinnt, geliebt und geehrt tödten mögen alle Uebelwollenden,

---

1) So scheinen mir diese Worte übersetzt werden zu müssen und der Sinn kann nicht im Mindesten auffällig gefunden werden, nachdem schon oben (§ 18) angedeutet wurde, dass Mithra ein rachsüchtiger Gott ist, der den Gegeoden unter Umständen ebensowol Schaden zufügt als sie fördert.

2) So nach Windischmann. Doch könnte man vielleicht statt: zum Sammalorte auch übersetzen: zur Freude.

damit wir wohlwollend und freundlich gesinnt, geliebt und geehrt tödten mögen alle Pein, (dass wir) peinigen (die Pein) der Daevas und Menschen, Zauberer und Pairikas, die der Çâthras, Kaoyas und Karapanas.

9.

35. Den Mithra etc., den die Schuld bezahlenden, ein Heer erlangenden, mit tausend Kräften begabten, herrschenden, mächtigen, allwissenden.

36. Welcher die Schlacht vorwärts führt, in der Schlacht steht, welcher in der Schlacht sich stellend die Kampfreihen zerschmettert. Man kämpft an allen Enden der Schlachtreihe die in den Kampf geführt ist, er aber verwirrt die Mitte der feindlichen Kriegsschaar[1]).

37. Hin zu ihr bringt er, der Mächtige, Strafe und Furcht, hinweg fegt er die Köpfe der mithratrügenden Menschen, hinweg führt er die Köpfe der mithratrügenden Menschen.

38. Gräulich sind die Wohnungen, die nicht mit Nachkommenschaft gesegneten Wohnstätten, in welchen die Mithratrüger wohnen, die welche offen die Reinen tödten, die Schlechten. Auf gräuliche Art geht die auf Klauen gehende Kuh auf dem Irrweg, welche in die Engpässe[2]) der mithratrügenden Menschen geschleppt ist. An ihrem Wagen stehen Gespanne Thränen vergiessend, welche ihnen zum Munde hinab laufen.

39. Ihre Pfeile die schnell abfliegenden vom wohlgespannten Bogen von der Sehne geschnellt dahinfliegend, treffen das Ziel nicht, da erzürnt, beleidigt, unbefriedigt Mithra herkommt, der weite Triften besitzt. Ihre Lanzen wohlgeschärft, spitzig, langschaftig, treffen das Ziel nicht, wenn sie aus den Armen wegfliegen, da erzürnt, beleidigt, unbefriedigt Mithra herkommt, der weite Triften besitzt. Ihre Schleudersteine, von den Armen wegfliegend, treffen

---

1) Auch hier erscheint wieder Mithra als ein Kriegsgott, der in den Schlachten entscheidend eingreift. Diese Auffassung seines Wesens scheint mir in seinem Amte als Mittler begründet: er weiss Alles, weil er Alles sieht, folglich weiss er auch, welcher der kämpfenden Partheien er den Sieg zu verleihen hat.

2) Es scheint mir hier auf die Ueberfälle räuberischer Gebirgsvölker angespielt, wie es deren in Eran so viele giebt, die, wenn der Ueberfall gelungen ist, ihre Beute an Vieh in ihre Schluchten mit sich führen. — Statt Engpässen könnte man vielleicht auch übersetzen: Gefängnissen. Das Wort derena ist, ohne Zweifel Spalte, Riss und das Δάφνα des Ptolomäus, der Spalt durch den der Fluss Diyala seinen Ausgang in die Ebene findet.

das Ziel nicht, da erzürnt, beleidigt, unbefriedigt Mithra herbeikommt der weite Triften besitzt.

40. Ihre Schwerter, die wohlzugerichteten, wenn sie niederschlagen auf die Köpfe der Menschen, treffen das Ziel nicht, weil erzürnt, beleidigt, unbefriedigt Mithra herbeikommt der weite Triften besitzt. Ihre Keulen, die wohlangewandten, wenn sie niederfallen auf die Köpfe der Menschen, erreichen das Ziel nicht, da erzürnt, beleidigt, unbefriedigt Mithra herbeikommt, der weite Triften besitzt[1]).

41. Mithra verscheucht von der einen, Rashnus von der andern Seite, Çraosha der heilige weht zusammen nach allen Seiten gegen die rettenden Yazatas. Sie verlassen die Kampfreihen, da erzürnt, beleidigt, nicht befriedigt herbeikommt Mithra, der weite Triften besitzt.

42. Also sprechen sie zu Mithra, der weite Triften besitzt: „diese, o Mithra mit weiten Triften, führen unsere starken Pferde rückwärts, diese, o Mithra, zerbrechen unsere starken Schwerter mit den Armen"[2]).

43. Dann fegt diese hinweg Mithra, der weite Triften besitzt, zum Tödten von Fünfzig für die Hunderttödter, zum Tödten von Hundert für die Tausendtödter, zum Tödten von Tausend für die Zehntausendtödter, zu dem Tödten von Zehntausenden für die, welche Unzählige tödten, da zornig, beleidigt, nicht befriedigt Mithra herbeikommt, der weite Triften besitzt. Wegen seines Glanzes etc.

10.

44. Den Mithra etc., dessen Wohnhaus so breit als die Erde festgesetzt ist, in der mit Körper begabten Welt, gross, unbeengt hoch, breit, weiten Raum darbietend.

45. Dessen acht (?) Freunde[3]) auf allen Höhen, auf allen

---

1) Cf. oben § 20. 21.

2) Rashnu und Çraosha bilden mit Mithra zusammen die drei Todtenrichter. Cf. meine Einleitung in die traditionellen Schriften der Parsen Bd. II, 138. Alle drei sind Vermittler und es ist wol auch keineswegs gleichgültig, dass gerade die mittleren Tage des Monates (16. 17. 18) diesen drei Genien gewidmet sind. Hier erscheint nun Mithra als der mächtigste, die beiden andern können von den Feinden zurückgetrieben werden, allein Mithra richtet auf ihr Anrufen hin Alles wieder in Ordnung. Cf. unten § 101. und Yt. 13, 47. Diese meine Auffassung ist von der Windischmann's etwas abweichend.

3) Ueber die Bedeutung dieser Worte bin ich ebenso zweifelhaft wie Windischmann. — In diesem Paragraphen findet sich übrigens meiner Ansicht nach schon die spätere Anschauung vorbereitet, dass die tausend Ohren und zehn-

Warten spähend sitzen für Mithra, den Mithraträger erspähend, jene, anschauend, jene erinnernd, welche vormals den Mithra betrogen, die Pfade derer bewachend nach denen verlangen die Mithraträger die offenbar die Reinen tödten, die Schlechten.

46. Als ein Bewahrer, ein Wächter — ein Wächter von hinten, ein Wächter von vorne — findet der Späher, der unbeirrte. Für den unterzieht sich Mithra mit weiten Triften, zu wessen wachsendem Geist Mithra hinkommt zum Schutze[1]), er der mit zehntausend (Augen) sieht, der starke, allwissende, nicht zu belügende. Wegen seines Glanzes etc.

11.

47. Den Mithra etc , welchen berühmten, goldenen (Rosse) mit breiten Klauen fahren zu dem feindlichen Heere hin, zu den für den Kampf Gerüsteten in den Kämpfen der Gegenden.

48. Wenn dann Mithra hinfährt zu dem feindlichen Heere, hin zu den für den Kampf Gerüsteten in den Kampf der Länder, da bindet Mithra die Glieder der mithratrügenden Männer rückwärts, er behindert ihr Sehen, er macht ihre Ohren harthörig, er erhält ihre Füsse nicht aufrecht, nicht ist er kräftigend in Bezug auf die Gegenden, auf die Feinde, die mit Uebelwollen trägt Mithra der weite Triften besitzt[2]). Wegen seines Glanzes etc.

12.

49. Den Mithra etc.

50. Welchem eine Wohnung geschaffen hat der Schöpfer Ahuramazda auf der Hara-Berezaiti der sehr weithin reichenden, hohen, wo es weder Nacht giebt noch Finsterniss, weder kalten Wind noch warmen, noch Krankheit mit vielen Tod, noch Schmutz den von den Daevas geschaffenen, kein Nebel steigt auf an dem hohen Berge.

51. Welche (Wohnung) gemacht haben die Amesha-çpentas, die alle mit der Sonne gleichen Willen haben, hin zum gläubigen Gemüthe aus dem Gedächtnisse. Welcher die ganze bekörperte Welt umfasst auf dem hohen Berge.

52. Wenn dann der Böse hervorläuft, der Uebelthäter mit

---

tausend Augen des Mithra nichts Anderes seien als ebensoviele Freunde, welche für ihn das Amt des Sehen und Hörens versehen.

1) Zum Nutzen der gläubigen Menschen ist es, dass sich Mithra solcher mühevoller Wache unterzieht.

2) d. h.: wol in den Ländern, welche von Feinden besetzt sind macht Mithra seine Kraft nicht geltend.

schnellem Schritte, da schirrt Mithra den schnellen Wagen, er der weite Triften besitzt und der heilige, starke Çraosha und Nairyoçagha, der weise (?) schlägt ihn in den Schlachtreihen oder durch (eigene) Stärke [1]). Wegen seines Glanzes etc.

13.

53. Den Mithra etc., welcher mit erhobenen Händen auf zu Ahura-mazda weint, also sprechend:

54. „Ich bin der Beschützer aller Geschöpfe, der kunstreiche, ich bin der Beherrscher aller Geschöpfe, der kunstreiche[2]). Doch opfern mit die Menschen nicht mit namentlichen Opfer wie sie den andern Yazata mit namentlichen Opfer opfern."

55. „Denn wenn mir die Menschen mit namentlichen Opfer opfern würden, wie sie den übrigen Yazatas mit namentlichen Opfer opfern, so würde ich zu den reinen Männern zu der festgesetzten Zeit kommen, ich würde kommen zur festgesetzten Zeit meines eigenen Lebens, des glänzenden, unsterblichen."

56. Mit namentlichen Opfer, mit passender Rede preisst dich der Reine, Gaben darbringend.

57. Mit namentlichen Opfer, mit passender Rede, o starker Mithra, will ich dich preisen mit Gaben.

58. Mit namentlichen Opfer, mit passender Rede, o nützlichster Mithra, will ich dich preisen mit Gaben.

59. Mit namentlichen Opfer, mit passender Rede, o unbeirrter Mithra, will ich dich preisen mit Gaben. Höre o Mithra auf unser Opfer etc.[3]).

14.

60. Den Mithra etc., dessen Ruhm gut, dessen Körper gut, dessen Preis gut ist, den schaltenden über Gaben, den schaltenden über Triften, welcher nicht bedrückt den wirksamen Bauern, um nach Wunsch ihn zu wahren gegen die Bedrücker, der da sieht mit zehntausend Augen, der starke, allwissende, unbeirrte. Wegen seines Glanzes etc.

15.

61. Den Mithra etc., den aufrecht stehenden, wachsamen Wäch-

---

1) d. h. wol er tödtet ihn in der Schlacht im Massenkampfe oder im Einzelkampfe.
2) Oder: der Herr, wie die Parsen dieses Wort gewöhnlich auffassen.
3) Cf. oben §§ 32—34.

ter, den starken Versammler, der das Wasser fördert, auf den Ruf hört, das Wasser laufen, die Bäume wachsen macht, der einen Kreis (Versammlung) veranstaltet[1]) den Klugen (?), mit Kräften begabten, unbeirrten, mit vieler Kraft versehenen, weisen.

62. Der keinem der mithratrügenden Menschen Kraft verleiht noch Stärke, der keinem der mithratrügenden Menschen Glanz verleiht noch Lohn.

63. Hinweg von ihren Armen trägst du o Mithra, der du grimmig und mächtig bist die Stärke etc.[2])

16.

64. Den Mithra etc., in welchem die Entscheidung für das gute Gesetz, das weithin sich verbreitende gesetzt ist, der grosse, kraftvolle, dessen Gesicht gerichtet ist auf alle sieben Kareshvare[3]).

65. Der unter den schnellen der schnellste, unter den Gebern der Freigebigste, unter den Starken der Stärkste ist, unter den Versammlern der Versammler, der Wachsthumgeber, der Geber der Fettigkeit, der Heerden, der Herrschaft, der Kinder, des Lebens, des Wunsches, der Heilung.

66. Mit welchem verbunden ist Ashis-vaǧuhi und Pârendi mit schnellem Wagen (?), die starke männliche Wehrhaftigkeit, die königliche Majestät, der gewaltige Himmel, der seinem eigenen Gesetze folgt, der gewaltige Schwur des Weisen, die starken Fravashis der Reinen und wer ein Versammler von vielen reinen Mazdayaçnas ist[4]). Wegen seines Glanzes etc.

17.

67. Den Mithra etc., der mit einem auf himmlische Weise geschaffenen Wagen mit hohen Rädern fortfährt aus dem Kareshvare

---

1) Windischmann: der die Furche richtet, was grammatisch auch angeht. Für meine Auffassung liesse sich etwa Yç. XI, 10 anführen.

2) Cf. §§ 23. 24.

3) Dies ist meine Auffassung dieser schwierigen Stelle, von der ich übrigens gern gestehe, dass andere Auffassungen ebenso möglich sind. Wie mir scheint hat hier Mithra, wie er über Alles wacht, auch über die Reinerhaltung des mazdayaçnischen Gesetzes zu wachen.

4) Auch hier, wenn wir die verschiedenen Gottheiten betrachten, welche den Mithra umgeben, sind es theils solche, welche Segen im Hause verleihen, theils auf Macht und Herrschaft Bezug haben, wie denn überhaupt Mithra als der Herr der Könige gilt.

Arezahê hin zum Kareshvara Qaniratha, dem hohen, verbunden mit passenden Rädern[1]) und mit der Majestät, der von Mazda geschaffenen, mit dem Siege, dem von Ahura geschaffenen.

68. Dessen Wagen ergreift (lenkt) Ashis-vaguhi die grosse, seine Pfade bereitet das mazdayaçnische Gesetz von selbst, ihn ziehen Pferde mit himmlischen Willen[2]), lichte, leuchtende, schöne, heilige, wissende. Mit Schnelligkeit fahren ihn (die Pferde), welche himmlischen Willen haben, wenn der Schwur des Weisen ihm auf gute Art entgegengeht[3]).

69. Vor welchem sich fürchten alle himmlischen Daevas und die varenischen, die schlechten. Mögen wir nicht dem erzürnten Herrn in den Wurf kommen, dessen tausend Würfe gegen den Feind gehen, er der mit 10000 (Augen) sieht, der starke, allweise, unbeirrte. Wegen seines Glanzes etc.

18.

70. Den Mithra etc., vor welchem voran dahinfährt Verethraghna, der von Ahura geschaffene, mit dem guten Körper eines Ebers[4]), eines angreifenden, mit scharfen Hauern, eines männlichen, mit scharfen Klauen, eines nur einmal schlagenden Ebers[5]), eines fetten, zornigen, triefenden, starken, mit eisernen Füssen, eisernen Händen, eisernen Waffen (?) und eisernem Schweife und Wangen.

71. Welcher vorwärts stürzt nachdem er an den Feind sich gehängt hat, mit männlichem Geiste gerüstet, mit Kampf niederschlägt die Feinde, der nicht meint zu tödten und für Morden nicht hält bis er niederschlägt das Mark, die Seele des Lebens, das Mark, die Fundgrube der Lebenskraft.

72. Auf einmal zerschneidet er Alle, der auf einmal Knochen,

---

1) Oder noch wörtlicher: mit einem passenden Rade. Da von den Rädern des Wagens schon vorher die Rede war, so wäre es nicht ganz unmöglich, dass das hier genannte Rad ebenso ein Symbol der Herrschaft sein sollte, wie bei den indischen Cakravartins oder Weltherrschern.

2) Der himmlische Wille besteht wohl darin, dass diese Pferde von selbst die richtigen Wege kennen und sie einschlagen.

3) Der Sinn dieses letzten schwierigen Satzes ist sehr unsicher.

4) Cf. unten Yt. 14, 15.

5) Dieser Eber braucht nur einmal zu schlagen, weil er gleich zum ersten Male seinen Gegner vernichtet.

Haare, Gehirn und Blut der mithraträgenden Menschen mit der Erde mischt. Wegen seines Glanzes etc.

19.

73. Den Mithra etc., welcher immer mit emporgehobenen Händen die Worte ausspricht, also sprechend:

74. „Ahura-mazda, Himmlischer, Heiligster, Schöpfer der bekörperten Welten, Reiner! Wenn mir die Menschen mit Namen genannten Opfer opfern würden, wie sie den andern Yazatas mit namentlichen Opfer opfern, so würde ich zu den reinen Männern zur festgesetzten Zeit und Zeitalter kommen, zur festgesetzten Zeit meines eigenen glänzenden, himmlischen Lebens würde ich kommen"[1])

75. Mögen wir die Beschützer deines Landes sein, mögen wir nicht die Verderber deines Landes sein, nicht die Verderber der Wohnungen, der Clane, der Genossenschaften, der Gegenden, damit nicht der starke Arm uns niederschlage vor den Peinigenden.

76. Du zerstörst die Peinigungen dieser Peiniger, vernichtest die Peinigungen dieser Peiniger, vernichte diejenigen, welche die Reinen tödten! Du bist mit guten Pferden, mit gutem Wagen versehen, du bist der welcher, angerufen nützt, der Held.

77. Ich rufe dich an zur Hülfe mit vielem Opfer, mit gutem Opfer von Gaben, mit vieler Darbringung, mit guter Darbringung von Gaben, nämlich dich Mächtiger, langer Besitzer von guter Wohnung, von wünschenswerthem Reichthum.

78. Du beschützest jene Gegenden, welche sich guter Darbringung befleissigen für den Mithra, der weite Triften besitzt. Du zerstörst die sündigen Gegenden, dich rufe ich herbei zum Schutze, zum Schutze möge zu uns herkommen der gewaltige, starke, preiswürdige, anbetungswürdige Mithra, der glänzende Herr der Gegenden. Wegen seines Glanzes etc.

20.

79. Den Mithra etc., welcher dem Rashnus eine Wohnung gab, welchem Rashnus für lange Freundschaft einen Wohnplatz (?) hervorbrachte[2])

---

1) Cf. oben § 55.
2) Diese letzten Worte sind sehr schwierig und unsicher; Windischmann hat sie daher unübersetzt gelassen. Ueber die hier berührte Freundschaft des Mithra zu Rashnu cf. oben § 42.

80. Du bist der Beschützer der Wohnung, der Beschützer der Nichtträger, du bist der Beherrscher des Wirkenden unter den Nichtträgern, dir hat er als Freund gegeben den besten Sieg, den von Ahura geschaffenen, bei welchem rücklings daliegen die Mithra-Drujas durch ihre Schlechtigkeit geschlagen (?), viele Menschen. Wegen seines Glanzes etc.

21.

81. Den Mithra etc., welcher dem Rashnus eine Wohnung gab, welchem Rashnus für die lange Freundschaft eine Stätte bereitete.

82. Dem tausend Kräfte gab Ahura-mazda, zehntausend Augen zum Sehen. Mit diesen Augen, mit diesen Kräften fegt er hinweg den Mithraschädiger und den Mithraträger. Durch diese Augen, durch diese Kräfte ist unbeirrt Mithra der mit zehntausend (Augen) späht, der starke, allwissende, unbeirrte. Wegen seines Glanzes etc.

22.

83. Den Mithra etc., welchen der Herr der Gegend immer mit erhobenen Händen zum Schutze anruft, welchen der Herr der Genossenschaft immerfort mit erhobenen Händen zum Schutze anruft.

84. Welchen der Herr der Clans immerfort mit erhobenen Händen zum Schutze anruft, welchen der Herr der Wohnung immerfort mit erhobenen Händen zum Schutze anruft, welchen die beiden Aeltern (?)[1]) vereint immerfort mit erhobenen Händen zum Schutze anrufen, welchen der Arme, der dem reinen Gesetze zugethane, seiner Gabeu beraubte, immerfort mit erhobenen Händen zum Schutze anruft.

85. Seine des Weinenden Stimme dringt empor zu den Sternenlichtern, kommt um die ganze Erde herum, vertheilt sich über die sieben Kareshvares, wenn er mit lauten Gebeten seine Stimme erhebt oder leise.

86. Die in die Irre geführte (Kuh) ruft ihn immerfort mit erhobenen Händen zum Schutze an, an den Stall gedenkend: Wann wird uns zum Stalle bringen hinterher eilend der männliche Mithra mit weiten Triften? wann wird er uns hinbringen zum Weg des Reinen, die in die Wohnung der Drukhs geführten?

87. Hierauf, mit welchem zufrieden ist Mithra der weite Triften besitzt, dem kommt er zu Hülfe, von wem beleidigt ist Mithra,

---

1) Sehr schwierig und ungewiss.

der weite Triften besitzt, dem zerstört er die Wohnung, den Clan, die Genossenschaft, die Gegend, die Herrschaft über die Gegenden. Wegen seines Glanzes etc.

23.

88. Den Mithra etc., welchen verehrte Haoma der Förderer, der heilsame, schöne, herrschende, mit goldenen Augen, auf der höchsten Höhe des hohen Berges, welcher den Namen Hukairya führte: den Unbefleckten der Unbefleckte, vor unbeflecktem Bareçma, vor unbefleckten Opfergaben, vor unbefleckten Worten.

89. Welcher als den Zaota anstellte Ahura-mazda, der reine, den schnellopfernden mit hoher (Stimme) singenden. Es opferte der Schnellopfernde, mit hoher (Stimme) Singende, mit lauter Rede als Opferpriester für den Ahura-mazda, als Opferpriester für die Ameshaçpentas. Diese Rede drang hinauf zu den Lichtern, sie verbreitete sich rings um die Erde, sie kam zu allen sieben Kareshvares.

90. Welcher zuerst mittelst Mörser der Haoma emporhob, mittelst eines mit Sternen geschmückten, auf himmlische Art gebildeten, auf dem hohen Berge. Es pries Ahura-mazda, es priesen die Amesha-çpenta dessen Körper den wohlgewachsenen, welchen die Sonne, die mit schnellen Rossen begabte, von ferne her Preis verkündet.

91. Preis dem Mithra, der weite Triften besitzt, der tausend Ohren, zehntausend Augen hat. Dir ist zu opfern, du bist zu preisen, möge man die opfern, dich preisen in den Wohnungen der Menschen; heil sei dem Manne, welcher dir immerwährend opfert, Brennholz in der Hand haltend, Bareçma in der Hand haltend, Fleisch in der Hand haltend, den Mörser in der Hand haltend, mit gewaschenen Händen, mit gewaschenen Mörsern, mit zusammengebundenem Bareçma, mit erhobenem Haoma, mit gesprochenem Ahunavairya.

92. Nach diesem Gesetze sind huldreich Ahura-mazda der reine, Vohu-mano, Asha-vahista, Khshathra-vairya, Çpenta-ârmaiti, Haurvat und Ameretât, es wählen ihn die Amesha-çpenta aus Verlangen des Gesetzes[1]). Es bringt ihm Ahura-mazda, der wohl wirkende, die Herrschaft über die Welten, welche dich ansehen als den Herrn und Meister unter den Geschöpfen der Welten, als den besten Reiniger unter diesen Geschöpfen.

---

2) Cf. Yç. LVI. 10. 3. 4. und die Note zu dieser Stelle.

93. Dann in beiden Welten, in beiden Welten schütze uns, o Mithra, der du weite Triften besitzest, sowol in dieser mit Körper begabten Welt als in der geistigen: vor dem schlechten Tode, vor dem schlechten Aeshma, vor den schlechten Heeren, welche die grauenvolle Fahne emporheben, vor den schlechten Anläufen des Aeshma, welche der schlechte Aeshma verursacht sammt Vîdhôtus, dem von dem Daevas geschaffenen.

94. Dann gieb du uns, Mithra, der du weite Triften besitzest, Kraft für die Gespanne, Gesundheit für die Leiber, Bezwingung der Peiniger, Sieg über die Uebelwollenden, Vernichtung der unfreundlichen, peinigenden Gegner[1]). Wegen seines Glanzes etc.

24.

95. Der Mithra etc., der so breit wie die Erde herzuschreitet nach Sonnenaufgang[2]), der fegt die beiden Enden dieser Erde, der breiten, runden, fern zu durchschreitenden, der alles dieses umfasst, was zwischen Himmel und Erde ist.

96. Der eine Keule in der Hand hält die mit hundert Warzen, hundert Schneiden versehen ist, vorwärts schlagend, Männer niederwerfend, mit gelben Erze beschlagen, eine starke, goldfarbige, die stärkste der Waffen, die siegreichste der Waffen.

97. Vor welcher sich fürchtet Agra-mainyus, der voll Tod ist, vor welcher sich fürchtet Aeshma, der schlechtwissende, sündige, vor welcher sich fürchtet Bushyañçta, mit langen Händen, vor welcher sich fürchten alle unsichtbaren Daevas und die varenischen, schlechten.

98. Mögen wir nicht unter den Wurf des Mithra, mit weiten Triften gelangen, wenn er zornig ist, möge uns nicht erzürnt, erschlagen Mithra, der weite Triften besitzt, als der kräftigste der Yazatas, der stärkste der Yazatas, der rührigste der Yazatas, der schnellste der Yazatas, der erzsiegreichste der Yazatas steht Mithra, der weite Triften besitzt, auf dieser Erde. Wegen seines Glanzes etc.

---

1) Auch die Gebete in §§ 93. 94 stimmen mit Yç. LVI. 10. 5—10 überein. Diese Gleichheit der Anrufung erklärt sich wieder aus der Gemeinschaftlichkeit des Handels beider Genien. Cf. oben zu § 42.

2) Cf. zu Yt. 5, 91. Mithras vorzüglichste Wirksamkeit ist in den Morgenstunden, wie er denn auch der Vorgesetzte des Gâh Hâvani ist. Darum vertreibt er auch nach § 97 besonders den Dämon des Schlafs.

25.

99. Den Mithra etc., vor welchem sich fürchten alle unsichtbaren Daevas und die varenischen, schlechten. Vorwärts fährt Mithra, der Herr der Gegend, der weite Triften besitzt an dem rechten Ende dieser Erde der breiten, runden, fern zu durchschreitenden.

100. An seiner rechten Seite fährt der gute Çraosha, der heilige, auf seiner linken Seite fährt Rashnus, der grosse, kraftvolle. An allen seinen Seiten fahren die Gewässer, die Bäume, die Fravashis der Reinen.

101. Hin zu ihnen bringt er der Mächtige immer schnellfliegende Pfeile, dann, wenn er fahrend dahin kommt, wo gegenmithrische Länder sind, da schlägt er zuerst die Keule nieder auf Pferd und Mann; da erschreckend macht er beben beide: Ross und Mann. Wegen seines Glanzes etc.

26.

102. Den Mithra etc., mit glänzenden Pferden, scharfer Lanze, langem Schafte, dahin gleitenden Pfeilen, den weit schauenden, tapfern Krieger.

103. Welchen als Beherrscher und Beaufsichtiger schuf Ahuramazda für die ganze lebendige Natur, der Beherrscher und Beaufsichtiger ist der ganzen lebendigen Natur, der ohne zu schlafen die Geschöpfe des Ahura-mazda durch seine Wachsamkeit schützt, der ohne zu schlafen die Geschöpfe des Ahura-mazda durch sein Wachen bewahrt[1]). Wegen seines Glanzes etc.

27.

104. Den Mithra etc., dessen lange Arme hier mit Mithrakraft vorwärts greifen: was im östlichen Indien ist das ergreift er und was im westlichen das schlägt er[2]) und was an den Steppen der Ragha und was an den Enden dieser Erde ist.

---

1) Von Mithra wird hier ebenso wie von Çraosha ausgesagt, dass er nicht schlafe. Ich glaube aber, dass man fehlen würde, wenn man daraus schliessen wollte, dass Mithra hauptsächlich in der Nacht seine Thätigkeit entwickle. Er ist eben der Beaufsichtiger der Welt überhaupt und darf sie daher keinen Augenblick ausser Acht lassen.

2) Auch dieser Zug ist dem Mithra wieder mit dem Çraosha gemein. Cf. Yç. LVI. 11. 6. Doch beschränkt sich auch der oben angeführten Stelle Çraoshas Thätigkeit nur auf das östliche und westliche Indien, während Mithra auch hierin als der Mächtigere erscheint, dass seine Thätigkeit sich auch auf die Steppen der Ragha und die Enden der Erde erstreckt. Es scheint mir nicht u-

105. Du, o Mithra, zusammen ergreifend, lange aus mit den Armen. Der Ruchlose, durch den Gerechten vernichtet, ist traurig in der Seele. Also denkt der Ruchlose: nicht sieht alle diese Uebelthat, alle diese Lüge Mithra der kunstlose.

106. Ich aber denke im Geiste: kein irdischer Mensch mit hundertfacher Kraft denkt soviel Schlechtes, wie Mithra mit himmlischer Kraft Gutes denkt. Kein irdischer Mensch mit hundertfacher Kraft spricht soviel Schlechtes, als Mithra mit himmlischer Kraft Gutes spricht. Kein irdischer Mensch mit hundertfacher Kraft thut so viel Schlechtes als Mithra mit himmlischer Kraft Gutes thut.

107. Mit keinem irdischen Menschen ist der hundertfach grössere[1]), himmlische Verstand verbunden, wie sich mit dem himmlischen Mithra, dem himmlischen, der himmlische Verstand verbindet. Kein irdischer Mensch mit hundertfacher Kraft hört mit den Ohren, wie der himmlische Mithra, der mit den Ohren hörende, tausend Kräfte besitzende, der jeden Lügner sieht. Kräftig geht vorwärts Mithra, gewaltig in Herrschaft fährt er dahin, schöne Sehkraft, von ferne leuchtende, giebt er den Augen.

108. „Wer wird mir opfern, wer mich belügen, wer wird mit guten Opfer, wer mit schlechten mich als einen Yazata achten? Wem soll ich Reichthum und Glanz, wem Gesundheit des Körpers schenken, ich der ich es kann? Wem soll ich sehr glänzende Glücksgüter schenken, ich der ich es vermag? Wem soll ich mit himmlischer Nachkommenschaft reichlich segnen?"

109. „Wem soll ich gewaltige Herrschaft, glänzend gerüstete, mit vielen Schaaren versehene, geben, ohne dass er daran denkt die beste, ihm, der dem gleiche Herrschaft besitzenden Feinde, den Schädel zerschlägt, dem Helden, dem schlagenden, der nicht gebeugt wird, welcher befiehlt für die Ausführung die Strafe. Schnell

---

möglich, dass in dieser etwas dunklen Angabe die Gränzen der unserm Verfasser bekannten Welt enthalten sind. Das östliche Indien wäre dann ohne Zweifel das auch von uns mit diesem Namen benannte Land und bildete die Gränze gegen Osten, das westliche Indien, die Gränze gegen Westen, wäre vielleicht Babylon. Nach einer von Hamza von Isfahân und andern muhammedanischen Schriftstellern gemachten Angabe sollen ja Chaldäer und Brahmanen zwei Theile eines und desselben Volkes sein, diese oder eine ähnliche Angabe mag dem Verfasser vorgeschwebt haben. Die Steppen im Norden der Raghâ, d. i. des Iaxartes, wurden damals wahrscheinlich als die Gränze gegen Norden betrachtet, im Süden endigte natürlich das Land mit dem Meere.

1) d. i. wol: hundertfach grösser als der gewöhnliche irdische Verstand.

wird diese, wenn anbefohlen, vollzogen, wenn sie der Zürnende anbefiehlt für den beleidigten, nicht zufriedenen, er macht Vergnügen dem Geiste des Mithra, zur Wohlbefriedigung des Mithra."

110. „Wem soll ich Krankheit und Tod, wem Unsegen und Unglück geben, ich der ich es kann? Wem soll ich die himmlische Nachkommenschaft mit sofortigen Schlag tödten?"

111. „Wem soll ich die gewaltige Herrschaft, die glänzend gerüstete, mit vielen Schaaren versehene, wegnehmen, ohne dass er es denkt, die beste? ihm der gleiche Herrschaft besitzt mit dem Feinde, der da schlägt die Köpfe der Feinde, kräftig ist, schlägt ohne gebeugt zu werden? Welcher befiehlt eine Strafe, da tritt diese schnell ein, nachdem sie befohlen ist. Wenn der Zürnende sie für den nicht beleidigten, zufriedenen Mithra befiehlt, da vereinigt sich das Gemüth des Mithra mit Unzufriedenheit". Wegen seines Glanzes etc.

28.

112. Den Mithra etc., den mit silbernen Helm, mit goldenen Panzer, mit dem Dolche bewaffneten, kräftigen, starken Herrn des Clans, den Krieger. Offenkundig sind die Wege des Mithra, wenn er zur Gegend kommt wo er wohl verehrt die tiefen Ebenen zu Triften macht.

113. Dann schreitet er vorwärts, sein Vieh wie seine Menschen nach Wunsch beherrschend, deswegen möge uns zum Schutze herbeikommen Mithra und Ahura die grossen, ja Mithra und Ahura die grossen: wenn die Waffen laut reden und der Pferde Klauen (?) stampfen, die Dolche blinken (?), die Sehnen schwirren mit scharfen Pfeilen. Dann werden die Sprösslinge schlechter Opferer getödtet, aufgeschichtet an den Haaren [1]).

114. Dann mögest du o Mithra, mit weiten Triften, uns Kraft geben für die Gespanne, Gesundheit für die Körper, Festigkeit gegen die Peiniger, Sieg über die Uebelwollenden, gänzliche Vernichtung der unfreundlichen, peinigenden. Wegen seines Glanzes etc.

29.

115. Den Mithra etc. O Mithra mit vielen Triften, Herr über die Wohnungen, Claue, Genossenschaften, Gegenden, Oberpriester!

---

[1]) Diese letzten Worte könnten sich vielleicht auf die alte Sitte beziehen, die Köpfe der Erschlagenen aufzuschichten. Der ganze Absatz leidet übrigens an erheblichen Dunkelheiten und ist theilweise conjectural übersetzt.

116. Zwanzigfach ist Mithra unter den Freunden durch Festigkeit, dreissigfach unter den Arbeitenden, vierzigfach unter denen die in den Hürden sitzen, fünfzigfach unter den gut Opfernden, sechzigfach unter den Schülern, siebenzigfach unter Lehrern und Schülern, achtzigfach unter Schwiegersohn und Schwiegerältern, neunzigfach unter Brüdern.

117. Hundertfach unter Vater und Sohn, tausendfach unter den Gegenden, zehntausendfach ist Mithra bei dem, welcher am mazdayaçnischen Gesetze festhält, hier am Tage dann sich rüstet zum Siege (?)[1]).

118. Mit unten gesetzten Gebete will ich herzukommen und mit oben gesetzten[2]); wenn diese Sonne über den hohen Berg hervorkommt und herbeifliegt, da will ich mit unten gesetzten Gebete, o Heiliger, herbeikommen und mit oben gesetzten, entgegen dem Wunsche des bösen Agra-mainyus, des schlechten. Wegen seines Glanzes etc.

30.

119. Den Mithra etc. Dem Mithra opfere, o Heiliger, verkünde ihn den Schülern[3]). Es mögen dir opfern die Mazdayaçnas mit grossen und kleinen Vieh, mit zwei Vögeln, welche rasch geflügelt dahin fliegen.

120. Mithra ist für alle Mazdayaçnas, die reinen, Erheber und Bewirker, Haoma, der angekündigte und verkündigte, welchen der Priester verkündet und opfert[4]). Es möge der reine Mann von den reinsten Gaben essen; wenn er es thut, wenn er opfert dem Mithra, mit weiten Triften, da ist dieser zufrieden, nicht beleidigt.

121. Es fragte ihn Zarathustra: „wie, o Ahura-mazda, soll der

---

1) Die Schlussworte sind sehr dunkel. Es ist übrigens klar, dass bei den vorhergehenden Paragraphen Mithra als Beaufsichtiger der Freundes- und Verwandtschaftsverhältnisse der einzelnen Mazdayaçnas dargestellt wird. Bemerkenswerth ist, dass das Verhältniss zur Gegend, d. h. zu dem politischen Bezirke, so wie zur Religion höher angesetzt wird als die Familienbeziehungen.

2) Was der Verfasser unter dem oben und unten gesetzten Gebeten versteht, lässt sich bei gänzlichem Mangel an sonstigen Anhaltspunkten nicht mehr genau bestimmen.

3) Diese Worte scheinen von Ahura mazda auszugehen und an Zarathustra gerichtet zu sein.

4) Auch diese Worte sind dem Sinne nach dunkel, weil aus diesen kurzen Andeutungen die Meinung des Verfassers nicht genügend ersichtlich ist.

reine Mann von den gereinigten Gaben essen (durch welche), wer es thut, wenn er opfert dem Mithra, mit weiten Triften, dieser zufrieden ist, nicht beleidigt?"

122. Darauf entgegnete Ahura-mazda: drei Tage, drei Nächte hindurch soll man den Körper waschen, dreissig Schläge soll man auswählen zum Opfer und Preis für den Mithra, der weite Triften besitzt. Zwei Tage, zwei Nächte hindurch soll man den Körper waschen, zwanzig Schläge soll man auswählen zum Opfer und Preis für den Mithra, der weite Triften besitzt. Es soll mir Niemand von diesen Gaben essen der nicht die Opfergebete gelernt hat an alle Herren [1]). Wegen seines Glanzes etc.

31.

123. Den Mithra etc., welchem opferte Ahura-mazda in dem leuchtenden Garo-nemâna.

124. Mit erhobenen Armen fährt zur Unsterblichkeit Mithra, der weite Triften besitzt, vom Garo-nemâna, dem glänzenden, auf einem schönen Wagen wird er gefahren, einem gleich starken, allgestaltigen, goldenen.

125. An diesem Wagen ziehen vier weisse Rosse von gleichen Farben, die himmlische Speise essen[2]) und unsterblich sind. Ihre Vorderhufe sind mit Gold bekleidet, ihre Hinterhufe mit Silber. Dann sind diese alle angespannt an dieselbe Deichsel, die nach oben gekrümmte, die gebunden ist mit gespaltenen, wohlgefestigten, eingefügten Klammern von Metall[3]).

126. An seiner rechter Seite fährt Rashnu der Gerechteste, heiligste, aufgewachsenste, auf seiner linken Seite fährt er die richtigste Weisheit, die gabenbringende, reine, weisse Kleider zieht sie an, weiss: ein Gleichniss des mazdayaçnischen Gesetzes.

127. Herzufährt der starke Schwur des Weisen in guter Gestalt eines Ebers, eines angreifenden mit scharfen Hauern, eines männlichen, mit starken Klauen, eines nur einmal schlagenden

---

1) Welcherlei Schläge zu schlagen sind wird nicht gesagt, ich bezweifle indess nicht, dass das Erschlagen von schädlichen Thieren damit gemeint ist. Cf. darüber Bd. I. p. 293. 294. — An alle Herren, d. h. an alle die verschiedenen Genien, wie sie Vsp. I, 1 flg. und Yç. I, 1 flg. genannt werden.

2) d. h. gar keine Speise. Cf. meine Einleitung in die trad. Schr. H. p. 181.

3) Ich habe mich hinsichtlich dieser schwierigen Worte ganz an Windischmann's Erklärung gehalten, die mir sehr wahrscheinlich scheint.

Ebers, eines fetten, zornigen, triefenden, festen, gerüsteten, an den Seiten herumfahrenden. Ausserhalb dieses fliegt daher das Feuer, welches entzündet hat den starken königlichen Glanz (Majestät).

128. Zum Schutz des Wagens des Mithra, mit weiten Triften, steht dabei ein Tausend Bogen, welche von den zähen Sehnen der Rinder wohlgefertigt sind. Mit himmlischen Willen fliegen sie dahin, mit himmlischen Willen treffen sie auf die Schädel der Daevas.

129. Es steht da zum Schutze des Wagens von Mithra, der weite Triften besitzt: ein Tausend Pfeile die mit Geierfedern befiedert sind, mit goldenen Spitzen, mit hörnernen Schaften, mit eisernen Zacken wohlgemacht. Mit himmlischen Willen fliegen sie dahin, mit himmlischen Willen fallen sie auf die Schädel der Daevas.

130. Es steht da zum Schutze des Wagens von Mithra, der weite Triften besitzt: ein Tausend Lanzen mit scharfen Spitzen wohlgemacht. Mit himmlischen Willen fliegen sie dahin, mit himmlischen Willen fallen sie auf die Köpfe der Daevas. Es steht da zum Schutze des Wagens von Mithra, der weite Triften besitzt: ein Tausend Wurfscheiben, kupferner, zweischneidiger, wohlgefertigter. Mit himmlischen Willen fahren sie dahin, mit himmlischen Willen treffen sie auf die Köpfe des Daevas.

131. Es steht da zum Schutze des Wagens von Mithra, der weite Triften besitzt: ein Tausend von Messern, zweischneidigen, wohlgefertigten. Mit himmlischen Willen fliegen sie dahin, mit himmlischen Willen treffen sie auf die Köpfe der Daevas. Es steht da zum Schutze des Wagens von Mithra, der weite Triften besitzt: ein Tausend von Keulen, eisernen, wohlgefertigten. Mit himmlischen Willen fliegen sie dahin, mit himmlischen Willen fallen sie auf die Köpfe der Daevas.

132. Es steht da zum Schutze des Wagens von Mithra, der weite Triften besitzt: eine schöne, mächtige Keule, mit hundert Warzen, hundert Schneiden versehen, Männer niederschmetternd, mit starkem, goldenen Erze das Eisen überzogen, die stärkste der Waffen, die siegreichste der Waffen. Mit himmlischen Willen fliegen sie dahin, mit himmlischen Willen fallen sie auf die Köpfe der Daevas.

133. Nach dem Schlagen der Daevas, nach dem Niederschlagen der Mithra-Drujas unter den Menschen fährt vorwärts Mithra der weite Triften besitzt, über Arezahê, über Çavahê, über Fradadhafshu

und Vidâdhafshu, über Vouru-barsti und Vouru-jarsti, über dieses Kareshvare, Qaniratha, das hohe.

134. Immer fürchtet sich Agra-mainyus, der voll Tod ist, immer fürchtet sich Aeshma, der schlechtwissende, süudige, immer fürchtet sich Bushyañçta mit langen Händen¹), immer fürchten sich alle unsichtbaren Daevas und die varenischen, schlechten.

135. Mögen wir nicht unter den Wurf des Mithra, mit weiten Triften, gelangen, wenn er zornig ist etc. (Cf. oben § 98.) Wegen seines Glanzes etc.

32.

136. Den Mithra etc., welchem glänzende Pferde geschirrt an den Wagen sich fügen, den mit einem Rade versehenen, goldenen und Waffen ganz glänzende.

137. Wenn man ihm Gaben bringt, hin zu seiner Wohnung — Heil ist dem Manne dem verehrenden, so sprach Ahura-mazda, o reiner Zarathustra, für welchen ein reiner Priester in der Welt, ein frommer, dessen Leib der Mañthra ist, den zusammengebundenen Bareçma mit Anrufung Mithras opfert, geraden Wegs kommt Mithra diesem verehrenden Manne in die Wohnung.

138. Wenn man ihn anruft so geschieht nach dem Worte für den Lober, nach dem Worte für den Anrufenden. Er ist aber eine Waffe gegen den verehrenden Mann, so sprach Ahura-mazda, o reiner Zarathustra, für welchen ein unreiner Priester, ein unfrommer, dessen Leib der Mañthra nicht ist, hinter dem Bareçma steht, obwohl er volle Reiser ausstreut und langes Opfer opfert.

139. Dieser stellt weder den Ahura-mazda noch die andern Amesha-çpenta zufrieden, nicht den Mithra, der weite Triften besitzt: wer gegen den Ahura-mazda hochmüthig ist, hochmüthig gegen die übrigen Amesha-çpenta, gegen den Mithra, der weite Triften besitzt, gegen das Gesetz, den Rashnu und die Arstât, welche die Welt fördert, die Welt vermehrt. Wegen seines Glanzes etc.

33.

140. Den Mithra etc. Opfere dem Mithra o Heiliger, dem in der Welt (?) starken, himmlischen, ausgezeichneten, von selbst verzeihenden, ohne Genossen, der eine Wohnung in der Höhe hat, dem kräftigen, starken Krieger.

---

3) Cf. oben § 97.

141. Er ist siegreich, mit wohlgebildeter Waffe versehen, von der Finsterniss aus wachsam, unbeirrt. Unter den Starken ist er der Stärkste, unter den Kräftigen der Kräftigste, von den Göttern ist er der Verständigste, siegreich mit Majestät ist er vereinigt, er, der tausend Ohren, zehntausend Augen hat, der mit zehntausend (Augen) wacht, der starke, allwissende, unbeirrte. Wegen seines Glanzes etc.

34.

142. Den Mithra etc. Welcher als der erste Verkünder das Starke fördert unter den Geschöpfen des Çpenta-mainyus, er, der wohlgeschaffene, grösste Yazata, wenn er den Körper erleuchtet wie der von selbstleuchtende Mond leuchtet.

143. Dessen Angesicht leuchtet wie das des Gestirnes Tistrya, dessen Wagen mit ergreift der unbetrügliche, erste, o Heiliger, nämlich unter den schönsten der Geschöpfe, den mit Sonnenglanz für den glänzenden Yazata geschaffenen, den sternenglänzenden vom Schöpfer Ahura-mazda auf himmlische Weisse geschaffenen (Wagen). Er wacht mit zehntausend (Augen) ist stark, allwissend, unbeirrt. Wegen seines Glanzes etc.

35.

144. Den Mithra etc. Den Mithra, der über den Gegenden ist preisen wir. Den Mithra, der in den Gegenden ist, preisen wir. Den Mithra, der an den Gegenden ist, preisen wir. Den Mithra, der oberhalb der Gegenden ist, preisen wir. Den Mithra, der unterhalb der Gegenden ist, preisen wir. Den Mithra, der vor den Gegenden ist, preisen wir. Den Mithra, der hinter den Gegenden ist, preisen wir [1]).

145. Den Mithra und Ahnra, die beiden grossen, unvergänglichen, reinen, preisen wir [2]). Die Sterne, den Mond, die Sonne in den Bareçma tragenden Bäumen, den Mithra, den Landesherrn aller Gegenden, preisen wir.

Opfer, Preis etc.

XXVII. (11) Çrosh-yast hâdôkht [3]).

Im Namen Gottes, Ormazds des Herrschers, des Vermehrers. An grosser Majestät möge zunehmen: Çrosh der reine, der schnelle, dessen Leib der Manthra ist, dessen Waffe furchtbar

---

1) Hier wird Mithra in jeder Weise als Herr der Gegenden gefeiert.
2) Cf. zu Yç. I, 34.
3) In den neuern Ausgaben heisst der dem Yaçna einverleibte Yast des

ist, der mit mächtiger *Waffe* begabt ist, der Beherrscher der Geschöpfe Ormazds, er möge kommen. — Alle Sünden etc.

Khshnaothra dem Ahura-mazda etc. Zufriedenstellung für den heiligen Çraosha, den festen, dessen Leib der Manthra, dessen Waffe furchtbar ist, den ahurischen zum Preis etc.

1.

1. Den Çraosha, den heiligen, wohlgewachsenen, siegreichen, die Welt fördernden, reinen, Herrn des Reinen preisen wir. Gute Anbetung, beste Anbetung, o Zarathustra, (sei) für die Welten.

2. Das hält den Freund des Schlechten unter den Schlechten zurück, das umgieht des schlechten Mannes wie der schlechten Frau Augen und Verstand, Ohren, die Hände, Füsse, ihren Mund vollkommen mit Banden: das gute Gebet, das unbeirrte, nicht gepeinigte, die Schutzwehr für den Mann, ein Panzer gegen die Drujas, ein Abwehrer.

3. Çraosha der Heilige ist der, welcher den Armen am meisten ernährt, er ist der siegreiche, der am meisten die Drujas tödtet. Auch der reine Mann, welcher am meisten Segensworte ausspricht, ist durch Siegen der Siegreichste[1]), (denn) der Manthra-çpenta vertreibt am meisten die unsichtbaren Drujas. Der Ahuna-vairya ist das siegreichste unter den Gebeten. Die rechtgesprochene Rede ist in Versammlungen am siegreichsten. Das mazdayaçnische Gesetz ist bei allen Disputationen, bei allen Guten, bei allen die aus reinem Saamen stammen das offenbar gesetzlichste und so gesetzt durch Zarathustra.

4. Wer, o Zarathustra, dieses gesprochene Wort ausspricht, sei es ein Mann oder eine Frau, mit sehr reinem Geiste, mit sehr reinen Worten, mit sehr reinen Werken, bei einem grossen Wasser, bei einem grossen Schrecken, in einer finstern, wolkenreichen Nacht, an den Brücken fliessender Wasser, an den Scheidewegen[2]), in den

---

Çraosha der Yast Çresh für die Nacht. Da beide Yasts zu denselben Zeiten gebetet werden können, so wird wol irgend eine andere Unterscheidung in ihrem Gebrauche vorhanden sein, die ich nicht genauer kenne. Ich vermuthe jedoch, dass ursprünglich der früher schon übersetzte Yast Çrosh nur bei dem täglichen Opfer gesprochen wurde, der vorliegende bei den besonderen in § 4. genannten Gelegenheiten.

1) Çraosha selbst ist siegreich, den Mann, der Segensworte ausspricht, macht er gleichfalls siegreich.

2) An den Scheidewegen ruft man den Çraosha an als den Vermittler, der den rechten Weg zeigt.

Versammlungen reiner Männer, bei der Zusammenrottung schlechter Daevaverehrer.

5. Bei jedem bösen Zufalle, so oft als man irgend ein Unglück von den Bösen fürchtet — nicht wird ihn an dem Tage oder in dieser Nacht ein Bedrücker, ein Peiniger, ein Bedränger mit den Augen erblicken, nicht die Plage der zahlreich daher fahrenden Diebe zu ihm gelangen.

6. Diese ausgesprochene Rede sollst du hersagen, o Zarathustra, wenn sie sich naht den Peinigern, Diebesschaaren, Betrügern, Herzugelaufenen, dann den Zauberern unter den schlechten Daevaverehrern, den Pairikas unter den Anhänger der Zauberer, der Peinigung unter den Anhänger der Pairikas, da werden sie sich fürchten und davon laufen, verschwunden sind die Daevas, verschwunden die Daevaverehrer, den Mund halten sie die so sehr zu verwunden trachten [1]).

7. Wie (die Hunde) welche das Vieh beschützen [2]), so halten wir den heiliger Çraosha, den reinen, siegreichen, so opfern wir dem heiligen Çraosha, dem reinen, siegreichen, mit guten Gedanken, Worten und Werken.

8. 9. Wegen seines Glanzes etc. (Cf. Bd. II. p. 177.)

2.

10—13. Den Çraosha etc., welcher die lasterhaften Männer, die lasterhaften Weiber etc. (Cf. Bd. II. p. 179.)

3.

14. Den Çraosha etc., welcher die Friedensschlüsse und Verträge der Druja und des Heiligsten bewacht in Bezug auf die Amesha-çpentas über die aus sieben Kareshvare bestehende Erde, welcher der Gesetzlehrer ist für das Gesetz; ihm hat das Gesetz gelehrt Ahura-mazda, der reine [3]). Wegen seines Glanzes etc.

---

1) Diese letzten Worte sind etwas dunkel, aber der Sinn des ganzen Paragraphen ist klar: die Anrufung des Çraosha ist nützlich gegen alle bösen Wesen.

2) Nach Vd. XIII, 50 ist der Ort, wo sich die Hunde aufhalten, welche das Vieh bewachen, eine Strecke weit von den Hürden entfernt. Man stellt sich also den Çraosha vor, wie er die Welt beständig umkreist und durch sein Erscheinen die bösen Geister in Schrecken versetzt.

3) Die einheimischen Uebersetzer geben diese Stelle etwas anders und zwar so, dass ich ihre Erklärung mit der Grammatik nicht in Einklang zu bringen vermag. Nach ihnen lautet die Stelle: „welcher Friede und Freundschaft (mit den Geschöpfen) bewahrt und deswegen, im Einklange mit den Bedingungen der

4.

15. Den Çraosha etc., welchen Ahura-mazda der Reine schuf zum Widersacher des Aeshma mit schrecklicher Waffe. Den siegreichen Frieden preisen wir [1]) und die nicht geschlagenen, nicht zu Schanden werdenden Widersacher:

16. Die Freunde des heiligen Çraosha, die Freunde des Rashnu, des gerechtesten, die Freunde des Mithra mit weiten Triften, die Freunde des Windes, des reinen, die Freunde des guten mazdayaçnischen Gesetzes, die Freunde der Arstât, welche die Welten fördert, die Welten mehrt, der Nutzen der Welt (ist), die Freunde der Ashis-vağuhi, die Freunde der guten Weisheit, die Freunde der richtigsten Weisheit [2]).

17. Die Freunde aller Yazatas, die Freunde des Mańthraçpenta, die Freunde des Gesetzes das gegen die Daevas gegeben ist, die Freunde des langen Studiums, die Freunde der Amesha-çpenta, die Freunde der Helfer von uns, den zweibeinigen (Menschen), reinen, die Freunde des ganzen mazdayaçnischen Gesetzes. Wegen seines Glanzes etc.

5.

18. Den Çraosha etc., den ersten, obersten, mittleren und vordersten durch das erste, oberste, mittlere und vorderste Opfer [3]). Ganz und gar preisen wir den Çraosha, den heiligen, starken, dessen Leib der Mańthra ist [4]).

Bewachung, vor den Drujas beschützt und (wegen seiner Freundschaft) kommen zu dem der das Gesetz hält die Amesha-çpentas." Der Heiligste ist offenbar Ahura-mazda, der mit den bösen Wesen den bekannten Vertrag abgeschlossen hat (cf. die Einleitung) in Bezug auf die Wirksamkeit der von ihm mit der Leitung der Welt beauftragten Amesha-çpentas. Wegen des Schlusses cf. Yç. LVI, 10. 2.

1) Wie Mithra die Entscheidung in den Schlachten giebt, so vereinigt sich mit dem Çraosha der Friede. Wegen des Schlusses cf. Vsp. VIII, 3. 4.

2) Für die Zusammengehörigkeit der meisten in diesem Paragraphen erwähnten Genien spricht auch, dass im Kalender Vât, Din, Ascheshing, Astâd, als Beschützer des 22., 24., 25., 26. Tages neben einander stehen.

3) So wie diese Werte dastehen, sind sie nicht sonderlich verständlich. Nach den Parsenübersetzungen wäre das erste Opfer der Yast nunäher (wol das tägliche Opfer) das oberste der Vispered, das mittlere der Hâdokht, das alleroberste die Duâzdah Hamâçt. Die beiden letzten Ausdrücke sollen zwei für uns verlorene der heiligen Schriften sein. Aus dem Hâdokht soll der vorliegende Yast genommen sein.

4) Cf. Yç. LVI, 13. 2.

19. Den starken, wehrhaften, der Kraft in den Armen besitzt, den Krieger, der den Kopf der Daevas schlägt, der siegreiche Schläge führt, siegreiche Schläge dem Reinen giebt, der siegreich schlägt — die Sieghaftigkeit, die von oben stammt, des heiligen Çraosha und des verehrungswürdigen Arsti[1]).

20. Alle Wohnungen, die von Çraosha beschützten, preisen wir, wo der Çraosha als Freund geliebt, annimmt, wo der reine Mann besonders Reines denkt, besonders Reines spricht, besonders Reines thut.

21. Den Körper des heiligen Çraosha preisen wir. Den Körper des Rashnu, des gerechtesten, preisen wir. Den Körper des Mithra, der weite Triften besitzt, preisen wir. Den Körper des reinen Windes preisen wir. Den Körper des guten mazdayaçnischen Gesetzes preisen wir. Den Körper der Arstât, welche die Welt fördert, die Welt vermehrt, der Nutzen der Welt (ist); preisen wir. Den Körper der Ashis-vaġuhi preisen wir. Den Körper der guten Weisheit preisen wir. Den Körper der richtigsten Weisheit preisen wir. Den Körper aller Yazatas preisen wir.

22. Den Körper des Mañthra-çpenta preisen wir. Den Körper des Gesetzes, das gegen die Daevas gegeben ist, preisen wir. Den Körper des langen Studiums preisen wir. Den Körper der Ameshaçpenta preisen wir. Den Körper der Helfer von uns, den zweibeinigen (Menschen) preisen wir. Den Körper der ganzen Welt des Reinen preisen wir. Wegen seines Glanzes etc.

Opfer, Preis etc.

XXVIII. (12) Rashnu-yast.

Im Namen Gottes, des Herrn Ormazd, des Vermehrers. An grosser Kraft möge zunehmen der Izad Rashnu, er möge kommen. Alle meine Sünden etc.

Khshnaothra dem Ahura-mazda etc. Khshnaothra für Rashnu den Gerechtesten und Arstât, welche die Welt fördet, die Welt[2]) mehrt, für die recht gesprochene Rede, welche die Welt fördert zum Preis etc.

1.

1. Es fragte ihn der Reine: O reiner Ahura-mazda ich bitte dich,

---

1) Cf. Yç. LVI, 13. 3 flg.

2) Arstât wird auch sonst als eine Gehülfin des Rashnu genannt. Cf. unten Beide wirken unter dem Amesha-çpenta Ameretât.

o reiner Ahura-mazda ich frage dich, antworte mir mit richtiger Rede, der du es weisst; du bist unbeirrt, unbeirrten Verstandes, der unbeirrte Allwissende: Was ist das wahrhaft Geschaffene des Manthra-çpenta, was das Hervorragende, was das Unterscheidende, was das Heilende, was das Glänzende, was das Kraftvolle das da gesetzt ist höher als die andern Geschöpfe?

2. Darauf entgegnete Ahura-mazda: das will ich dir sagen, o Wahrhaftiger, Reiner, Heiliger: der Manthra-çpenta der sehr majestätische — das ist das wahrhaft geschaffene des Manthra-çpenta, das Hervorragende, das Unterscheidende, das Heilende, das Glänzende, das Kraftvolle, das gesetzt ist höher als die andern Geschöpfe.

3. Darauf sprach Ahura-mazda: beim dritten Theile (der Nacht) sollst du Bareçma zusammenbinden rein, hin zum Wege der Sonne: „Wir rufen an und loben (mich) den Ahura-mazda. Gegen die Unfreundlichen rufe ich ihn her zu diesem Gute der emporgehobenen, her zum Feuer und Bareçma, her zur Fülle der nicht abnehmenden, her zu der Gabe voll Fettigkeit und dem Mark der Bäume".

4. Da werde ich dir zur Hülfe kommen, ich der ich Ahura-mazda bin, hin zu dem Gute dem emporgehobenen, hin zum Feuer und Bareçma, hin zur Fülle die nicht abnimmt, hin zu der Gabe voll Fettigkeit, dem Mark der Bäume, sammt den siegreichen Winden, sammt dem Schwure der Weisen, sammt der königlichen Majestät, sammt dem Nutzen dem von Mazda geschaffenen.

5. Wir rufen an und loben Rashnu den starken, gegen die Unfreundlichen rufe ich ihn her zu diesem Gute dem emporgehobenen, her zum Feuer und Bareçma, her zur Fülle der nicht abnehmenden, her zur Gabe voll Fettigkeit, dem Mark der Bäume.

6. Dann wird dir zu Hülfe kommen Rashnu der grosse, kräftige, hin zu diesem Gute dem emporgehobenen, hin zum Feuer und Bareçma, hin zur Fülle die nicht abnimmt, hin zu der Gabe voll Fettigkeit und dem Mark der Bäume, sammt den siegreichen Winden, sammt dem Schwure, sammt der königlichen Majestät, sammt dem Nutzen dem von Mazda geschaffenen.

7. O reiner Rashnu, gerechtester Rashnu, heiligster Rashnu, weisester Rashnu, erlesenster Rashnu, weitsichtigster Rashnu, weitsehendster Rashnu, der du, o Rashnu, den Tugendhaften am meisten hilfst, o Rashnu, der du am meisten den Dieb schlägst.

8. Unbeleidigter, Bewaffneter, du schädlichster für den Dieb

und den Räuber in diesem Umkreise, in welchem die Weltkreise bekleidet sind . . . . .[1]).

9. Weil du, o reiner Rashnu, beim Kareshvare Arezahê bist, rufen wir an und loben etc.[2])

2.

10. Weil du, o reiner Rashnu, beim Kareshvare Çavahê bist, rufen wir an und loben etc.

3.

11. Weil du, o reiner Rashnu, beim Kareshvare Fradadhafshu bist, rufen wir an und loben etc.

4.

12. Weil du, o reiner Rashnu, beim Kareshvare Vidadhafshu bist, rufen wir an und loben etc.

5.

13. Weil du, o reiner Rashnu, beim Kareshvare Vouru-barsti bist, rufen wir an und loben etc.

6.

14. Weil du, o reiner Rashnu, beim Kareshvare Vouru-jarsti bist, rufen wir an und loben etc.

7.

15. Weil du, o reiner Rashnu, bei diesem Kareshvare Qaniratha dem hohen bist, rufen wir an und loben etc.

8.

16. Weil du, o reiner Rashnu, bei dem See Vouru-kasha bist, rufen wir an und loben etc.

9.

17. Weil du, o reiner Rashnu, bei dem Baume des Çaena bist, der da steht in der Mitte des Sees Vouru-kasha, der Hubis und Eredhwo-bis, der Viçpo-bis mit Namen genannt wird, auf dem der Saame von allen Bäumen niedergelegt wurde, rufen wir an und loben[3]) etc.

---

1) Der grösste Theil dieses schwierigen Paragraphen ist unsicher, eine Uebersetzung der Schlussworte konnte gar nicht versucht werden. In den nachfolgenden Paragraphen werden die einzelnen Welttheile einzeln aufgezählt, es scheint mir nicht zweifelhaft, dass hier von der Welt im Ganzem die Rede ist.

2) Hier und im Folgenden sind §§ 5—8 zu wiederholen.

3) Der Baum von dem hier die Rede ist, wird im Minokhired näher beschrieben (cf. meine Pàrsigrammatik p. 172). Auch dort enthält er den Saamen aller Bäume. Was aber die Namen Hubis etc. betrifft, so scheinen sie mir ver-

10.

18. Weil du, o reiner Rashnu, an den Gewässern der Raġha bist, rufen wir an und loben etc. ¹)

11.

19. Weil du, o reiner Rashnu, an den Steppen der Raġha bist, rufen wir an und loben etc.

12.

20. Weil du, o reiner Rashnu, an dem Ende dieser Erde bist, rufen wir an und loben etc.

13.

21. Weil du, o reiner Rashnu, an der Gränze dieser Erde bist, rufen wir an und loben etc.

14.

22. Weil du, o reiner Rashnu, überall bist an dieser Erde, rufen wir an und loben etc.

15.

23. Weil du, o reiner Rashnu, bist an der grossen Hara ²), der sehr emporstrebenden, hohen, wo weder Nacht noch Finsterniss, weder kalter Wind noch heisser, weder Auflösung die vielen Tod nach sich zieht, noch Schmutz von den Daevas geschaffener ist, noch Wolken aufsteigen an dem hohen Berge — rufen wir an und loben etc.

16.

24. Weil du, o reiner Rashnu, bist an dem hohen Hukairya ³), dem ganz preiswürdigen, goldenen, von welchem mir herabströmt Ardvî-çûra, die fleckenlose mit der Stärke von 1000 Männern, rufen wir an und loben etc.

---

dorben, da sie sich gar nicht aus dem Altbaktrischen analysiren lassen, vielleicht sind sie sogar erst mit Zugrundelegung der Huzvâreschform gemacht.

1) Raġha das oben Vd. I, 77 nicht richtig erklärt wurde, ist jedenfalls ein grosser Strom, wahrscheinlich der Iaxartes, der im Bundehesh Arg-rut genannt wird.

2) Hara oder Hara-berezaiti, d. i. der Alborj der späteren Bücher, wird als um die ganze Erde herumlaufend gedacht, zu ihm gehen Sonne, Mond und Sterne zurück, wenn sie die Erde beleuchtet haben. Daher ist er eine Wohnung des Lichtes und des Glücks. Cf. meine Einleitung in die trad. Schriften des Parsen II. p. 107.

3) Hukairya ist der Berg, von dem die Quelle Ardvi-çûra herabkommt mit der Stärke von tausend Männern.

17.

25. Weil du, o reiner Rashnu, bist au dem hohen Gebirge Taera¹), an dem mir rings umhergeben Sterne, Mond und Sonne, rufen wir an und loben etc.

18.

26. Weil du, o reiner Rashnu, bist bei dem Sterne Vanañt²), dem von Mazda geschaffenen, rufen wir an und loben etc.

19.

27. Weil du, o reiner Rashnu, bei dem Sterne Tistrya dem glänzenden, majestätischen bist, rufen wir an und loben etc.

20.

28. Weil du, o reiner Rashnu, bei jenen Sternen Haptôiringa³) bist, rufen wir an und loben wir etc.

21.

29. Weil du, o reiner Rashnu, bei jenen Sternen bist, welche den Wassersaamen⁴) enthalten, rufen wir an und loben etc.

22.

30. Weil du, o reiner Rashnu, bei jenen Sternen bist, welche den Saamen der Erde enthalten, rufen wir an und loben etc.

23.

31. Weil du, o reiner Rashnu, bei jenen Sternen bist, welche den Saamen der Bäume enthalten, rufen wir an und loben etc.

24.

32. Weil du, o reiner Rashnu, bei jenen Sternen bist, welche dem Çpenta-mainyu angehören, rufen wir an und loben etc.

25.

33. Weil du, o reiner Rashnu, bei dem Monde bist, welcher den Stiersaamen enthält, rufen wir an und loben etc.

---

1) Taera, ein Berg, an welchem Sonne, Mond und Sterne fortgehen. Cf. zu Yç. XLI, 24.

2) Der Stern Vanant ist am Alborj aufgestellt, damit die bösen Wesen der Sonne, Mond und Sterne den Weg nicht abschneiden können. Vgl. meine Einl. l. c. p. 107. not.

3) Haptôiringa, bei den Neuern Haftorang ist, wie schon oben zu Yt. 8, 0. (p. 63) bemerkt worden ist, das Gestirn, welches den Norden bewacht. Haptoiringa ist an dem Thore der Hölle aufgestellt und umkreist dieselbe beständig. Cf. meine Einl. l. c.

4) Ueber die in §§ 29—32 erwähnten Sterne ef. Bd. I. p. 258.

26.

34. Weil du, o reiner Rashnu, bei der Sonne bist, der mit schnellen Pferden versehenen, rufen wir an und loben wir etc.

27.

35. Weil du, o reiner Rashnu, bei den anfangslosen Lichtern bist, welche ihrem eigenen Gesetze folgen, rufen wir an und loben wir etc.

28.

36. Weil du, o reiner Rashnu, bei dem besten Orte der Reinen bist, dem leuchtenden, ganz glänzenden, rufen wir an und loben wir etc.

29.

37. Weil du, o reiner Rashnu, bei dem leuchtenden Garo-nemâna bist, rufen wir an und loben wir etc.

30.

38. Weil du, o reiner Rashnu . . . . .
Opfer, Preis etc.

XXIX. (13) Farvardin-yast.

Im Namen Gottes, des Herrn Ormazd des Vermehrers. An grossem Glanze mögen zunehmen: die hohen Frohars, sie mögen kommen. Alle meine Sünden etc.

Khshnaothra für Ahura-mazda etc. Khshnaothra für die Fravashis der Reinen, die starken, anstürmenden, die Fravashis des frühern Herkommens, die Fravashis der nächten Anverwandten zum Preis etc.

1.

1. Es sprach Ahura-mazda zum heiligen Zarathustra: Ich spreche also dir aus[1]) die Kraft, Stärke, Majestät, Hülfe und Freude der Fravashis der Reinen, o reiner, heiliger (Zarathustra), der kräftigen, anstürmenden: wie mir Hülfe bringen, wie mir Beistand gewähren, die starken Fravashis der Reinen.

2. Durch deren Glanz und Majestät erhalte ich jenen Himmel, o Zarathustra; der nach oben glänzt und schön ist, der diese Erde rings umgiebt.

3. Es ist einem Vogel vergleichbar, der dasteht durch himmlische gebildet, fest, ferne Gränzen habend, mit einem Körper von

---

1) d. h. ich erwähne diese Dinge um sie dir zu rühmen.

glänzenden Erze glänzend auf den Dritteln[1]) (der Erde), welchen
Ahura-mazda mit einem sternbesäeten Kleide bekleidet, einem auf
himmlische Weise gebildeten, in Gemeinschaft mit ihm ist Mithra
sammt Rashnu und Armaiti-çpenta, welches (des Himmels) Gränzen
nach keiner Seite hin gesehen werden.

4. Durch ihren Glanz und Majestät erhalte ich, o Zarathustra,
die Ardvi-çûra, die fleckenlose, die voll fliessende, heilende, den
Daevas abgeneigte, dem Gesetze des Ahura zugethane, die preiswürdige für die mit Körper begabte Welt, die verehrungswürdige
für die mit Körper begabten Welt, die reine für die, welche das Leben fördern, die reine für die, welche das Vieh fördern, die reine
für die, welche die Welt fördern, die reine für die, welche den
Reichthum fördern, die reine für die Förderer der Gegend[2]).

5. Welche den Saamen aller Männer reinigt, welche die Leiber
aller Frauen zur guten Geburt reinigt, welche allen Frauen gute
Geburt verleiht, welche allen Frauen passende und zweckmässige
Milch bringt.

6. Sie die gross und weithin berühmt ist, welche so gross ist
als alle die übrigen Gewässer, welche auf der Welt dahin eilen,
welche stark dahin strömt vom Hukairya aus, dem hohen, hin zum
See Vouru-kasha.

7. Es vereinigen sich alle (Gewässer) in dem Gränzmeere
Vouru-kasha, jeder strömt zur Mitte desselben, wo sie ausströmen
lässt, sie ausgiesst Ardvi-çûra die fleckenlose, die 1000 Canäle,
1000 Abflüsse hat, jeder dieser Canäle, jeder diese Abflüsse ist 40
Tagreisen lang für einen wohlberittenen Mann.

8. Der Abfluss dieses meines Wassers allein kommt hin zu
allen Kareshvares, den sieben, und bringt von diesem meinem Wasser allein immerfort dorthin, im Sommer wie im Winter. Dieses
mein Wasser reinigt den Saamen der Männer, die Leiber der Frauen,
die Milch der Frauen.

9. Durch ihren Glanz und Majestät erhalte ich, o Zarathustra,
die breite Erde, die von Ahura geschaffene, grosse, weite, die Mutter

---

2) Die Erde wird bekanntlich nach mehrern Stellen des Avesta in drei
Drittel getheilt. Cf. Vd. II. 39. Yç. XI, 21. Auch noch in spätern Büchern
wird gesagt, dass der Himmel aus einem festen glänzenden Gesteine gebildet
sei. Dass dies die ursprüngliche Vorstellung ist beweist sein Name, denn die
Grundbedeutung von Açma ist Stein.

3) Cf. Yt. 5, 1 flg.

der schönen Vielheit, welche die ganze mit Körper begabte Welt trägt, die lebende und verstorbene und die hohen Berge mit vielen Weideplätzen, die wasserreichen.

10. Auf welcher in vielen Strömen gehende, fliessende Wasser dahineilen, auf welcher Bäume von vielen Arten aus der Erde emporwachsen zur Ernährung von Vieh und Menschen, zur Ernährung der arischen Gegenden, zur Ernährung des Viehs das auf den Wegen angespannt wird, zum Schutze für die reinen Männer.

11. Durch ihren Glanz und Majestät erhalte ich, o Zarathustra, in den Müttern die Kinder beschützt, so dass sie nicht sterben, bis zum bergebrachten Vidhotus, in ihnen sammeln sich reichlich: Knochen, Farbe, Flechsen, Wachsthum der Füsse und Geschlechtstheile [1]).

12. Denn wenn mir nicht Beistand leisten würden die starken Fravashis der Reinen, so würde mir nicht hier sein Vieh und Menschen von preiswürdigen Arten die besten. Den Drujas gehörte das Wachsthum, den Drujas das Reich, den Drujas die mit Körper begabte Welt.

13. Unten, zwischen Himmel und Erde, würde für die unsichtbare Druja man rauben, zwischen Himmel und Erde würde für die unsichtbare Druja man schlagen, nicht würde nachher dem Çpentamainyu der schlagende Freunde besitzen, Agra-mainyu sich unterwerfen [2]).

14. Durch ihren Glanz und Majestät laufen die Wasser vorwärts in Eile bei den Urquellen den unversiegbaren, durch ihren Glanz und ihre Majestät wachsen von den Erde Bäume hervor bei den unversiegbaren Urquellen, durch ihren Glanz und ihre Majestät weben Winde, welche Wolken vorwärts treiben an den unversiegbaren Urquellen [3]).

---

1) Cf. Yç. XXIII, 2. Açto-vidhotus ist der bekannte Dämon, welcher die Trennung des Leibes und der Lebenskraft bewirkt.

2) Die Fravashis werden bekanntlich als Wächter des Himmels dargestellt, den sie bewachen und gegen das Eindringen der bösen Dämonen beschützen. Cf. Bd I. p. 275. und Zeitschrift der DMG. VI, 84.

3) Dieser Paragraph scheint mir zu sagen, dass die Fravashis gar nicht unmittelbar auf die Erde wirken, aber doch für die Erde, in der Art, dass sie die Urquellen beschützen, aus denen Wasser, Bäume und Winde entströmen. Die nahe Verbindung der Bäume mit dem Wasser, namentlich dem Regen, ist schon öfter, vorzüglich Bd. I. pp. 107. 108, erörtert worden. Hier treten, aus leicht begreiflichen Gründen, die Winde noch hinzu.

15. Durch ihren Glanz und ihre Majestät beschützen die Frauen ihre Kinder, durch ihren Glanz und ihre Majestät gebären sie glücklich, durch ihren Glanz und ihre Majestät geschieht es, wenn sie Kinder haben.

16. Durch ihren Glanz und ihre Majestät wird der Mann geboren, der Versammler und der sich Versammelnde, der gerne auf Reden hört, der tiefen Verstand besitzt, welcher gegen die Verächter vor den Rücken des Landmannes[1]) geht; durch ihren Glanz und ihre Majestät geht die Sonne ihre Pfade, durch ihren Glanz und ihre Majestät geht der Mond seine Pfade, durch ihren Glanz und ihre Majestät gehen die Sterne ihre Pfade.

17. Sie sind in heftigen Schlachten ein Beistand: die weisesten Fravashis der Reinen. Die Fravashis der Reinen sind die stärksten, o Heiliger: die des früheren Gesetzes oder die der noch ungebornen Männer, der vorwärts schreitenden, nützlichen. Dann von den übrigen sind die Fravashis der lebenden Männer, o Zarathustra, stärker als die der Todten, o Heiliger[2])!

18. Welcher Mann sie wohl trägt, die Fravashis der Reinen, während er lebt: Gebieter einer Gegend, gleich am Reiche, der

---

1) Diese Worte sind sehr schwierig und ungewiss, sie lassen sich auch verschieden übersetzen, jenachdem man verschiedene Lesarten wählt. Es wäre sehr zu wünschen, dass es möglich wäre zu einer genauen Uebersetzung dieser Worte zu gelangen, da sie möglicher Weise eine grosse Wichtigkeit haben. Es fragt sich ob man übersetzen soll: er geht gegen die Verächter (naidhyaghô) des .... oder: er geht vor den Rücken des verachtenden ..... Das zweifelhafte Wort, das ich oben mit Landmann übersetzt habe, kommt im ganzen Avesta nicht wieder vor und heisst Gaotema. Es ist schwer sich einer Vergleichung dieses Wortes mit dem indischen Namen Gautama zu enthalten, um so mehr als dies ein Name Boddhas ist und die Buddhisten, wie wir wissen, Anhänger im östlichen Erân zählten. Bei näherer Betrachtung muss man sich jedoch sagen, dass ein so gelegentlicher Seitenhieb, der zunächst nur auf den Stifter der buddhistischen Religion ginge nicht nur unpassend, sondern auch gegen alle sonstige Art des Avesta ist. Auch ist Gautema eher Gotamo als Gautama. So dürfte der Gaotema doch wol ein nom. appell. sein, trotzdem dass es im Sanskrit blos Eigenname ist, und vielleicht Rinderbesitzer, Landmann, bedeuten.

2) Hiernach werden also unterscheiden: 1) die Fravashis der Paoiryatkaeshas, d. i. der alten in der Vorzeit wirkenden Helden, 2) die Fravashis der künftigen Retter, 3) die Fravashis der Lebenden, 4) die Fravashis der Verstorbenen. Letztere sollen schwächer sein als die Fravashis der Lebenden. Durch diese Bemerkung soll wol erklärt werden, warum sie Opfer von den Menschen erwarten: diese wirken nämlich zu ihrer Kräftigung.

lebt lange, ist mächtig — (ebenso) jeder der Menschen, der wohl trägt den Mithra der weite Triften besitzt, die Arstât, welche die Welt fördert und die Welt vermehrt.

19. Also verkünde ich dir die Stärke, Kraft, Majestät, den Schutz und die Freude der Fravashis der Reinen, o reiner Zarathustra, der starken, anstürmenden: sie kommen mir zu Hülfe, sie bringen mir Beistand, die starken Fravashis der Reinen [1]).

2.

20. Es sprach Ahura-mazda zum heiligen Zarathustra: Wenn dir, o heiliger Zarathustra, in dieser mit Körper begabten Welt auf den Wegen vorkommen: furchtbare Schrecknisse, fürchterliche Ereignisse, wenn sie zum Schrecken für den Körper (kommen), dann sollst du diese Worte hersagen, diese Gebete sprechen, die siegreichen, o Zarathustra:

21. Die guten, starken, heiligen Fravashis der Reinen preise ich, rufe ich an, mache ich mir zu eigen, ihnen opfere ich: den Fravashis der Wohnungen, der Clane, der Genossenschaften, Gegenden, den zarathustrischsten, den seienden unter den jetzt Lebenden, den seienden unter denen die früher lebten, den seienden unter denen die künftig leben werden von den Reinen, Allen (Fravashis) aller Gegenden, den freundlichen der befreundeten Gegenden.

22 Welche den Himmel erhalten, welche das Wasser erhalten, welche die Erde erhalten, welche die Kuh erhalten, welche in den Müttern die Kinder erhalten, beschützt, so dass sie nicht sterben bis zum hergebrachten Vidhotus, in ihnen sammeln sich reichlich an: Knochen, Farbe, Flechsen, Wachsthum an Füssen und Geschlechtstheilen [2]).

23. Welche viel aushalten, welche überaus stark, von selbst hoch, hoch auf Wagen, überaus kräftig, überaus mächtig sind, welche stark an Gütern, stark an Siegen, stark in Schlachten sind.

24. Die Geberinnen von Sieg für den Flehenden, die Geberinnen von Gunst für den Schützen (?), die Geberinnen von Gesundheit zum Wirken (?), die Geberinnen von vielen Glanz für den der ihnen opfernd, sie zufriedenstellend zu ihnen betet, Gaben bringend, den Reinen.

25. Welche hier am meisten dahin gehen, wo reine Männer sind, welche das Reine am meisten im Gedächtnisse behalten, wo

---

1) Cf. oben § 1.   2) Cf. oben § 10.

sie am meisten geehrt sind, wo der Reine zufrieden, wo der Reine nicht geplagt ist.

3.

26. Die guten, starken, heiligen Fravashis der Reinen rufen wir an, welche die stärksten der Fahrenden, die schnellsten der Beförderten sind, die am meisten auf diese Welt schauen von den Hinweggegangenen, die nachwirkendsten der Stege, die nicht daneben schlagendsten der Waffen und Abwehrmittel, welche nicht vorwärts gehend wirken.

27. Diese, das Glück wohin sie kommen, die guten, diese die besten verehren wir: die guten, starken, heiligen Fravashis der Reinen, sie sind stark bei hingebreiteten Bareçma, in siegreichen Kämpfen, in Schlachten, sie sind da wo starke Männer kämpfen in siegreichen Kämpfen[1]).

28. Sie rief[2]) Ahura-mazda an um Hülfe als die Erhalter für jenen Himmel, für das Wasser, die Erde, die Bäume, als Çpenta-mainyu erhielt der Himmel, das Wasser, die Erde, die Kuh, die Bäume, als er in den Müttern die Kinder erhielt, beschützt, so dass sie nicht sterben bis zum hergebrachten Vidhotus, in ihnen (den Müttern) sammeln sich reichlich: Knochen, Farbe, Flechsen, Wachsthum von Füssen und Geschlechtstheilen.

29. Es erhält Çpenta-mainyus sie die starken, stille sitzenden, mit guten Augen, mit wirksamen Augen versehenen, hörenden, die lange sich vergnügenden, grossen, hochgeschürzten, wohl abwehrenden, weithin abwehrenden, in die Weite gehenden . . . . . , sie, die Berühmten, erhalten den Himmel aufrecht.

4.

30. Die guten, starken etc. Die guten Freunde, die wohlwirkenden zum Wohnen für lange Freunde[3]), die besten, wenn nicht beleidigt, für die Männer, sie, die Guten unter den Guten, die euch

---

1) In diesem und den vorhergehenden Paragraphen werden die Fravashis als Helfer in der Schlacht geschildert. Ihre Wirksamkeit ist zwar zunächst gegen die Dämonen gerichtet, es ist aber natürlich, dass sie auch an den Kämpfen der Gläubigen Antheil nehmen, da sie diese als zu ihrer Familie gehörig und zu gleichen Zwecken wirkend betrachten.

2) Oder sie ruft u. s. w. je nachdem man geneigt ist, hier die Erzählung eines frühern Vorgangs oder eine noch fortdauernde Handlung zu sehen.

3) d. h. wol solche, die schon lange mit ihnen Freundschaft halten.

beschützen, die fernhin leuchtenden, heilsamen, berühmten, Schlachten schlagenden, die nicht zuerst beleidigen.

5.

31. Die guten, starken etc. Die von starken Willen sind gegen die Peiniger, in der Höhe wirkend, sehr nützlich, welche über der Schlacht die starken Arme der feindlichen Peiniger zerschlagen [1]).

6.

32. Die guten, starken etc. Die Spender, die kräftigen, sehr starken, mit dem Denken nicht zu erfassenden, glänzenden, geduldigen, heilsamen, mit den Heilmitteln der Ashi versehenen, nach der Breite der Erde, der Länge eines Flusses, der Höhe der Sonne.

7.

33. Die guten, starken etc. Die starken, bewehrten, würdigen, furchtbaren, weithin sehenden, die zerstören die Peinigung aller Peiger, Daevas und Menschen, mit Stärke die Feinde niederschmetternd, nach eignem Wunsch und Willen.

34. Ihr übergebet dem Guten den von Ahura geschaffenen Sieg und das Schlagen das von oben stammt, ihr, die Nützlichsten für diese Gegenden, nämlich, wenn ihr gut, nicht beleidigt, befriedigt, nicht rachgierig und ohne Pein sind. Euch ist zu opfern und ihr seid zu preisen, nach Willen abwehrend beim Vorwärtsgehen.

8.

35. Die guten, starken etc. Die berühmten, Schlachten schlagenden, überaus starken, Schilde tragenden, unverletzbaren; welche von den Gerechten um Hülfe anflehen der Verscheucher und der Verscheuchte. Um Weggehen bittet der Verscheucher, um Weggehen der Verscheuchte [2]).

36. Welche dort am meisten vorwärts gehen, wo reine Männer die Reinheit am meisten im Gedächtnisse behalten, wo sie am meisten geehrt sind, wo zufrieden der Reine, ungepeinigt der Reine ist.

9.

37. Die guten, starken etc. mit zahlreichen Heeren, preiswür-

---

1) Als Gestirne stehen die Fravashis in der Höhe und kämpfen von oben herab.

2) Nämlich der Verscheucher bittet, dass er schnell von der Stelle komme der Verscheuchte, dass der Verfolger von ihm ablassen möge.

digen Waffen, erhobenen Fahnen, die hohen, die in heftigen Schlachten niederkommen zu den Kämpfern, welche als starke Kämpfer gegen die Feinde die Schlachten vorwärtstreiben.

38. Ihr also zerstöret den Sieg der Feinde, der Turânier, ihr zerstöret die Peinigungen der Feinde, der turânischen. In Eurer Gegenwart sind die Führer (?) tapfer, die ihr starke Kämpfer, starke Retter, starke Sieger seid. Mit ihren Waffen schlagen sie die Grausamen unter den Feinden, die 1000 Herrn haben.

10.

39. Die guten, starken etc., welche beim Zusammentreffen der (feindlichen) Schlachtreihe Enden zerstören, die Mitte beugen, schnell hinterher fahren zum Schutze für die reinen Männer, zur Beängstigung der Schlechtes Thuenden [1]).

11.

40. Die guten, starken etc., die tapfer, anstürmend, siegreich, Schlachten schlagend, vergnügt, auseinander stiebend und umhergehend, aufhorchend [2]) sind, mit berühmten Körpern, himmlischen Seelen, die reinen, die Geberinnen von Sieg für den Anflehenden, die Geberinnen von Gunst für den Schützen, die Geberinnen von Gesundheit für das Wirken.

41. Die Geberinnen von vielen Glanz für den, welcher ihnen so opfert, wie ihnen jener Mann opferte: der reine Zarathustra, der Vorsteher der bekörperten Welt, Haupt der zweibeinigen Welt, und zu jeden von denen kommen, welche sich fürchten vor Bedrängnissen.

42. Welche, wenn wohl angerufen, von den himmlischen die besten sind, wenn wohl angerufen, vom Himmel gesandt, vorwärts gehen hin zu der Höhe jenes Himmels, Stärke anhäufend, die wohlgeschaffene, und den Sieg, den von Ahura geschaffenen, und das Schlagen das aus der Höhe stammt, und den Nutzen der Reichthümer bringt, Gunst bringt, den reinen und die Sättigung die preiswürdige, verehrungswürdige die aus der besten Reinheit stammt.

---

1) Man vergleiche die ähnlichen Beschreibungen oben in Yt. 10, 35. 41.

2) Die einzelnen Ausdrücke sind zwar nicht ganz klar, doch scheint mir der Sinn zu sein, dass die Fravashis sich in den Schlachten nach verschiedenen Seiten vertheilen und zu erspähen suchen, welches die feindlichen Pläne sind, um diese alsdann im Interesse ihrer Anhänger zu vereiteln.

43. Diese giessen den Çatavaeça aus zwischen Himmel und Erde, der das Wasser fliessen lässt, auf Anrufungen hört, der das Wasser fliessen, die Bäume wachsen lässt zur Ernährung von Vieh und Menschen, zur Ernährung der arischen Gegenden, zur Ernährung der Kuh die für den Weg[1]) angeschirrt wird, zum Schutze für die reinen Männer.

44. Aus breitet sich zwischen Himmel und Erde Çatavaeça der das Wasser fliessen lässt, der auf Anrufungen hört, der das Wasser fliessen, die Bäume wachsen lässt, der schön, strahlend, glänzend ist zur Ernährung für Vieh und Menschen, zur Ernährung der arischen Gegenden, zur Ernährung für die Kuh die für den Weg angeschirrt wird, zum Schutze für die reinen Männer.

12.

45. Die guten, starken etc., mit eisernen Helmen, eisernen Waffen, eisernen Wehren, die da kämpfen in siegreichen Schlachten auf glänzenden Schabracken daher eilend, Lanzen (?) führend um Tausende von Daevas zu tödten, wenn gegen sie der Wind weht, den Geruch der Menschen hinbringend.

46. Diese Männer nehmen sie gastlich an, sie, in denen der siegreiche Geruch ist, sie gehen ihnen entgegen den guten, starken Fravashis der Reinen, vor dem Laufen zum Schlachtfelde, bevor man die Arme erhebt.

47. Wo man ihnen zuerst opfert mit gläubigem Gemüthe aus dem Gedächtnisse, da gehen vorwärts die starken Fravashis der Reinen sammt Mithra, sammt Rashnu und dem starken Schwure des Weisen, sammt dem siegreichen Winde[2]).

48. Die Gegenden schlagen sie sogleich darnieder: fünfzig von Hunderttödtern, hundert von Tausendtödtern, tausend von Zehntausendtödtern, zehntausend von denen die Unzählige tödten, wo vorwärts gehen die starken Fravashis der Reinen sammt Mithra, Rashnu und dem starken Schwure, sammt dem siegreichen Winde.

13.

49. Die guten, starken etc., welche zum Clan herbeikommen

---

1) Oder: zu Fünfen angeschirrt wird. Ueber Çatavaeça cf. oben zu Yç. 8, 0. und Bd. 1. p. 108. not.

2) Man sieht hieraus, dass die Fravashis in Gemeinschaft mit Mithra und Rashnu in den Schlachten handeln. Cf. Yt. 10, 42. 100.

zur Zeit Hamaçpathmaedaya, dann gehen sie hier herum zehn Nächte lang, jenen Schutz zu kennen wünschend¹):

50. „Wer wird uns preisen, wer uns opfern, wer uns zu eigen machen, wer uns segnen, wer uns aufnehmen mit Fleisch versehener Hand, mit Kleid versehener²), mit Gebet, welches Reinheit erlangt? Wessen Namen von uns wird man hier aussprechen, wessen Seele von euch opfern, wem von uns hier Gabe geben, so dass ihm dafür sein wird essbare Speise, unvergängliche, von essbaren Dingen für immerdar?"

51. Welcher Mann ihnen dann opfert mit Fleisch versehener Hand, mit Kleid versehener, mit Gebet, welches Reines erlangt, da segnen ihn zufrieden, nicht rachgierig, unbeleidigt die starken Fravashis der reinen:

52. „In dieser Wohnung wird sein Fülle von Rindern und Menschen, es werden da sein schnelle Pferde und ein fester Wagen, es wird der Mann geachtet, das Haupt einer Versammlung sein der uns hier immer opfert mit Fleisch versehener Hand, mit Kleidung versehener, mit Gebet, welches Reines erlangt."

14.

53. Die guten, starken etc., welche den von Mazda geschaffenen Gewässern die schönen Pfade zeigen³), welche vorher da standen geschaffen aber nicht vorwärts fliessend an demselben Orte, lange Zeit hindurch.

54. Nun aber gehen diese vorwärts auf dem von Mazda geschaffenen Wege, zu der von den Göttern geschenkten Luft, der geschaffenen, wasserreichen⁴) nach dem Willen Ahura-mazdas, dem Willen der Amesha-çpentas.

15.

55. Die guten, starken etc., welche schönes Wachsthum den

---

1) Bekanntlich ist es eine heilige Pflicht, für die Geister der Abgeschiedenen in den letzten Tagen des Jahres Festgelage anzuordnen. Cf. hierüber Bd. II. p. CI und noten.

2) Die Parsen pflegen für die Abgestorbenen nicht blus Speisen, sondern auch Kleider zu opfern, welche die Priester erhalten. Cf. oben Bd. II. p. XLI, und meine Einleitung in die trad. Schr. II. p. 180.

3) Die Gestirne leuchten den Gewässern in der Luft, so dass sie ihren Weg auf die Erde herab finden können.

4) Cf. Vd. XXI, 22.

saftigen Bäumen zeigen, welche vordem da standen geschaffen aber nicht wachsend an demselben Orte, lange Zeit hindurch.

56. Nun aber wachsen sie auf dem von Mazda geschaffenem Wege, in der von den Göttern geschenkten Luft, in der bestimmten Zeit nach dem Willen des Ahura-mazda, dem Willen des Ameshaçpentas.

16.

57. Die guten, starken etc., welche den Sternen, dem Monde, der Sonne, den anfangslosen Lichtern die Wege zeigen, die reinen, welche vordem lange dastanden, an demselben Orte nicht vorwärts gehend, aus Furcht vor der Peinigung der Daevas, den Anläufen der Daevas.

58. Nun gehen diese vorwärts zu der fernen Wendung des Weges um die Wendung zu erreichen die von der guten Frashokereti ausgeht [1]).

17.

59. Die guten, starken etc., welche jenen See Vouru-kasha beaufsichtigen, den hohen: die neun und neunzig, neun hundert, neun tausend, neun zehntausende.

18.

60. Die guten, starken etc., welche jene Sterne beaufsichtigen: die Haptô-iriñga, die neun und neunzig, neun hundert, neun tausend, neun zehntausend [2]).

19.

61. Die guten, starken etc., welche jenen Leib beaufsichtigen des Çâma Kereçàçpa, der mit der Waffe Gaeçus versehen ist, die neun und neunzig, neun hundert, neun tausend, neun zehntausende [3]).

---

1) Ueber Frasho-kereti, d. i. die Zeit, wo die Leiber der Gestorbenen wieder zusammenwachsen, vergl. man zu Vd. XVIII, 110. Der Sinn der Stelle ist also: durch die Hülfe der Fravashis ist es der Sonne und dem Monde möglich ihre Bahn zu wandeln und dadurch die Zeit abzumessen, welche bis zur Auferstehung verfliessen muss.

2) Dem Haftorang sind 99999 Fravashis beigegeben, um die gleiche Anzahl böser Wesen, die Feinde der Gestirne sind, in der Hölle zurückzuhalten. Cf. meine Einleitung II. p. 107. not.

3) Ueber diese Sage vergl. man oben Bd. I. p. 34. meine Einleitung p. 133. 134. und Zeitschrift der DMG. III, 341 flg. Die Waffe des Kereçaçpa, Gaeçus, wird auch sonst erwähnt cf. Yç. IX, 33.

20.

62. Die guten, starken etc., welche den Saamen beaufsichtigen, des heiligen, reinen Zarathustra[1]), die neun und neunzig, neun hundert, neun tausend, neun zehntausende.

21.

63. Die guten, starken etc., welche an der rechten Seite des mächtigen Ahura-mazda kämpfen, wenn der Reine zufrieden ist, wenn sie von ihm ungepeinigt, zufrieden, ohne Rachgier, unbeleidigt sind, die starken Fravashis der Reinen.

22.

64. Die guten, starken etc., welche grösser, stärker, kräftiger, kraftvoller, siegreicher, heilsamer, thätiger sind als Worte aussprechen können, welche mitten unter die Myazdas zu zehntausenden herbeifahren.

65. Wenn man dann Wasser herausbringt, o heiliger Zarathustra, aus dem See Vouru-kasha und die Majestät, die von Mazda geschaffene[2]), dann gehen vorwärts die tapfern Fravashis der Reinen viele, viele hunderte, viele, viele tausende, viele, viele zehntausende.

66. Wasser verlangend, jeder, für seine Verwandtschaft, für seinen Clan, seine Genossenschaft, seine Gegend, also sprechend: Unsere eigene Gegend (ist) zu erquicken und wohl zu erfreuen[3]).

67. Sie kämpfen in den Schlachten an ihrem Orte, an ihrem Platze, wie (ein jeder) einen Ort und Wohnplatz zu bewachen hat[4]), ähnlich wie ein starker Mann, ein Krieger, wegen wohl gesammelten Reichthums mit kampfbereiter Waffe versehen abwehrt.

---

1) Dies ist der Saame aus dem die noch ungebornen Kinder Zarathustras entstehen, welche bei der Auferstehung als Helfer thätig sein werden. Es ist derselbe der Obhut der Anâhita anvertraut und 99,999 Fravashis sind zum Schutze desselben bestellt. Man vergl. hierzu die genaueren Nachweise bei Windischmann: Mithra p. 80 flg.

2) Ueber die Verbindung der Majestät mit dem See Vouru-kasha vgl. man unten Yt. 19, 56 flg.

3) Es ist nicht zu vergessen, dass unter den Fravashis sich zugleich die Seelen der abgeschiedenen Väter der Eränier befinden.

4) Die Handschriften schwanken in Bezug auf mehrere Wörter, der obige Sinn scheint mir der annehmbarste. Die Ansicht, dass ein jeder Stern, einem Soldaten gleich, an einen für ihn bestimmten Ort gestellt worden sei, finden wir auch sonst in den Schriften der Parsen.

68. Dann, welche von diesen herniederfahren, bringen Wasser hin, jeder von ihnen zu seiner Verwandtschaft, seinem Clane, seiner Genossenschaft, seiner Gegend, also sprechend: Es ist unsere eigene Gegend — um sie zu fördern, zu vermehren.

69. Dann, wenn da ist ein Beaufsichtiger, ein Befehlshaber einer Gegend, mit gleichem Reiche versehen, der ruft immer sie an, die tapfern Fravashis der Reinen, gegen die peinigenden Feinde.

70. Diese kommen zu seinem Schutze herbei, wenn sie von ihm nicht gepeinigt, zufriedengestellt, ohne Rachsucht, unbeleidigt sind die tapfern Fravashis des Reinen, sie bringen ihn vorwärts, gleich als ob der Mann ein wohlbefiederter Vogel wäre.

71. Sie sind seine Waffe, seine Abwehr, sein Rückhalt, sein Wall, sie unterziehen sich gegen die unsichtbare Drukhs und die varenische, böse, gegen den Rachgierigen der zu schaden trachtet, gegen den Alles tödtenden Schlechten: den schlechten Agra-mainyu, ähnlich wie ein Mann hundert und tausend und zehntausend Kraftlose niederschlägt.

72. So dass nicht ein wohlgezücktes Messer, eine wohlangewandte Keule, ein wohlgezielter Pfeil, eine wohlgeworfene Lanze, Steine von der Schleuder geworfen vernichten.

73. Es nehmen an dort und ausserdem, nicht in Einsamkeit verweilend, die guten, starken, heiligen Fravashis der Reinen, diesen Schutz zu kennen wünschend: „wer wird uns preisen, wer uns opfern, wer uns aneignen, wer segnen, wer uns aufnehmen mit Fleisch versehener Hand, mit Kleid versehener, mit Gebete, welches die Reinheit erlangen lässt? Wessen Namen von uns wird man hier anrufen, wessen Seele von euch opfern, wem von uns wird man hier Gabe geben, damit ihm sei essbare Speise unvergänglich für immerdar?"[1])

74. Wir preisen die Himmlischen. Wir preisen die Geister. Wir preisen die Gesetze. Wir preisen die Nützenden. Die Seelen des Viehs preisen wir. Die Seelen der Fussgänger preisen wir[2]). Die unter dem Wasser befindlichen (Thiere) preisen wir. Die unter dem Himmel befindlichen preisen wir. Die Vögel preisen wir. Die weit schreitenden preisen wir. Die auf Klauen gehenden preisen wir[3]). Die Fravashis preisen wir.

1) Cf. oben § 50.
2) Cf. Yç. XXXIX, 4.
3) Cf. Vsp. I, 1. und die Note dazu.

75. Die Fravashis preisen wir, die Darbringer preisen wir, die Starken preisen wir, die Stärksten preisen wir, die Heiligen preisen wir, die Heiligsten preisen wir, die Mächtigen preisen wir, die Nützlichsten preisen wir, die Festen preisen wir, die Anstürmenden preisen wir, die Tapfern preisen wir, die Kräftigsten preisen wir, die Leichten preisen wir, die Schnellsten preisen wir, die Thätigen preisen wir, die Thätigsten preisen wir.

76. Denn die sind die Thätigsten unter den Geschöpfen der beiden Himmlischen: die guten, starken, heiligen Fravashis der Reinen, welche damals hoch dastanden, als die beiden Himmlischen die Geschöpfe schufen: der heilige Geist und der schlechte.

77. Als Agra-mainyu eindrang in die Schöpfung der guten Reinheit, da traten überall dazwischen Vohu-mano und das Feuer.

78. Sie peinigen die Peinigungen des Agra-mainyus, des schlechten, dass er nicht hemme den Lauf des Wassers, das Wachsthum der Bäume. Immer liefen vorwärts die Wasser des starken Schöpfers, des mächtigen Ahura-mazda, die nützlichsten, es wachsen die Bäume.

79. Alle Wasser preisen wir. Alle Bäume preisen wir. Alle guten, starken, heiligen Fravashis der Reinen preisen wir. Mit Namen die Wasser, mit Namen die Bäume, mit Namen die guten starken, heiligen Fravashis der Reinen preisen wir.

80. Alle früheren Fravashis preisen wir hier, jenen Fravashi des Ahura-mazda preisen wir, den grössten, besten, schönsten, stärksten, verständigsten, wohlgestaltetsten, wegen seiner Heiligkeit höchsten.

81. Dessen Seele der Mañthra-çpenta ist, der glänzend, leuchtend, schön ist und die Körper, welchen er sich einigt, die schönen: der Amesha-çpentas, die wirksamen (Körper) der Amesha-çpentas[1]). Die Sonne, die mit schnellen Pferden begabte, preisen wir.

23.

82. Die guten, starken, heiligen Fravashis der Reinen preisen wir, die der Amesha-çpentas, der glänzenden, mit wirksamen Augen versehenen, grossen, hülfreichen, kräftigen, ahurischen, die unvergänglichen, reinen.

83. Welche alle sieben von gleichem Sinne, alle sieben von gleicher Rede, alle sieben gleich handelnd sind. Gleich ist ihr Sinn,

---

1) d. h. Ahura-mazda versieht die Amesha-çpentas mit passenden Körpern, die sie annehmen um ihrer Pflicht zu genügen.

gleich ihr Wort, gleich ihr Handeln, gleich ist ihr Vater und Herrscher, nämlich der Schöpfer Ahura-mazda.

84. Von welchen einer des Andern Seele sieht: wie sie gedenkt an gute Gedanken, wie sie gedenkt an gute Worte, wie sie gedenkt an gute Handlungen, wie sie gedenkt an den Garo-nemâna. Ihre Wege sind glänzend, wenn sie herbeifliegen zu den Opfergaben.

24.

85. Die guten, starken etc. preisen wir: des Feuers Urvâzista, des heiligen Versammlers; des heiligen Çraosha des kräftigen, dessen Leib der Manthra ist, der eine starke Waffe besitzt, des ahurischen; des Nairyo-çagha.

86. Des Rashnu, des gerechtesten; des Mithra der weite Triften besitzt; des Manthra-çpenta; des Himmels; des Wassers; der Erde; der Bäume; des Stiers; des Gayo-maratan; der für die reinen Geschöpfe ist (?)[1].

87. Den Fravashi des reinen Gayo-maratan preisen wir, der zuerst den Sinn des Ahura-mazda hörte und seine Befehle, aus dem er schuf das Geschlecht der arischen Gegenden, den Saamen der arischen Gegenden[2].

88. Den Fravashi und die Heiligkeit des heiligen Zarathustra, des hier reinen preisen wir. Welcher zuerst das Gute bedachte, das Gute aussprach, das Gute gethan hat, dem ersten Priester, dem ersten Krieger, dem ersten Ackerbauer, dem ersten Verkündiger, dem zuerst verkündigt wurde, dem zuerst Gewürdigten, der zuerst gewürdigt hat: Kuh, Reinheit, Wort, Hörung des Wortes, Herrschaft und alle von Mazda geschaffenen Güter, die einen reinen Ursprung haben.

89. Welcher der erste Priester, der erste Krieger, der erste Ackerbauer, der thätig ist, der zuerst das Rad vorwärts laufen liess vom Daeva und dem kalten Menschen[3], der zuerst von der bekörperten Welt das Reine pries, vernichtend die Daevas, als gläubiger Mazdayaçna, ein zarathustrischer, dem Glauben an Ahura zugethaner.

---

1) Die Lesart der beiden letzten Worte ist äusserst unsicher und die Uebersetzung derselben ganz ungewiss. Nach einigen Handschriften könnte man sogar vermuthen, dass die Fravashis der Hunde hier erwähnt worden.

2) Bekanntlich entstanden von Gayomaretan, als er sterben musste, Mashia und Mashiane von welchen das gesammte Menschengeschlecht abstammt.

3) Dunkel und auch nicht einmal hinsichtlich der Lesarten ganz gewiss.

90. Der zuerst von der bekörperten Welt Gebete aussprach gegen die Daevas, nach dem Glauben an Ahura, der zuerst von der bekörperten Welt die ganze Schöpfung der Daevas als nicht preiswürdig, nicht anbetungswürdig bezeichnete, er, der Starke, ganz gut Lebende, ein Paoiryo-tkaesha der Gegenden.

91. In welchem der ganzen Mañthra, das reine Wort verkündet wurde, der Herr und Meister der Welten, der Lobpreiser der Reinheit, der grössten, besten, schönsten, der Befrager um das Gesetz, welches für die Wesen am besten ist.

92. Welchen die Amesha-çpenta wünschten die alle mit der Sonne gleichen Willen haben — hin zum Wachsthum des Geistes aus gläubigen Herzen — als Herrn und Meister für die Welten, als Befrager um das Gesetz, welches für die Wesen am besten ist.

93. Bei dessen Geburt und Wachsthum die Gewässer und Bäume zunahmen, bei dessen Geburt und Wachsthum die Gewässer und Bäume wuchsen, bei dessen Geburt und Wachsthum Heil sich verkündigten alle vom Heiligen geschaffenen Geschöpfe.

94. (Sprechend): „Heil uns, geboren ist der Priester, der heilige Zarathustra, er wird für uns opfern mit Gaben, mit ausgebreiteten Bareçma versehen ist Zarathustra, es wird künftighin hier das mazdayaçnische Gesetz sich verbreiten über die sieben Kareshvares.

95. Hier wird künftighin Mithra, der weite Triften besitzt, hervorbringen alles was hauptsächlich ist für die Gegenden, und erfreuen die sich einigen[1]). Hier wird künftighin fördern der Nabel der Gewässer, der starke, Alles was hauptsächlich ist für die Gegenden und die sich verbündenden halten". — Die Heiligkeit und den Fravashi des Maidhyo-mâo, des Sohnes des Arâçta preisen wir, der zuerst von Zarathustra den Mañthra hörte und seine Lehren.

25.

96. Den Fravashi[2]) des Açmo-qanvâo, des reinen, preisen wir.

---

1. d. h. die Gegenden, welche sich einigen. Mithra hat seine Freude daran, wenn arische Gegenden, d. h. verschiedene Stämme einträchtig beisammen wohnen.

2) Cf. zu Yt. I, 44. Die nachfolgende Liste ist ein Verzeichniss der Fravashis berühmter Wesen, von den wenigsten derselben weiss ich etwas Näheres anzugeben, weil ihre Namen in den mir bekannten Schriften nicht weiter vorkommen. Manche dieser Namen mögen erfunden sein, doch sind dies gewiss

Den Fravashi des glänzenden Himmels preisen wir. Den Fravashi des reinen Gavya, preisen wir. Den Fravashi des Parshaṭ-gâus, des vorwärts gegangenen, preisen wir, den Fravashi des Vohvaçti, den sehnigen(?)[1]), reinen, preisen wir. Den Fravashi des starken Ebers, des reinen, preisen wir.

97. Den Fravashi des Çaena, der die Welt preist[2]), des reinen, preisen wir, der zuerst mit hundert Schülern hervortrat auf dieser Erde. Den Fravashi des reinen Fradidhaya (Vorsichtiger) preisen wir. Den Fravashi des reinen Uçmânara-Paeshata[3]) preisen wir. Den Fravashi des reinen Vohu-raoco, des von Frâna abstammenden, preisen wir. Den Fravashi des reinen Asho-raoco, des von Frâna abstammenden, preisen wir. Den Fravashi des reinen Vareçmoraoco preisen wir, des von Frâna abstammenden.

98. Den Fravashi des reinen Içaṭ-vàçtra, des zarathustrischen, preisen wir. Den Fravashi des reinen Urvataṭ-naro, des zarathustrischen, preisen wir. Den Fravashi des Hvarecithra, des reinen, zarathustrischen, preisen wir. Den Fravashi des reinen Daevo-ṭbis, des starken, preisen wir. Den Fravashi der heiligen Drillinge, der reinen, preisen wir. Den Fravashi des weisen Zairita, des reinen, preisen wir[4]).

---

nicht alle. Anquetil äussert sich über dieses Verzeichniss wie folgt (T. II. p. 265 not.): *Parmi les Parses, les uns prennent la plûpart des phrases suivantes pour des noms propres, d'autres simplement pour des attributs.* Die letztern übersetzen also diese Eigennamen.

1) Vohvaçti heisst eigentlich starkleibig. Hinsichtlich des beigesetzten Wortes vermag ich nicht zu sagen ob dies als Adjectiv zu nehmen sei, wie ich es oben genommen habe, oder ob es vielleicht die Abstammung bezeichnet: der Sohn des Çnava. Cf. unten § 112.

2) Besser vielleicht: der über die Welt hin gepriesen wird. Ueber Çaena = skr. çyena, den Simurgh der spätern Zeit cf. die Einleitung zu diesem Bde.

3) Paeshata könnte vielleicht den Künstler bedeuten, doch vermag ich dies nicht gewiss zu sagen. — Frâns kommt als Theil eranischer Eigennamen öfter vor, so dass ich kein Anstand nehme das Wort hier auch so zu fassen. Die drei Söhne des Frâna heissen: guter Glanz (vohu-raoeo), reiner Glanz (asho-raocô) und thätiger (?) Glanz (vareçmo-raoeo).

4) Hier werden Fravashis aufgezählt, die zur Familie Zarathustras gehören. Die drei zuerst genannten sind seine drei Söhne, welche nach der Ansicht der Parsen die Stammväter der drei Stände, der Priester, Krieger und Ackerbauer sind. Ueber Daevo-ṭbis, d. i. Peiniger der Daevas, weiss ich nichts Näheres. Die heiligen Drillinge sind ohne Zweifel die drei Söhne Zarathustras die künftighin noch geboren werden sollen: Oshedar hâmi, Oshedar-mâh und Çaoshyaốç. Auch über Zairita weiss ich nichts Näheres.

99. Den Fravashi des Kavi-Vîstâçpa[1]) des reinen, preisen wir, des kräftigen, dessen Leib der Manthra ist, der mit mächtiger Waffe versehen ist, des ahurischen, welcher mit in Viele eindringender Waffe der Reinheit einen weiten Weg bahnte, der mit in Viele eindringender Waffe der Reinheit einen weiten Weg verkündigte, welcher als Beistand und Hülfe sich unterwarf dem ahurischen, zarathustrischen Gesetze.

100. Welcher das festgestellte, gebundene (Gesetz) herausbrachte von den Hunus[2]) und es machte zu dem in der Mitte sitzenden, hoch wirkenden, lehrenden (?), reinen, der Ernährerin der Kuh und des Futters, zur Geliebten der Kuh und des Futters.

101. Den Fravashi des Zairi-vairi, des reinen, preisen wir. Den Fravashi des Yukhtavairi, des reinen, preisen wir. Den Fravashi des Çriraokhsan, des reinen, preisen wir. Den Fravashi des Kereçaokhsan, des reinen, preisen wir. Den Fravashi des Vyâreza, des reinen, preisen wir. Den Fravashi des Vanâra, des reinen, preisen wir. Den Fravashi des Bûjiçravo, des reinen, preisen wir. Den Fravashi des Berejyarsti, des reinen, preisen wir. Den Fravashi des Tizhyarsti, des reinen, preisen wir. Den Fravashi des Perethwarsti, des reinen, preisen wir. Den Fravashi des Vizhyarsti, des reinen, preisen wir[3]).

102. Den Fravashi des Naptya, des reinen, preisen wir. Den Fravashi des Vazhâçpa, des reinen, preisen wir. Den Fravashi des Habâçpa, des reinen, preisen wir. Den Fravashi des Viçtavaru, des Nachkommen des Naotara, des reinen, preisen wir. Den Fravashi des Fraus-hanm-vareta, des reinen, preisen wir. Den Fravashi des Frashokareta, des reinen, preisen wir. Den Fravashi des Âtarevanu, des reinen, preisen wir. Den Fravashi des Âtare-pâta, des

---

1) Die Erwähnung des Vistâçpa, des mächtigen Beschützers der Religion Zarathustras, schliesst sich sachgemäss an die Erwähnung der Kinder Zarathustras an.

2) Cf. oben Yt. 5, 53 flg.

3) Die in diesem Paragraphen genannten Namen gehören wol sämmtlich Helden an, welche mit der Vistâçpassage in Verbindung standen. Nur der erste derselben, Zairivairis, ist uns als der spätere Zerir bekannt (cf. oben Yç. 5, 112). Die andern Namen sind alle zu bedeutsam, als dass sie nicht erfunden sein sollten. So heisst Çriraokhshan, schöne Ochsen besitzend, Kereçaokhshan, magere Ochsen besitzend, Berezyarsti, hohe Lanze besitzend, Tizhyarsti, scharfe Lanze besitzend, Perethwarshi, breite Lanze besitzend u. s. w. Die drei letzten Namen erscheinen wieder als Namen des Windes in Yt. 15, 48.

reinen, preisen wir. Den Fravashi des Âtare-dâta, des reinen, preisen wir. Den Fravashi des Âtare-cithra, des reinen, preisen wir. Den Fravashi des Âtare-qareno, des reinen, preisen wir. Den Fravashi des Âtare-çavo, des reinen, preisen wir. Den Fravashi des Âtare-zañtu, des reinen, preisen wir. Den Fravashi des Âtare-daghu, des reinen, preisen wir[1]).

103. Den Fravashi des Huskyaothna, des reinen, preisen wir. Den Fravashi des Pashi-skyaothna, des reinen, preisen wir. Den Fravashi des starken Çpeñto-dâta, des reinen, preisen wir. Den Fravashi des Baçtavari, des reinen, preisen wir. Den Fravashi des Kavâraçmo, des reinen, preisen wir. Den Fravashi des Frashaoçtra-Hvova, des reinen, preisen wir. Den Fravashi des Jâmâçpa-Hvova, des reinen, preisen wir. Den Fravashi des Avâraostri, des reinen, preisen wir[2]).

104. Den Fravashi des Huskyaothna, des reinen, des Abkömmling des Frashaostra, des reinen, preisen wir. Den Fravashi des Qâdaena, des von Frashaostra stammenden, reinen, preisen wir. Den Fravashi des Haghurus, Sohn des Jâmâçpa, des reinen, preisen wir. Den Fravashi des Vareshna, Sohn des Haghurus, des reinen, preisen wir. Den Fravashi des Vohu-nemo, den Sohn des Avâraostri[3]), des reinen, preisen wir, zum Widerstand gegen schlechten Schlaf, gegen schlechte Traumgesichter, gegen schlechte Saamenverluste, gegen schlechte Pairikas.

105. Den Fravashi des Mañthravâka[4]), des Sohnes des Çimaeça, des Lehrers, des Herrn der Versammlung (?), des reinen, preisen wir, der die meisten der sündigen, die Gesänge verunreini-

---

1) Auch die Namen die mit Âtare, Feuer, zusammengesetzt sind, sind alle bedeutsam, aber keiner derselben oder der andern hier genannten Personen lässt sich weiter nachweisen mit Ausnahme des Âtarepâta, Âdurbât.

2) Die hier genannten Personen scheinen mir die Stammväter der drei letzten, der Brüder Jâmâçpa, Frashaoçtra und Avâraostri zu sein. Ueber den dritten ist mir nichts weiter bekannt, aber die beiden ersten gehören zu den vorzüglichsten und ersten Anhängern des Zarathustra. Jâmâçpa ist der Vater der Hvovi und Minister des Königs Vîstâçpa. Cf. auch Yt. 5, 98.

3) Hier sind die Nachkommen der drei Brüder aufgezählt, die im vorhergehenden Paragraphen genannt wurden.

4) Mañthravâka, d. i. der Aussprecher der Mañthras, ist offenbar ein gemachter Name, mit dem man in der Zarathustralegende einen der ersten Lehrer bezeichnete, welche das zarathustrische Gesetz weiter fortpflanzten. Etwas Weiteres ist mir jedoch über ihn nicht bekannt.

genden, nichtigen Ashemaoghas, der nicht mit Herrn und Meister versehenen¹), schrecklichen, mit schlechten Fravashis versehenen schlug, um zu widerstehen der Pein, welche den Reinen überwältigt.

106. Den Fravashi des Ashaçtu, des Sohnes des Maidhyomâogha, des reinen, preisen wir. Den Fravashi des Avarethraba, den Sohn des Râstare-vaghenta, des reinen, preisen wir. Den Fravashi des Bûdhra, des Sohnes des Dâzgarâçpa, des reinen, preisen wir. Den Fravashi des Zbaurvâo, des reinen, preisen wir. Den Fravashi des Karaçna, des Tochtersohnes des Zbaurvâo, des reinen, preisen wir, des starken, dessen Leib der Manthra ist, der eine starke Waffe besitzt, des ahurischen²).

107. In dessen Wohnung Ashis-vaġuhi, die schöne, glänzende, vorwärtsschreitet mit dem Körper eines Mädchens, eines schönen, sehr kräftigen, wohlgewachsenen, aufgeschürzten, rein, was das glänzende Gesicht anbelangt, edel; der bei dem Nicht-Fortgange der Schlacht mit seinen Armen dem Körper am meisten Weite verschafft, der beim Nicht-Fortgange der Schlacht mit seinen Armen den Feind am meisten bekämpft.

108. Den Fravashi des Virâçpa, des reinen Sohnes des Karaçna, preisen wir. Den Fravashi des Azâta, des reinen Sohnes des Karaçna, preisen wir. Den Fravashi des Frâyôdha, des reinen Sohnes des Karaçna, preisen wir. Den Fravashi des reinen Vaġhus-Arshya preisen wir. Den Fravashi des reinen Arshya, des Versammlers, preisen wir, des thätigsten unter den Mazdayaçnas. Den Fravashi des reinen Dârayaṭ-ratha preisen wir. Den Fravashi des reinen Frâyaṭ-ratha preisen wir. Den Fravashi des reinen Çkârayaṭ-ratha preisen wir³).

109. Den Fravashi des reinen Arshvâo preisen wir. Den Fravashi des reinen Vyarshvâo preisen wir. Den Fravashi des reinen Paiti-arshvâo preisen wir. Den Fravashi des reinen Amru preisen

---

1) d. h. sie erkennen keinen Herrn und Meister an wie die Anhänger Zarathustras. Cf. Vsp. II, 4—7.

2) Die hier genannten Personen scheinen mit Maidhyomâogha, dem Oheime des Zarathustra und einem seiner ersten Anhänger, in Verbindung zu stehen, doch lässt sich nicht genauer angeben, in welchem Verhältnisse sie gedacht worden sind.

3) Ein grosser Theil der hier genannten Personen stehen in Verwandtschaftsverhältnisse mit dem in § 106 genannten Karaçna. Nach ihren Namen zu schliessen scheinen es Krieger sein zu sollen.

wir. Den Fravashi des reinen Camru¹) preisen wir. Den Fravashi des reinen Drâta preisen wir. Den Fravashi des reinen Paiti-drâta preisen wir. Den Fravashi des reinen Paiti-vaĝha preisen wir. Den Fravashi des reinen Frashâvakhsha preisen wir. Den Fravashi des reinen Nemo-vaĝhu-vardhayaĝha preisen wir.

110. Den Fravashi des reinen Viçadha preisen wir. Den Fravashi des reinen Ashâvaĝhu preisen wir, des (Sohnes des) Bivañdaĝha. Den Fravashi des reinen Jaro-daĝhus (des Sohnes des) Paitistira preisen wir. Den Fravashi des reinen Nara-myazdana, des Sohnes des Athwyôza, preisen wir. Den Fravashi des reinen Berezishnu (Sohn des) Ara preisen wir. Den Fravashi des reinen Kaçupatu (Sohn des) Ara preisen wir. Den Fravashi des reinen Frya preisen wir. Den Fravashi des reinen Açtvaṭ-ereto preisen wir²).

26.

111. Den Fravashi des Gaopi-vaĝhus preisen wir. Den Fravashi des Zusammenbringers der Güter, des starken, reinen, preisen wir. Den Fravashi des Çlaota-vahista, des reinen, preisen wir. Den Fravashi des Pouru-dâkhsti³), des Sohnes des Khstâvaena, des reinen preisen wir. Den Fravashi des Khshwiwrâçpa, des reinen des Sohnes Khstâvaena, preisen wir.

112. Den Fravashi des reinen Ayo-açti, des Sohnes des Pouru-dâkhsti, preisen wir. Den Fravashi des reinen Vohû-açti, des Sohnes des Pouru-dâkhsti, preisen wir. Den Fravashi des reinen Gayadâçti, des Sohnes des Pouru-dâkhsti, preisen wir. Den Fravashi des reinen Ashavazdâo⁴), des Sohnes des Pouru-dâkhsti, preisen wir. Den Fravashi des reinen Urûdhu, des Sohnes des Pouru-dâkhsti, preisen wir. Den Fravashi des reinen Khshathro-cino, des Sohnes des Khshwiwrâçpa, preisen wir.

---

1) Amrasch und Camrosch heissen im Bundehesch und den Rivâlets zwei fabelhafte Vögel, von welchen der eine den bekannte Fruchtbaum im See Vourukasha schüttelt, damit die Saamen aller Art die auf ihm wachsen herunterfallen, der andere verbreitet sie auf der Erde. Diese beiden sind offenbar mit Amru und Camru identisch.

2) Die in § 110 genannten Männer sind mir unbekannt bis auf den letzten; Açtvaṭ-cretn ist, wie man unten aus § 129 sieht, ein Name des Çaoshyanç. Zu ihm werden also auch die hier genannten Männer in einer Beziehung stehen.

3) Pouru-dâkhsti und seine Nachkommen sind offenbar wieder ein sehr berühmtes Geschlecht gewesen von dem uns aber nur wenig bekannt ist. Im Schâhnâme kommen sie nicht vor.

4) Cf. Yt. 5, 72 flg.

113. Den Fravashi des reinen Ashâhura, des Sohnes des Jisti, preisen wir. Den Fravashi des reinen Frâyazañta preisen wir. Den Fravashi des reinen Fréno, des Sohnes des Frâyazañta, preisen wir. Den Fravashi des reinen Jaro-vaghu, des Sohnes des Frâyazañta, preisen wir. Den Fravashi des reinen Ashavazdâo, des Thrita, des Sohnes des Çâyuzhdri [1]), preisen wir. Den Fravashi des reinen Vohu-raoco, des Sohnes des Varakaça, preisen wir. Den Fravashi des reinen Arejaghâo, des Turâuiers, preisen wir. Den Fravashi des reinen Uçi-nemo preisen wir.

114. Den Fravashi des reinen Yukhtâçpa preisen wir. Den Fravashi des reinen Asha-skyaothna, des Sohnes des Gayadâçti, preisen wir. Den Fravashi des reinen Vohu-nemo Katu preisen wir. Den Fravashi des reinen Vohvazdâo-Katu preisen wir. Den Fravashi des reinen Asha-çaredha Asha-çairyañs preisen wir. Den Fravashi des reinen Asha-çaredha Zairyañs preisen wir. Den Fravashi des reinen Câkhshni preisen wir. Den Fravashi des reinen Çyâvâçpi preisen wir. Den Fravashi des reinen Pourusti-Kavi preisen wir.

115. Den Fravashi des reinen Vareçmapa Janara preisen wir. Den Fravashi des reinen Nanârâçti-Paeshato preisen wir. Den Fravashi des reinen Zarazdâti-Paeshato preisen wir. Den Fravashi des reinen Gaevani-vohu-nemo preisen wir. Den Fravashi der reinen Erezvâo-çrûto-çpâdha preisen wir. Den Fravashi des reinen Zarayaghâo-çpeñto-khratavâo preisen wir. Den Fravashi des reinen Varshni-Vâgereza preisen wir. Den Fravashi der reinen Frâcya-Taurvâti preisen wir. Den Fravashi des reinen Vahmae-dâtha (Sohnes des) Mañthravâka preisen wir. Den Fravashi des reinen Ustra-Çadhanâo preisen wir.

116. Den Fravashi des reinen Daghu-çrûta preisen wir. Den Fravashi des reinen Daghu-frâdho preisen wir. Den Fravashi des reinen Açpo-padho-makhsti preisen wir. Den Fravashi des reinen Payagharo-makhsti preisen wir. Den Fravashi des reinen Ustâ-zañta preisen wir. Den Fravashi des reinen Ashaçavo preisen wir. Den Fravashi des reinen Ashourvatha preisen wir. Den Fravashi des des reinen Haomo-qareno preisen wir. Den Fravashi des reinen Varshna preisen wir.

117. Den Fravashi des reinen Frava preisen wir. Den Fravashi des reinen Uçnâka preisen wir. Den Fravashi des reinen Qan-

---

1) Cf. zu Yt. 5, 72 flg.

vâo preisen wir. Den Fravashi des reinen Daeuâvarezo preisen wir. Den Fravashi des reinen Arejaona preisen wir. Den Fravashi des reinen Aiwi-qareno preisen wir. Den Fravashi des reinen Huyazata preisen wir. Den Fravashi des reinen Haredhaçpa preisen wir. Den Fravashi des reinen Pâzino preisen wir. Den Fravashi des reinen Qâkhshatbra preisen wir. Den Fravashi des reinen Asho-paoirya preisen wir. Den Fravashi des reinen Açtvaṯ ereto preisen wir[1]).

27.

118. Den Fravashi des reinen Hugâus preisen wir. Den Fravashi des reinen Aghuyu preisen wir. Den Fravashi des reinen Gâuri preisen wir. Den Fravashi des reinen Yûsta, des Sohnes des Gâuri, preisen wir. Den Fravashi des reinen Manzdrâvaghu preisen wir. Den Fravashi des reinen Çrirâvaghu preisen wir. Den Fravashi des reinen Àyûta preisen wir. Den Fravashi des reinen Çûrô-yazata preisen wir.

119. Den Fravashi des reinen Eredhwa preisen wir. Den Fravashi des reinen Kavi preisen wir. Den Fravashi des reinen Ukhshan, des Ruhm findenden, preisen wir, des weitberühmten, grossen. Den Fravashi des reinen Vaghu-dhâta preisen wir, des Königs. Den Fravashi des reinen Uzya, des Sohnes des Vaghudhâta preisen wir. Den Fravashi des reinen Frya[2]) preisen wir.

120. Den Fravashi des reinen Ashem-yêghê-raocâo mit Namen preisen wir. Den Fravashi des reinen Ashem-yêghê-vareza mit Namen preisen wir. Den Fravashi des reinen Ashem-yahmâi-usta mit Namen preisen wir. Den Fravashi des reinen Yaçtô-Fryânanaîm preisen wir. Den Fravashi des reinen Uçmânara-Paeshato[3]) wir, des schönen, um zu widerstehen der Pein die von Verwandten verursacht wird.

121. Den Fravashi des reinen Çpiti-Uçpańçnu preisen wir. Den Fravashi des reinen Erezâçpa-Uçpańçnu preisen wir. Den Fravashi des reinen Uçadhan, des Mazdayaçna, preisen wir. Den Fravashi des reinen Frâdhaṯ-vaghu-çtivâo preisen wir. Den Fravashi des reinen Raocaç-caeshman preisen wir. Den Fravashi des reinen Hvare-caeshman preisen wir. Den Fravashi des reinen Fraçrûtâra preisen wir. Den Fravashi des reinen Viçrûtâra preisen wir. Den Fravashi des reinen Baremna preisen wir. Den Fravashi des reinen Viçrûta preisen wir.

---

1) Cf. oben § 110.   2) Cf. oben § 110.   3) Cf. oben zu § 97.

122. Den Fravashi des reinen Hvaçpa preisen wir. Den Fravashi des reinen Cathwaraçpa preisen wir. Den Fravashi des reinen Dawrâmaeshi preisen wir. Den Fravashi des reinen Fraoraoçtra, (des Sohnes des) Kaosha preisen wir. Den Fravashi des reinen Frinâçpa, (des Sohnes) des Kaeva preisen wir. Den Fravashi des reinen Frâdhaṭ-nara-gravâretu preisen wir. Den Fravashi des reinen Vohu-ustra-aṅkhno preisen wir. Den Fravashi des reinen Vîvâreshvâo preisen wir.

123. Den Fravashi des reinen Frârâzi, des Turâniers, preisen wir. Den Fravashi des reinen Çtipi, des gehenden, preisen wir. Den Fravashi des triefenden Gandarewa [1]), preisen wir. Den Fravashi des reinen Avahya-çpeñta preisen wir. Den Fravashi des reinen Aeta, des Abkömmlings des Mayu, preisen wir. Den Fravashi des reinen Yaetus-gâus, des Sohnes des Vyâta, preisen wir. Den Fravashi des reinen Garsta des Kavi preisen wir.

124. Den Fravashi des reinen Pouru-baḡha, des von Zusha stammenden, preisen wir. Den Fravashi des reinen Vohu-dâta-kâta preisen wir. Den Fravashi des reinen Bâoḡha-Çâoḡha preisen wir. Den Fravashi der reinen Hvareza, der Tochter der Añkaça, preisen wir. Den Fravashi des reinen Aravaostra, des Reinen der Gegend preisen wir. Den Fravashi des reinen Frâcithra, des hohen, preisen wir. Den Fravashi des reinen Vohu-pereça-Anyava preisen wir.

125. Den Fravashi des reinen Paro-daçma, des Sohnes des Dâstâḡhna, des Zerstörers der öden Gegend (?) preisen wir, den reinen Fravashi der Fraturâ und Baeshataçturâ preisen wir. Den Fravashi des reinen Avare-gâus, des Glänzenden und des Aoiḡhman des Turâniers, preisen wir. Den reinen Fravashi des Gaomâo preisen wir, der auf Anrufung Bewässerung verleiht für die zu bewässernde Gegend. Den Fravashi des reinen Thrita, der am meisten von einer Gattung besitzt, den Ausdehner der dehnbaren Gegend, preisen wir.

126. Den Fravashi des reinen Tiro-nakathwa, unter den ausgelernten Çaenas, preisen wir. Den Fravashi des reinen Utayuti Viṭ-kaevi, des zulaugenden Çaena, preisen wir. Den Fravashi des reinen Fro-Hakafra, des reinigenden (?) unter den Çaenas, preisen wir. Den reinen Fravashi des Vareçmo-raocâo, mit weiten Maassen, preisen wir.

---

[1]) Dies muss ein anderer Gandarewa sein als der sonst in der Kereçâçpasage erwähnt wird (ef. die Einl.), denn jener ist ein sehr böser Dämon, kann also wol keinen Fravashi haben.

127. Den Fravashi der reinen Asha-nemaǵha, welche die Rinder vertheilt über diese Gegend, preisen wir. Den Fravashi der reinen Parshaṭ-gâns, der Helferin der Kühe die ohne Milch sind in dieser Gegend, preisen wir. Den Fravashi des reinen Hufravâkhs-kahrkananańm preisen wir. Den Fravsahi des Sündlosen unter den Pudhas, preisen wir. Den Fravashi des reinen Jâmâçpa, des nachgebornen, preisen wir. Den Fravashi des reinen Maidhyô-mâoǵha, des nachgebornen, preisen wir. Den Fravashi des reinen Urvataṭ-nara, des nachgebornen, preisen wir.

128. Den Fravashi des reinen Raocaç-caeshman preisen wir. Den Fravashi des reinen Hvare-caeshman preisen wir. Den Fravashi des reinen Frâdhaṭ-qareno preisen wir. Den Fravashi des reinen Varedaṭ-qareno preisen wir. Den Fravashi des reinen Vouru-nemo preisen wir. Den Fravashi des reinen Vouru-çavo preisen wir. Den Fravashi des reinen Ukhshyaṭ-ereta preisen wir. Den Fravashi des reinen Ukhshyaṭ-nemo preisen wir. Den Fravashi des reinen Açtvaṭ-ereto preisen wir[1]).

28.

129. Welcher da sein wird Çaoshyańç (der Helfer), der siegreiche mit Namen und Açtvaṭ-ereta mit Namen. Er ist so hülfreich, dass er die ganze mit Körper begabte Welt erretten wird, er ist so erhaben unter den Bekörperten, dass er mit Körper und Lebenskraft begabt dem Zerstörer des Bekörperten widerstehen wird, zum Widerstand gegen die Druja vom Geschlechte der Zweifüssigen[2]), zum Widerstand gegen die Pein die den Reinen bewältigen soll.

26.

130. Den Fravashi des reinen Yima, des Sohnes des Vivaǵhâo, preisen wir, des starken, mit vieler Versammlung versehenen, zum Widerstand gegen das Unglück das von den Daevas herbeigezogen wird, und gegen die Trockenheit, welche die Weide vernichtet und gegen den vergänglichen Tödtlichen.

---

1) Capp. 25. 26. 27. endigen alle drei damit den Açtvat-areto oder Çaoshyańç zu preisen. Es liegt daher nahe zu vermuthen, dass alle die in diesen drei Capiteln genannten Personen in Beziehung zu ihm stehen und zu seinen Gehülfen gehören.

2) Açtvaṭ-ereta heisst wörtlich: erhaben unter den Bekörperten. — Die zweifüssigen Drujas sind diejenigen unter den bösen Wesen, welche Menschengestalt haben.

131. Den Fravashi des reinen Thraetaona, des Sohnes des Athwya, preisen wir: zum Widerstand gegen Krankheit, Fieberhitze, Unreinigkeit, kaltes Fieber, und das was angethan ist, zum Widerstand gegen die Pein, die von der Schlange verursacht ist¹). Den Fravashi des reinen Aoshnara preisen wir, des sehr lebendigen. Den Fravashi des reinen Uzava, des Sohnes des Tûmâçpa, preisen wir. Den Fravashi des reinen Aghraeratha-narava²) preisen wir. Den Fravashi des reinen Manuscithra, des Sohnes des Airyu, preisen wir.

132. Den Fravashi des reinen Kavi-kavâta³) preisen wir. Den Fravashi des reinen Kavi Aipi-vaghu preisen wir. Den Fravashi des reinen Kavi-Uçadhan preisen wir. Den Fravashi des reinen Kavi-arshan preisen wir. Den Fravashi des reinen Kavi-Pishino preisen wir. Den Fravashi des reinen Kavi-Byarshan preisen wir. Den Fravashi des reinen Kavi-Çyâvarshan preisen wir. Den Fravashi des reinen Kavi-Haoçravo preisen wir⁴).

133. Für die Stärke die wohlgebildete, für den Sieg den von Ahura geschaffenen, für das Schlagen das von oben stammt, für

---

1) Von § 130 werden Fravashis solcher Wesen angerufen die zu den Paoiryo-tkaeshas gehören. — Da Thraetaono zum Geschlechte des Thrita gehört, so scheint er zu den heilkundigen Männern gerechnet zu werden, denn Thrita ist nach Vd. XX, 1 flg. der älteste Heilkundige. Merkwürdig ist, dass diese Leiden, gegen welche der heilende Thraetaona anzurufen ist, von den Schlangen ausgehen. Sollte die Schlange des Aesculap vielleicht auch den Parsen bekannt gewesen sein?

2) Aoshnara und Uzava sind zwei sonst nicht mehr bekannte Wesen, die aber mit der alten Sage verbunden waren. Uzava ist vielleicht Zab, der Sohn des Tahmasp, wiewol dieser nach der gewöhnlichen Annahme erst nach Minoehr regiert. Ueber Aghraeraths cf. oben zu Yt. 9, 18. — Manuscithra ist der Manoscihir der Parsen oder Minoehr bei den neuern Persern, einer ihrer berühmten Könige, der Enkel und Nachfolger von Thraetaona. Airyu scheint die alte Form für Iradj zu sein.

3) Kavi-Kavâta ist der Kai-Kobâd der spätern Sage, der Stammvater der Kaianier.

4) Der Kavi Aipi-vaghu (Aipi-vohu nach Yt. 19, 71, welche Stelle überhaupt zu dieser zu vergleichen ist) ist mir sonst nicht bekannt: Kavi-açadhan ist höchstwahrscheinlich der sonst Kavi-uç, i. e. Kai-Kâus genannter König. Nach Firdosi (cf. l. p. 229 ed. Maesn) hat Kai-Kobâd vier Söhne: Kai-Kâus, Kai-Ariseh (Kavi-Arshan), Kai-Pishin (Kavi-Pishino) und Kai-Armin. Statt dieses letztern scheint hier Kavi-Byarshan genannt zu sein. Kavi-Çyâvarshan — der Çiyâvakhs der spätern Sage — ist der Sohn des Kai-Kâus, Kavi-Haoçravo oder Huçravo der Sohn des Çyâvarshan.

wohlgelehrte Lehren, für unverrückbare Lehren, für nicht zu besiegende Lehren, für das hier Niederschlagen der Gegner.

134. Für feste Kraft, für Glanz, von Mazda geschaffenen, für Gesundheit des Körpers, für himmlische, gute Nachkommenschaft, weise, versammelnde, glänzende, weissäugige, von Verbrechen reinigende¹), heldenmässige, für Weisheit gegen künftige Entweihung des besten Ortes.

135. Für ein glänzendes Reich, für ein langes Leben, für alle Gunstbezeigungen, für alle Heilmittel; um zu widerstehen den Zauberern und Pairikas, den Çâthras, Kaoyas und Karapanas, zum Widerstande gegen die durch herrschende (böse Mächte) verursachte Pein²).

136. Den Fravashi des reinen Çâma-kereçàçpa preisen wir, des mit der Waffe Gaeçus versehenen, um zu widerstehen dem Starkarmigen und den Heerschaaren von vielen Feinden, mit vielen Fahnen, hohen Fahnen, erhobenen Fahnen, die eine grauenvolle Fahne führen, um widerstehen zu können dem Räuber der Schaden verursacht, dem fürchterlichen, Männer tödtenden, nicht Milde bezeigenden, um zu widerstehen der Pein, welche die Räuber verursachen.

137. Den Fravashi des reinen Àkhrûra, des Sohnes des Haoçravo preisen wir, um widerstehen zu können dem Daeva Hashi³), dem schlechten, und dem Geize, welcher die Welt tödtet. — Den Fravashi des reinen Haoshyagha preisen wir, um zu widerstehen den mazanischen und varenischen Daevas den schlechten, zum Widerstande gegen die von den Daevas verursachte Pein.

138. Den Fravashi des reinen Fradâkhsti, des Sohnes des Khuñba, preisen wir, um zu widerstehen dem Aeshma mit grauenvoller Waffe, den Helfern des Aeshma, den schlechten, um zu widerstehen der Pein, die von Aeshma verursacht wird.

30.

139. Den Fravashi der reinen Hvôvi preisen wir. Den Fravashi der reinen Fréni preisen wir. Den Fravashi der reinen Thriti preisen wir. Den Fravashi der reinen Ponru-çiçta preisen wir. Den

---

1) Der Sohn vermag durch seine Gebete die Sünden zu sühnen, welche seine Vorfahren begangen haben.

2) Um die von § 133 an genannten Gegenstände zu erlangen werden die Fravashis der Kaianier anzurufen.

3) Cf. Yt. 4, 4.

Fravashi der reinen Hutaoça preisen wir. Den Fravashi der reinen Huma preisen wir. Den Fravashi der reinen Zairici preisen wir. Den Fravashi der reinen Viçpa-taurvashi preisen wir. Den Fravashi der reinen Ustavaiti preisen wir. Den Fravashi der reinen Tushnâmaiti preisen wir [1]).

140. Den Fravashi der reinen Fréni, der Frau des Uçenemo, preisen wir. Den Fravashi der reinen Fréni, der Frau des Fråyazaûta preisen wir. Den Fravashi der reinen Fréni, der Frau des Khshwiwrâçpa, preisen wir. Den Fravashi der reinen Fréni, der Frau des Gayadâçti, preisen wir. Die Fravashi der reinen Açbana, der Frau des Pourn-dâkhsti, preisen wir. Den Fravashi der reinen Ukhshyêiñti, der Frau des Çtaota-Vahista, preisen wir [2]).

141. Den Fravashi des reinen Mädchens des Vidhut preisen wir. Den Fravashi des reinen Mädchens des Jaghruţ preisen wir. Den Fravashi des reinen Mädchens des Fraghâţ preisen wir. Den Fravashi des reinen Mädchens des Urûdhayan preisen wir. Den Fravashi des reinen Mädchens Paeçaghanu preisen wir. Den Fravashi der reinen Hvaredha preisen wir. Den Fravashi der reinen Hneithra preisen wir. Den Fravashi der reinen Kanuka preisen wir. Den Fravashi des reinen Mädchens Çrûtaţ-fedhri preisen wir.

142. Den Fravashi des reinen Mädchens Vaghu-fedhri preisen wir. Den Fravashi des reinen Mädchens Eredbaţ-fedhri [3]) preisen wir, welche auch den Namen Viçpa-taurvairi (Alles vernichtend) führt, deswegen heisst sie Viçpa-taurvairi, weil sie das Wesen gebären wird welches Alle vernichten wird: die Peinigungen die von

---

1) In diesem Paragraphen werden die frommen Frauen gepriesen. Hvovi ist die bekannte Frau Zarathustras, von der der künftige Retter Çaoshyanç stammt. Fréni, Thriti und Pouruçista sind die drei Töchter Zarathustras. Ueber Hutaoça ist nur wenig bekannt. Cf. oben zu Yt. 9, 26. Huma ist vielleicht die in den spätern Sagen Humâi genannte Königin. Von den übrigen in diesem Paragraphen genannten Frauen ist nichts Näheres bekannt.

2) Fråyazaūta und Khshwiwrâçpa sowie auch Gayadâçti gehören zum Geschlechte des Pourudâkhsti. Cf. oben §§ 111. 113. 114. Ueber Pourudâkhsti cf. oben zu § 111. Açbana als Name findet sich auch Yt. 5, 73. Çtaota-vahista ist § 111 genannt worden.

3) Von den reinen Mädchen, welche in §§ 141. 142. gefeiert wurden, ist nur dieses eine als die Mutter des Çaoshyanç bekannt. Cf. unten Yt. 19, 92. Eredhaţ-fedhri heisst erhabene Aeltern besitzend. Da unter den künftigen Helfern bei der Auferstehung auch Mädchen sind, so ist es wahrscheinlich, dass ihre Namen hier aufgezählt werden. Cf. meine Einl. in die trad. Schriften II. 117.

Daevas und Menschen ausgehen, um zu widerstehen der von der Jahi verursachten Pein.

31.

143. Die Fravashis der reinen Männer in den arischen Gegenden preisen wir. Die Fravashis der reinen Frauen in den arischen Gegenden preisen wir. Die Fravashis der reinen Männer in den turânischen Gegenden preisen wir. Die Fravashis der reinen Frauen in den turânischen Gegenden preisen wir. Die Fravashis der reinen Männer in der çairimischen Gegenden preisen wir. Die Fravashis der reinen Franen in den çairimischen Gegenden preisen wir [1]).

144. Die Fravashis der reinen Männer in den çânischen Gegenden preisen wir. Die Fravashis der reinen Franen in den çânischen Gegenden preisen wir. Die Fravashis der reinen Männer in den dâhischen Gegenden preisen wir. Die Fravashis der reinen Frauen in den dâhischen Gegenden preisen wir. Die Fravashis der reinen Männer in allen Gegenden preisen wir. Die Fravashis der reinen Frauen in allen Gegenden preisen wir. [2]),

145. Alle die guten, starken, heiligen Fravashis der Reinen preisen wir von Gayo-maratan bis zu dem siegreichen Çaoshyañç. Mögen die Fravashis der Reinen bald hieher nach uns verlangen, mögen sie zu uns kommen zum Schutze.

---

1) Es ist sehr merkwürdig, dass hier nicht blos die Fravashis der arischen sondern auch der turânischen Gegenden gepriesen werden. Es liegt darin, wie mir scheint, ein Zugeständniss, dass es auch in Turân fromme Menschen gab, und dieses zu machen fiel den Eräniern um so weniger schwer, als ja alle Menschen von den drei Söhnen des Thraetaona: Eradsch, Tûr und Selm abstammen, also ursprünglich Verwandte sind. Die Turânier sind hier als tûirya bezeichnet, die Nachkommen des Selm als die Çairimyas, in welchen man — und vielleicht mit Recht — die Sarmaten wieder zu finden meinte.

2) Was die çânischen und dahischen Gegenden sind vermag ich mit Sicherheit nicht anzugeben. Anquetil denkt an das Volk der Sosees, welche nach Strabo zwischen dem caspischen und dem schwarzen Meere wohnen sollen, Ptolemäus erwähnt einen Fluss Sosna, der sich ins caspische Meer ergiesst. Die persischen Lexikographen kennen auch eine Stadt Çân, welche in Baktrien oder in Kabulistân liegen soll. Für die dahischen Gegenden bleibt kaum eine andere Annahme übrig als, dass es die Länder der Daher bezeichnet. Diese wohnten südöstlich vom caspischen Meere waren aber, wie wir jetzt wissen, kein éranischer Stamm, sondern scythischen Ursprungs. Es könnte demnach möglich sein, dass diese Anrufungen unter der Herrschaft der Parther oder der Indoskythen abgefasst worden seien, und dass man diese Landesherren hier in irgend einer Weise nennen wollte.

146. Sie erhalten uns, die im Unglück befindlichen, mit vorsehender Hülfe, geschützt von Ahura-mazda und von dem heiligen Çraosha dem starken und von Manthra-çpenta dem wissenden, welcher der grösste Gegner der Daevas unter den Gegnern der Daevas ist, ein Freund des Ahura-mazda, den Zarathustra pries als seinesgleichen für die bekörperte Welt.

147. Freuet euch hier unten, ihr Guten: Wasser, Bäume und Fravashis der Reinen! Seid befriedigt, annehmend hier in diesem Hause. Hier werden die Âthravas der Gegenden mit Gutem, Reinen geehrt. Erhebet die Hände zu unserm Schutze ihr Starken, zu eurem Opfer, ihr Nützlichsten.

148. Die Fravashi aller reinen Männer und Frauen preisen wir hier, deren Seelen opferwürdig (?), deren Fravashis kräftig sind. Den Fravashi aller reinen Männer und Frauen preisen wir hier, von welchen uns Ahura-mazda im Opfer Gutes verkündete. Von diesen allen, haben wir gehört, sei Zarathustra der erste und beste Herr, was den ahurischen Glauben anbetrifft.

149. Wir preisen den Herrn, das Gesetz, das Bewusstsein, die Seele und den Fravashi [1]) der hier reinen Männer und Frauen unter der Paoiryô-tkaeshas, die zuerst die Lehren gehört, welche für das Reine gekämpft haben. Wir preisen den Herrn, das Gesetz, das Bewusstsein, die Seele und den Fravashi der hier reinen Männer und Frauen unter den Nabânazdistas, welche für das Reine gekämpft haben.

150. Wir preisen die Paoirya-tkaeshas der Wohnungen, Clane, Genossenschaften und Gegenden, die da waren. Wir preisen die Paoirya-tkaeshas der Wohnungen, Clane, Genossenschaften und Gegenden die existirten. Wir preisen die Paoirya-tkaeshas der Wohnungen, Clane, Genossenschaften und Gegenden die da sind.

151. Wir preisen die Paoirya-tkaeshas der Wohnungen, Clane, Genossenschaften und Gegenden die in den Wohnungen, Clanen, Genossenschaften und Gegenden sein werden, die in der Reinheit, im Manthra, in den Seelen, in allem Guten sich befinden.

152. Den Zarathustra, den Herrn und Meister der ganzen bekörperten Welt, den Paoirya-tkaesha preisen wir, den gelehrtesten der Wesen, den mächtigsten der Wesen, den glänzendsten der Wesen, den majestätischsten der Wesen, den preiswürdigsten der We-

---

1) Cf. zu Yç. LIV, 1.

seu, den anbetungswürdigsten der Wesen, den am meisten zu befriedigenden unter den Wesen, den gepriesensten unter den Wesen, der uns als erwünscht, preiswürdig, anbetungswürdig verkündet wurde, für jedes der Wesen das aus der besten Reinheit stammt.

153. Diese Erde preisen wir. Jenen Himmel preisen wir. Diejenigen Güter preisen wir, welche zwischen (beiden) stehen, die preiswürdigen, anbetungswürdigen, opferwürdigen für den reinen Mann.

154. Die Seelen der Fussgänger und Reiter preisen wir. Die Seelen der Reinen preisen wir. Die Seelen der Reinen preisen wir der irgendwo gebornen Männer und Frauen, welche sehr gute Gesetze (besitzen, die) kämpfen oder kämpfen werden oder gekämpft haben.

155. Den Herrn, das Gesetz, das Bewusstsein, die Seele den Fravashi der hier reinen Männer und Frauen: der Kämpfenden, derer die kämpfen werden, derer die gekämpft haben, preisen wir.

156. Die Fravashis der reinen Fravashi, der tapfern, anstürmenden, den tapfern, siegreichen, der Paoirya-tkaeshas, der Nabânazdistas sollen zufrieden herbeikommen in diese Wohnung, zufrieden einhergehen in dieser Wohnung.

157. Befriedigt mögen sie segnend herbeiwünschen in diese Wohnung die Ashis-vaġuhi, die ausharrende, zufrieden mögen sie hinweggehen von dieser Wohnung, sie mögen mit hinwegnehmen Preis und Anbetung für den Schöpfer Ahura-mazda und die Ameshaçpentas. Mögen sie nicht über irgend welchen von uns den Mazdayaçnas weinend hinweggehen aus dieser Wohnung.

Opfer, Preis etc.

XXX. (14) Bahrâm-yast.

Im Namen des Gottes Ormazd, des Königs, des Vermehrers. An grosser Kraft möge zunehmen: der Izad Bahrâm, der siegreiche; er möge kommen. Alle Sünden etc.

Khshnaothra dem Ahura-mazda etc. Zufriedenstellung für Verethraghna den von Ahura geschaffenen und das Schlagen das von oben stammt zum Preis etc.

1.

1. Den Verethraghna, den von Ahura geschaffenen, preisen wir. Es fragte Zarathustra den Ahura-mazda: Ahura-mazda! Himmlischer, Heiligster, Schöpfer der bekörperten Welten, Reiner! Wer

ist unter den himmlischen Yazatas der bewehrteste? Darauf entgegnete Ahura-mazda: Verethraghna der von Ahura geschaffene, o heiliger Zarathustra.

2. Zu ihm[1]) kam zuerst Verethraghna, der von Ahura geschaffene, fliegend mit dem Körper eines starken Windes, eines schönen, von Mazda geschaffenen, die gute Majestät trug er die von Mazda geschaffene: die von Mazda geschaffene Majestät, Heilmittel und Stärke.

3. Dann (sprach) zu ihm der Stärkste: „An Stärke bin ich der Stärkste, an Sieghaftigkeit der Siegreichste, an Majestät der Majestätischste, an Gunst der Gunstreichste, an Nutzen der Nützlichste, an Heilmitteln der Heilendste.

4. Daher will ich peinigen die Peinigungen aller Peinigenden: die Pein der Daevas und Menschen, der Zauberer und der Pairikas, der Çâthras, Kaoyas und Karapanas".

5. Wegen seines Glanzes, wegen seiner Majestät will ich diesen preisen mit hörbarem Preise: den Verethraghna, den von Ahura geschaffenen, mit Darbringungen. Dem Verethraghna, dem von Ahura geschaffenen, will ich opfern mit den ersten Geschöpfen des Ahura. Mit Haoma etc.

2.

6. Den Verethraghna, den von Ahura geschaffenen, preisen wir. Es fragte Zarathustra den Ahura-mazda: Ahura-mazda, Himmlischer, Heiligster, Schöpfer der bekörperten Welten, Reiner! Wer ist unter den himmlischen Yazatas der bewehrteste? Darauf entgegnete Ahura-mazda: Verethraghna, der von Ahura geschaffene, o heiliger Zarathustra!

7. Zu ihm kam zum zweiten Male Verethraghna, der von Ahura geschaffene, herzu, fliegend, mit dem Körper eines Stiers, eines männlichen, schönen, mit goldenen Ohren, mit goldenen Klauen, über welchem bei der Klaue schwebte die Stärke, die wohlgebildete, wohlgewachsene: Verethraghana[2]), der von Ahura geschaffene, o heiliger Zarathustra; so kam er herbei, die gute Majestät, die von Mazda geschaffene trug er, die von Mazda geschaffene Majestät, Heilmittel

---

1) Hierunter ist offenbar Zarathustra zu verstehen.

2) Es scheint mir, dass hier und in den folgenden Capiteln die Thiere nicht der Siegesgott selbst sind, sondern ihn nur gewissermassen repräsentiren und dass dieser als über ihnen schwebend gedacht wird. Cf. unten § 39.

und Stärke. Dann sprach zu ihm der Stärkste: „an Stärke bin ich der Stärkste, an Sieg der Siegreichste, an Majestät der Majestätischste, an Gunst der Gunstreichste, durch Nutzen der Nützlichste, durch Heilmittel der Heilendste. Daher will ich peinigen die Peinigungen aller Peiniger: die Peinigungen der Daevas und Menschen, der Zauberer und Pairikas, der Çâthras, Kaoyas und Karapanas". — Wegen seines Glanzes, wegen seiner Majestät will ich diesen preisen mit hörbarem Preise: den Verethraghna, den von Ahura geschaffenen, mit Darbringungen, dem Verethraghna, dem von Ahura geschaffenen, will ich opfern mit den ersten Geschöpfen des Ahura-mazda. Mit Haoma etc.

3.

8. Den Verethraghna, den von Ahura geschaffenen, preisen wir. Es fragte Zarathustra den Ahura-mazda etc.

9. Zu ihm kam zum dritten Male Verethraghna, der von Ahura geschaffene, fliegend mit dem Körper eines Pferdes, eines glänzenden, schönen, mit goldenen Ohren und goldener Schabracke, über ihm schwebte beim Gesicht (?) die wohlgeschaffene, wohlgewachsene Stärke: Verethraghna der von Ahura geschaffene, so kam er herbei etc.

4.

10. Den Verethraghna, den von Ahura geschaffeuen, preisen wir. Es fragte Zarathustra etc.

11. Zu ihm kam zum vierten Male Verethraghna, der von Ahura geschaffene, fliegend in Gestalt eines lenksamen Kamels, eines bissigen, angreifenden, grossen, fortschreitenden, mit einer Waffe die Menschen verzehrt.

12. Welches dem Grössten der ausgiessenden [1]) Männern Kraft herbeibringt, dem grössten an Verstand, welches zu den Frauen geht, denn die unter den Frauen sind wohlgeschützt, welche das Kamel beschützt, das lenksame, mit grossem Arme, das grosshöckerige, das starke (?), von Ansehen lebhafte, am Kopfe glänzende, an Höhe kraftvolle.

13. Die Kraft des Weithinsehens in die Ferne bringt es herbei für das Gespann die dunkle Nacht hindurch, welches weissen Schaum am den Kopf herumwirft in seiner Zufriedenheit, bei seinem

---

1) Vielleicht: die welche zum Kampfe vorwärts schreiten.

guten Stehen, welches dasteht ansschauend wie ein Befehlshaber über ein ganzes Reich — so kam er herbei etc.

5.

14. Den Verethraghna, den von Ahura geschaffenen, preisen wir. Es fragte Zarathustra etc.

15. Zu ihm kam zum fünften Male herzu Verethraghna, der von Abura geschaffene, fliegend mit dem schönen Körper eines Ebers, eines angreifenden, mit starken Hauern, männlichen, mit scharfen Klauen, eines nur einmal schlagenden Ebers, eines fetten, zornigen, triefenden, starken, gerüsteten, umherkreisenden¹). Also kam er herbei etc.

6.

16. Den Verethraghna, den von Ahura geschaffenen, preisen wir. Es fragte Zarathustra etc.

17. Zu ihm kam zum sechsten Male herbei Verethraghna, der von Ahura geschaffene, fliegend, mit dem Körper eines fünfzehnjährigen Jünglings, eines glänzenden, weissäugigen, mit kleiner Ferse, eines schönen. Also kam er herbei etc.

7.

18. Den Verethraghna, deu von Ahura geschaffenen, preisen wir. Es fragte Zarathustra etc.

19. Zu ihm kam zum siebenten Male Verethraghna, der von Ahura geschaffene, fliegend mit dem Körper eines Vogels, eines mit den Flügeln schlagenden grossen, unterhalb, eines verwundenden oberhalb, als der schnellste der Vögel, der flinkste der Fliegenden.

20. Dieser allein unter den beseelten Wesen erreicht mit sicherem Fluge er oder keiner, weil er (wie) ein gutes Ross reitet. Welcher gezogen hinkommt beim ersten Aufgang, bei der Morgenröthe, wünschend, dass die Dunkelheit nicht dunkel sein möge, wehrlos der Bewehrte wünschend²).

21. Er fegte dahin über die Spitzen (?) der Höcker, über die Höhen der Berge, die Mündungen der Thäler, die Wipfel der Bäume, behorcht habend die Sprache der Vögel³). So kam er etc.

---

1) Cf. oben Yt. 10, 70.

2) Die letzten Worte sind dunkel und können auch anders erklärt werden. Es scheint hiernach, dass Verethraghna zur Zeit des Tagesanbruchs thätig gedacht wird.

3) Die Sprache der Vögel zu verstehen gilt bekanntlich auch bei den neuern Orientalen als ein Zeichen der Weisheit.

8.

22. Den Verethraghna, den von Ahura geschaffenen, preisen wir. Es fragte etc.

23. Zu ihm kam zum achten Male Verethraghna, der von Ahura geschaffene, fliegend mit dem Körper eines Widders, eines wilden, schönen, mit tönenden (?) Klauen. So kam er etc.

9.

24. Den Verethraghna, den von Ahura geschaffenen, preisen wir. Es fragte etc.

25. Zu ihm kam zum neunten Male Verethraghna, der von Ahura geschaffene, fliegend mit dem Körper eines Bockes, eines streitbaren, schönen, mit scharfen Klauen. So kam er etc.

10.

26. Den Verethraghna, den von Ahura geschaffenen, preisen wir. Es fragte etc.

27. Zu ihm kam zum zehnten Male Verethraghna, der von Ahura geschaffene, fliegend mit dem Körper eines Mannes, eines glänzenden, schönen, von Mazda geschaffenen, tragend ein Schwert mit goldenem Griffe, verziert in aller Art. So kam er etc.

11.

28. Den Verethraghna, den von Ahura geschaffenen, preisen wir, den Bewirker der Mannheit, den Bewirker des Todes, den Bewirker des Fortgangs[1]), der von selbst steht, selbst abwehrt. Ihm opferte der reine Zarathustra im Sinne des Verethraghna, in der Rede des Verethraghna, im Thun des Verethraghna, in den Aussprüchen des Verethraghna, in den Antworten des Verethraghna[2]).

29. Ihm gab Verethraghna, der von Ahura geschaffene, die Quelle des Rechten: Stärke der Arme, Gesundheit des ganzen Körpers, Gedeihen des ganzen Körpers und die Sehkraft, wie sie besitzt Karo-maçyô[3]) der unter dem Wasser ist, welcher in der Ragha, der fern zu überschreitenden, tiefen, an 1000 Männer (tiefen) einen

---

1) Verethraghna ist sowol der Bewirker des Todes als des Fortganges, d. h. der künftigen Auferstehung insofern nämlich, als er im Ganzen doch den Sieg der gläubigen Partei zuwendet, die bösen Mächte dagegen vernichten hilft.

2) d. h. wol soviel als dass sich Zarathustra beim Opfer ganz und gar in einer dem Verethraghna wohlgefälligen Weise benahm.

3) Karô-maçyo ist kaum ein anderer als der in spätern Schriften Kharmâhi genannte Fisch. Sein Geschäft ist es den weissen Haoma beständig zu umkreisen und die schädlichen Geschöpfe von ihm abzuhalten, welche ihn zu

(jeden) Wasserfleck von der Grösse eines Haares (stets) im Gedächtnisse hat. Wegen seines Glanzes etc.

12.

30. Den Verethraghna, den von Ahura geschaffenen, preisen wir, den Bewirker der Mannheit, den Bewirker des Todes, den Bewirker des Fortgangs, der von selbst steht, selbst abwehrt. Ihm opferte der reine Zarathustra im Sinn des Verethraghna, in dem Worte des Verethraghna, in der That des Verethraghna, in den Aussprüchen des Verethraghna, in den Anworten des Verethraghna.

31. Ihm gab Verethraghna, der von Ahura geschaffene, die Quelle des Rechten: Stärke der Arme, Gesundheit des ganzen Körpers, Gedeihen des ganzen Körpers und die Sehkraft wie sie besitzt das männliche Pferd[1], welches in finsterer Nacht, in glanzloser, umwölkter, ein Pferdehaar, das auf der Erde liegen blieb, sieht, ob es ein Kopfhaar oder ein Schweifhaar ist. Wegen seines Glanzes etc.

13.

32. Den Verethraghna, den von Ahura geschaffenen, preisen wir, den Bewirker der Mannheit, den Bewirker des Todes etc.

33. Ihm gab Verethraghna, der von Ahura geschaffene, die Quelle des Rechten: Stärke der Arme, Gesundheit des ganzen Körpers, Gedeihen des ganzen Körpers und die Sehkraft, wie sie besitzt der Geier der goldfarbige, welcher neunfach von der Gegend (sc. entfernt seiend) etwas Grauenvolles sieht wie von der Grösse einer Faust, (wäre es auch) soviel als der Glanz einer glänzenden Nadel, als einer Nadelspitze. Wegen seines Glanzes etc.

14.

34. Den Verethraghna, den von Ahura geschaffenen, preisen wir. Es fragte Zarathustra den Ahura-mazda: Ahura-mazda, Himmlischer, Heiligster, Schöpfer der bekörperten Welten, Reiner! Wenn ich ein Gegenredner, ein Widerspecher sein soll gegen viele peinigende Menschen — was ist dann dagegen das Heilmittel?

---

vernichten trachten. Cf. Pârsigr. p. 172. Dass einzig Auffallende an unserer Stelle ist nur, dass der Karô-maçyo in das Wasser Ragha gesetzt wird (cf. oben zu Yt. 12, 18), während er sonst in dem See Vouru-kasha sich befindet.

[1] Ich glaube kaum, dass hier von einem gewöhnlichen Pferde die Rede ist. Höchst wahrscheinlich ist es ein fabelhaftes Thier, von dem wir nichts Näheres wissen.

35. Darauf entgegnete Ahura-mazda: Suche dir eine Feder eines Vogels der Federn hat wie die Eulen[1]), mit den Flügeln schlägt, o heiliger Zarathustra! Mit dieser Feder sollst du deinen Körper reiben, mit dieser Feder sollst du den Feind beschwören.

36. (Sprechend) Was uns erhält (sind) die Körper des starken Vogels, die Vollkommenheiten[2]) des starken Vogels, nicht schlägt (den Vogel) irgend ein glänzender Mensch, nicht treibt er ihn, reichlich bringt er ihm die Anbetung, reichlich verbreitet er seine Majestät, hülfreich ist die Feder des Vogels der Vögel.

37. Diese schlägt der Herr der Feinde, der König, der Heldentödter nicht zu Hunderten, er schlägt sie nicht auf einmal, einen einzigen schlägt er mit beiden Klauen (?) und geht vorwärts.

38. Alle fürchten sich vor dem Vogel, ebenso vor meinem Körper, von meinem Körper fürchten alle Feinde Stärke, den Sieg und den Geist der für den Körper geschaffen ist[3]).

39. Welchen (Vogel) anbeten die Herren, anbeten die Angehörigen des Herrn, die Abkömmlinge des Kava-Haoçrava, welchen anbetete Kava-Uça. Welchen das männliche Pferd trägt, welchen das lenksame Kamel trägt, welchen das fliessende Wasser trägt.

40. Welchen trug Thraetaona der starke, der da schlug die Schlange Dahâka mit drei Rachen, drei Köpfen, sechs Augen, tausend Kräften, die sehr kräftige von den Daevas stammende Druja, das Uebel für die Welten, die schlechte, welche als die kräftigste Druja geschaffen hat Ağra-mainyu gegen die bekörperte Welt zum Tode für das Reine in der Welt[4]). Wegen seines Glanzes etc.

15.

41. Den Verethraghna, den von Ahura geschaffenen, preisen

---

1) Ich glaube, dass peshô-parena heissen soll: mit Eulenfedern angethan und sehe in peshô das neuere پش. Die Beschwörung vermittelst einer Feder ist gewiss eine altiranische Vorstellung und dürfte dafür sprechen, dass Verethraghna vorzüglich in Gestalt eines Vogels verehrt worden sei. Cf. darüber die Einleitung zu diesem Bande.

2) Oder vielleicht: die Federn. Diese Bedeutung würde dem ganzen Zusammenhange nach sehr gut passen, ich bezweifle jedoch, dass man sie annehmen darf.

3) Ich erkläre mir diese Stelle so: Alle Kämpfenden fürchten ebenso sehr, dass sich der geflügelte Verethraghna vom Körper entferne als auch dass er zum Körper komme: letzteres nämlich von entgegengesetzter Seite, von Seiten der Feinde, dieses wird durch den Schluss des Paragraphen angedeutet.

4) Cf. Yç. IX, 25—27.

wir. Es bedeckt Verethraghna diese Wohnung durch seine Waffen mit Majestät, wie jener grosse Vogel Çaena, wie die wasserreichen Wolken sich auf die hohen Berge herabsenken. Wegen seines Glanzes etc.

16.

42. Es fragte Zarathustra den Ahura-mazda: Ahura-mazda, Himmlischer, Heiligster, Schöpfer der bekörperten Welten, Reiner! Wo ist des von Ahura geschaffenen Verethraghna Namensanrufung, wo sein Preis, wo sein Lob?

43. Darauf entgegnete Ahura-mazda: Wo Heere zusammenstossen, o heiliger Zarathustra, von denen ein jedes sich in geordneter Schlachtreihe aufgestellt hat. Da werden nicht besiegt die Geordneten, nicht geschlagen die Erschlagenen.

44. Vertheile da die ..... Federn nach den Wegen hin. Einem jeden folgt der Sieg, wo man genugsam opfert der Stärke der wohlgeschaffenen, dem von Ahura geschaffenen Verethraghna.

45. Die Stärke und den Verethraghna segne ich, die zwei Schützer, die beiden Beschirmer, die beiden Herrscher, die beiden sollen antreiben, die beiden sollen wegtreiben, die beiden sollen forttreiben, die beiden sollen aufräumen, die beiden sollen hinwegräumen, die beiden sollen fortkehren[1].

46. Zarathustra! diesen Manthra sollst du keinem Andern lehren ausser dem Vater oder dem Sohne oder dem Bruder der mit dir geboren ist oder dem rettenden Priester[2]. Dieses sind für dich Worte die stark sind, fest sind, stark sind zum Versammeln, stark sind zum Siege, stark und heilend. Diese Gebete für dich sind es, die ein sündiges Haupt reinigen, einen gezielten Schlag rückwärts wenden. Wegen seines Glanzes etc.

17.

47. Den Verethraghna, den von Ahura geschaffenen, preisen wir, welcher zwischen den geordneten Schlachtreihen einhergeht und herumfragt mit Mithra und Rashnu: Wer belügt den Mithra, wer beleidigt den Rashnu, wem soll ich Krankheit und Tod geben, ich der ich es vermag?

48. Darauf sprach Ahura-mazda: Wenn die Menschen opfern

---

[1] Stärke und Sieg verschmähen alle Schleichwege, sie gehen gerade zu, alle Hindernisse aus dem Wege räumend.
[2] Cf. Yt. 4, 10.

für den Verethraghna, den von Ahura geschaffenen, wenn von Geschenkten bei ihm wohnt das gesetzliche Opfer und Preis aus der besten Reinheit — da kommen hier zu den arischen Gegenden nicht hinzu: Heerschaaren, Hindernisse, keine Schuld, kein Gift, kein feindlicher Wagen, keine erhobene Fahne[1]).

49. Es fragte ihn Zarathustra: O Ahura-mazda, welches ist denn das passendste Opfer und Preis aus der besten Reinheit für Verethraghna, den von Ahura geschaffenen?

50. Darauf entgegnete Ahura-mazda: Gaben sollen ihm darbringen die arischen Gegenden, Bareçma sollen ihm streuen die arischen Gegenden, Vieh sollen ihm kochen die arischen Gegenden, ein lichtes oder gutfarbiges, was unter den Farben die Farbe des Haoma hat.

51. Nicht möge sie ergreifen ein Verderblicher, nicht eine Buhlerin, nicht ein Ungläubiger der die Gâthâs nicht hersagt, einer der die Welt tödtet, ein Gegner des ahurischen zarathustrischen Gesetzes.

52. Wenn sie ein Verderblicher ergreift, eine Buhlerin, ein Ungläubiger der die Gâthâs nicht hersagt, die Welt tödtet, ein Gegner des ahurischen zarathustrischen Gesetzes — da ergreift die Heilmittel Verethraghna, der von Ahura geschaffene.

53. Immerwährend kommen da zu den arischen Gegenden die Hindernisse, immerwährend stürzen sich auf die arischen Gegenden die Heerschaaren, immerwährend wird an den arischen Gegenden geschädigt, so dass funfzig tödten die Hunderttödter, hundert die Tausendtödter, tausend die Zehntausendtödter, zehntausend die welche Unzählige tödten[2]).

54. Darauf spricht also Verethraghna, der von Ahura geschaffene: Nicht, o Männer, kann geopfert und gepriesen werden die Stierseele, die vom Schöpfer geschaffene, denn die zerfleischenden (?) Daevas (und) Daevas verehrende Menschen vergiessen jetzt Blut und verwunden mit den Nägeln[3]).

55. Denn zerfleischende Daevas und Daevas verehrende Menschen bringen nun zum Feuer herbei von dem Baume der den Namen

---

1) Cf. Yt. 8, 56.
2) Die §§ 50—53 sind gleich mit Yt. 8, 58—60.
3) Da Drvâçpa die Erhalterin des Viehes und der Gesundheit ist (cf. oben) so kann ihr natürlich jetzt, so lange Schlachten geschlagen werden, nicht richtig geopfert werden.

Haperesha führt, das Brennholz, welches den Namen Nimadhaka[1]) führt.

56. Denn zerfleischende Daevas und Daevas verehrende Menschen beugen nun den Rücken und strecken die Mitte des Körpers vor, alle Glieder strecken sie hin . . . . . . [2]), denn zerfleischende Daevas und Daevas verehrende Menschen halten nun den Verstand zurück — da wendet diese (die Stierseele) das Gesicht ab. Wegen seines Glanzes etc.

18.

57. Den Verethraghna, den von Ahura geschaffenen, preisen wir. Den Haoma bringe ich; den Haupttheil, den Haoma, den siegreichen, bringe ich; den Beschützer für das Gut bringe ich; den Beschützer für den Körper bringe ich: den Haoma. Wenn er herniederkommt, da gelangt er bis zum schlechtgesitteten Bösen[3]).

58. Damit ich dieses Heer besiege, damit ich dieses Heer niederschlage, das hinter mir daher fährt. Durch seinen Glanz etc.

19.

59. Verethraghna, den von Ahura geschaffenen, preisen wir. Die Waffe die von Çighâirê[4]) stammt trug herbei der Sohn Ahuras. — Die Söhne sind die Herren von Zehntausend. Stark ist der Siegreiche mit Namen, siegreich ist er, der Starke mit Namen.

60. Damit ich mit der Sieghaftigkeit mich vereine mehr als alle Unarischen, damit ich dieses Heer schlage, damit ich dieses Heer besiege, damit ich dieses Heer niederschlage, welches hinter mir daher fährt. Wegen seines Glanzes etc.

---

1) Nimadhaka ist wahrscheinlich das feuchte Holz, was aber Haperesha ist vermag ich nicht zu sagen.

2) Hier folgen einige dunkle Worte die ich nicht zu enträthseln vermag. Anquetil's Uebersetzung dieser Stelle ist gewiss falsch. *(Ils frapperont Hô seeden; et quant ils ne frapperoient ni Hô seedene ni Heden, toujours verroit-on le Dew homme et son adorateur enlever les grands (êtres) qui sont sur (la terre) les productions qui y croissent.)* Anquetil denkt an den oben Yt. 8, 32. erwähnte Berg Heñdava, der aber gar nicht passt. Auch fügt er noch bei, dass einige Parsen die Worte Ho-çaidhin und badhen als Eigennamen fassen, was schwerlich richtig ist.

3) Unverständlich und sehr dunkel.

4) Es kann nicht mehr gesagt werden was unter dieser Bezeichnung zu verstehen ist. Auch Anquetil weiss nichts anzugeben.

20.

61. Den Verethraghna, den von Ahura geschaffenen, preisen wir. Yathâ ahû vairyo. Für die Kuh gehört die Stärke, für die Kuh die Anbetung, für die Kuh die Rede, für die Kuh der Sieg, für die Kuh die Speise, für die Kuh das Futter, für die Kuh arbeitet, sie ist uns zur Speise gedeihlich[1]). Wegen seines Glanzes etc.

21.

62. Den Verethraghna, den von Ahura geschaffenen, preisen wir. Der die Kampfesreihen zerstört, die Kampfesreihen zerschneidet, die Kampfesreihen nahe bringt, die Kampfesreihen vereinigt, der die Kampfesreihen zerstört, die Kampfesreihen zerschneidet, die Kampfesreihen nahe bringt, die Kampfesreihen vereinigt der Daevas und Menschen, der Zauberer und Pairikas, der Çâthras, Kaoyas und Karapanas, (das ist) Verethraghna der von Ahura geschaffene.

22.

63. Den Verethraghna, den von Ahura geschaffenen, preisen wir. Denn Verethraghna, der von Ahura geschaffene, hält die Hände zurück der furchtbaren Kampfesreihen, der verbündeten Länder und der mithratrügenden Menschen, er umhüllt ihr Gesicht, verhüllt ihre Ohren, nicht lässt er ihre Füsse ausschreiten, nicht sind sie mächtig. Wegen seines Glanzes etc.

Das Opfer, den Preis, die Kraft, die Stärke des vom Ahura geschaffenen Verethraghna preise ich und das Schlagen das von oben stammt etc.

XXXI. (15) Râm-yast.

Zufriedenstellung für Ahura-mazda etc. — Ashem-vohû. — Ich bekenne etc. Zufriedenstellung für Râma-qâçtra, für die Luft die in der Höhe wirkt, die gesetzt ist über die andern Geschöpfe; das von dir, o Luft, welches dem Çpenta-mainyus angehört zum Preis etc. Yathâ ahû vairyô.

1.

1. Ich preise die Gewässer und den Vertheiler (derselben), ich preise den Frieden den sieghaften, und von den Nutzen einen jeden. Ihn wollen wir preisen, ihn wollen wir anrufen für diese Wohnung,

---

1) Cf. Yç. X, 62—65.

für den Herrn dieser Wohnung, für den Geber der Gaben, den Darbringer. Gegen den Feind des Stieres, des zu preisenden, gegen den hier tödenden unter den Feinden rufen wir den besten Yazata an.

2. Ihm opferte der Schöpfer Ahura-mazda in Airyana-vaeja der guten Schöpfung auf goldenem Throne, auf goldenem Schemel (?)[1]), auf goldener Decke, mit zusammengebundenen Bareçma, bei überfliessender Fülle.

3. Ihn bat er um diese Gunst: Gieb mir o Luft[2]) die du in den Höhen wirkst, dass ich schlagen möge unter den Geschöpfen des Ağra-mainyus so wie einer der dem Çpenta-mainyus (angehört).

4. Es gewährte ihm diese Gunst die Luft die in den Höhen wirkt, als dieses genehmigte der Schöpfer Ahura-mazda[3]).

5. Wir wollen die Luft preisen, wir wollen die Luft preisen die in der Höhe wirkt, das von dir o Luft, das dem Çpenta-mainyu angehört[4]). Wegen ihres Glanzes, wegen ihrer Majestät wollen wir sie preisen mit hörbarem Preise: die starke Luft, die in der Höhe wirkt mit Darbringungen. Wir preisen die starke Luft die in der Höhe wirkt. Mit Haoma etc.

2.

6. Ich preise die Gewässer und den Vertheiler derselben etc.

7. Ihm opferte Haoshyağho der Paradhâta[5]) auf dem Taera[6]) des aus Eisen zusammengefügten Berges, auf goldenem Throne, auf goldenem Schemel, auf goldener Decke, mit zusammengebundenen Bareçma, bei überfliessender Fülle.

8. Ihn bat er um diese Gunst: Gieb mir, o Luft, die du in der

---

1) Es ist nicht gewiss ob der Ausdruck gerade einen Schemel besagen will, jedenfalls aber etwas Ausgebreitetes, Hingeworfenes.

2) Während Râms-qâçtra sonst gewöhnlich als Genius des Geschmackes bezeichnet wird, gilt er öfter auch für den Genius der Luft.

3) Es scheint fast als ob der Verfasser dieses Stückes sich die Luft als eine dem Ahura-mazda gleichstehende, also etwa zu den Qadhâtas gehörige Gottheit betrachtete. Wäre dies nicht der Fall, so müsste man es ungereimt finden, dass das Geschöpf dem Schöpfer seine Gunst gewährt.

4) Cf. Yç. XXII, 27. und die Note zu dieser Stelle.

5) Cf. zu Vd. XX, 7. Ich glaube indess jetzt, dass man Paradhâta statt: zuerst gesetzt, besser mit früher gesetzt überträgt.

6) Taera cf. zu Yt. 12, 25. Es scheint Taera nur ein Theil eines grossen Gebirges zu sein, wol des Alborj. Der Zusatz: aus Eisen zusammengefügt, scheint anzudeuten, dass man dieses Gebirge als aus Eisen bestehend gedacht hat.

Höhe wirkst, dass ich erschlagen möge zwei Drittel der mazanischen Daevas und der varenischen, schlechten.

9. Es gewährte ihm diesen Wunsch die Luft die in der Höhe wirkt, als dieses genehmigte der Schöpfer Ahura-mazda. Wir wollen etc.

3.

10. Ich preise die Gewässer etc.

11. Ihm opferte der Takhma-urupa¹), unbewaffnet (?) auf goldenem Throne, auf goldenem Schemel, auf goldener Decke, mit zusammengebundenen Bareçma, bei überströmender Fülle.

12. Ihn bat er um diese Gunst: Gieb mir, o Luft, die du in der Höhe wirkst, dass ich schlagen möge alle Daevas und Menschen, alle Zauberer und Pairikas, dass ich lenke den Agra-mainyu gezähmt, in Gestalt eines Pferdes, dreissig Jahre lang um beide Enden der Erde²).

13. Es gewährte ihm diese Gunst die Luft die in der Höhe wirkt, als dieses genehmigte der Schöpfer Ahura-mazda. Wir wollen etc.

4.

14. Ich preise die Gewässer etc.

15. Ihm opferte Yima, der glänzende, mit guter Versammlung versehene, von hohen Hukairya aus, dem ganz glänzenden, goldenen, auf goldenem Throne, auf goldenem Schemel, auf goldener Decke, mit zusammengebundenen Bareçma, bei überströmender Fülle.

16. Ihn bat er um diese Gunst: Gieb mir, o Luft, die du in der Höhe wirkst, dass ich sein möge das majestätischste der geborenen Wesen, der die Sonne am meisten ansehende der Menschen, dass ich machen möge für mich in der Herrschaft unsterblich Menschen und Vieh, nicht vertrocknend Wasser und Bäume, die essbare Speise unversiegbar. In der weiten Herrschaft des Yima war kein

---

1) Gewöhnlich wird er tskhmo nrupis, d. h. der starke Fuchs genannt, es ist der Tahmurasp der spätern Sage.

2) Die Sage, auf welche hier angespielt wird, ist ein merkwürdiges Stück altéranischer Mythologie, das uns nur die Parsen vollständig erhalten haben. Nach diesem reitet Tahmuraçp dreissig Jahre lang auf dem Ahriman, daher ist ihm auch in der moslemischen Färbung der Sage der Titel Révsbändiger geblieben. Firdosi hat übrigens diese Sage nicht aufbewahrt. Ausführlicheres in der Einl. zu diesem Bande.

kalter Wind, kein heisser, da war nicht Alter nicht Tod, kein Neid, der von Daevas geschaffene[1]).

17. Es gewährte ihm diese Gunst die Luft die in der Höhe wirkt, als dies genehmigte der Schöpfer Ahura-mazda. Wir wollen etc.

5.

18. Ich preise die Gewässer etc.

19. Ihm opferte die Schlange Dahâka mit drei Rachen an der schlechten Wüste auf einem goldenen Throne, auf einem goldenen Schemel, auf goldener Decke, mit zusammengebundenen Bareçma, bei überströmender Fülle.

20. Ihn bat er um diese Gunst: Gieb mir, o Luft, die du in der Höhe wirkst, dass ich unsterblich machen möge alle die in den sieben Kareshvares sind.

21. Nicht gewährte ihm diese Gunst die Luft die in der Höhe wirkt dem Opfernden, nicht dem Bittenden, nicht dem Anrufenden, nicht dem Geber, nicht dem Darbringer von Gaben. Wegen ihres Glanzes etc.

6.

22. Ich preise die Gewässer etc.

23. Ihm opferte der Sohn des athwyanischen Clanes, des tapferen Clanes: Thraetaona in Varena dem viereckigen[2]), auf einem goldenen Throne, goldenen Schemel, goldener Decke, mit zusammengebundenen Bareçma, mit überströmender Fülle.

24. Ihn bat er um diese Gunst: Gieb mir, o Luft, die du in der Höhe wirkst, dass ich schlagen möge die Schlange Dahâka mit drei Rachen, drei Köpfen, sechs Augen, tausend Kräften, die sehr starke den Daevas angehörende Druja, das Uebel für die Welten, die schlechte, welche als die stärkste Druja Ağra-maiuyus erschuf, hin zur Körper begabten Welt, zum Tod für das Reine in der Welt, und dass ich als Besieger vertreiben möge die welche ihm nützen und ihm verpflichtet sind, die nach ihren Körpern die schönsten sind, um sie zu werfen die (sind) im Verborgensten der Welt[3]).

25. Es gewährte ihm diese Gunst die Luft, welche in der Höhe

---

1) Cf. Yç. IX, 11—18.
2) Cf. Vd. I, 68.
3) Cf. Yç. 5, 34. 9, 14.

wirkt, als dieses genehmigte der Schöpfer Ahura-mazda. Wir wollen etc.

7.

26. Ich preise die Gewässer etc.

27. Ihm opferte der männlich gesinnte Kereçàçpa an dem verborgenen (?) Abflusse der von Mazda geschaffenen Ragha, auf goldenem Throne, auf goldenem Schemel, auf goldener Decke, mit zusammen gebundenen Bareçma, bei überströmender Fülle.

28. Ihn bat er um diese Gunst: Gieb mir, o Luft, die du in den Höhen wirkst, dass ich niederschlagen möge aus Rache für meinen Bruder Urvakhshaya, dass ich schlagen möge den Hitàçpa, dass er am Wagen ziehen müsse. So gehört die Tiefe dem Ahura, so giebt es nur einen Herrn der Tiefe, so gehört Gañdarewa unter dem Wasser[1]) (dem Ahura).

29. Es gewährte ihm diese Gunst die Luft die in der Höhe wirkt, als dieses genehmigte der Schöpfer Ahura-mazda. Wir wollen etc.

8.

30. Ich preise die Gewässer etc.

31. Ihm opferte Aurvaçàra der Herr der Gegenden an dem weisslichen Gebüsche, am weisslichen Walde, an den Gränzen am Walde[2]) auf einem goldenen Throne, einem goldenen Schemel, einer goldenen Decke, mit zusammengebundenen Bareçma, bei überströmender Fülle.

32. Ihn bat er um diese Gunst: Gieb mir, o Luft, die du in den Höhen wirkst, dass uns nicht schlagen möge der männliche Vereiniger der arischen Gegenden zu einem Reiche: Haoçrava, dass ich entrinnen möge vor den Kavi Haoçrava, dann möge Kava Haoçrava schlagen alle unarischen im Walde.

33. Es gewährte ihm diese Gunst die Luft die in der Höhe

---

1) Obwohl uns die Parsen mehrere Mythen von Kereçàçpa aufbewahrt haben, welche sonst nicht bekannt sind, so ist doch der Zug, auf welchen hier angespielt wird, nicht vorhanden. Ich erkläre den Namen Hitàçpa als ein Determinativcompositum, d. h. gebundenes Pferd, mit Rücksicht auf die Mythe, dass er — ähnlich wie Ahriman — als Pferd an einen Wagen gebunden werden sollte. Die letzten Worte sind etwas dunkel, aus Yt. 19, 41 geht aber jedenfalls hervor, dass dieser Hitàçpa kein Anderer ist als Gañdarewa, von welchem oben Yt. 5, 38 bereits die Rede gewesen ist.

2) Cf. zu Yt. 5, 50.

wirkt, als dieses genehmigte der Schöpfer Ahura-mazda. Wir wollen etc.

9.

34. Ich preise etc.

35. Ihm opferte Hutaoça die mit vielen Brüdern verseheue für den Clan der Naotaras, auf einem goldenen Throne, auf einem goldenen Schemel, einer goldenen Decke, mit zusammengebundenen Bareçma, bei überströmender Fülle.

36. Ihn bat sie um diese Gunst: Gieb mir, o Luft, die du in den Höhen wirkst, dass ich geliebt sein möge, mit Liebe augenommen in der Wohnung des Kavi Vistâçpa.

37. Ihr gewährte diese Gunst die Luft die in der Höhe wirkt, als das genehmigte der Schöpfer Ahura-mazda. Wir wollen etc.

10.

38. Ich preise etc.

39. Ihm opferten die Mädchen, die noch nicht besucht waren von Menschen, auf goldenem Throne, auf goldenem Schemel, auf goldener Decke, mit zusammengebundenen Bareçma, bei überströmender Fülle.

40. Dann baten sie ihn um diese Gunst: Gieb uns, o Luft, die du in der Höhe wirkst, dass wir einen Hausherrn erlangen mögen, einen Jüngling mit ausgezeichnetem Körper, der uns wohl ernähren möge so lange wir leben und uns Nachkommenschaft verschaffe, mit weisem Zahne, mit der Zunge redend[1]).

41. Es gewährte ihnen diese Gunst die Luft die in der Höhe wirkt, als dieses genehmigte der Schöpfer Ahura-mazda. Wir wollen etc.

11.

42. Ich preise etc. — Den Angehörigen des Çpenta-mainyu, den glänzenden, majestätischen preisen wir.

43. Ich führe den Namen Luft (Vayu) o heiliger Zarathustra, deswegen führe ich den Namen der Luft, weil ich die Geschöpfe hinwegwehe (vayèmi) beide, welche geschaffen hat Çpenta-mainyu und welche geschaffen hat Agra-mainyu[2]). Ich führe den Namen der Wegführer, o heiliger Zarathustra, deswegen führe ich den Namen

---

1) d. h. weise sprechend.

2) Hiernach scheint die Luft ein Mittelwesen zu sein, welches ähnlich wie Mithra seine Wirksamkeit sowol auf Gute wie auf Böse ausdehnt. Doch sprechen andere Parsenbücher auch von einem guten und bösen Winde.

der Wegführer, weil ich die Geschöpfe hinwegführe, welche beide geschaffen haben Çpenta-mainyus und Aĝra-mainyus.

44. Ich führe den Namen: „Alle schlagend", o heiliger Zarathustra, deswegen führe ich den Namen Alle schlagend, weil ich beiderlei Geschöpfe schlage, welche Çpenta-mainyus geschaffen hat und welche Aĝra-mainyus geschaffen hat. Ich führe den Namen „der Gutes Thuende," o heiliger Zarathustra, deswegen führe ich den Namen der Gutes Thuende, weil ich Gutes thue für den Schöpfer Ahura-mazda und die Amesha-çpentas.

45. Ich heisse der Vorangeher, ich heisse der Nachfolger, ich heisse der Verfolger, ich heisse der Hinwegkehrer, ich heisse der Niederkehrer, ich heisse der Beissende, ich heisse der Hinwegnehmer, ich heisse der Erlanger, ich heisse der Glanzerlangende.

46. Ich heisse der Schnelle, ich heisse der Schnellste, ich heisse der Starke, ich heisse der Stärkste, ich heisse der Feste, ich heisse der Festeste, ich heisse der Kräftige, ich heisse der Kräftigste, ich heisse der Wohlgeflügelte, ich heisse der wohl ringsum Kehrende, ich heisse der Hierschlagende, ich heisse der Herbeiführer, ich heisse der Vertreiber der Daevas, ich heisse der Zerreisser (?).

47. Ich heisse der von Leiden befreite, ich heisse der von Leiden befreiende, ich heisse der Hierkräftige, ich heisse der zum Schutz starke, ich heisse der zum Niederschlagen kräftige, ich heisse der Brennende, ich heisse der Reine (?), ich heisse die Reinheit, ich heisse die Vollkommenheit, ich heisse der Heulende, ich heisse der heulend sprechende, der heulend speiende.

48. Ich heisse mit scharfer Lanze versehen, ich heisse die scharfe Lanze, ich heisse mit breiter Lanze versehen, ich heisse die breite Lanze, ich heisse mit glänzender Lanze versehen, ich heisse die glänzende Lanze, ich heisse der Majestätische, ich heisse der überaus Majestätische.

49. Diese meine Namen sollst du anrufen, o Zarathustra, dann wenn du in den Bedrängnissen der Heere bist, dann wenn du beim Zusammentreffen der Schlachtreihen, in der Kämpfen der Gegenden bist.

50. Diese meine Namen sollst du anrufen, o Zarathustra, dann wenn der Befehlshaber in einer Gegend, Allherrscher, fallend, sich krümmend, verwundet, auf dem Wagen getroffen, bittet um Nahrung, bittet um Heilmittel.

51. Diese meine Namen sollst du anrufen, o reiner Zarathustra,

als gegen einen bösen, unreinen, fallenden, sich krümmenden, verwundeten, auf dem Wagen getroffenen, bittenden um Stärke, bittenden um Nahrung, bittenden um Heilmittel.

52. Diese meine Namen sollst du anrufen, o Zarathustra, dann, wenn ein Gefesselter dasteht, ein Gefesselter befördert, ein Gefesselter geführt wird, um vorwärts gebracht zu werden zu dem Gefängnisswärter, um hinweggebracht zu werden zum Kerkermeister.

53. O Luft du bist bei Pferden, bei Menschen, bei Allen ein Vertreiber von Zweifeln, unter allen ein Vertreiber der Daevas, in den untersten Orten, in tausendfachen Finsternissen, kommt sie zu dem der sie verlangt.

54. Mit welchem Opfer soll ich dich preisen? mit welchem Opfer dich loben, mit welchem Opfer kommt dir eine Einladung zu? — Die Luft ist schneller, aufgeschürzter, heftiger, streitbarer, mit höheren Füssen, breiterer Brust, breiteren Hüften, schärferen Gesicht als die andern über ein Reich herrschenden, mit Allherrschaft herrschenden.

55. Suche du Bareçma, o reiner Zarathustra, Auswahl, Auslese für die Fortschreitenden zu der lichten, hohen, die Hinübergehenden zur Morgenröthe[1]).

56. Wenn du mir opferst, so will ich dich mit von Mazda geschaffener Rede preisen, mit glänzender, heilsamer, damit dich nicht beschädige Agra-mainyus der voll Tod ist, nicht die Zauberer, nicht der Zaubernde, kein Daeva, kein Mensch.

57. Luft, du schnelle, (dich) preisen wir. Luft, du starke, (dich) preisen wir. Die Luft, die schnelle der Schnellen, preisen wir. Die Luft, die stärkste der Starken, preisen wir. Die Luft mit goldenem Helme preisen wir. Die Luft mit goldenem Busche preisen wir. Die Luft mit goldenem Halsbande preisen wir. Die Luft mit goldenem Wagen preisen wir. Die Luft mit goldenem Rade preisen wir. Die Luft mit goldener Rüstung preisen wir. Die Luft mit goldenem Kleide preisen wir. Die Luft mit goldenen Schuhen preisen wir. Die Luft mit goldenem Gürtel preisen wir. Die reine Luft preisen wir.

58. Yathâ ahû vairyo. — Opfer, Preis, Stärke, Kraft weihe ich dem Râma-qâçtra, der Luft die in der Höhe wirkt, die gesetzt ist

---

1) Der Schluss dieses Paragraphen ist etwas dunkel. Es sind wol die Winde zu verstehen.

über die anderen Geschöpfe, das von dir, o Luft, das dem Çpeñtamainyus angehört.

XXXII. (16) Dîn-yast.

Im Namen Gottes, Ormazds des Herrn, des Vermehrers. Es möge zunehmen an grosser Majestät das gute mazdayaçnische Gesetz, es möge kömmen. — Alle Sünden etc.

Zufriedenstellung für Ahura-mazda. Ashem-vohû. — Ich bekenne (mich) etc. Zufriedenstellung für die richtigste Weisheit die von Mazda geschaffene, reine, das gute mazdayaçnische Gesetz zum Preis, Anbetung, Zufriedenstellung und Lob. — Yathâ ahû vairyo.

1.

1. Die richtigste Weisheit die von Mazda geschaffene, reine, preisen wir (das gute mazdayaçnische Gesetz preisen wir), die gute Wegzehrung[1]), die schnell herbeieilende, sehr verzeihende, Gaben darbringende, reine, tugendbegabte, berühmte, schnell wirkende, bald wirkende, selbst abwehrende, von selbst reine: das gute mazdayaçnische Gesetz.

2. Welchem opferte Zarathustra (sprechend): „Erhebe dich vom Throne, gehe hervor aus (deiner) Wohnung: richtigste Weisheit, von Mazda geschaffene, reine. Wenn du vorne bist, so warte auf mich, wenn du hinten bist, so komme zu mir.

3. Dann soll Friede sein, damit seien von selbst geschützt die Wege, von selbst zu begehen die Berge, von selbst zu durchlaufen die Wälder, leicht zu überschreiten das fliessende Wasser wegen dieses Nutzens: zum Verkünden der Rede, der ferner zu bedenkenden.

4. Wegen ihres Glanzes, wegen ihrer Majestät will ich sie preisen mit hörbarem Preise: die richtigste Weisheit, die von Mazda geschaffene, reine, mit Darbringungen. Wir preisen die richtigste Weisheit, die von Mazda geschaffene, reine. Mit Haoma etc.

2.

5. Die richtigste Weisheit die von Mazda geschaffene etc.

6. Welcher opferte Zarathustra um gute Gedanken für den

---

[1] Wegzehrung heisst das mazdayaçnische Gesetz, weil es am meisten geeignet ist den Menschen auf seinem Wege zum Paradiese zu stärken.

Geist, um gute Worte für die Rede, um gute Werke für das Handeln, um diese Gunst:

7. Dass ihm geben möge die richtigste Weisheit, die von Mazda geschaffene, reine: Kraft für die Füsse, Gehör für die Ohren, Stärke für die Arme, Gesundheit für den ganzen Körper, Gedeihen für den ganzen Körper und die Sehkraft wie sie besitzt Karo-maçyo der unter dem Wasser ist, der in der Ragha, der fern zu überschreitenden, tiefen, an 1000 Männer (tiefen) einen (jeden) Wasserstreif von Grösse eines Haares beständig im Gedächtnisse hat[1]). Wegen ihres Glanzes etc.

3.

8. Die richtigste Weisheit etc.

9. Welcher opferte Zarathustra um gute Gedanken für den Geist, um gute Worte für das Reden, um gute Werke für das Handeln, um diese Gunst:

10. Damit ihm geben möge die richtigste Weisheit, die von Mazda geschaffene, reine: Kraft für die Füsse, Gehör für die Ohren, Stärke für die Arme, Gesundheit für den ganzen Körper, Gedeihen für den ganzen Körper und die Sehkraft wie sie besitzt das männliche Pferd, welches in einer dunklen Nacht einer regnerischen, schneeigen, eisigen, hagelnden, neunfach (entfernt) vom Reiche ein auf der Erde liegendes Pferdehaar sieht, ob es ein Kopfhaar oder Schwanzhaar[2]) ist. Wegen seines Glanzes etc.

4.

11. Die richtigste Weisheit etc.

12. Welcher opferte Zarathustra um gute Gedanken für den Geist, um gute Worte für die Rede, um gute Werke für das Handeln um die Gunst.

13. Dass ihm geben möge die richtigste Weisheit, die von Mazda geschaffene, reine: Kraft für die Füsse, Gehör für die Ohren, Stärke für die Arme, Gesundheit für den ganzen Körper, Gedeihen für den ganzen Körper und die Sehkraft wie sie hat der goldfarbene Geier, welcher neunfach von der Gegend entfernt etwas Graunvolles wie von der Grösse einer Faust erblickt, so viel wie den Glanz einer glänzenden Nadel, so viel wie eine Nadelspitze[3]). Wegen ihres Glanzes etc.

---

1) Cf. oben zu Yt. 14, 29.
2) Cf. Yt. 14, 31.
3) Cf. Yt. 14, 33.

5.

14. Die richtigste Weisheit etc.

15. Welcher opferte Hvovi, die reine, weise, ein gutes Theil wünschend: nämlich den reinen Zarathustra, um zu bedenken das Gesetz, zu sprechen nach dem Gesetze, zu handeln nach dem Gesetze. Wegen ihres Glanzes etc.

6.

16. Die richtigste Weisheit etc.

17. Welcher opferte der Priester der in der Ferne geschaffene, wünschend Gedächtniss für das Gesetz, Stärke wünschend für den Körper. Wegen ihres Glanzes etc.

7.

18. Die richtigste Weisheit etc.

19. Welcher opferte der Befehlshaber der Gegend, der Herr der Gegend, Frieden wünschend für die Gegend, Stärke wünschend für den Körper. Wegen ihres Glanzes etc.

20. Yathâ ahû vairyô. — Opfer, Preis, Stärke, Kraft weihe ich für die richtigste Weisheit, die von Mazda geschaffene, reine etc.

XXXIII. (17) Ashi-yast.

Zufriedenstellung für Ahura-mazda. Ashem-vohû. — Ich bekenne (mich) etc. Zufriedenstellung für die gute Ashi, die gute Weisheit, die gute Rechtlichkeit, die gute Geradheit, für die Majestät, den Nutzen, den von Ahura geschaffenen, zum Preis, Anbetung, Zufriedenstellung und Lob. — Yathâ ahû vairyô.

1.

1. Die Ashis-vaġuhi preisen wir, die glänzende, grosse, wohlgewachsene, sehr verehrungswürdige, mit ihrem glänzenden Rade, die starke, die Verleiherin von nützlichen Gaben, die heilsame, mit vielen Männern versehene, tapfere.

2. Die Tochter des Ahura-mazda, die Schwester der Ameshaçpentas, welche alle Nützenden mit vorwärts gehenden Verstande festigt und den himmlischen Verstand als Gabe verleiht. Sie kommt dem in der Nähe wie in der Ferne Anrufenden zu Hülfe, welcher der Ashi opfert mit Gaben.

3. Wegen ihres Glanzes, wegen ihrer Majestät will ich sie preisen mit hörbarem Preise, ich will ihr opfern mit wohlgeopferten

Opfer, der Ashis-vaġuhi mit Darbringungen. Wir preisen die Ashis-vaġuhi. Mit Haoma etc.

2.

4. Die Ashi-vaġuhi preisen wir, die glänzende etc.

5. Preis dem Haoma, dem Manthra, dem reinen Zarathustra. Darum sei Preis dem Haoma, weil alle übrigen Wissenschaften mit dem Aesbma mit schrecklicher Waffe zusammenhängen, aber die Wissenschaft des Haoma hängt mit der Reinheit zusammen, durch ihre eigene gute Reinheit[1]).

6. Ashi du bist schön, Ashi du bist strahlenreich, mit Vergnügen kommst du herbei aus den Strahlen. Ashi du bist die Geberin von vielen Glanze für die Männer denen du folgst, die wohlriechende. Es duftet das Haus, in wessen Hause die starke Ashis-vaġuhi die Füsse niedersetzt, mit freundlicher Gesinnung, zu langer Freundschaft.

7. Diese Männer beherrschen Reiche, die Vieles kochenden, grosse Theile verleihenden, mit schnaubenden Pferden versehenen[2]), mit leuchtendem Rade, mit geschmeidigem Dolche versehenen, vieles tragenden, Nahrung verleihenden (?), Wohlriechende, wo da ist das Haus zubereitet und andere glänzende Güter. — An die du dich anschliessest, Ashis-vaġuhi — Heil sei ihm an den du dich anschliessest, schliesse dich an mich, du vielartige, starke.

8. Deren Wohnungen sind wohlbegründet, stark gerüstet stehen sie, reich an Reinheit, langen Beistand besitzend. Welchen du dich anschliessest, Ashis-vaġuhi — Heil sei ihm, dem du dich anschliessest, schliesse dich an mich an, vielartige, starke!

9. Ihre Throne sind wohl ausgebreitet, wohlgekleidet (?) gut mit Decken versehen, gleich und mit goldenem Ueberzuge die Füsse. — Welchen du dich anschliessest Ashis-vaġuhi — Heil dem welchem du dich anschliessest, schliesse dich an mich an, vielartige, starke!

10. Deren geliebte Frauen[3]) die im Hause befindlichen, sitzen auf Thronen . . . . mit Hacken gebunden, herabhängen Ohren-

---

1) Cf. Yç. X, 18. 19 und die Note dazu.

2) Da Ashis-vaġuhi die Verleiherin des häuslichen Wohlstandes ist, so werden diese scheinbar unzusammenhängenden Beiwörter begreiflich.

3) Dass es die Frauen sein müssen von welchen in diesem Paragraphen die Rede ist, geht aus dem ganzen Zusammenhange des Stückes deutlich genug hervor, der Text ist aber an einigen Stellen theils dunkel, theils verdorben, weswegen es mir nicht möglich gewesen ist eine vollständige Uebersetzung zu geben.

ringe, viereckige und ein goldgeformtes Halsgehänge. (Sie sprechen) Wann wird herznkommen der Hausherr, was sollen wir mit Freude ihm wünschen, die Geliebten, für seinen Körper? Welchen du dich anschliessest, Ashis-vaġuhi — Heil dem, welchem du dich anschliessest, schliesse dich an mich an, vielartige, starke!

11. Deren Mädchen sitzen da mit Fussgeschmeide versehen (?) schlanker (?) Mitte[1]) mit berühmten Körpern, langen Zehen, von Körper so schön wie es der Wunsch derer ist denen sie gegeben werden. Welchen du dich anschliessest, Ashis-vaġuhi — Heil dem, dem du dich anschliessest, schliesse dich an mich an, vielartige, starke!

12. Ihre Pferde sind schnell, weit dahin schnaubend, mit Stärke (?) fahren sie den Wagen, an den auf das Wort gehenden schirren sie sich an, den starken Lobpreisenden fahren sie dahin, den mit schnellen Pferden, mit starkem Wagen versehenen, den mit spitziger Lanze, mit langem Schafte versehen, den mit geschmeidigem Pfeile, den umsichtigen, hinter den Feinden hergehenden, den Schläger vor dem Feinde. Welchen du dich anschliessest Ashis-vaġuhi — Heil dem, welchem du dich anschliessest, schliesse dich an mich an, vielartige, starke!

13. Ihre Kamele sind starkhöckerig, die sich lenken lassen mit reinem Geiste, von der Erde aufspringend[2]), lenksam. Welchen du dich anschliessest Ashis-vaġuhi — Heil dem, welchem du dich anschliessest, schliesse dich an mich an, vielartige, starke!

14. Ihnen bringt sie Silber und Gold herbei aus anderen Gegenden und Kleider, glänzende Gürtel. Welchen du dich anschliessest Ashis-vaġuhi — Heil dem, welchem du dich anschliessest, schliesse dich an mich an, vielartige, starke[3]).

15. Sieh mich an, komm zu mir mit Mildthätigkeit[4]) Ashis,

---

1) Auch in diesen Paragraphen finden sich einige ἅπαξ λεγ., welche es nicht möglich ist mit Sicherheit zu übertragen.

2) Sie springen nämlich leicht wieder auf sobald sie beladen sind.

3) Die Beschreibung, welche hier in § 8—14 von den häuslichen Glücksgütern der Mazdayaçnas gemacht wird, ist äusserst merkwürdig und zeigt uns den geringen Umfang ihrer Bedürfnisse. Eine Wohnung sammt ihrer Einrichtung, Frauen und Kinder, dann Pferde und Kamele bilden den Hauptreichthum. Dass auch noch Gold und Silber als aus andern Ländern kommend beigefügt werden beweist, dass der Handel begonnen hat. Hierzu lassen sich nur noch Waffen und von Luxusgegenständen Schmuck für die Frauen hinzufügen.

4) Die ersten Worte sind nicht ganz sicher und der Sinn dunkel. Es soll wol damit gesagt werden, dass Ashis-vaġuhi dem Besitzer der Reichthümer auch

Hohe! Wohlgeschaffen bist du, von guter Abstammung, freien Willens, mächtig bist du, die Majestät bist du, geschaffen für den Körper.

16. Dein Vater ist Ahura-mazda, der grösste der Yazatas, der beste der Yazatas. Deine Mutter ist Çpenta-ârmaiti. Dein Bruder der gute Çraosha, der heilige, und Rashnus der hohe, starke, und Mithra der weite Triften besitzt, der mit 10000 (Augen) bewacht und 1000 Ohren hat. Deine Schwester ist das mazdayaçnische Gesetz.

17. Gepriesen von den Yazatas, nicht zurückgehalten von den Gerechtesten stellte sich Ashis-vaguhi, die hohe, auf einen Wagen, also mit Worten sprechend: „Wer bist du der du mir opferst, dessen Rede ich als die weitaus schönste von den Anrufenden gehört habe"?[1])

18. Darauf sprach also der heilige Zarathustra: der als der erste Mensch den Asha-vahista pries, dem Ahura-mazda opferte, den Amesha-çpentas opferte, bei dessen Geburt und Wachsthum erfreut waren die Wasser und Bäume, bei dessen Geburt und Wachsthum wuchsen die Wasser und die Bäume.

19. Bei dessen Geburt und Wachsthum hinweg lief Agra-mainyus von der Erde, der breiten, runden, fern zu durchwandelnden. Also sprach der Schlechtes wissende Agra-mainyus, der voll Tod ist: Nicht treiben alle Yazatas mich wider Willen fort, Zarathustra allein erreicht mich wider Willen.

20. Er schlägt mich mit dem Ahuna-vairya, mit einer solchen Waffe wie ein Stein von der Grösse eines Kata[2]), er macht mir heiss durch den Asha-vahista[3]) ähnlich wie ein Metall in der Schmelze, er bringt mich von dieser Erde am besten hinweg, er der allein mich gehen macht: der heilige Zarathustra.

21. Darauf sprach also Ashis-vaguhi die hohe: Stelle dich näher zu mir, rechtschaffener, reiner, heiliger, nähere dich meinem Wagen. Da kam näher zu ihr hin der heilige Zarathustra, er näherte sich ihrem Wagen.

---

einen milden Sinn geben möge, damit er seine Reichthümer zum Frommen der Armen verwende.

1) Die genaue Beschreibung, welche von der Abstammung und Person der Ashis-vaguhi gegeben wird, scheint mir zu beweisen, dass dieselbe nicht blos Personification eines abstracten Begriffes war, sondern in die Classe der alten ȇranischen Gottheiten gehört wie Anâhita, Mithra u. A. m.

2) Cf. Vd. XIX, 13.

3) Weil nämlich Asha vahista der Genius des Feuers ist.

22. Sie streichelte ihn mit der linken Hand und mit der rechten, mit der rechten Hand und der linken, also mit Worten sprechend: „Schön bist du o Zarathustra, wohlgeschaffen bist du, o heiliger, mit schönen Waden und langen Armen. Dir ist gegeben Majestät für den Leib, grosse Reinheit für die Seele. (So ist es) wie ich dir sage".

3.

23. Dir Ashis-vaġuhi preisen wir etc.
24. Ihr opferte Haoshyaġha der Paradhâta auf dem Gipfel des hohen Berges, des schönen von Mazda geschaffenen.
25. Dann bat er sie um diese Gunst: Gieh mir, Ashis-vaġuhi, du hohe, dass ich alle mazanischen Daevas schlagen möge, dass ich mich nicht erschreckt beuge aus Furcht vor den Daevas, aber von jetzt sollen sich alle Daevas erschrocken beugen, erschrocken zur Finsterniss eilen [1]).
26. Herum lief, herzu kam Ashis-vaġuhi die hohe, es erlangte diese Gunst Haoshyaġha der Paradhâta.

4.

27. Die Ashis-vaġuhi preisen wir etc.
28. Ihr opferte Yima der Glänzende, mit guter Versammlung versehene, vom hohen Hukairya aus.
29. Dann bat er sie um diese Gunst: Gieb mir, Ashis-vaġuhi, hohe, dass ich fette Heerden bringen möge hin zu den Geschöpfen Mazdas, dass ich Unsterblichkeit bringen möge hin zu den Geschöpfen Mazdas.
30. Ferner, dass ich hinwegbringen möge beides, Hunger und Durst, von den Geschöpfen Mazdas, dass ich hinwegbringen möge beides, Alter und Tod, von den Geschöpfen Mazdas, dass ich hinwegbringen möge beides, heissen Wind und kalten, von den Geschöpfen Mazdas, tausend Jahre hindurch.
31. Herum lief, herzu kam Ashis-vaġuhi, die hohe, es erlangte diese Gunst Yima der glänzende, mit guter Versammlung versehene.

5.

32. Die Ashis-vaġuhi preisen wir etc.
33. Ihr opferte der Sohn des athwyanischen Clanes, des tapferen Clanes, Thraetaona bei Varena, dem viereckigen.
34. Dann hat er sie um diese Gunst: Gieb mir, o Ashis-vaġuhi, hohe, dass ich schlagen möge die Schlange Dahâka mit drei Rachen,

---

1) Cf. Yt. 5, 21. 9, 3 fg. 15, 7 fg. Yç. LVI. 7, 9. 10.

drei Köpfen, sechs Augen, tausend Kräften, die sehr starke von den Daevas stammende Druja, das Uebel für die Welten, die böse, welche als die stärkste Druja schuf Agra-mainyus hin zur bekörperten Welt, zum Tode für die Welt des Reinen, und dass sich als sein Besieger vertreiben möge die welche ihm nützen und ihm verpflichtet sind, die ihrem Körper nach die schönsten sind, um sie zu vertreiben und die (sind) im Verborgensten der Welt[1]).

35. Herum lief, herzu kam Ashis-vaġuhi, die hohe, es erlangte diese Gunst der Sohn des athwyanischen Clanes, des tapferen Clanes: Thraetaona. Wegen ihres Glanzes etc.

6.

36. Die Ashis-vaġuhi preisen wir etc.

37. Ihr opferte Haoma der Förderer, der heilsame, schöne, königliche, mit goldenen Augen auf der höchsten Höhe des hohen Berges.

38. Dann bat er sie um diese Gunst: Gieb mir, Ashis-vaġuhi, hohe, dass ich binden möge den verderblichen turânischen Fraġraçyâna, und dass ich ihn gebunden fortführen, gebunden hinbringen möge als Gefangenen des Königs Huçrava. Es möge ihn erschlagen Kava Huçrava hinter dem See Caecaçta, dem tiefen, wasserreichenden, der Sohn der Tochter des Çyàvarshâna des mit Gewalt erschlagenen Mannes und des Aghrae-ratha aus Narus Geschlechte[2]).

39. Herum lief, herzu kam Ashis-vaġuhi, die hohe, es erlangte diese Gunst Haoma der Förderer, der heilsame, schöne, königliche, mit goldenen Augen begabte.

7.

40. Die Ashis-vaġuhi preisen wir.

41. Ihr opferte der männliche Vereiniger der arischen Gegenden zu einem Reiche: Huçrava hinter dem See Caecaçta, dem tiefen, wasserreichen.

42. Dann bat er sie um diese Gunst: Gieb mir, o Ashis-vaġuhi, hohe, dass ich niederschlagen möge den verderblichen turânischen Fraġraçyâna hinter dem See Caecaçta dem tiefen, wasserreichen, ich der Sohn der Tochter des Çyàvarshâna, des mit Gewalt erschlagenen Mannes und des Aghraeratha, des Abkömmlings des Naru.

---

1) Cf. Yt. 15, 24.
2) Cf. Yt. 9, 18 und die Noten dazu.

43. Herum lief, herzu kam Ashis-vağuhi, die hohe, es erlangte diese Gunst der männliche Vereiniger der arischen Gegenden zu einem Reiche: Huçrava[1]). Wegen ihres Glanzes etc.

8.

44. Die Ashis-vağuhi preisen wir etc.

45. Ihr opferte der reine Zarathustra in Airyana-vaeja, der guten Schöpfung: mit Haoma der mit Fleisch und Bareçma versehen war, mit Mańthra, der der Zunge Weisheit giebt, mit Worten, mit Thaten, mit Darbringungen, mit wahr gesprochenen Reden.

46. Dann bat er sie um die Gunst: Gieb mir, o Ashis-vağuhi, hohe, dass ich mich verbinden möge mit der guten edlen Hutaoça zum Bedenken des Gesetzes, zum Sprechen nach dem Gesetze, zum Handeln nach dem Gesetze. Sie soll mir das mazdayaçnische Gesetz im Herzen bewahren und nachher preisen, sie, welche mir zum Wirken gutes Lob spenden soll[2]).

47. Herum lief, herzu kam Ashis-vağuhi, die hohe, es erlangte diese Gunst der reine Zarathustra. Wegen ihres Glanzes etc.

9.

48. Die Ashis-vağuhi preisen wir etc.

49. Ihr opferte Berezaidhi Kava-Vistâçpa hinter dem Wasser Dâitya.

50. Dann bat er sie um diese Gunst: Gieb mir, o Ashis-vağuhi, hohe, dass ich vertreiben möge in der Schlacht den Asta-aurva, Sohn des Viçpo-thaurvo-açti, des Alles peinigenden mit weitem Helme, grosser Tapferkeit, mit grossem Kopfe versehenen, der siebenhundert lebende (?) Kamele besitzt, dass ich nach ihm vertreiben möge in der Schlacht den verderblichen qyaonischen Arejaṭ-açpa, dass ich vertreiben möge in der Schlacht den Darshinika, den Daevaverehrer[3]).

51. Dass ich niederschlagen möge den der Finsterniss angehörigen Ungläubigen, dass ich niederschlagen möge den Çpińjairista den Ungläubigen, dass ich gelangen möge als wohl weiser zu den Gegenden des Varedhakas und der Qyaonya, dass ich schlagen möge von den qyaonischen Gegenden zu funfzig für die Hundert-

---

1) Cf. Yt. 9, 21 flg.
2) Cf. Yt. 9, 25 flg. und die Bemerkungen daselbst.
3) Cf. Yt. 9, 30 und die Noten dazu.

tödter, zu hundert für die Tausendtödter, zu tausend für die Zehntausendtödter, zu zehntausend für die, welche Unzählige tödten.

52. Herum lief, herzu kam Ashis-vaġuhi, die hohe, es erlangte diese Gunst Berezaidhi Kava-Vistâçpa. Wegen ihres Glanzes etc.

10.

53. Die Ashis-vaġuhi preisen wir etc.

54. Darauf sprach Ashis-vaġuhi, die hohe: Nicht erlange von diesen meinen Gaben die man mir zutheilt unter den Menschen: ein Mann der keinen Saamen mehr hat, nicht eine Buhlerin, welche kein Zeichen an sich hat¹), kein unmündiges Kind, keine unbesuchte Jungfrau, weil mich verfolgen Feinde mit schnellen Pferden, sehr jugendliche.

55. Dann verstecke ich den Körper unter dem Fusse eines männlichen Rindes, welches seine Last beschützt²), dann sollen mich verstecken die unmündigen Jünglinge, die unbesuchten Jungfrauen unter den Menschen, weil mich Feinde verfolgen mit schnellen Pferden, sehr jugendliche.

56. Dann verstecke ich den Körper unter der Kehle eines Widders, eines männlichen, hundertfach-thätigen. Da sollen mich verstecken die unmündigen Jünglinge, die nicht besuchten Jungfrauen unter den Menschen, weil mich Feinde verfolgen mit schnellen Pferden, sehr jugendliche.

57. Das erste Weinen weint Ashis-vaġuhi, die hohe, wegen einer Buhlerin die keine Kinder gebiert — nicht setze zu ihr den Fuss, nicht lasse (dich) in (ihrem) Hause nieder³). — „Was soll ich ihnen thun, soll ich zum Himmel aufsteigen, soll ich in die Erde kriechen?"

---

1) Cf. Vd. XV, 33.

2) Die Bedeutung dieser ganzen Erzählung ist sehr durchsichtig. Dem Reichthum wird von gierigen Feinden stets nachgejagt, sobald dies geschieht, so ist es die Pflicht der Männer ihre Habe zu vertheidigen. Den kraftlosen Alten so wie den Weibern und Kindern fällt die Aufgabe zu ihre kostbarsten Sachen zu verstecken, während die Männer kämpfen, damit, im Falle der Kampf zum Nachtheile sich wendet, die Feinde nicht viel zu rauben finden.

3) Aus diesem und den folgenden Paragraphen geht unzweideutig hervor, dass den Mazdayaçniern der Kindersegen unter allen Reichthümern am höchsten gilt. Die Klagen der Ashis-vaġuhi beziehen sich lediglich auf diesen Gegenstand.

58. Das zweite Weinen weint Ashis-vaġuhi, die hohe, wegen der Buhlerin die ein Kind trägt, ein für einen andern Mann erzeugtes, und es auf den Weg setzt¹). „Was soll ich ihnen thun, soll ich zum Himmel aufsteigen, soll ich in die Erde kriechen?"

59. Das dritte Weinen weint Ashis-vaġuhi, die hohe: „Das ist die grösste That, welche feindliche Menschen thun: wenn sie Mädchen nicht ausheirathen, lange unverheirathete nicht mit Bräutigam versehen. Was soll ich ihnen thun, soll ich zum Himmel aufsteigen, soll ich in die Erde kriechen?"

60. Darauf entgegnete Ahura-mazda: Schöne Ashi, vom Schöpfer geschaffene! Steige nicht zum Himmel auf, krieche nicht in die Erde, gehe du hieher in die Mitte der Wohnung eines schönen Königs." —

61. Mit diesem Opfer will ich dich loben, mit diesem Opfer dich preisen, wie dir opferte der Kava Vistâçpa hinter dem Wasser Dâitya²). Hohe Rede soll der Zaota führen, hinter dem Bareçma stehend. Mit diesem Opfer will ich dich loben, mit diesem Opfer dich preisen: Ashi, schöne, vom Schöpfer geschaffene. Wegen ihres Glanzes etc.

62. Opfer, Preis, Kraft, Stärke weihe ich für Ashis-vaġuhi, für die gute Weisheit, für die gute Rechtlichheit, die gute Geradheit, dem Glanz, dem Nutzen, dem von Mazda geschaffenen. Ashem-vohû.

XXXIV. (18) Astâd-yast.

Zufriedenstellung für Ahura-mazda. Ashem-vohû. — Ich bekenne mich etc. Zufriedenstellung für die Majestät der Arier die von Mazda geschaffene, zum Preis, Anbetung, Zufriedenstellung und Lob.

1. Es sprach Ahura-mazda zum heiligen Zarathustra: ich schuf die arische Majestät: viele Heerden von Rindern, vielen Reichthum, sehr glänzenden, wohlerworbene Verständigkeit, wohlerworbe-

---

1) Dieser Paragraph ist von grosser Wichtigkeit für die éranischen Zustände. Er zeigt uns, dass zu der Zeit, als das Avesta verfasst wurde, das Aussetzen der Kinder keineswegs ungewöhnlich war.

2) Dies ist der in spätern Büchern öfter genannte Fluss Dâiti.

nes Vermögen als Widersacher gegen Âzi, als Widersacher gegen den Uebelgesinnten[1]).

2. Sie peinigt den Agra-mainyu der voll Tod ist, sie peinigt den Aeshma mit grauenvoller Waffe, sie peinigt den Bushyañçta den gelblichen. Sie peinigt die ausgebreitete Krankheit[2]) sie peinigt den tödlichen Daeva, Apaoshô[3]), sie peinigt die nicht arischen Gegenden.

3. Ich habe geschaffen die Ashis-vaġuhi, die hohe, die vorwärts geht zu dem Aufenthalt (?) die hingeht in die Mitte der Wohnung des Schönen, der sich ein Reich gesammelt hat.

4. Ihm hängt an Ashis, die vielen Glanz besitzende, für den Menschen der die Reinen zufriedenstellt durch Darbringungen, sie geht vorwärts, zu (seinem) Aufenthaltsort, in die Mitte der Wohnung des Schönen, der sich ein Reich gesammelt hat, versehen mit allen Heerden, mit aller Wehrhaftigkeit, aller Verständigkeit, aller Majestät. Einen Fuss setzt Ashis-vaġuhi, die hohe, in den Aufenthaltsort, sie geht vorwärts in die Mitte der Wohnung des Schönen, der sich ein Reich gesammelt hat.

5. Er ist versehen mit tausend Pferden, tausend Heerden, mit himmlischer Nachkommenschaft, er einigt sich dem Tistrya dem ihm gleichen[4]), dem glänzenden, majestätischen Sterne, der Wind der starke, von Mazda geschaffenen, die arische Majestät sind ihm gleich.

6. Sie bringen Förderung bis zu allen Gipfeln der Berge, in alle Tiefen der Thäler, sie bringen Förderung für alle Bäume, die emporgewachsenen, schönen, goldfarbigen. Sie bringen hinweg die ausgebreitete Krankheit, sie bringen hinweg den tödlichen Daeva Apaosha.

7. Preis sei dem Tistrya dem glänzenden, majestätischen Sterne,

---

1) Âzi ist der Dämon der Begierde. Vergl. über ihn zu Vd. XVIII, 45. Der Ausdruck: der Uebelgesinnte, ist wol collectiv zu verstehen und befasst alle die bösen Wesen unter sich, die im folgenden Paragraphen namentlich aufgezählt werden.

2) Obwol das Wort das hier im Texte steht ein *ἅπ. λεγ.* ist, so lässt sich doch mit ziemlicher Bestimmtheit behaupten, dass sich die obige Uebersetzung nicht viel von dem Sinne des Wortes entfernen werde, sie wird sogar durch die Randglosse einer Handschrift angedeutet.

3) Cf. oben zu Yt. 8, 21.

4) Es scheint hiernach die Vorstellung die zu sein, dass Ashis-vaġuhi die genannten Dinge mit Tistrya vereinige, der sie dann auf die Erde herabregnen lässt, wie er dies mit dem Saamen der Gewässer auch thut.

Preis sei dem starken Winde, dem von Mazda geschaffenen, Preis der arischen Majestät¹). — Yathâ ahû vairyô. — Ashem-vohû. —

8. Den Ahuna-vairya preisen wir. Den Ashavahista, den schönsten Amesha-çpenta preisen wir. Die rechtgesprochenen Gebete, die siegreichen, heilsamen preisen wir. Den Mañthra-çpenta, das mazdayaçnische Gesetz, den Sammler des Haoma preisen wir. Die arische Majestät preisen wir. — Yeghè hâtañm.

9. Opfer, Preis, Kraft, Stärke weihe ich der Majestät der Arier, der von Mazda geschaffenen. Ashem-vohû. Ihm gehört der Glanz etc.

XXXV. (19) Zamyâd-yast.

Zufriedenstellung sei für Ahura-mazda. Ich bekenne (mich) etc. Zufriedenstellung sei für den Berg Ushi-darena, den von Mazda geschaffenen, vielen Glanz besitzenden, für die königliche Majestät, die von Mazda geschaffene, die unvergängliche Majestät, die von Mazda geschaffene zum Preis, Anbetung etc.

1.

1. Als erster Berg bestand, o heiliger Zarathustra, auf dieser Erde die Höhe Haraiti. Diese umgiebt das Ganze der vom Wasser umflutheten Gegend gegen Osten (?). Der zweite Berg ist Zeredho, unterhalb des Aredho-manusha. Auch dieser umgiebt das Ganze der von Wasser umflutheten Gegend gegen Morgen (?)²).

---

1) Wenn Ashis-vaġubi ihre Gaben herabregnen lässt, so ist klar genug, dass sie mit Tistrya und dem Monde in Verbindung gesetzt wird. Cf. auch Yt. 8, 38. Uebrigens ist es auffallend, dass in diesem kurzen Stücke von der Astât gar nicht die Rede ist, obwol es ihren Namen trägt. Es scheint fast nur eine Fortsetzung des Yasts der Ashis-vaġubi zu sein.

2) Dieser Paragraph, so wie dieser ganze Yast überhaupt, ist sehr wichtig für die éränische Weltanschauung. In allen wesentlichen Theilen stimmt übrigens das hier durchgeführte System mit dem des Bundehesch überein, den wir also zur Erläuterung herbeiziehen können. (Cf. Bundehesch e. XII. in meiner Einleitung II. p. 107 flg.) Die Höhe Haraiti ist natürlich der Alborj, der nach dem Bundehesch bis zum Himmel emporgewachsen ist und von dem alle übrigen Bäume ausgehen. Auch der Berg Zeredho wird im Bundehesch (p. 21, 18. ed. W.) genannt und als mit dem Berge Manos identisch erklärt. Nach unserer Stelle scheint er blos in der Nähe zu liegen. Ueber die Lage dieses Berges kenne ich keine näheren Angaben, es wird blos bemerkt, dass Manoseihir auf ihm geboren war.

2. Von da aus sind die Berge hervorgewachsen: Ushidhâo, Ushidarena¹), Erezifya, Fraorepa, sechstens der Arezura²), siebentes Bumya³), achtens Raoidhita⁴), neuntens Mazisisvâo, zehntens Aūtare-daghus, elftens Erezisho, zwölftens Vâiti-gaeço⁵).

3. Und Âdarana, Bayana, Iskata⁶) der oberhalb der Adler ist, Kañço-tafedhra, Vafra⁷), zwei Berge Hamañkuna, acht Berge Vaçna, acht starke Berge Frâvañku, vier Vidhwana.

4. Aezakha, Maenakha, Vâkhedhrakae, Açaya, Tudhaçkae, Ishvakae, Draoshisvâo, Çâirivâo, Naghusmâo, Kakahyu, Añtarekaġha.

5. Çiciñdava, Ahuna, Raemana, Asha-çtembana, Urunyôvâidhkaê, Açnavâo⁸), Ushaoma, Usta-qarenâo, Çyâmaka, Vafrayâo, Vourusha.

6. An welchen (liegt)⁹) Jatara, Adhutavâo, Çpitavarenâo,

---

1) Nicht über alle die in §§ 2—7 genannten Berge lassen sich weitere Nachweisungen geben, sondern nur über einige. Ueber Ushi-darena ist schon gesprochen werden zu Yç. I, 41.

2) Arezûra ist wol der im Avesta öfter genannte Berg Arezûra-grevaya, auf dem sich die Daevas versammeln. Ueber ihn vergl. man zu Vd. XIX, 140.

3) Dies ist wol der Berg Arzûr-hûm im Buedehesch, nach diesem Buche an den Gränzen Rûms gelegen.

4) Eigentlich: der empergewachsene. Ob er mit dem Berge Reisnnmaed des Bundehesch, d. i. ele Berg auf dem Bäeme waehsee, identisch ist, mag dahin gestellt bleiben.

5) Der Berg Vât-gés des Bundehesch. Es ist das neup. با د غیس Bâdghéç und später Name eines Districts in der Umgegend von Herât. Das Wert soll ursprünglich locus ventosus (= با د خیز) cf. Vellers Lexicon pers. s. v. (باد غیس) bedeuten, doch ist diese Etymologie etwas zweifelhaft.

6) Von Iskata ist schon oben Yt. 10, 14 die Rede gewesen. Durch den Zusatz Upairi-çaena, überhalb der Çaenas oder der Adler wird dieser Berg als identisch mit dem Yç. X, 29 erwähnten nachgewiesen, wie dies schon Windischmann dargethan hat. Ich halte diesen Berg Upniri-çaena für den Arparçin des Bundehesch, der ursprünglich mit dem Namen Persien nichts zu thuu hat und einen Bergrücken bezeichnen soll, der von Segestân aus sich bis nach Chezistân erstreckt.

7) Vielleicht der Berg Vafrmand des Bundehesch, der sich bis gegen Kabul erstrecken soll.

8) Vielleicht der Berg Açeavant in Aderbaijân.

9) Vielleicht Yahmya-jatara als Namen des Berges zu fassen.

Çpeñtô-dâta¹), Kadrva-açpa²), Kaoiriça, Taera, Baro-çrayana, Barana, und der Berg Frâpayâo und Udrya und Raevâo, wegen ihrer Nähe und Aufsicht haben die Menschen die Namen der Berge³) behalten.

7. (Es giebt) also, o heiliger Zarathustra, vier Berge und vierzig und zwei hundert und zwei tausend⁴). Wenn nun nachgeht den Bergen ein Reisender (?), so soll er immer ein Brot opfern für den Priester, den Krieger, den thätigen Ackerbauer.'

8. Wegen ihres Glanzes und ihrer Majestät will ich ihr opfern mit hörbarem Preise: der starken königlichen Majestät mit Gaben. Die Majestät, die von Mazda geschaffene, preisen wir. Haoma der mit Fleisch etc.

2.

9. Die starke, königliche Majestät, die von Mazda geschaffene, preisen wir, die viel erlangende, in der Höhe wirkende, heilsame, glänzende, mit Kräften versehene, die gesetzt ist über die übrigen Geschöpfe,

10. welche gehört dem Ahura-mazda. Die Geschöpfe schuf Ahura-mazda, sehr gute, sehr schöne, sehr hohe, sehr fördernde, sehr erhabene.

11. Damit sie machen die Welt vorwärtsgehend, nicht alternd, nicht sterbend, nicht faul und stinkend werdend, sondern immer lebend, immer nützend, ein Reich wie man es wünscht; damit die Todten auferstehen und komme: Unsterblichkeit für das Lebendige die nach Wunsch die Welt fördert.

12. Es werden die Welten die Reinheit lehren unsterblich sein, die Drukhs wird zu der Zeit verschwinden. Sobald sie kommt zu den Reinen um zu tödten ihn und seinen hundertfältigen Saamen da ist sie zum Sterben und Entfliehen (reif). Yathâ ahû vairyo.

13. Wegen ihres Glanzes etc.

3.

14. Die starke königliche Majestät etc.

---

1) Çpeñto-dâta wol derselbe der im Bundehesch Çpantoyât genannt und als im Var Revand liegend bezeichnet wird.

2) Dies ist wol der Berg Konderaçp des Bundeheseh, der nach diesem Buche bei der Stadt Tûç gelegen ist.

3) Diese letzten Worte sind nicht ganz sicher.

4) Ganz ebenso giebt auch der Bundehesch die Zahl der Berge an. Cf. p. 21, 15. ed. W.

15. Welche gehört den Amesha-çpentas, den glänzenden, mit wirksamen Augen begabten, grossen, hülfreichen, starken, ahurischen, die da unvergänglich und rein sind.

16. Welche alle sieben von gleichem Sinne, gleicher Rede, alle sieben gleich handelnd sind, gleich ist ihr Sinn, gleich ihr Wort, gleich ihr Handeln gleich ist ihr Vater und Beherrscher, nämlich der Schöpfer Ahura-mazda.

17. Von welchen einer des anderen Seele sieht wie sie gedenkt an gute Gedanken, wie sie gedenkt an gute Worte, wie sie gedenkt an gute Thaten, gedenkend an den Garo-nemâna. Ihre Wege sind glänzend wenn sie zu den Opfergaben herbeikommen[1]).

18. Welche da sind die Schöpfer und die Zerstörer der Geschöpfe des Ahura-mazda, ihre Schöpfer und Beaufsichtiger, ihre Beschützer und Beherrscher.

19. Sie sind es die nach Wunsch die Welt fördern, so dass sie nicht altert und stirbt, nicht faul und stinkend wird, sondern immer lebend, immer nützend, ein Reich ist wie man es wünscht, damit die Todten auferstehen und komme Unsterblichkeit für das Lebendige, die da giebt nach Wunsch Förderung für die Welt.

20. Es werden die Welten die Reinheit lehren unsterblich sein, die Drukhs wird zu der Zeit verschwinden. Sobald sie hinkommt zu dem Reinen um zu tödten ihn und seinen hundertfältigen Saamen, da ist sie zum Sterben und Entfliehen (reif). Yathâ ahû vairyô. Wegen ihres Glanzes etc.

4.

21. Die starke königliche Majestät etc.

22. Welche gehört den himmlischen und den irdischen Yazatas, den gebornen und ungebornen und den vorwärts gehenden, nützlichen.

23. 24. Sie sind es die nach Wunsch etc.

5.

25. Die starke königliche Majestät etc.

26. Welche anhing an Haoshyagha den Pâradhâta[2]) lange Zeit hindurch, als er beherrschte auf den siebentheiligen Erde: die Daevas und Menschen, die Zauberer und Pairikas, die Çâthras, Kaoyas und Karapanas, der da erschlug zwei Drittel der mazanischen Daevas und der varenischen, schlechten. Wegen ihres Glanzes etc.

---

1) Die §§ 15—17 sind gleichlautend mit Yt. 13, 82—84.
2) Cf. Yt. 15, 7.

6.

27. Die starke königliche Majestät etc.

28. Welche sich einigte mit Takhma-urupa¹) dem waffenlosen, als er die siebentheilige Erde beherrschte: über Daevas und Menschen, über Zauberer und Pairikas, über Çâthras, Kaoyas, Karapanas.

29. So dass er war ein Schläger aller Daevas und Menschen, aller Zauberer und Pairikas, dass er lenkte den Agra-mainyus gezähmt in Gestalt eines Pferdes dreissig Jahre lang an den beiden Enden der Erde herum. Wegen ihres Glanzes etc.

7.

30. Die starke königliche Majestät etc.

31. Die sich einigte mit Yima dem glänzenden, mit guter Versammlung versehenen, lange Zeit hindurch, als er beherrschte die siebentheilige Erde, über Menschen und Daevas, über Zauberer und Pairikas, über Çâthras, Kaoyas und Karapanas.

33. Der heraustrug von den Daevas beides Glücksgüter und Nutzen, beides Fettigkeit und Heerden, beides Nahrung und Preis, in dessen Herrschaft wurden gegessen für den Leib unvergängliche Speisen, unsterblich waren Menschen und Thiere, nicht vertrocknend Wasser und Bäume²).

32. In seiner Herrschaft war keine Kälte, keine Hitze, kein Alter, kein Tod, kein Neid der von den Daevas geschaffene, wegen Abwesenheit der Lüge, vorher, ehe er (selbst) lügnerische Rede, unwahre, zu lieben anfing³).

34. Dann, als er lügnerische Rede, unwahre zu lieben anfing, da entfloh sichtbarlich, mit dem Körper eines Vogels, die Majestät von ihm hinweg. Als nicht mehr sah die Majestät der oberste Yima, der glänzende, mit guter Versammlung, da taumelte Yima missvergnügt hin zum schlechten Denker, erschreckt fiel er nieder auf die Erde.

35. Zuerst entfernte sich die Majestät⁴), die Majestät von Yima

---

1) Cf. Yt. 15, 11.

2) Diese Beschreibung des Glückes unter Yimas Herrschaft ist sehr häufig. Cf. Yç. IX, 14—18. Yt. 15, 16.

3) Der hier hinzugefügte Zug ist wichtig und zeigt, dass die Lehre vom endlichen Falle des Yima am Ende seines Lebens durch Hochmuth schon im Alterthume begründet ist. Ausführlicheres siehe in der Einleitung zu diesem Bande.

4) d. h. es war der erste Fall, dass sich die Majestät von einem éranischen Könige entfernte war der des Yima.

dem glänzenden, es gieng hinweg die Majestät von Yima dem Sohne des Vîvaghâo, mit dem Körper eines mit den Flügeln schlagenden Vogels. Es ergriff diese Majestät Mithra der weite Triften besitzt, mit Ohren hört, tausend Kräfte hat. Wir preisen den Mithra den Herrscher aller Gegenden, den Ahura-mazda als den majestätischsten der himmlischen Yazatas schuf.

36. Als sich zum zweiten Male die Majestät entfernte, die Majestät von Yima dem glänzenden, da gieng hinweg die Majestät von Yima, dem Sohne des Vîvaghâo, in Gestalt eines mit den Flügeln schlagenden Vogels, da ergriff diese Majestät der Sohn des athwyanischen Clanes, des starken Clanes: Thraetaona, weil er war unter den siegreichen Menschen der siegreichste, ausser Zarathustra.

37. Der da schlug die Schlange Dahâka mit drei Rachen, drei Köpfen, sechs Augen, tausend Kräften, die sehr starke den Daevas angehörige Druja, das Uebel für die Welt, die schlechte, welche sehr starke Druja Aģra-mainyus geschaffen hatte hin zur mit Körper begabten Welt, zum Tödten des Reinen in der Welt.

38. Als zum dritten Male die Majestät sich entfernte, die Majestät von Yima dem glänzenden, da gieng die Majestät von Yima, dem Sohne des Vîvaghâo, in Gestalt eines mit den Flügeln schlagenden Vogels, da ergriff diese Majestät der männlich gesinnte Kereçâçpa, weil er unter den tapfern Menschen der stärkste war, ausser dem Zarathustra, ausser der männlichen Tapferkeit.

39. Weil mit ihm sich einte die männliche Tapferkeit, die starke. Die männliche Tapferkeit preisen wir, die hochfüssige, nicht schlafende, schnellen Gang habende, wachsame, welche sich mit Kereçâçpa einte.

40. Welcher schlug die Schlange Çruvara, die Pferde verschlingende, Menschen verschlingende, die giftige, grünliche, auf welcher das Gift floss daumensdick, das grüne, auf welcher Kereçâçpa in einem eisernen Kessel Speise kochte um die Mittagszeit, es brannte die Tödtliche und sie machte sich davon, hervor vom Kessel sprang sie, hin zum fliessenden Wasser eilte sie, zurück wich erschreckt Kereçâçpa der muthige [1]).

41. Welcher schlug den Gañdarewa mit goldener Ferse der umher gieng mit geöffnetem Rachen zu tödten suchend die beförperten Welten der Reinheit. Welcher schlug die Nachkommen der

---

1) Cf. Yç. IX, 34—39.

neun Räuber, die Söhne des Nivika, die Söhne des Dàstayâni¹) welcher schlug den Hitâçpa mit goldenem Zopfe und den Vareshava, der Sohn des Dâna und der Pitaona den mit vielen Pairikas versehenen.

42. Welcher schlug den Arezo-shamana den mit männlichen Muthe begabten, starken, geliebten, begehrten, lebendigen, geschmeidigen, wachsamen²). . . . . .

43. Welcher schlug den Çnâvidhaka, den mit Klauen schlagenden, mit steinernen Händen, der also betrachtete: Ich bin unmündig, nicht mündig, wenn ich einmal mündig sein werde, da will ich die Erde zu einem Rade machen, den Himmel zum Wagen.

44. Ich will hinwegführen den Çpeñta-mainyu aus dem glänzenden Garo-nemâna, ich will heraufsteigen lassen den Agra-mainyu aus der argen Hölle. Diese beiden sollen sich an meinem Wagen fügen: Çpeñta-mainyu und Agra-mainyu — wenn mich nicht tödtet der muthige Kereçâçpa. Ihn tödtete der muthige Kereçâçpa mit Zerstörung des Lebens, Vernichtung der Lebenskraft³). Wegen ihres etc.

8.

45. Die starke, königliche Majestät etc.

46. In welcher sich bespiegelten Çpeñta-mainyus und Agra-mainyus. In diese tauchte hierauf seine unvergänglichen sehr schnellen Glieder ein jeder der beiden. Çpeñta mainyus liess den Leib hindurch ziehen, den Voha-mano und Asha-vahista und das Feuer, den Sohn Ahura-mazdas. Agra-mainyus liess den Leib hindurch ziehen den

---

1) Ueber Gañdarewa vergl. man jetzt die Einl. zu diesem Bande. Die neun Söhne des Nivika und des Dàstayâni sind ohne Zweifel die Räuber, welche Kereçâçpa nach andern Nachrichten vertilgte. Cf. übrigens oben Yt. 15, 28 und die Bem. z. d. St.

2) Ueber Arezo-shamana habe ich nirgends eine weitere Nachricht entdecken können, deswegen bleibt auch der Schluss des Paragraphen dunkel, der grossentheils aus sonst nicht weiter vorkommenden Wörtern besteht. Vielleicht ist hier der Vogel gemeint, der sonst Kamak genannt wird, den Kereçâçpa nach andern Nachrichten erschlug. Einige Wahrscheinlichkeit könnte diese Vermuthung dadurch erhalten, dass dem Arezo-shamana die Beiwörter zusta und fràzusta gegeben werden und es nach Vd. XVII, 26. auch einen Vogel Ashazusta giebt.

3) Nach der in §§. 43. 44. erzählten Mythe, über die leider genauere Berichte nicht mehr aufzufinden sind, erscheint Çnâvidhaka von so ausgesuchter Bosheit, dass er sogar den Agra-mainyus übertrifft und die beiden sich entgegengesetzten Grundkräfte demselben Lose unterwerfen will, welches Takhmôurupa über den Agra-mainyus verhängt hatte, nämlich sie zu seinen Zugthieren zu machen.

Ako-mano und den Aeshma mit grauenvoller Waffe und Azhi-dahâka und den Çpityura, den Zerschneider des Yima[1]).

47. Darauf schritt vorwärts das Feuer des Ahura-mazda (Sohn) also denkend: „Diese Majestät, die unvergängliche, will ich ergreifen," da lief ihm nach und ereilte ihn Azhis (Dahâka) mit drei Rachen, der mit schlechtem Gesetze versehene, lächelnd sprechend:

48. „Schnell zeige sie o Feuer des Ahura-mazda, wenn du sie fest hältst diese unvergängliche, so sollst du nachher dich nicht mehr leuchten lassen an unwegsamen Orten, auf der von Ahura geschaffenen Erde zur Errettung der Welt des Reinen. Da öffnete das Feuer die Hände aus Uebermaass der Liebe zum Leben, als Azhi (Dahâka) es erschreckte[2]).

49. Darauf stürzte fort Azhis (Dahâka) mit den drei Rachen, mit schlechtem Gesetze versehen, also denkend, „ich will diese Majestät ergreifen, die unvergängliche." Darauf schritt hinter ihm her das Feuer des Ahura-mazda, also mit Worten sprechend:

50. „Schnell zeige sie, Azhi-dahâka mit drei Rachen, wenn du sie fest hältst diese unvergängliche, so werde ich dir im Hintern emporwachsen, in deinem Munde aufleuchten, nicht sollst du nachher vorwärtsstürzen auf der von Ahura geschaffenen Erde zum Tödten der Welten des Reinen." Da öffnete Azhis die Hände aus Uebermaass der Liebe zum Leben, als das Feuer ihn erschreckte.

51. Diese Majestät breitet sich aus hin zum See Vouru-kasha, dort ergriff sie der Nabel der Gewässer mit schnellen Pferden, es begehrt sie der Nabel der Gewässer mit schnellen Pferden (spre-

---

1) Dieser Böse, der den Yima zerschnitt, wird auch im Bundehesch erwähnt Csp. XXXII (p. 77, 5 ed.W.). Er erscheint dort als Bruder des Takhmâ-urupa. Das Eintauchen in den Lichtglanz der Majestät scheint den Körpern eine eigenthümliche Stärke zu verleihen.

2) Die Grundanschauung der hier und im Folgenden erzählten Mythen von den Kämpfen um die königliche Majestät ist ziemlich klar und durchsichtig. Es ist das Bestreben der himmlischen Mächte, die Majestät und mithin die königliche Gewalt nur an solche gelangen zu lassen die ihnen zugethan sind. Dies gelingt ihnen jedoch nicht ganz, bisweilen vermögen Anhänger der Agra-mainyus diese Majestät an sich zu reissen. Das Einzige, was die himmlischen Mächte unter diesen Umständen thun können ist, dass sie dafür sorgen, dass ein solcher Zustand nur ein vorübergehender sei. Der erste Fall, dass die Majestät an die Anhänger des Agra-mainyu kam war die Usurpation des Azhi-dahâka nach dem Untergange des Yima.

chend): „Ich will diese unvergängliche Majestät ergreifen (und bringen) zur Tiefe des Sees Vouru-kasha, des tiefen, in die Tiefe der Canäle, der tiefen.

52. Wir preisen den grossen Herrn, den mit Frauen versehenen, glänzenden Nabel der Gewässer, den mit schnellen Pferden begabten, den männlichen, auf das Anrufen hin nützenden, der die Menschen schuf, die Menschen bildete, der unter dem Wasser verehrungswürdige, am meisten mit Ohren hörende, wenn man ihm opfert.

53. Dann hat euch — einem jeden der Menschen — also Ahuramazda gesagt: o reiner Zarathustra (man) verlange nach der unvergänglichen Majestät der Âthravas, man verlange nach der leuchtenden Befriedigung mit Gaben für die Âthravas, man verlange nach der vieler Befriedigung mit Gaben für die Âthravas.

54. Mit einem solchen wird einigen Ashis, die sehr glänzende, die einen Schild hält, die starke: Vieh und Weide. Mit ihm einigt sie Wehrhaftigkeit die das ganze Jahr hindurch dauert und das Schlagen mit Stärke über das Jahr hinaus. Mit solcher Wehrhaftigkeit verbunden wird er schlagen die grauenvollen in der höllischen Schaar, mit solcher Wehrhaftigkeit verbunden wird er schlagen alle Hassenden. Wegen ihres Glanzes etc.

9.

55. Die starke königliche Majestät etc.

56. Welche verlangte der verderbliche turânische Frağraçè[1]) vom See Vouru-kasha. Nackt legte er die Kleider hinweg nach der Majestät verlangend, welche den arischen Gegenden gehört, den geborenen und ungeborenen, dem reinen Zarathustra. Da floss hinweg diese Majestät, hinweg eilte diese Majestät, abseits setzte sich diese Majestät, dann entstand jener Abfluss des Sees Vouru-kasha: der Canal der den Namen Huçravâo[2]) führt.

57. Dann lief Frağraçè der Turânier heraus aus dem See Vouru-kasha, der sehr glänzende, o heiliger Zarathustra, das böse Auge anredend: Hierher, hierher, nach dieser (Seite); ich habe nicht ge-

---

2) Auch Frağraçè oder Afrâsiâb ist eine Zeitlang Eroberer Erâns und strebt daher nach der Majestät. Ueber die hier und in den folgenden Paragraphen enthaltenen Vorgänge sind uns leider ausführliche Nachrichten nicht bekannt.

2) Nach Bundehesch C. XXII (cf. p. 56, 6. ed. W.) ist dieser See nicht weit von dem See Caeençta entfernt, liegt demnach in Aderbaidjân.

funden die Majestät die gehört den arischen Gegenden, den Geborenen und Ungebornen, dem reinen Zarathustra.

58. Ich will mich mit beiden vermischen: allem Geschaffenen und allem Saamen (der da ist) mit Grösse, Güte und Schönheit. Es wird zu dir kommen Ahura-mazda, sich freuend, Geschöpfe schaffend. Dann lief hinweg Frağraçê der Turânier, der sehr glänzende, o heiliger Zarathustra, hin zum See Vouru-kasha.

59. Dann warf er zum zweiten Male nackt seine Kleider weg, nach der Majestät verlangend, welche den arischen Gegenden gehört, den Geborenen und Ungeborenen und dem reinen Zarathustra. Da floss hinweg diese Majestät, hinweg lief diese Majestät, abseits setzte sich diese Majestät. Da entstand der Abfluss des Sees Vouru-kasha, der Canal der den Namen Vağhazdào[1]) führt.

60. Da lief Frağraçê der Turânier heraus aus dem See Vouru-kasha, der sehr glänzende, o heiliger Zarathustra, das böse Auge anredend: „Hieher, hieher, nämlich nach dieser (Seite), so auch hieher nämlich nach irgend einer (Seite). Ich habe nicht die Majestät gefunden die den arischen Gegenden gehört, den Geborenen, den Ungeborenen und dem reinen Zarathustra.

61. Ich will mich mit beiden vermischen: mit allem Geschaffenen und allem Saamen der da ist mit Grösse, Güte und Reinheit. Es wird kommen zu dir Ahura-mazda, sich freuend, Geschöpfe schaffend. Darauf lief hinweg der Turânier Frağraçê der sehr glänzende, o heiliger Zarathustra, zum See Vouru-kasha.

62. Zum dritten Male warf er die Kleider weg, nach der Majestät begehrend die den arischen Gegenden gehört, den Geborenen und den Ungeborenen und dem reinen Zarathustra. Da floss diese Majestät hinweg, da enteilte diese Majestät, abseits setzte sich diese Majestät, dann entstand der Abfluss des Sees Vouru-kasha: das Wasser welches den Namen Awzdânva[2]) führt.

63. Da lief der Turânier Frağraçê heraus aus dem See Vouru-kasha, der sehr glänzende, o heiliger Zarathustra, das böse Auge anredend: Hieher, hieher, nämlich nach dieser (Seite) so auch hieher nach dieser, wehe dir, hieher nämlich nach dieser. Nicht habe ich diese Majestät gefunden, welche gehört den arischen Ge-

---

1) Der See Vağhazdào erscheint sonst nirgends wieder. Merkwürdiger Weise hat der Name eine grosse Aehnlichkeit mit dem eines Empörers gegen den Darius: Vahyazdâta.

2) Auch dieser See ist mir nicht bekannt.

genden, den Geborenen, den Ungeborenen und dem reinen Zarathustra.

64. Nicht fand er diese Majestät, die gehört den arischen Gegenden, den Geborenen, den Ungeborenen und dem reinen Zarathustra. Wegen ihres Glanzes etc.

10.

65. Die starke königliche Majestät etc.

66. Welche sich einte mit dem der dort mächtig ist, nämlich an dem See Kaṅçu, der mit Haetumat[1]) in Verbindung steht, wie der Berg Ushidhâo, um den die vielen Wasser, die mit den Bergen verbundenen, herum gehen.

67. Zu ihm eilt, zu ihm fährt, Speise, Reichthum an Pferden, glänzende Förderung, die schöne, glückliche, die starke, wachsende, mit vieler Weide, die richtige, goldene. Zu ihm eilt, zu ihm fährt der glänzende, majestätische, die weissen Felle (?) verwischend und austrocknend die vielen Hindernisse.

68. Es einigt sich ihm die Stärke des Pferdes, es eint sich ihm die Stärke des Kamels, es eint sich ihm die Stärke des Mannes, es eint sich ihm die königliche Majestät, es ist auf ihm so viel (mehr) königliche Majestät, o reiner Zarathustra, als hier die unarischen Gegenden auf einmal vernichten könnte.

69. (Ihre Bewohner) würden hier Vernichtung inne werden, Hunger und Durst inne werden, Kälte und . . . . . .[2]) Da ist die königliche Majestät die Retterin der arischen Gegenden, der Kuh, die für den Weg angespannt wird, zum Schutze für die reinen Männer und das mazdayaçnische Gesetz. Wegen ihres Glanzes etc.

11.

70. Die starke königliche Majestät etc.

71. Die sich einte mit dem Kavi Kavâta, dem Kavi Aipi-vohu, dem Kavi Uçadhan, dem Kavi Arshna, dem Kavi Pishina, dem Kavi Byarshâna, dem Kavi Çyâvarshâna[3]).

---

1) Die Lage des Sees Kaṅçu ist nach dem Bundeheseh in Segestân, in unserer Stelle wird er unverkennbar als der See Zareh bestimmt, in welchen der Haetumal oder Hilmand fliesst. Aus ihm wird der künftige Retter Çaoshyañç hervorgehen. Cf. die Note zu Vd. XIX, 18.

2) Die §§ 67—69 sind sehr dunkel. Es scheint eine Beschreibung der Genüsse zu sein, welche auf dem Berge Ushidhâo zu finden sind, doch ist dies nicht ganz gewiss.

3) Cf. zu Yt. 13, 132.

72. Damit sie alle schnell, alle stark, alle heilsam, alle glänzend, alle mit Kräften begabt, alle grosse Thaten vollführende Könige sein mögen. Wegen ihres Glanzes etc.

12.

73. Die starke königliche Majestät etc.

74. Welche sich einte mit dem Kava Huçrava für Stärke die wohlgeschaffene, für den Sieg den von Ahura geschaffenen, für das Schlagen das aus der Höhe stammt, für die Lehre die wohl gelehrte, für die Lehre die nicht verrückbare, für die Lehre die nicht geschlagen werden kann, für das hier Schlagen der Feinde.

75. Für rüstige Stärke, für die von Mazda geschaffene Majestät, für die Gesundheit des Körpers, für himmlische, gute Nachkommenschaft, weise, versammelnde, glänzende, weissäugige, aus Nöthen helfende, männliche, für Weisheit zum künftigen Gelangen zum Paradiese.

76. Für glänzendes Reich, für langes Leben, für alle Gunst, für alle Heilmittel.

77. Dafür, dass wir, o Kava Huçrava, dass wir .... und nicht abschneiden den Wald¹), als der Verderbliche in den Pferden (den Verstand) verdrehte. Alle möge niederschlagen der Herr Kava Huçrava, den verderblichen turānischen Frağraçyâna möge er binden, den von Füllen gefahrenen, der Sohn des Mädchens des Çyâvarshâna, des mit Gewalt erschlagenen Mannes und des Aghraeratha des Abkömmlings des Naru. Wegen ihres Glanzes etc.

13.

78. Die starke königliche Majestät etc.

79. Welche sich hieng an den reinen Zarathustra zum Bedenken des Gesetzes, zum Besprechen des Gesetzes, zum Vollführen des Gesetzes, weil er war von der ganzen mit Körper begabten Welt an Reinheit der reinste, an Herrschaft der bestregierende, an Glanz der glänzendste, an Majestät der majestätischste, an Sieg der siegreichste.

80. Sichtbarlich flogen vor ihm die Daevas, sichtbarlich förderte er die Wissenschaften, sicherlich jagten diese dann die Jainis von den Menschen hinweg, dann thaten ihnen, den thränenden, weinenden, Gewalt an die Daevas.

81. Dann machte der einzige Ahuna-vairya, den der reine

---

1) Ueber diese schwierige Stelle vergl. man oben zu Yt. 5, 50.

Zarathustra hersagte, der sich verbreitende, viermalige, nachher das andere (Gebet) mit kräftiger Stimme, dass sich in die Erde verbargen alle Daevas, die nicht zu verehrenden, nicht zu preisenden.

82. Wessen Majestät begehrte der verderbliche turânische Fraģraçè in allen Kareshvares. Ueber die sieben Kareshvares lief der verderbliche Fraģraçè begehrend nach der Majestät des Zarathustra. Da glitt diese Majestät hinweg hin zur Luft ohne Wasser[1]), schnell eilten sie fort zu meinem Versteck (?) sie kamen in das Versteck wie es mein Wille war, des Ahura-mazda und des mazdayaçnischen Gesetzes. Wegen ihres Glanzes etc.

14.

83. Die starke königliche Majestät etc.

84. Welche sich hieng an den Kavi Vistâçpa zum Bedenken des Gesetzes, zum Besprechen des Gesetzes, zum Vollführen des Gesetzes, als er dieses Gesetz pries, vertreibend den Schlechtgeistigen, die Daevas, die unreinen.

85 Der mit in Viele eindringender Waffe der Reinheit einen weiten Weg bahnte, der mit in Viele eindringender Waffe der Reinheit einen weiten Weg verkündigte, der sich unterwarf als Arm und Beistand dieses Gesetzes, des ahurischen, mazdayaçnischen.

86. Der dasselbe herausbrachte das festgestellte, gefesselte von den Hunus, lehrend, der es machte in der Mitte sitzend, hoch erhaben, rein, Fülle von Fleisch und Futter, die Geliebte von Fleisch und Futter.

87. Als da schlug der starke Kava Vistâçpa den der Finsterniss angehörenden, mit schlechtem Gesetze versehenen, und den Peshana den Verehrer der Daevas und der schlechten Arejaṭ-açpa und die anderen schlechten[2]) Freunde, die Qyaonas. Wegen ihres Glanzes etc.

15.

88. Die starke königliche Majestät etc.

89. Welche sich hieng an den siegreichen Çaoshyanç und an die anderen Freunde, damit er mache die Welt vorwärtsgehend, nicht alternd, unsterblich, nicht stinkend, nicht faul, immer lebend,

---

1) Nur zweifelhaft übersetze ich diese Worte, sie könnten auch ein Eigenname sein. Aus dem was weiter gesagt wird möchte ich schliessen, dass hier von zwei Personen die Rede sei.

2) Cf. oben Yt. 13, 99.

immer nützend, ein Reich nach Wunsch, damit die Todten auferstehen mögen, damit komme Unsterblichkeit für das Lebendige und die Welt nach Wunsch sich fördert.

90. Es werden die Welten etc. (wie oben § 12.)

16.

91. Die starke königliche Majestät etc.

92. Wenn Açtvaṭ-ereto sich erhebt aus dem Wasser Kançuya, ein Gesandter Ahura-mazdas, Sohn der Viçpa-taurvi[1]), der da reinigt das Wissen das siegreiche. Welche trug (besass) der starke Thraetaono als Azhis-dahâka getödtet wurde.

93. Welche trug Frağraçè der Turânier als der Schlechte getödtet wurde, die Kuh getödtet wurde, welche trug Kava Huçrava, als der Turânier Frağraçè getödtet wurde, welche trug Kava Vîstâçpa, als er Reines den bösen Heerschaaren vortrug, diese entfernte, hin zu der Druja aus den Welten des Reinen.

94. Dieser (Açtvaṭ-ereto) wird sehen mit den Augen des Verstandes, er wird erblicken alle Geschöpfe, die Gebilde des schlechten Saamens. Er wird die ganze mit Körper begabte Welt sehen mit den Augen der Fülle, sehend wird er unsterblich machen die ganze bekörperte Welt.

95. Die Genossen dieses Açtvaṭ-ereto gehen vorwärts: siegreich, Gutes denkend, Gutes sprechend, gute Thaten vollbringend, dem guten Gesetze anhangend, keine Lügen sprechend. Sie haben ihre eigene Zunge, vor ihnen beugt sich Aeshma mit schrecklicher Waffe, mit schlechtem Glanze. Er (Açtvaṭ-ereto) wird schlagen die sehr schlechte Drukhs, die aus schlechten Saamen aus der Finsterniss stammt.

96. Vohu-mano wird den Akô-mano schlagen, es schlägt die Lüge die Wahrheit, es bekämpfen Haurvatâṭ und Ameretâṭ den Hunger und den Durst[2]), es beugt sich der Uebelthäter Ağra-mainyu der Herrschaft beraubt[3]).

Yathâ ahû vairyô. Opfer und Preis, Stärke und Kraft weihe

---

1) Es ist schon gesagt, dass Açtvaṭ-ereto der Name des künftigen Helfers ist. Ueber ihn und seine Mutter vergl. man oben zu Yt. 13, 142.

2) Die Handschriften fügen noch bei: es schlägt Haurvatâṭ und Ameretâṭ den schlechten Hunger und Durst. Ich halte die Worte für eine Glosse.

3) Man vergl. diese ganze Beschreibung mit der des Bundehesch C. XXXII. In meiner Einleitung in die trad. Schriften II. p. 117 flg. Durch diese Stelle wird der vorliegende Yast ein wichtiger Beweis für das Alter der Auferstehungs-

ich dem Berge Ushi-darena, dem von Mazda geschaffenen mit reinem Glanze, der königlichen Majestät der von Mazda geschaffenen, der unvergänglichen Majestät der von Mazda geschaffenen. Ashem-vohû etc.

XXXVI. (20) Vanañt-yast.

Zufriedenstellung sei für Ahura-mazda. Ashem-vohû. Ich bekenne etc. Khshnaothra zum Preis, Anbetung, Zufriedenstellung und Lob des Sternes Vanañt des von Mazda geschaffenen. — Yathâ ahû vairyô.

1. Den Stern Vanañt, den von Mazda geschaffenen, reinen, Herrn des Reinen preisen wir. Ich preise den Vanañt, den starken, dessen Name genannt ist, den heilsamen, um zu widerstehen den sündhaften sehr hässlichen Khrafçtras des verwerflichen [1]) Agra-maiuyu.

2. Yathâ ahû vairyô. Opfer, Preis, Stärke, Kraft weihe ich dem Sterne Vanañt, dem von Mazda geschaffenen. Ashem-vohû. Ihm gehört der Glanz etc.

XXXVII. (21) Fragment.

1. Es fragte Zarathustra den Ahura-mazda: Ahura-mazda, Himmlischer, Heiligster, Schöpfer der mit Körper begabten Welten, Reiner! Worin allein (ist enthalten) dein Wort, welches alles Gute, alles was von der Reinheit stammt aussagt?

2. Ihm antwortete Ahura-mazda: das Gebet Ashem, o Zarathustra.

3. Wer das Gebet Ashem ausspricht, mit gläubigen Sinne, aus dem Gedächtnisse, der preist mich, den Ahura-mazda, er preist das Wasser, er preist die Erde, er preist die Kuh, er preist die Bäume, er preist alle Güter die von Mazda geschaffenen, die einen reinen Ursprung haben.

4. Denn diese Rede die rechtgesprochene, o Zarathustra, wenn sie ausgesprochen wird, (reicht hin) bis an das Gebet Ahuna-vairya, das ausgesprochene, man fördert (?) Stärke und Sieghaftigkeit für die reine Seele und das Gesetz.

---

lehre bei den Parsen, welche sich demnach schon in der älteren Periode bezeugt findet.

1) Ueber den Stern Vanañt und die Rolle, welche er zu spielen hat vergl. man oben zu Yt. 8, Init.

5. Denn es gilt, o heiliger Zarathustra, das blose Gebet Ashem für ein Khshnaothra des Reinen, für hundert Schlaf(gebete), für tausend Fleischspeisen, zehntausend Stück Kleinvieh, für Alles was von Körpern zur Körperlosigkeit gekommen ist[1]). —

6. Welches ist das eine Gebet Ashem-vohû das an Grösse, Güte und Schönheit soviel als zehn andere Gebete Ashem-vohû gilt[2])?

7. Ihm entgegnete Ahura-mazda: dieses, o reiner Zarathustra, welches ein essender Mann mit Reinheit für Haurvaṭ und Ameretâṭ betet[3]), preisend die guten Gedanken, Worte und Werke, entfernend alle schlechten Gedanken, Worte und Werke.

8. Welches ist das eine Gebet Ashem-vohû, welches an Grösse, Güte und Schönheit soviel als hundert andere Gebete Ashem-vohû gilt?

9. Ihm entgegnete Ahura-mazda: das, o reiner Zarathustra, welches ein Mann nachdem er vom zubereiteten Haoma gegessen, mit Reinheit betet, preisend die guten Gedanken, Worte und Werke, entfernend die schlechten Gedanken, Worte und Werke.

10. Welches ist das eine Gebet Ashem-vohû, welche an Grösse, Güte und Schönheit soviel gilt als tausend andere Gebete Ashem-vohû?

11. Ihm entgegnete Ahura-mazda: dasjenige, o reiner Zarathustra, welches ein Mann zum Schlaf hingestreckt, wachend mit Reinheit ausspricht, preisend die guten Gedanken, Worte und Werke, entfernend die bösen Gedanken, Worte und Werke.

12. Welches ist das eine Gebet Ashem-vohû, welches an Grösse, Güte und Schönheit gleich gilt zehntausend anderen Gebeten Ashem-vohû?

13. Ihm entgegnete Ahura-mazda: Dasjenige, o reiner Zarathustra, welches ein Mann vom Schlafe erwachend, sich erhebend mit Reinheit betet, preisend die guten Gedanken, Worte und Werke, entfernend die schlechten Gedanken, Worte und Werke.

14. Welches ist das eine Gebet Ashem-vohû, welches an Grösse, Güte und Schönheit soviel gilt als dieses ganze Kareshvare Qaniratha, mit Vieh, mit Wagen, mit Menschen?

---

1) Ueber den Werth des Gebetes Ashem-vohû ist das Nähere bereits gesagt Bd. II. p. LXXXII. Vergl. auch Yt. 1, 37.
2) Offenbar Nachahmung von Yç. XIX, 6 flg.
3) Cf. unten.

15. Ihm entgegnete Ahura-mazda: Dasjenige, o reiner Zarathustra, welches ein Mann am äussersten Ende des Lebens mit Reinheit betet, preisend alle gute Gedanken, Worte und Werke, entfernend alle bösen Gedanken, Worte und Werke.

16. Welches ist das eine Gebet Ashem-vohû, welches an Grösse, Güte und Schönheit soviel gilt als alles dies, was zwischen Himmel und Erde ist und wie diese Erde, jene Lichter, wie alle von Mazda geschaffenen Güter die einen reinen Ursprung haben?

17. Ihm entgegnete Ahura-mazda: Dasjenige, o reiner Zarathustra, wenn man entsagt allen bösen Gedanken, Worten und Werken.

XXXVIII. (22) Fragment.

1. Es fragte Zarathustra den Ahura-mazda [1]: Ahura-mazda, Himmlischer, Heiligster, Schöpfer der mit Körper begabten Welten, Reiner! Wenn ein Reiner stirbt, wo wohnt während dieser Nacht seine Seele?

2. Darauf entgegnete Ahura-mazda: in der Nähe des Kopfes setzt sie sich nieder, die Gâthâ Ustavaiti hersagend, Heil für sich erbittend: „Heil sei dem Manne, der zum Heile gereicht für Jeden. Nach Wunsch herrschend möge Ahura-mazda schaffen" [2]. In dieser Nacht sieht diese Seele soviel Fröhlichkeit als die ganze lebendige Welt besitzt [3]).

3. Wo wohnt seine Seele die zweite Nacht hindurch?

4. Darauf entgegnete Ahura-mazda: In die Nähe des Kopfes setzt sie sich etc. [4].

5. Wo weilt seine Seele die dritte Nacht hindurch?

6. Darauf entgegnete Ahura-mazda: In die Nähe des Kopfes setzt sie sich [5] etc. Auch in dieser Nacht sieht diese Seele soviel Fröhlichkeit als die ganze lebendige Welt (besitzt).

---

1) Dieses merkwürdige Fragment, welches das Schicksal der Seelen unmittelbar nach dem Tode beschreibt, findet sich in einer späteren und an manchen Stellen lieblvoller Fassung mitgetheilt in meiner Einleitung in die traditionellen Schriften der Parsen Bd. II. p. 138 flg.

2) Cf. Yç. XLII, 1.

3) Nur so kann ich die Worte mit Rücksicht auf § 20 übersetzen. Die Seele blickt in diesen Nächten auf ihr vergangenes Leben zurück und dieses flösst ihr fröhliche Hoffnung ein. Die neuere Bearbeitung enthält diesen Zug nicht.

4) Wie in § 2.

5) Wie in § 2.

7. Wenn der Verlauf der dritten Nacht sich zum Lichte wendet, da geht die Seele des reinen Mannes, an die Gerüche in den Pflanzen sich erinnernd, vorwärts. Ein Wind kommt ihr entgegen geweht, aus der mittägigen Gegend, aus den mittägigen Gegenden, ein wohlriechender, wohlriechender als die anderen Winde.

8. Dann geht sie vorwärts, den Wind mit der Nase aufnehmend, die Seele des frommen Mannes (sprechend:) Woher weht dieser Wind, der wohlriechendste, den ich je mit der Nase gerochen habe?

9. In jenem Winde[1] (?) kommt ihm entgegen sein eigenes Gesetz, in Gestalt eines Mädchens, eines schönen, glänzenden, mit glänzenden Armen, eines kräftigen, wohlgewachsenen, schlanken, mit grossen Brüsten, preiswürdigem Körper, eines edlen, mit glänzendem Gesichte, eines fünfzehnjährigen, an Körperwuchs so schön als die schönsten Geschöpfe.

10. Dann spricht zu ihm (dem Mädchen) fragend die Seele des reinen Mannes: Was für ein Mädchen bist du, welches ich als das schönste der Mädchen dem Körper nach hier gesehen habe?

11. Dann entgegnet ihm sein eigenes Gesetz: Ich bin, o Jüngling, dein gutes Denken, Sprechen und Handeln, dein gutes Gesetz, das eigne Gesetz deines eigenen Körpers. Wer wäre in Bezug auf dich (gleich) an Grösse, Güte und Schönheit, wohlriechender, siegreicher, leidloser wie du mir vorkommst.

12. Du bist mir gleich o wohlsprechender, wohldenkender, wohlhandelnder, dem guten Gesetze zugethaner Jüngling, so an Grösse, Güte und Schönheit, so wie ich dir erscheine.

13. Wenn du einen dortigen gesehen hast, Zauberei treiben, Ungerechtigkeit und Bestechung treiben, Bäume fällen, da setztest du dich nieder indem du die Gâthâs hersagtest, den guten Gewässern opfertest und dem Feuer des Ahura-mazda, indem du den reinen Mann zu befriedigen suchtest der von nahe und von fernher kam.

14. Du hast mich die Angenehme noch angenehmer (gemacht), die Schöne noch schöner, die Begehrenswürdige noch begehrens-

---

[1] Das Wort, welches ich mit Wind übersetze, ist in den Handschriften nicht mehr deutlich. Nach der Huzvâresch-Uebers. sollte man übersetzen wie ich gethan habe, diese Uebersetzung habe ich in Ermangelung von etwas Bessern festgehalten, obgleich ich sie mit dem Texte nicht in Einklang zu bringen vermag.

würdiger, die in einem hohen Platze Sitzende in einen noch höheren Platz gesetzt: in diesen (Paradiesen) Humata, Hûkhta, Hvarsta. Es preisen mich nachher die Menschen und den Ahura-mazda den schon lange gepriesenen, befragten.

15. Die Seele des reinen Mannes geht den ersten Schritt und gelangt in (das Paradies) Humata, die Seele des reinen Mannes geht den zweiten Schritt und gelangt (in das Paradies) Hûkhta, sie geht den dritten Schritt und kommt in (das Paradies) Hvarsta, die Seele des reinen Mannes geht den vierten Schritt und gelangt zu dem unendlichen Lichte.

16. Zu ihr spricht ein früher verstorbener Reiner, sie befragend: Wie bist du, o reiner Verstorbene, hinweg gekommen von den mit Fleisch versehenen Wohnungen, von den irdischen Besitzthümern (?), von der bekörperten Welt her zur unsichtbaren, von der vergänglichen Welt her zur unvergänglichen, ist es dir — dem Heil (sei) — lange geworden?

17. Darauf spricht Ahura-mazda: Frage den nicht, den du befragst, (denn) er ist gekommen auf dem fürchterlichen, schrecklichen, erschütternden Wege: der Scheidung des Leibes und Seele.

18. Bringet ihm von den Speisen her, dem vollem Fette, das ist die Speise für einen Jüngling der Gutes denkt, spricht und thut, der dem guten Gesetze ergeben ist nach dem Tode, das ist die Speise für die Frau, die besonders gut denkt, gut spricht, gut handelt, die folgsame, gehorchende, reine[1]), nach dem Sterben.

19. Es fragte Zarathustra den Ahura-mazda: Ahura-mazda, Himmlischer, Heiligster, Schöpfer der mit Körper begabten Welten, Reiner! Wenn ein Schlechter stirbt, wo wohnt diese Nacht hindurch seine Seele?

20. Darauf entgegnete Ahura-mazda: dort, o reiner Zarathustra, in der Nähe des Kopfes läuft sie herum indem sie das Gebet Ké maṁm[2]) etc. ausspricht. Welches Land soll ich preisen, wohin soll ich betend gehen, o Ahura-mazda. In dieser Nacht sieht die Seele soviel Unerfreuliches als die ganze lebende Welt[3]).

---

1) Cf. Vsp. III, 20.
2) Dies ist wol der Name des Gebetes, die Parsen haben die Gewohnheit die einzelnen Capitel der Gâthâs nach den Anfangsworten zu bezeichnen, wie man sich aus der Huzvâresch-Uebersetzung und aus Nerlosengh überzeugen kann. Das Gebet, auf welches hier angespielt wird, ist Yç. XLV.
3) So auch die neuere Bearbeitung (l. e. p. 140). „Alle Sünde und Uebel-

21. Wo hält sich die zweite Nacht hindurch seine Seele auf?

22. Die zweite Nacht hindurch läuft sie in der Nähe des Kopfes herum etc.¹).

23. Wo hält sich die dritte Nacht hindurch seine Seele auf?

24. Die dritte Nacht hindurch läuft sie etc.²).

25. Wenn der Verlauf der dritten Nacht sich zum Lichte neigt o reiner Zarathustra da geht die Seele des schlechten Mannes an unreine Orte, an Gestank sich erinnernd fort. Zu ihr kommt ein Wind geweht, aus der nördlichen Gegend, aus den nördlichen Gegenden, ein übelriechender, übelriechender als andere Winde.

26. Indem die Seele des schlechten Mannes diesen Wind mit der Nase aufnimmt geht sie (sprechend): woher kommt dieser Wind den ich als den übelriechendsten Wind mit der Nase rieche?

27—32. In jenem Winden etc.³).

33. Den vierten Schritt thut die Seele des schlechten Mannes und sie gelangt in die anfangslosen Finsternisse.

34. Zu ihr spricht ein früher verstorbener Schlechter sie befragend: Wie o verstorbener Schlechter, wie bist du von der Drukhs weggekommen, von den mit Fleisch versehenen Wohnungen, von den irdischen Besitzthümern, von der bekörperten Welt zu der geistigen, von der vergänglichen Welt zu der unvergänglichen, wie lange — wehe dir! — wurde er dir?

35. Darauf spricht Agra-mainyu⁴): Frage den Nichts, den du fragst, welcher den fürchterlichen, schrecklichen, erschütternden Weg gewandelt ist, die Scheidung des Körpers und der Seele.

36. Bringt Speisen herbei, Gift und mit Gift vermischte, denn das ist die Speise für einen Jüngling der schlecht denkt, spricht, handelt, dem schlechten Gesetze anhängt, nach seinem Tode. Dies ist die Speise für eine Buhlerin, die meist schlecht denkt, spricht, handelt, unfolgsam und ungehorsam ist, die schlechte, nach ihrem Tode.

---

that die er (der Schlechte) in der Welt verübt hat, wird er in jenen drei Tagen und drei Nächten vor Augen sehen."

1) Wie § 20.

2) Wie § 20.

3) Es ist klar, dass diese Paragraphen einen Gegensatz zu §§ 9—15 enthalten müssen. Unsere Handschriften geben leider nur die obige abgekürzte Form.

4) Agra-mainyus fügt zu der Pein und den Leiden auch noch den Spott hinzu, wie dieser öfter als eine Eigenschaft der höllischen Wesen hervorgehoben wird.

37. Wir preisen den Fravashi dieses reinen Mannes der den Namen Açmô-qanvâo¹) führt, mehr als die übrigen Reinen will ich preisen als Gläubiger.

38. Den Verstand des Ahura-mazda preisen wir, um einzuprägen den Manthra-çpenta, den Verstand des Ahura-mazda preisen wir, um zu behalten den Manthra-çpenta, die Zunge des Ahura-mazda preisen wir, um aussprechen zu können den Manthra-çpenta, den Berg, den Verstand verleihenden Ushi-darena preisen wir, bei Tag und bei Nacht mit unter Bitten dargebrachten Gaben.

XXXIX. Fragment.

1. Schöpfer! Wo sind hier die Seelen der Verstorbenen, die Fravashis der Reinen?²)

2. Ihm entgegnete Ahura-mazda: Von Çpenta-mainyu ist ihr Ursprung, von Vôhu-mano.

3. Da, vor dem Kommen der Morgenröthe, spricht dieser Vogel Paro-dars, der Vogel der mit Messern verwundet, Worte gegen das Feuers aus³).

4. Bei seinem Sprechen läuft Bushyańçta mit langen Händen herzu von der nördlichen Gegend, von den nördlichen Gegenden, also sprechend, also sagend: Schlafet o Menschen, schlafet sündlich Lebende, schlafet, die ihr ein sündiges Leben führt.

XL. Aferin Paigambar Zartust.

(Als Zartuscht zu Vistáçp kam sprach er diesen Segenswunsch über den König Vistáçp aus:) ⁴)

1. Fromm bin ich, Segnungen sprechend, majestätisch erscheinst du mir. Dann sprach Zarathustra zu Kavi Vistàçpa: Ich preise dich, o Mann, Beherrscher der Länder! der du ein gutes Leben, erhabenes Leben, langes Leben besitzest. Leben möge sein deinen Männern, Leben deinen Frauen, Leben deinen Kindern die geboren werden aus deinem Leibe.

---

1) Die Fravashis sind geistigen Ursprungs und vor der irdischen Welt geschaffen, in welche herabzusteigen sie sich anfangs weigern. Vergl. hierüber den Bericht in meiner Einleitung II, 332.

2) Cf. zu Yt. 1, 44.

3) Cf. Vd. XVIII, 51 flg.

4) Diese einleitenden Worte finden sich in der pariser Handschrift, welche dieses (uns übrigens in einem sehr corrupten Zustande erhaltene Stück) giebt. Ich habe es für nöthig gehalten sie der Deutlichkeit wegen beizufügen.

2. So mögest du sein wie Jâmâçpa, möge dieser dich segnen den Vistâçpa, den (Herrn) der Gegend. Mögest du sehr nützlich sein wie Mazda! siegreich wie Thraetaona, stark wie Jâmâçpa, sehr glänzend wie Kava-Uç, voller Leben wie Aosnara [1]), bewehrt mögest du sein wie Takhmô-Urupa.

3. Majestätisch mögest du sein wie der glänzende Yima, der mit guter Versammlung versehene, mit tausend Kräften wie das schlechte Gesetz des Azhis-Dahâka. Mögest du tapfer, sehr stark sein gleich Kereçâçpa, weise und versammelnd wie Urvâkhsa. Mit schönen Körper, unbefleckt mögest du sein wie Çyâvarshâna.

4. Mögest du reich an Rindern sein wie (der Sohn) des Athwyânischen (Claues), reich an Pferden wie Pourushaçpa, mögest du rein sein wie der heilige Zarathustra. Mögest du gelangen bis zur Ragha, der fern zu durchschreitenden, wie Vifra-navâza [2]). Mögest du ein Freund sein der Yazatas wie ein Bändiger der Menschen.

5. Es mögen von euch geboren werden zehn Söhne; drei wie die eines Priesters, drei wie die eines Kriegers, drei wie die eines Ackerbauers, eines thätigen, einer möge dir sein als dem Vistâçpa.

6. Sei mit schnellen Pferden begabt wie die Sonne, sei leuchtend wie der Mond, sei strahlend wie das Feuer, scharf wie Mithra, sei wohlgewachsen und siegreich, wie Çraosha der heilige.

7. Sei von richtigem Wandel wie Rashnu, ein Besieger der Feinde wie Verethraghna der vom Ahura geschaffene. Sei voll Glanz wie Râma-qâçtra, ohne Krankheit und Tod wie Kava Huçrava.

8. Nach dem Segen kommt er (der Gepriesene) zu dem besten Orte der Reinen, dem leuchtenden, ganz glänzenden Also möge es geschehen wie ich wünsche. Mit guten Gedanken etc. Yathâ ahû vairyô. — Ashem vohû. — Ihm gehört der Glanz etc.

XLI. Afrigân Gahanbâr [3]).

1. Yathâ ahû vairyô. — Ashem vohû. — Ich bekenne etc. zum Preis, Anbetung, Zufriedenstellung und Lob der Herren der Tage, Tageszeiten, Monatsfeste, Jahresfeste, Jahre; für den grossen Herrn

---

1) Aoshnara, der zu den Péshdâdiern gehört haben muss, findet sich noch oben Yt. 13, 130. erwähnt. Die übrigen Wesen kommen in den Yasts, welche auf die Sagen Bezug nehmen oft genug vor.

2) Cf. oben zu Yt. 5, 61.

3) Ueber die Gahanbârs und ihre Einrichtung vergl. man Bd. II. p. C ßg.

der Reinheit, für die Herrn der Tage, Tageszeiten, Monatsfeste, Jahresfeste, Jahre, für die Herrn, die grössten von allen, welches die Herrn der Reinheit sind zur Zeit Hâvani.

2. Khshnaothra zum Preis, Anbetung, Zufriedenstellung und Lob des Maidhyô-zaremaya des Herrn. Yathâ ahû vairyô.

3. Bringet, ihr Mazdayaçnas, um diese Zeit Myazda dar, am Maidhyozaremaya: das Junge eines Viehes eines gesunden, milchgebenden — wenn es geht.

4. Wenn es aber nicht geht, so gebe man soviel Hurâ[1]) und verzehre diese wegen des Çraosha (sprechend), o weisester, wahrsprechendster, an Reinheit reinster, an Herrschaft mächtigster, sündlosester (?), weithin erfreuendster, mildthätigster, die Armen nährendster, gelehrtester im Reinem, bringend die Schätze die mit Frauen verbunden sind — wenn dies geht.

5. Wenn es nicht geht, so soll man wohlgespaltenes, ausgesuchtes Holz in Ladungen oder noch mehr als diese in das Haus des Herrn bringen — wenn es geht. Wenn es aber nicht geht, so soll man wohlgespaltenes, ausgesuchtes Holz, soviel bis an die Ohren geht, soviel als auf die Arme (?) geht, soviel man mit der Hand fortbringen kann in die Wohnung des Herrn bringen — wenn man kann.

6. Wenn man aber nicht kann, so soll man dem besten Herrscher das Reich zutheilen, dem Ahura-mazda, (sprechend): „dem besten Herrscher gehöre das Reich, weswegen wir es ihm übergeben, zutheilen, darbringen dem Ahura-mazda, dem Asha-vahista"[2]). Da ist ihm gegeben der Myazda der ihn befriedigt zu rechter Zeit.

7. Wenn ein Mann den ersten Myazda nicht giebt, o heiliger Zarathustra, für den Maidhyô-zaremaya, da macht der mit Myazda versehene Herr seinen nicht Myazda versehenen Untergebenen unwürdig für das Opfer unter den Mazdayaçnas[3]).

8. Wenn ein Mann den zweiten Myazda nicht giebt, o heiliger Zarathustra, für den Maidhyoshema, da macht der mit Myazda versehene Herr den nicht mit Myazda versehenen Untergebenen unglaubwürdig unter den Mazdayaçnas.

---

1) Cf. zu Vd. XIV, 72.

2) In den vorhergehenden Paragraphen scheint mir der Lohn angedeutet zu werden, welcher dem Priester bei Anlass der Gahanbârfeste gegeben werden soll. Dieser soll dem Vermögen entsprechend sein, bei ganz Mittellosen ist ein gesprochenes Gebet (Yç. XXXV, 13 flg.) statt desselben hinreichend.

3) Zu dem folgenden vergleiche man unten den Àferin Gahanbâr.

9. Wenn ein Mann den dritten Myazda nicht giebt, o heiliger Zarathustra, für den Paitis-hahya, da macht der mit Myazda versehene Herr den Untergebenen die Gaben untüchtig unter den Mazdayaçnas.

10. Wenn ein Mann den vierten Myazda nicht giebt, o heiliger Zarathustra, für den Ayâthrema, da bringt der mit Myazda versehene Herr den nicht mit Myazda versehenen Untergebenen auf ein verbotenes Thier unter den Mazdayaçnas.

11. Wenn ein Mann den fünften Myazda nicht giebt, o heiliger Zarathustra, für den Maidhyâirya, da entfernt der mit Myazda versehene Herr von dem nicht mit Myazda versehenen Untergebenen die Glücksgüter der Welt unter den Mazdayaçnas.

12. Wenn ein Mann den sechsten Myazda nicht giebt, o heiliger Zarathustra, den des Hamaçpathmaedaya, da entfernt der mit Myazda versehene Herr von dem nicht mit Myazda versehenen Untergebenen den ahurischen Wandel unter den Mazdayaçnas.

13. Der Sündlose rufe ihm darauf zu, er verjage ihn, der Sündlose lege ihm darauf Werke der Busse auf; der Herr dem Untergebenen, der Untergebene dem Herrn. Ashem-vohû.

14. Ich flehe für die herrschenden Fürsten des Ahura-mazda des glänzenden, majestätischen, zu vorzüglicher Stärke, vorzüglichem Siege, vorzüglicher Herrschaft: um die Herrschaft und die Erlangung (derselben), lange Regierung des Reichs, langes Leben der Lebenskraft, Gesundheit der Körper.

15. (Ich erflehe) die Stärke die wohlgebildete, wohlgewachsene, den Sieg den von Ahura geschaffenen, das Schlagen das aus der Höhe stammt, die gänzliche Bezwingung der Peiniger, Besiegung der Feinde, Vernichtung der tödtlichen, unfreundlichen Peiniger.

16. Ich flehe: er möge besiegen in siegreicher Schlacht jeden unfreundlichen Peiniger, jeden schlechten Peiniger, der nicht recht denkt, spricht, handelt.

17. Er möge siegen mit richtigem Denken, richtigem Sprechen, richtigem Handeln, er möge schlagen alle Feinde, alle Daevasverehrer. Möge er gelangen zu guten Lohn, guten Ruhm, für die Seele zu vieler Heiligung.

18. Ich flehe: lebe lange, lebe glücklich, zum Schutze für die reinen Männer, zur Bedrängniss für die Uebelthäter, (ich flehe) um den besten Ort der Reinen, den leuchtenden, ganz glänzenden. Also

möge es kommen, wie ich flehe. — Der guten Gedanken, Worte und Werke etc. — Yathâ ahû vairyô. — Ashem-vohû.

19. Yathâ ahû vairyô. Opfer, Preis, Stärke, Kraft weihe ich den Herrn der Tage, Tageszeiten, Monatszeiten, Jahresfeste, Jahre zum Preis, Anbetung, Zufriedenstellung und Lob, für den grossen Herrn der Reinheit, für die Herrn der Tage, Tageszeiten, Monatszeiten, Jahresfeste, Jahre, für die Herrn, die grössten von allen, welches die Herrn der Reinheit sind um die Zeit Hâvani. — Khshnaothra für den Herrn Maidhyozaremaya, den Herrn Maidhyoshema, den Herrn Paitis-hahya, den Herrn Ayâthrema, den Herrn Maidhyâirya, den Herrn Hamaçpathmaedaya zum Preis, Anbetung, Zufriedenstellung und Lob. — Yathâ ahû vairyô.

XLII. Afrigân Gâthâ[1]).

1. Yathâ ahû vairyô. — Ashem-vohû. — Ich bekenne etc. für Ahura-mazda den glänzenden, majestätischen, für die Ameshaçpentas, für die heiligen Gâthâs, die Beherrscher der Zeiten, die reinen, für die Gâthâ Ahunavaiti, die Gâthâ Ustavaiti, die Gâthâ Çpenta-mainyu, die Gâthâ Vohû-Khshathra, die Gâthâ Vahistôisti.

2. Zufriedenstellung sei für die Fravashis der Reinen die starken, andringeuden, dem ersten Gesetz zugethanen Fravashis, die Fravashis der Nabânazdista, zum Preis, Anbetung, Zufriedenstellung und Lob.

3. Den Ahura-mazda den glänzenden, majestätischen, preisen wir. Die Amesha-çpenta die guten Könige, die weisen preisen wir. Die heiligen Gâthâs, die Herrn der Zeiten, die reinen, preisen wir. Die Gâthâ Ahunavaiti die reine, Herrin des Reinen preisen wir, die Gâthâ Ustavaiti die reine, Herrin des Reinen preisen wir. Die Gâthâ Çpenta-mainyu die reine, Herrin des Reinen preisen wir. Die Gâthâ Vohû-Khshathra die reine, Herrin des Reinen preisen wir, die Gâthâ Vahistôisti die reine, Herrin des Reinen preisen wir.

4. Die guten, starken, heiligen Fravashis der Reinen preisen wir, welche aus ihrer Wohnung herbeikommen zur Zeit Hamaçpathmaedaya, dann gehen sie hier herum, zehn Tage und zehn Nächte lang, jenen Schutz zu kennen wünschend: „wer wird uns preisen, wer uns opfern, wer uns zu eigen machen mit Fleisch versehener

---

1) Hierzu cf. Yt. 13, 49 flg.

Haud, mit Kleid versehener, mit Gebet, welches Reinheit erlangt? Welchen unserer Namen wird man hier aussprechen, wessen Seele von euch opfern, wem von uns hier Gaben geben, dass ihm dafür sein wird essbare Speise, unvergängliche, an essbaren Dingen für immerdar? — Welcher Mann ihnen opfert mit Fleisch versehener Hand, mit Kleid versehener, mit Gebet, welches Reinheit erlangt, da segnen ihn zufrieden, nicht rachgierig, unbeleidigt die starken Fravashis der Reinen: „In dieser Wohnung wird sein Fülle von Rindern und Menschen, es werden da sein schnelle Pferde und ein fester Wagen, es wird der Mann geachtet, das Haupt einer Versammlung sein, der uns hier immer opfert mit Fleisch versehener Hand, mit Kleid versehener, mit Gebet, welches Reines erlangt."

5. Die starken, anstürmenden, die tapfern, siegreichen Fravashis der Reinen, die Fravashis des früheren Gesetzes, die Fravashis der nächsten Anverwandten mögen befriedigt gehen in diese Wohnung, befriedigt wandeln in dieser Wohnung, befriedigt segnen in dieser Wohnung.

6. (Herbeiwünschend) die Ashis-vaġuhi, die ausdauernde, befriedigt gehen sie fort aus dieser Wohnung. Preis und Anbetung sollen sie bringen vor den Schöpfer Ahura-mazda und die Ameshaçpentas, nicht mögen sie weinend weggehen aus dieser unsrer Wohnung der Mazdayaçnas[1]). Ich flehe etc. (wie oben p. 194.)

XLIII. Afrigân Rapithwin[2]).

1. Yathà ahû vairyô. — Ashem-vohû. — Ich bekenne als ein Mazdayaçna, ein zarathustrischer, Feind der Daevas, dem Glauben an Ahura zugethan: für Rapithwina den reinen, Herrn des Reinen zum Preis, Anbetung, Zufriedenstellung und Lob, für Frâdaṭ-fshu und Zañtuma den reinen Herrn des Reinen zum Preis, Anbetung, Zufriedenstellung und Lob.

2. Khshnaothra zum Preis, Anbetung, Zufriedenstellung und Lob von Ahura-mazda dem glänzenden, majestätischen, von den

---

1) Cf. Yt. 13, 156. 157.

2) Anquetil bemerkt zu diesem Stücke: *Cet Afergan se récite, dans l'Inde, le jour Ormusd du mois Farvordin, le jour Mansrespand du mois Mithra; et au Kirman, le jour Khordad du mois Farvardin. Les cérémonies sont les mêmes que pour l'Afergan Gâhanbâr.*

Amesha-çpentas, von Asha-vahista und dem Feuer, dem Sohn Ahuramazdas, von allen reinen Yazatas, den himmlischen und den irdischen, von den Fravashis der Reinen, den tapfern, ankämpfenden, den Fravashis derer die dem frühern Gesetz zugethan waren, von den Fravashis der nächsten Anverwandten. — Yathâ ahû vairyô.

3. Also sprach Ahura-mazda zum heiligen Zarathustra: Frage uns um das Gebet für den Herrn Rapithwina, o reiner Zarathustra, die Fragen die du für uns hast, denn dies Gefragte (wird) dich kraftvoll (machen) denn dich wird der Mächtige nach (deinem) Wunsche kräftig machen.

4. Es fragte Zarathustra den Ahura-mazda: Ahura-mazda, Himmlischer, Heiligster, Schöpfer der bekörperten Welten, Reiner! Was verdient der Mann, was erwirbt der Mann, was ist der Lohn für den Mann:

5. welcher mit richtigen Gebet für Rapithwina den Herrn Rapithwina preist, den Herrn Rapithwina lobt, mit gewaschenen Händen, mit gewaschenen Mörsern, mit zusammengebundenem Bareçma, mit emporgehobenem Haoma, bei leuchtendem Feuer, mit ausgesprochenem Ahuna-vairya, vom Haoma benetzt (?) an der Zunge, Mañthra verbundenen Leibes?

6. Ihm antwortete Ahura-mazda: Wie der Wind von der mittägigen Gegend (kommend), o heiliger Zarathustra, die ganze bekörperte Welt fördert, vermehrt und zu nützlichem Heile gelangen lässt — so verdient auch dieser Mann, das wird der Lohn sein für diesen Mann:

7. welcher mit richtigen Gebet für Rapithwina den Herrn Rapithwina preist, den Herrn Rapithwina lobt mit gewaschenen Händen, gewaschenen Mörsern, mit zusammengebundenem Bareçma, mit emporgehobenem Haoma, bei leuchtendem Feuer, mit ausgesprochenem Ahuna-vairya, die Zunge vom Haoma benetzt, den Leib mit den Mañthra verbunden.

8. Es verkündete Ahura-mazda dem heiligen Zarathustra das für den Herrn Rapithwina zu sprechende Gebet. — Ashem-vohû.

9. Ich erflehe etc. — Yathâ ahû vairyô. — Ashem-vohû. —

10. Yathâ ahû vairyô. — Opfer, Preis, Stärke und Kraft weihe ich zum Preis, Anbetung, Zufriedenstellung und Lob von Ahuramazda, dem glänzenden, majestätischen, von den Amesha-çpentas, von Asha-vahista und dem Feuer, dem Sohne Ahura-mazdas, von allen reinen Yazatas, den himmlischen und den irdischen, der Fra-

vashis der Reinen, der tapfern, ankämpfenden, der Fravashis derer die dem ersten Gesetze zugethan sind, der Fravashis der nächsten Anverwandten. Also möge es kommen wie ich flehe. Die guten Gedanken etc.

XLIV. Siroza.

I.

1. Ormazd.

(Zum Preise) Für Ahura-mazda den glänzenden, majestätischen; für die Amesha-çpenta.

2. Bahman¹).

Für Vohû-mano; für den siegreichen Frieden, der gesetzt ist über die anderen Geschöpfe; für den himmlischen Verstand, den von Mazda geschaffenen; für den mit Ohren gehörten Verstand, den von Mazda geschaffenen.

3. Ardibehesht²).

Für Asha-vahista, den schönsten; für Airyama-ishya; für den Starken von Mazda geschaffenen; für Çaoka³) die gute, mit weithinsehenden Augen begabte, von Mazda geschaffene, reine.

4. Shahrévar.

Für Khshathra-vairya; für das Metall; für die Barmherzigkeit, welche den Bettler nährt.

5. Çpendârmaṭ.

Der guten Çpenta-ârmaiti; der Freigebigkeit der guten, mit weitsehenden Augen begabten, von Mazda geschaffenen, reinen.

6. Chordâṭ.

Dem Haurvatâṭ, dem Herrn; dem jährlichen guten Wohnen; den Jahren, den Herrn des Reinen.

7. Amerdâṭ⁴).

Dem Amcretâṭ dem Herren; der Fülle welche die Heerden betrifft; den Getreidefrüchten, die für die Pferde gehören; dem Gaokerena, dem starken, von Mazda geschaffenen. (Zur Zeit Hâvani:)

---

1) Bahmans Aufgabe ist, wie schon zu Yç. I, 5 bemerkt wurde, die lebenden Wesen zu schützen und dafür zu sorgen, dass sie nicht in Streit mit einander gerathen. Daher wird der Friede neben ihm angerufen. — Der gesetzt ist über etc. cf. zu Yç. XXII, 27. Wegen der himmlischen Weisheit und des mit Ohren gehörten Verstandes ist Yç. XXII, 29 not. zu vergleichen.
2) Statt den Starken hat die Tradition: die Waffe.
3) Cf. zu Yt. 2, 2.   4) Cf. zu Yt. 2, 3.

dem Mithra, der weite Triften besitzt; und dem Râma-qâçtra. (Zur Zeit Rapitan:) dem Asha-vahista und dem Feuer (dem Sohne) Ahuramazdas. (Zur Zeit Uziren:) dem grossen Herrn, dem Nabel der Gewässer; dem von Mazda geschaffenen Wasser.

8. Dai pa Âdar¹).

Dem Schöpfer Ahura-mazda, dem glänzenden, majestätischen; den Amesha-çpentas.

9. Âdar²).

(*a*) Dem Feuer, dem Sohne Ahura-mazdas; der Majestät; dem Nutzen, dem von Mazda geschaffenen; dem Glanz der Arier der von Mazda geschaffenen; der königlichen Majestät der von Mazda geschaffenen. — (*b*) Dem Feuer, dem Sohne Ahura-mazdas; dem Könige Haoçravaġha; dem Vara des Haoçravaġha; dem Berge Açnavañta, dem von Mazda geschaffenen; dem Vara Caecaçta, dem von Mazda geschaffenen; der königlichen Majestät, der von Mazda geschaffenen. — (*c*) Dem Feuer, dem Sohne Ahura-mazdas; dem Berge Raevañta, dem von Mazda geschaffenen; der königlichen Majestät, der von Mazda geschaffenen. — (*d*) Dem Feuer, dem Sohne Ahuramazdas; o Feuer heiliges, kriegerisches; Yazata voll Majestät, Yazata mit vielen Heilmitteln! — (*e*) Dem Feuer dem Sohne Ahuramazdas mit allen Feuern; dem Nabel der Könige, dem Nairyo-çaġha, dem verehrungswürdigen.

10. Âbân³).

Den guten Gewässern, den von Mazda geschaffenen. Dem Was-

---

1) Der achte Tag ist wieder dem Ormazd heilig. Ebenso der 15. und 23. Die Eintheilung ist also eine ziemlich ähnliche wie unsere Monatseintheilung.

2) Hier werden verschiedene Feuer angerufen. Unter a) ist nach den Glossen zu d. St. das Feuer Adar-frâ oder Bareziçavaġha verstanden, welches auf dem Berge Kunkare (كنكرى) seinen Sitz hat und den Deçtûrs und Priestern Majestät und Kraft verleiht. — Unter b) wird das Feuer Âdar-gusaçp gemeint, der Beschützer Erâns und der Krieger, das sieh auf dem Berge Açnavant befindet. Der Vara des Huçrava oder Kai-ehusru befindet sich angeblich in Âderbaijân. Der Var Cicaçt ist nach dem Bundehesch c. XXII auch in Âderbaijân. — c) Das dritte Feuer Âdar burzin ist Beschützer der Ackerbauer und befindet sich auf dem Berge Raevant. Cf. unten p. 236. — d) soll das Feuer im Nabel der Könige sein, aus ihm soll der Saamen der mächtigeren und talentvolleren Könige stammen. Darum habe ich auch die Textesworte als: Nabel der Könige übersetzt, nicht Nabel der Frauen, was sie auch besagen könnten und vielleicht ursprünglich wirklich besagten. Cf. zu Yç. II, 21.

3) Ardvi-çûra die Vorsteherin der Gewässer, so wie die Helferin und Beschützerin der weiblichen Geburten. Cf. Yç. LXIV, 1 flg. Vd. VII, 37 flg.

ser Ardvî, dem fleckenlosen reinen; allen von Mazda geschaffenen Wassern; allen von Mazda geschaffenen Bäumen.

11. Qarshét.

Der Sonne, der unsterblichen, glänzenden, mit schnellen Rossen versehenen.

12. Mâh.

Dem Monde der den Saamen des Viehs enthält [1]; dem eingebornen Stiere; dem Stiere von vielen Gattungen.

13. Tistar.

Dem Stern Tistar, dem glänzenden, majestätischen; dem Çatavaeça, dem Vorsteher des Wassers, dem starken, von Mazda geschaffenen; den Gestirnen, welche den Saamen des Wassers enthalten, den Saamen der Erde, der Bäume enthalten, den von Mazda geschaffenen; dem Sterne Vanant, dem von Mazda geschaffenen; den Gestirnen, welche Haptôiriñga heissen, die von Mazda stammen und die glänzend und heilbringend sind.

14. Gosh [2].

Dem Leibe des Stieres; der Seele des Stieres; der Drvâçpa, der starken, von Mazda geschaffenen, reinen.

15. Dai-pa-Mihr.

Dem Schöpfer Ahura-mazda, dem glänzenden, majestätischen; den Amesha-çpentas.

16. Mihr.

Dem Mithra, der weite Triften besitzt, 1000 Ohren, 10000 Augen, einen genannten Namen hat, dem verehrungswürdigen; dem Râma-qâçtra.

17. Çrosh.

Dem Çraosha dem heiligen, starken, der den Mañthra als Leib hat, mit starker Waffe, dem ahurischen.

18. Rashn.

Dem Rashnu, dem gerechtesten; und der Arstât, welche die Welt fördert, die Welt vermehrt; dem wahrgesprochenen Worte, welches die Welt fördert.

---

1) Der den Saamen des Viehs enthält. Cf. Bd. I. p. 158. — Der eingeborne Stier ist der Urstier, den Agra-mainyus vernichtete, der Stier von vielen Gattungen befasst die verschiedenen jetzt lebenden Stiergeschlechter die man im Bund. c. XIV. aufgezeichnet findet.

2) Gosh ist wol abgekürzt für Géus-urva, Gosurun, Stierseele.

19. Farvardin.

Den Fravashis der Reinen, den tapferen, angreifenden; den Fravashis derer die zuerst dem Herkommen anhiengen; den Fravashis der nächsten Anverwandten.

20. Behrâm.

Der Stärke der wohlgebildeten, wohlgewachsenen; dem Verethraghna, dem von Ahura geschaffenen; dem Schlagen das aus der Höhe stammt.

21. Râm [1]).

Dem Râma-qâçtra, der Luft die in den Höhen wirkt, welche gesetzt ist über die anderen Geschöpfe, das von dir, o Luft, was dem Çpeñta-mainyus angehört; dem Himmelsraume, der seinem eignen Gesetze folgt; der unbegränzten Zeit; der Zeit, der Herrscherin der langen Periode.

22. Vât.

Dem Winde, dem wohlgeschaffenen, der unten und oben, vorn und hinten ist; der männlichen Wehrhaftigkeit.

23. Daí-pa-din.

Dem Schöpfer Ahura-mazda, dem glänzenden, majestätischen; den Amesha-çpentas.

24. Din.

Der richtigsten Weisheit, der von Mazda geschaffenen, reinen; dem guten mazdayaçnischen Gesetze.

25. Asheshing [2]).

Der Ashis-vaĝuhi; der guten Weisheit; der guten Rechtschaffen-

---

1) Die Glosse zu der Stelle beschreibt den Râma-qâçtra nicht blos als den Genius der den Speisen Geschmack verleiht, sondern führt auch Gesundheit und Schätze auf ihn zurück. Die unendliche Zeit kommt auch sonst noch in Anrufungen vor, z. B. in Vd. XIX, 33. 44. 55. aber die Zeit, die Herrscherin der langen Periode: Zamân-i-direñg-qadbâi wird meines Wissens nur hier angerufen. Ihre Dauer ist die Dauer der irdischen Welt und sie wird von Einigen auf 12000 von Andern auf 9000 Jahren angegeben, je nachdem man die 3000 ersten Jahre, in denen keine Vermischung statt fand, mit einrechnet. Eine neupersische Glosse zu unserer Stelle spricht auch hier wieder bestimmt aus, dass Ormazd die ganze Welt, den Himmelsraum, die unbegränzte Zeit und die lange Periode geschaffen habe. Cf. den Text in sprachlicher Beziehung. Den Himmelsraum der seine eigenen Gesetze folgt, d. h. der ein Qadbâta ist. Ueber meine Auffassung von Qadbâta cf. Bd. II. p. 218.

2) Ashis-vaĝuhi ist wol eigentlich der gute Segen. Cf. zu Vsp. X, 4. Ueber Pâreñdi cf. zu Yç. XIV, 2. Mit leichten Wagen, d. h. nach der Tradition von einem Orte zum andern gehend.

heit; der guten Geradlieit; dem Glanze; dem Nutzen, dem von Mazda geschaffenen; der Pârendi mit leichtem Wagen, dem Glanze der Ehrwürdigen, dem von Mazda geschaffenen; dem königlichen Glanze, dem von Mazda geschaffenen; der unverwüstlichen Majestät, der von Mazda geschaffenen; dem Glanze Zarathustras dem von Mazda geschaffenen.

26. Açtât.

Der Arstât (Wahrhaftigkeit) welche die Welt fördert; dem Berge Ushi-darena [1]), dem von Mazda geschaffenen, mit reinem Glanze.

27. Açmân.

Dem Himmel, dem grossen, starken; dem besten Orte für die Reinen, dem leuchtenden, ganz glänzenden.

28. Zemyât.

Der Erde dem wohlgeschaffenen Yazata; diesen Orten und Plätzen; dem Berge Ushi-darena, dem von Mazda geschaffenen, mit reinem Glanze versehenen, und allen Bergen, den mit reinem Glanze versehenen, mit vielem Glanze versehenen, von Mazda geschaffenen; dem königlichen Glanze dem von Mazda geschaffenen; dem unverwüstlichen Glanze, dem von Mazda geschaffenen.

29. Mançer-çpant.

Dem Maúthra-çpeñta, dem reinen, wirkenden; dem Gesetze das gegen die Daevas gegeben ist; dem zarathustrischen Gesetze; der langen Lehre des guten mazdayaçnischen Gesetzes [2]); dem Behalten des Maúthra-çpenta; dem im Geiste Behalten des guten mazdayaçnischen Gesetzes; der Wissenschaft des Maúthra-çpenta; dem himmlischen Verstande, dem von Mazda geschaffenen; dem mit Ohren gehörten Verstande, dem von Mazda geschaffenen.

30. Anérân.

Den anfangslosen Lichtern, die ihrem eigenen Gesetze folgen; dem glänzenden Garo-nemâna; dem immer nützenden Hause [3]), das seinem eigenen Gesetze folgt; der Brücke Cinvat, der von Mazda geschaffenen. Dem grossen Herrn, dem Nabel der Gewässer und dem Wasser dem von Mazda geschaffenen. Dem Haoma der einen reinen Ursprung hat; dem frommen guten Segenswunsche; dem star-

---

1) Ushi-darena. Cf. zu Yç. I, 41.
2) Cf. zu Yç. I, 40.
3) Das immer nützende Haus. Cf. Vd. XIX, 122. und besonders meine Abhandlung der 19 Farg. des Vendidâd zu d. St.

ken in Weisheit höchsten; allen Yazatas, den reinen, himmlischen wie irdischen; den Fravashis der Reinen, den tapfern, ankämpfenden, den Fravashis der Paoiryo-tkaeshas, den Fravashis der nächsten Anverwandten; dem Yazata mit berühmten Namen.

II.
1. Ormazd.

Den Ahura-mazda, den glänzenden, majestätischen preisen wir. Die Amesha-çpenta, die guten Herrscher, die weisen preisen wir.

2. Bahman.

Den Vohû-mano, den Amesha-çpenta preisen wir. Den Frieden, den siegreichen preisen wir, der gesetzt ist über die anderen Geschöpfe. Den himmlischen Verstand, den von Mazda geschaffenen preisen wir; den mit Ohren gehörten Verstand, den von Mazda geschaffenen preisen wir.

3. Ardibehesht.

Den Asha-vahista, den schönsten Amesha-çpenta preisen wir; den Airyama-ishya preisen wir; den Starken, von Mazda geschaffenen preisen wir; die Çaoka, die gute mit weitsehenden Augen, die von Mazda geschaffene, reine preisen wir.

4. Shahrévar.

Den Khshathra-vairya, den Amesha-çpenta preisen wir. Die Metalle preisen wir. Die Barmherzigkeit, die den Bettler nährt, preisen wir.

5. Çpeñdàrmaṭ.

Die gute Çpeñta-àrmaiti preisen wir; die Freigebigkeit die gute, mit weitsehenden Augen begabte, von Mazda geschaffene, reine, preisen wir.

6. Chordàṭ.

Den Haurvatâṭ, den Amesha-çpenta preisen wir; das jährliche gute Wohnen preisen wir; die Jahre die reinen, Herrn des Reinen, preisen wir.

7. Amerdàṭ.

Den Ameretâṭ, den Amesha-çpenta preisen wir; die Fülle, welche das Vieh betrifft, preisen wir; die Getreidefrüchte, welche für die Pferde gehören, preisen wir; den Gaokerena, den starken, von Mazda geschaffenen, preisen wir. (Zur Zeit Hâvani:) den Mithra, der weite Triften besitzt, preisen wir; den Râma-qâçtra preisen wir. (Zur Zeit Rapitan:) den Asha-vahista und das Feuer, den

Sohn Ahura-mazdas preisen wir. (Zur Zeit Uziren:) den grossen Herrn, den mit Frauen versehenen, glänzenden[1]), den Nabel der Gewässer, den mit schnellen Pferden begabten, preisen wir; und das Wasser, das von Mazda geschaffene, preisen wir.

8. Dai-pa-Âdar.

Den Schöpfer Ahura-mazda, den glänzenden, majestätischen, preisen wir. Die Amesha-çpenta, die guten Könige, die weisen preisen wir.

9. Âdar.

(*a*) Das Feuer, den Sohn Ahura-mazdas, preisen wir; die Majestät, die von Mazda geschaffene, preisen wir; den Nutzen, den von Mazda geschaffenen, preisen wir; den arischen Glanz, den von Mazda geschaffenen, preisen wir; die mächtige königliche Majestät die von Mazda geschaffene preisen wir. — (*b*) Das Feuer, den Sohn Ahuramazdas, preisen wir; den König Haoçravagha preisen wir; den Vara des Haoçravagha preisen wir; den Berg Açnavanta, den von Mazda geschaffenen, preisen wir; den Vara Caecaçta, den von Mazda geschaffenen, preisen wir; die mächtige königliche Majestät, die von Mazda geschaffene, preisen wir. — (*c*) Das Feuer, den Sohn des Ahura-mazda, preisen wir; den Berg Raevanta, den von Mazda geschaffenen, preisen wir; die mächtige königliche Majestät, die von Mazda geschaffene, preisen wir. — (*d*) Das Feuer, den Sohn Ahura-mazdas, preisen wir; das heilige kriegerische Feuer preisen wir; (dich) o Yazata, mit vieler Majestät versehener, preisen wir; (dich) o Yazata, du mit vielen Heilmitteln versehener, preisen wir. — (*e*) Das Feuer, den Sohn Ahura-mazdas, preisen wir; alle Feuer preisen wir; den Nabel der Könige, Nairyo-çagha, den Yazata preisen wir.

10. Âbân.

Die guten Gewässer, die von Mazda geschaffenen, reinen, preisen wir; die Ardvî-çura, die fleckenlose, reine, preisen wir. Alle Gewässer, die von Mazda geschaffenen, reinen, preisen wir; alle Bäume, die von Mazda geschaffenen, reinen, preisen wir.

11. Qarshét.

Die Sonne, die unsterbliche, glänzende, mit schnellen Pferden begabte, preisen wir.

12. Mâh.

Den Mond, der den Viehsaamen enthält preisen wir. Den Fra-

---

1) Cf. Yç. II, 21.

vashi der Seele des eingebornen Stiers preisen wir. Den Fravashi der Seele des Stiers von vielen Arten preisen wir.

13. Tistar.

Den Stern Tistrya, den glänzenden, majestätischen, preisen wir; den Çatavaeça, der dem Wasser vorsteht, den starken, von Mazda geschaffenen, preisen wir. Alle die Sterne, welche den Wassersaamen enthalten, preisen wir. Alle die Sterne, welche den Saamen der Erde enthalten, preisen wir. Alle die Sterne, welche den Baumsaamen enthalten, preisen wir. Den Stern Vanañṭ, den von Mazda geschaffenen, preisen wir. Jene Sterne preisen wir, welche Haptôiriñga (heissen) die von Mazda geschaffenen, majestätischen, heilbringenden, zum Widerstande gegen die Yàtus und Pairikas.

14. Gosh.

Die Seele der wohlgeschaffenen Kuh preisen wir; die Drvàçpa, die starke, von Mazda geschaffene, reine, preisen wir.

15. Dai-pa-Mihr.

Den Schöpfer Ahura-mazda, den glänzenden, majestätischen, preisen wir. Die Amesha-çpenta, die guten Könige, die weisen, preisen wir.

16. Mihr.

Den Mithra, der weite Triften besitzt, 1000 Ohren, 10000 Augen hat, den mit einem genannten Namen versehenen Yazata, preisen wir. — Den Ràma-qàçtra preisen wir.

17. Çrosh.

Den Çraosha, den heiligen, wohlgewachsenen, siegreichen, die Welt fördernden, reinen, Herrn des Reinen, preisen wir.

18. Rashn.

Den Rashnu, den gerechtesten, preisen wir. Die Arstàṭ, welche die Welt fördert, die Welt vermehrt, preisen wir. Die wahr gesprochene Rede, welche die Welt fördert, preisen wir.

19. Farvardin.

Die guten, starken, heiligen Fravashis der Reinen preisen wir.

20. Bahràm.

Die Stärke, die wohlgebildete, wohlgewachsene; den Verethraghna, den von Ahura geschaffenen preisen wir; das Schlagen, das aus der Höhe stammt preisen wir.

21. Ràm.

Den Ràma-qàçtra preisen wir; die reine Luft preisen wir; die Luft, die in der Höhe wirkt, preisen wir, die gesetzt ist über die anderen Geschöpfe, das von dir, o Luft, preisen wir, was dem Çpentamainyus angehört. Den Himmelsraum, der seinem eigenen Gesetze folgt, preisen wir; die unendliche Zeit preisen wir; die Zeit, die Herrscherin der langen Periode, preisen wir.

22. Vât.

Den heiligen, wohlgeschaffenen Wind preisen wir, (den Wind) unten preisen wir; (den Wind) oben preisen wir; (den Wind) vorne preisen wir; (den Wind) hinten preisen wir; die männliche Wehrhaftigkeit preisen wir.

23. Dai-pa-din.

Den Schöpfer Ahura-mazda, den glänzenden, majestätischen preisen wir. Die Amesha-çpenta, die guten Könige, die weisen preisen wir.

24. Din.

Die richtigste Weisheit, die von Mazda geschaffene, reine, preisen wir. Das gute mazdayaçnische Gesetz preisen wir.

25. Asheshing.

Die Ashi-vaġuhi preisen wir, die glänzende, grosse, kraftvolle, wohlgewachsene, ausdauernde; die von Mazda geschaffene Majestät preisen wir; den Nutzen, den von Mazda geschaffenen preisen wir; die Pâreñdi mit leichtem Wagen preisen wir; die arische Majestät, die von Mazda geschaffene, preisen wir; die mächtige, königliche Majestät, die von Mazda geschaffene, preisen wir; die mächtige, unverwüstliche Majestät, die von Mazda geschaffene, preisen wir. Den Glanz Zarathustras, den von Mazda geschaffenen, preisen wir.

26. Açtât.

Die Arstât (Wahrhaftigkeit), welche die Welt fördert, preisen wir. Den Berg Ushi-darena, den von Mazda geschaffenen, mit reinem Glanze versehenen, verehrungswürdigen preisen wir.

27. Açmân.

Den Himmel, den glänzenden, preisen wir. Den besten Ort der Reinen preisen wir, den leuchtenden, ganz glänzenden.

28. Zemyât.

Die Erde, den wohlgeschaffenen Yazata, preisen wir. Diese Orte, diese Plätze preisen wir. Den Berg Ushidarena, den von Mazda geschaffenen, mit reinem Glanze versehenen, verehrungswürdigen preisen wir. Alle Berge die mit reinem Glanze, mit vielem Glanze versehenen, die von Mazda geschaffenen, reinen, Herrn des Reinen preisen wir. Die mächtige königliche Majestät, die von Mazda geschaffene, preisen wir. Die mächtige, unverwüstliche Majestät, die von Mazda geschaffene, preisen wir.

29. Mançerçpanṭ.

Den Mañthra-çpenta, den mit vielem Glanze versehenen, preisen wir. Das Gesetz das gegen die Daevas gegeben ist preisen wir. Das zarathustrische Gesetz preisen wir. Die lange Lehre preisen wir. Das gute mazdayaçnische Gesetz preisen wir. Das im Herzen Behalten des Mañthra-çpenta preisen wir; das im Gedächtnisse Behalten des mazdayaçnischen Gesetzes preisen wir. Die Wissenschaft die den Mañthra-çpenta betrifft preisen wir. Den himmlischen Verstand preisen wir, den von Mazda geschaffenen; den mit Ohren gehörten Verstand, den von Mazda geschaffenen, preisen wir.

30. Anérân.

Die anfangslosen Lichter, die ihrem eigenen Gesetze folgen, preisen wir. Den glänzenden Garô-nemâna preisen wir. Das immer nützende Haus, das seinem eigenen Gesetze folgt, preisen wir. Die Brücke Cinvaṭ, die von Mazda geschaffene, preisen wir. Den grossen Herrn, den königlichen, glänzenden, den Nabel der Gewässer, den mit schnellen Pferden versehenen, preisen wir. Das Wasser, das von Mazda geschaffene, reine, preisen wir. Den Haoma, den goldenen, grossen, preisen wir. Den Haoma den Förderer, der die Welt fördert, preisen wir. Den Haoma, der ferne vom Tode ist, preisen wir. Den frommen guten Segenswunsch preisen wir. Den mächtigen, starken, in Weisheit höchsten Yazata, preisen wir. Alle reinen himmlischen Yazatas preisen wir. Alle reinen irdischen Yazatas preisen wir; die guten, starken, heiligen Fravashis der Reinen preisen wir.

XLV. Patet Âderbât[1]).

Yathâ ahû vairyô (5). — *Alle Sünden bereue ich.* — *Alle büsen Gedanken, Worte und Werke, die ich in der Welt gedacht habe* — *Gedanken, Worte und Werke, körperliche, geistige, irdische und himmlische bereue ich in eurer Gegenwart, ihr Gläubigen,* — *o Herr verzeihe* — *durch die drei Worte*[2]).

Yathâ ahû vairyô (5). Ashem-vohû (3). Ich bekenne als ein

---

1) Patets sind Beichtformeln. Vergl. oben Bd. II. p. LVIII flg.
2) d. h. mit Gedanken, Worten und Werken.

Mazdayaçna, eine zarathustrischer, Gegner der Daeva, dem Glauben an Ahura zugethaner zum Preis, Anbetung, Zufriedenstellung und Lob[1]). Dem Çraosha dem heiligen, starken, dessen Leib der Manthra ist, dem mit starker Waffe versehenen, ahurischen: Khshnaothra zum Preis, Anbetung, Zufriedenstellung und Lob. Wie es des Herrn Wille ist sage mir es der Zaota, also verkündet der Herr, der Reine aus Heiligkeit. Der Wissende spreche: (Yathà ahû vairyô).

1. *Ich preise alle guten Gedanken, Worte und Werke durch Denken, Sprechen und Handeln. Ich verfluche alle schlechten Gedanken, Worte und Handlungen hinweg vom Denken, Sprechen und Handeln. Ich ergreife alle gute Gedanken, Worte und Werke mit Gedanken, Worten und Werken, d. h. ich vollbringe gute Thaten. Ich entlasse alle schlechten Gedanken, Worte und Werke aus den Gedanken, Worten und Werken, d. h. ich thue keine Sünde.*

2. *Ich gebe euch, die ihr Amshaspands seid, Opfer und Preis mit Gedanken, Worten und Werken, mit dem Herzen, mit dem Leibe, mit meiner eigenen Lebenskraft, Körper und Lebenskraft, was den Namen Ravaṅn führt. Das ganze Vermögen, das ich besitze, besitze ich in Abhängigkeit von den Yazatas. In Abhängigkeit von den Yazatas besitzen heisst (soviel als) dies: wenn sich etwas derart ereignet, wo es sich geziemt den Leib der Seele wegen hinzugeben, so gebe ich ihn*[2]).

3. *Ich preise die beste Reinheit, ich verjage die Dévs, für das Gute des Schöpfers Ormazd bin ich dankbar, mit der Opposition und Ungerechtigkeit die von Ganâ-mainyo hergekommen ist bin ich, in Hoffnung auf die Auferstehung, zufrieden und einverstanden. Das Gesetz, das von Ormazd geschaffene, zarathustrische, die Geradheit und Rechtschaffenheit, das Thun der Pairyô-tkaeshas nehme ich zur Richtschnur. Dieses Weges wegen*[3]) *bereue ich die Sünde.*

4. *Ich bereue die Sünde, welche den Charakter der Men-*

---

1) Hier wird der Name des Gâhs eingeschaltet, in welchem der Patet gesprochen wird.

2) Diese Worte von § 1 an finden sich in allen drei Patets und sind eigentlich Yç. XII. nach der Huzvâresch-Uebersetz. Die Worte: „d. h. ich vollbringe gute Thaten" und „d. h. ich thue keine Sünde", können auch übersetzt werden: „damit ich gute Thaten vollbringe" und „damit ich keine Sünde thue".

3) d. h. wenn ich von diesem eben genannten Wege abgewichen bin.

schen angreifen könnte, oder meinen Charakter angegriffen hat[1]), kleine und grosse(?)[2], welche unter den Menschen begangen werden von 3 Çraosho-caranaṁm gunâh, der niedrigsten Sünde[3]), bis tausend mal tausend Margerzân[4]), soviel als es noch mehr ist (und) sein kann, namentlich: alle schlechten Gedanken, Worte und Werke; was ich wegen Anderer, oder was Andere meinetwegen (begangen), oder wenn einem Uebelthäter meinetwegen die schwere(?) Sünde den Charakter angegriffen hat — solche Sünden — Gedanken, Worte und Werke, körperliche, geistige[5]), irdische, himmlische bereue ich mit den drei Worten, o Herr verzeihe, ich bereue die Sünde mit Patet.

5. Diese Sünden, welche des Gewissens beschweren, wie: Handrakhta, Maidhyôçaçta, Andarj-framann, Baoidhyôzat, Kaidhyôzat, die Sünde Ágereft, die Sünde Avoiṙist, die Sünde Aredus, die Sünde Qôr, die Sünde Bázá, die Sünde Yátu, die Tanavalgân, die Sünde Margerzân[6]). Die Sünde des Spottes,

---

1) So müssen die Worte nach meiner Ansicht übersetzt werden. Nach der Guzeratiübersetzung aber sollen sie bedeuten: „ich bereue die Sünde die möglicherweise von meiner Geburt an in mir ist und die welche wirklich in mir ist." Dies wäre also eine Art von Erbsünde.

2) Die Worte sind nicht ganz klar. Die Guzeratiübersetzung: „welche vom Anfang an klein nachher mehr (werden)", doch hat sie einen von den übrigen Hdschr. etwas verschiedenen Text.

3) d. i. die Sünde, welche nur mit drei Çraosbô-earanas gestraft wird. Çransbô-carana ist nach der Guzeratiübersetzung eine Peitsche, vergl. jedoch meine Bemerkung Bd. I. p. 293. 294.

4) Margerzân bedeutet Todsünde, doch ist diese Sünde immerhin noch auf andere Art abzubüssen.

5) Körperliche Sünden sind solche deren Folgen den Körper, geistige aber solche deren Folgen den Geist treffen.

6) Anquetil giebt uns folgende Erklärung zu dieser Stelle: 1) *Voir le mal et ne pas avertir celui qui le fait, c'est l'Henderekhté.* 2) *Enseigner le mal, le mensonge, faire douter du bien, c'est le Méediochdst.* 3) *Faire du mal à quelq'un, c'est l'Andrej-fermân, qui est égal à vingt-huit tanks.* 4) *Prendre quelque chose, en trompant, c'est le Boédïozad.* 5) *Ne pas donner l'aumône au pauvre, c'est le Kdédïozad.* 6) *Avoir dessein de blesser quelq'un avec un sabre c'est l'Agerefté de 48 tanks.* 7) *Frapper et blesser c'est l'Eoůvereschté; de soixante tanks.* 8) *Blesser de manière que la plaie ne soit pas guérie qu'au bout de deux jours c'est l'Arédoseh; de cent vingt tanks.* 9) *Blesser de manière que la plaie ne soit guérie qu'au bout de trois jours, c'est le Khor; de deux cents quarante tanks.* 10) *Si la plaie ne peut être guérie qu'au bout de quatre jours, c'est le Bàsáé de trois*

*der Buhlerei, des Umganges mit menstruirenden Frauen, der
Päderastie, unnatürlicher Umgang mit Frauen, Onanie, Umgang mit Frauen anderer Religion, Betrug*[1]*), die Sünde für die
Brücke*[2]*), die allmählig wachsende Sünde*[3]*), die Sünde die aus
(einer anderen) Sünde (folgt), sowie die übrigen Gewissens-Sünden*[4]*), welche den Charakter der Menschen angreifen können,
welche der verfluchte, schlechte Ganâ-mainyo als Opposition gegen die Geschöpfe Ormazds hervorgebracht, der Herrscher Ormazd im Gesetze als Sünde erklärt hat, welche die guten Paoiryôtkaeshas für Sünde gehalten haben. Vor dem Schöpfer Ormazd,
dem grössten der Himmlischen und Irdischen, vor den Amschaspands, vor Mihr, Çros und Rasn*[5]*), vor dem Feuer, dem Bareçma
und Haoma, vor dem Gesetze, vor der eignen Seele, vor dem
Herrn und Dectûr des Gesetzes, vor jenem Gläubigen der gekom-*

---

cens soixante tanks. 11) Si la plaie ne peut être guérie qu'au bout de cinq
jours, c'est l'Idto; de sept cens vingt tanks (comme pour le crime de Magie).
12) Si la blessure est de cinq ou de dix doigts, c'est le Tanvargan; de douze
cens tanks. 13) Faire le mal, dire qu'il y a plus d'un Dieu, ne pas reconnoître
Zoroastre pour le vrai Prophéte, désobéir a son père ou a son maitre, adorer
les Dews, semer la discorde entre les hommes, contredire le loi, souiller les
Elémens, enterrer les morts, affliger l'homme pur, ne pas guérir le malade,
détourner de la pénitence, faire le mal avec les femmes, c'est le Margerzan,
on fait mourir le pécheur. Cf. Vd. IV, 54 flg. und meine Bemerkungen dazu
(Bd. I. p. 95) und meine Einleitung in die traditionellen Schriften der Parsen
Bd. II. p. 87 flg.

1) Anquetil fasst den Begriff dieser Sünde etwas weiter: *Mentir, tromper,
se moequer, soutenir celui qui fait de mal, c'est l'Hamémalan*. Cf. Bd. II.
p. LV. Die Huzvâresch-Uebersetzung zu der Stelle giebt eine detaillirte Beschreibung, die aber im Wesentlichen sich unter die Begriffe Lug und Trug zusammenfassen lässt.

2) Sünde für die Brücke sind Unterlassungssünden, wenn Jemand
eine gute That die er zu einer bestimmten Zeit verrichten und dem Ahriman
dadurch Schaden zufügen konnte, unterlassen hat. Namentlich wird darunter
gezählt, wenn man unterlässt die Nyâyis und Gahañbârgebete zu beten, so wie
die Fravardiâns (cf. oben Bd. II. p. CI) anzustellen.

3) Die wachsende Sünde ist die Wiederholung einer Sünde, ohne dass
man die frühere noch gebeichtet hat. In einem solchen Falle ist nämlich das
zweite Vergehen strafwürdiger als das erste.

4) Ich übersetze den Ausdruck Akhogonâh mit Gewissensünde, weil
Akho auch sonst in der Bedeutung Gewissen vorkommt. Die Uebersetzungen
geben jedoch das Wort akho mit böse wieder.

5) Mihr, Çros, Rasn werden hier genannt, weil sie die drei Richter sind,
welche jede Seele an der Brücke Cinvat richten müssen.

men ist¹), bereue ich im Geiste diese Sünden mit Gedanken, Worten und Werken, körperliche, geistige, irdische wie himmlische, mit den drei Worten, o Herr verzeihe! bereue ich die Sünde.

6. Die Sünde gegen Vater, Mutter, Schwester, Bruder, Weib, Kind, gegen den Gatten, den Vorgesetzten, gegen die eigene Verwandtschaft, gegen die Mitlebenden, gegen die welche gleiches Vermögen besitzen, gegen die Nachbarn, gegen die Bewohner derselben Stadt, gegen die Diener; jede Ungerechtigkeit durch die ich unter die Sünder gekommen bin, diese Sünden bereue ich mit Gedanken, Worten und Werken, körperliche wie geistige, irdische wie himmlische, mit den drei Worten. Verzeihe o Herr, ich bereue die Sünde.

7. Das Essen von Unrath und Leichnamen²), die Besudelung mit Unrath und Leichnamen, das Bringen von Unrath und Leichnamen zum Wasser und Feuer oder das Bringen vom Wasser und Feuer zu Unrath und Leichnamen, die Unterlassung des Hersagens des Avesta im Geiste, (und doch) Haar, Nägel und Zahnstocher umherstreuen³) (oder) die Hände nicht waschen⁴), alles Uebrige, was in die Categorie von Unrath und Leichnam gehört, wenn ich dadurch unter die Sünder gekommen bin, so bereue ich jene Sünde mit Gedanken, Worten und Werken, körperliche wie geistige, irdische wie himmlische, mit den drei Worten. Verzeihe o Herr, ich bereue die Sünde.

8. Was der Wunsch des Schöpfers Ormazd war und ich hätte denken sollen und nicht gedacht habe, was ich hätte sprechen sollen und nicht gesprochen habe, was ich hätte thun sollen und nicht gethan habe — diese Sünden bereue ich mit Gedanken, Worten und Werken, körperliche wie geistige, irdische wie himmlische, mit den drei Worten. Verzeihe o Herr, ich bereue die Sünde.

9. Was der Wunsch Ahrimans war und ich nicht hätte den-

---

1) Man kann nämlich die Sünden nicht blos den Priestern, sondern nöthigenfalls jedem Gläubigen beichten. Cf. Bd. II. p. LX.

2) Die Leichname (Neçâ) werden als etwas besonders Unreines, für das besondere Ceremonien nöthig sind, von dem übrigen Unrath geschieden. Cf. die Nachträge zu Bd. II.

3) Cf. Vd. XVII, 1 flg.

4) Wörtlich: nächtliche Hände, nämlich wenn man, nachdem man vom Schlafe aufgestanden ist, etwas mit den Händen anfasst, ohne die gesetzlichen Waschungen verrichtet zu haben.

ken sollen und doch gedacht habe, was ich nicht hätte sprechen sollen und doch gesprochen habe, was ich nicht hätte thun sollen und doch gethan habe, diese Sünden bereue ich mit Gedanken, Worten und Werken, körperliche wie geistige, irdische wie himmlische, mit den drei Worten. Verzeihe o Herr, ich bereue die Sünde.

10. Alle und jede Art von Sünde, alle Art todeswürdiger Verbrechen, alle Art noch nicht gebüsster Handlungen, alle Art von Wiederholungssünden[1]), alle Sünden die über Sünde sind[2]), die ich gegen Ormazd, die Menschen und die Gattungen der Menschen begangen habe, bereue ich.

11. Alle und jede Art von Sünde etc. (wie oben), die ich gegen Bahman, die Rinder, das Vieh und die Arten von Vieh begangen habe bereue ich.

12. Alle und jede Art von Sünde etc., die ich gegen Ardibihist, das Feuer und die Arten des Feuers begangen habe, bereue ich.

13. Alle und jede Art von Sünde etc., die ich gegen Schahrévar, die Metalle und die Arten der Metalle begangen habe, bereue ich.

14. Alle und jede Art von Sünde etc., die ich gegen Çpendármat, die Erde und die Arten der Erde begangen habe, bereue ich.

15. Alle und jede Art von Sünde etc., die ich gegen den Chordát, das Wasser und die Arten des Wassers begangen habe, bereue ich.

16. Alle und jede Art von Sünde etc., die ich gegen Amerdát, die Bäume und die Arten der Bäume begangen habe, bereue ich.

17. Alle und jede Art von Sünde etc., die ich gegen die Geschöpfe Ormazds begangen habe: wie Sterne, Mond, Sonne und das rothe brennende Feuer, den Hund, die Vögel, die fünf Gattungen des Viehs[3]), und die anderen guten Geschöpfe, die Eigenthum Ormazds sind, zwischen Erde und Himmel, wenn ich gegen irgend eines zum Sünder geworden bin, so bereue ich es mit Ge-

---

1) Eigentlich: Gebliebenes, also das was von Sünde mir geblieben ist, so dass ich sie öfters thue. Dies ist wenigstens die traditionelle Erklärung des Wortes.

2) Sünden die grösser sind als andere Sünden.

3) Anquetil bemerkt: *La premiere espece comprend les animaux qui ont le pied fendu; la seconde, ceux qui n'ont pas le pied fendu; la troisième, ceux qui ont cinq griffes; la quatrième, les oiseaux; la cinquième, les poissons.* Cf. Bundehesch c. XIV.

danken, *Worten und Werken*, körperliche wie geistige, irdische wie himmlische, mit den drei Worten o Herr verzeihe, ich bereue die Sünde.

18. *Erbschleicherei*[1]), *Störung der Heirathen unter den Verwandten*, *Störung in den Familien Rechtgläubiger*, wenn sich gebührt hätte Gahanbâr, Fravardîân, Hom, Drûn, Geweihtes das für die Yazatas festgesetzt und (von mir) angenommen war: um ersten Rapithwina, am Tage der Verstorbenen zu opfern und ich nicht geopfert habe, so bereue ich diese Sünden mit Gedanken etc.

19. *Hochmuth, Aufgeblasenheit, Begierde, Lästerung Todter, Zornmüthigkeit, Neid, böses Auge, Unverschämtheit, das Anblicken mit böser Absicht*[2]), *das Anblicken mit böser Begierde*[3]), *Hartnäckigkeit*[4]), *Unzufriedenheit mit den göttlichen Anordnungen*[5]), *Eigenwilligkeit, Faulheit, Missachtung Anderer, Einmischung in fremde Angelegenheiten, Unglauben, Auflehnung gegen die göttlichen Mächte*[6]), *falsches Zeugniss, falsches Urtheil, Götzendienst, Laufen ohne Kosti, nackt Laufen, Laufen mit einem Schuhe, die Unterbrechung des leisen (Mittags)gebetes, die Unterlassung des (Mittags)gebetes, Diebstahl, Raub, Hurerei, Zauberei, Verehrung der Zauberer, Unzucht, Unzucht mit Knaben, die Unzucht mit sich selbst erlauben, Ausraufen der Haare*[7]), so wie alle übrigen Arten vom Sünden, die in diesem Patet aufgezählt oder auch nicht aufgezählt, die mir bewusst oder auch nicht bewusst sind, die festgestellt oder auch nicht festgestellt sind, die

---

1) So habe ich dieses Wort übersetzt das bedeuten soll: wenn man den Verwandten eines kinderlosen Mannes das ihnen zukommende Vermögen wegnimmt ohne ihm einen Adoptivsohn zu geben. Cf. Bd. II. p. XXVIII. Anquetil hat diese Stelle etwas missverstanden.

2) Mit der Absicht Jemanden ein Leid zuzufügen.

3) Das Gelüsten nach der Frau und dem Eigenthume eines Andern.

4) Wenn man aus Rechthaberei fortwährend die Wahrheit von Etwas behauptet, dessen Nichtigkeit man eingesehen hat.

5) Genauer: das Murren über seine eigenen Verhältnisse bei Vergleichung derselben mit denen anderer Menschen.

6) Diese Sünde — ein Original Asmôi genannt — besteht darin, dass man Uebles von Ormazd und seinen Genien spricht, Streit unter den Menschen anrichtet und wissentlich den Sinn des Avesta verdreht und ins Schlechte wendet. Es begreift sich daher, wenn es an andern Orten heisst, dass dies namentlich eine Sünde der Priester sei.

7) Nämlich bei Gelegenheit von Todesfällen, bei denen jede laute Trauer untersagt ist. Cf. Bd. I. p. 80. 81.

ich mit Gehorsam vor dem Herrn und dem Deçtúr des Gesetzes
hätte beklagen sollen und nicht beklagt habe — diese Sünden bereue ich mit Gedanken, Worten und Werken, körperliche wie
geistige, irdische wie himmlische, o Herr verzeihe, ich bereue
mit den drei Worten mit Patet.

20. Wenn ich für Jemand den Patet übernommen und ihn
nicht gemacht habe, und seiner Seele oder seinen Nachkommen
Unglück dadurch gekommen ist, so bereue ich die Sünde für
jeden einzeln mit Gedanken etc.

21. Ich bleibe fest stehen auf den Satzungen jenes Gesetzes,
welches Ormazd dem Zarathustra übergeben hat, Zarathustra
dem Gustasp, das im Geschlechte (dieser beiden) dann an Aderbât, Sohn des Mahrespand, kam, der es (wieder) zurechtrichtete
und reinigte. Ich begehre sehr nach Reinheit, aus Liebe zu meiner Seele. So lange das Leben meiner Lebenskraft währt bleibe
ich fest bestehen: auf guten Gedanken in meinem Geiste, auf guten Worten in meinen Reden, auf guten Thaten in meinen Handlungen; ich bleibe bestehen in dem guten mazdayaçnischen
Gesetze.

22. Mit allen guten Thaten bin ich in Uebereinstimmung,
mit allen Sünden bin ich nicht in Uebereinstimmung, für das Gute
bin ich dankbar, mit der Ungerechtigkeit bin ich zufrieden[2]).
Mit der Strafe an der Brücke, mit den Banden und Peinigungen
und Züchtigungen der Mächtigen des Gesetzes, mit der Strafe
der 3 Nächte (nach) den 57 Jahren[3]), bin ich zufrieden und einverstanden.

23. Diesen Patet habe ich in meinem Geiste gemacht aus
grosser Hoffnung auf die reine That[4]), aus heftiger Furcht vor
der Hölle, aus Liebe zur Reinheit der Seele. Die guten Werke,

---

1) Man kann auch Andere die Beichtformel für sich sprechen lassen. Cf.
Bd. II. p. LXII.

2) Weil nämlich die Leiden einmal in der Weltordnung nöthig sind, damit
zuletzt die Auferstehung eintreten kann. Man vergl. den Eingang dieses Patets.

3) Es ist Glaube der Parsen, dass zur Zeit des jüngsten Gerichtes diejenigen
Seelen, welche ihre Schuld noch nicht vollkommen abgebüsst haben, wieder in
die Hölle zurückgestossen werden und dort während der 3 Tage und Nächte
noch grössern Qualen erdulden müssen als man selbst sonst in der Hölle erduldet
hat. Cf. meine Einl. in die traditionellen Schriften der Parsen Bd. II. p. 117.

4) d. i. in der Hoffnung, dass meine guten Werke mich zum Paradiese
führen werden.

die ich bis jetzt gethan habe, die ich fernerhin thun werde (sind gethan) für das immerwährende Bestehen der guten Werke, für das Vorübergehen der Sünde, für die Reinigung der Seele. Wenn noch etwas übrig geblieben ist, so dass meine Sünde noch nicht gesühnt ist, so bin ich mit der Strafe der drei Nächte dafür zufrieden und einverstanden.

24. *Ich befehle Ashem-vohû (zu sprechen) bei (meinem) Sterben, den Patet nach (meinem) Sterben, nach meinem Tode sollen meine Söhne wegen meiner Sünde Patet machen. Ich wünsche zu verordnen, dass man die Verehrung des Çrosh (während dreier Nächte) und den Géti-khirid anordne. Ich bin Eigenthum des Ormazd und lebe in der Frömmigkeit Ormazds, ich preise die Reinheit, ich habe gute Gedanken, Worte und Werke ergriffen mit Gedanken, Worten und Werken, schlechte Gedanken, Worte und Werke habe ich entlassen aus Gedanken, Worten und Werken. Ich habe den Weg des Rechtes, den rechtschaffenen, ergriffen, ich habe den Weg des Unrechts des gottlosen, verlassen. Ahriman sei gebrochen, Ormazd möge zunehmen.* Ich preise: Ashem vohû. — Ich preise die guten Gedanken etc. — Ich preise: Ashem-vohû. — Yathâ ahû vairyô (21). Ashem-vohû (12). Opfer und Preis, Stärke und Kraft weihe ich dem Çraosha etc. Ihm gehört der Preis etc.

XLVI. Patet Qod[1]).

1. *Ich preise die guten Gedanken, Worte und Handlungen mit Gedanken, Worten und Werken. Ich verfluche die schlechten Gedanken, Worte und Handlungen hinweg aus den Gedanken, Worten und Werken. Ich ergreife alle guten Gedanken, Worte und Handlungen, ich entlasse alle schlechten Gedanken, Worte und Handlungen. Ich gebe euch, ihr Amschaspands, Opfer und Preis, mit Gedanken, Worten und Werken, mit meinem Leibe und meiner Lebenskraft. Mein Vermögen besitze ich in Abhängigkeit von den Yazatas, wenn eine von den Sachen kommt, dass ich diesen Leib der Seele wegen geben muss, so gebe ich ihn[2]). Ich preise die beste Reinheit, ich verjage die Dévs, ich bekenne mich zum Mazdayaçnathum, als ein Anhänger des Zarathustra, ein Gegner des Dévs, dem Glauben an Ormazd zugethan. — Alle*

---

1) Diesen Patet habe ich schon früher (Pârsigrammatik p. 173 flg.) übersetzt. Voran gehen die Formeln, welche oben in nr. XLV. mitgetheilt worden sind.

2) Cf. oben XLV (p. 208).

Arten von Sünde, alles schlechte Denken, alles schlechte Sprechen, alles schlechte Handeln, alle Margerzáns, namentlich alles böse Zurückbleiben[1]*), welches der schlechte Ahriman in Opposition gegen die Geschöpfe Ormazds hervorgebracht, Ormazd als Sünde erklärt hat, wodurch die Menschen zu Sündern werden und in die Hölle kommen können — wenn ich dadurch Sünder geworden bin, auf welche Art ich auch gesündigt habe, gegen wen ich auch gesündigt habe, wie immer ich gesündigt habe, so bereue ich es mit Gedanken, Worten und Werken, verzeihe!*

2. Vor dem Schöpfer Ormazd und den Amschaspands, Angesichts der rechtgläubigen Muzdayaçnas, vor Mihr, Çros und Rasn[2]*), vor den himmlischen Yazatas, vor den irdischen Yazatas, vor dem Herrn und Deçtúr des Gesetzes, vor dem Frohar der unvergänglichen Seele Zartuschts, vor meiner eigenen gläubigen Seele, vor den Gläubigen bin ich hergekommen und bereue mit Gedanken, Worten und Werken, verzeihe!*

3. Meine Sünden, welche dem Grade Ágereft angehören, die welche dem Grade Avóirist, dem Grade Ardus, dem Grade Qor, dem Grade Bázá, dem Grade Yátu angehören, von Sünden von drei Çraosho-caranas bis zu einem Margerzán und von einem Margerzán bis zu zehn Margerzáns, von zehn Margerzáns bis zu hundert Margerzáns, von hundert Margerzáns bis zu tausend Margerzáns, von tausend Margerzáns bis zu 10000 Margerzáns, von 10000 Margerzáns bis zur Zahl die ich nicht mehr kenne bereue ich mit Gedanken, Worten und Werken.

4. Meine Sünden, die ich gegen den Herrscher Ormazd, gegen die Menschen und die verschiedenen Arten von Menschen begangen habe bereue ich, verzeihe!

5. Meine Sünden, die ich gegen Bahman, gegen das Vieh und die verschiedenen Arten von Vieh etc.

6. Meine Sünden, die ich gegen Ardibihist, das Feuer und die verschiedenen Arten von Feuer etc.

7. Meine Sünden, die ich gegen Schahrévar, die Metalle und die verschiedenen Arten von Metallen etc.

8. Meine Sünden, die ich gegen Çpeñdármat, die Erde und die verschiedenen Arten der Erde etc.[3]*)*

---

1) d. h. das Zurückbleiben von Schuld, wenn sie nicht völlig gesühnt wird.
2) Cf. oben XLV (p. 210 Anm. 5).
3) Cf. oben zu XLV (p. 212).

9. Meine Sünden, die ich gegen Chordât, das Wasser und die verschiedenen Arten des Wassers etc.

10. Meine Sünden, die ich gegen Amerdât, die Bäume und die verschiedenen Arten von Bäumen etc.

11. Meine Sünden, die ich gegen die Aderân und Áteshân[1]) (Feuer) die in Tempeln ihren Platz haben, namentlich gegen Adar-frâ, Adar-Geschasp, Adar-burzin begangen habe etc.

12. Wenn ich Leichname gegessen, mit Leichnamen mich besudelt, Leichname begraben, Leichname zu Wasser und Feuer oder Wasser und Feuer zu Leichnamen gebracht habe etc.

13. Wenn ich Unreinigkeit gegessen, mit Unreinigkeit mich besudelt, Unreinigkeit begraben, Unreinigkeit zu Wasser und Feuer oder Wasser und Feuer zu Unreinigkeit gebracht habe etc.

14. Alle Arten Sünde durch die vermittelst Unreinigkeit und Leichname der Tod im Menschen Wurzel fassen konnte, oder in mir Wurzel gefasst hat, wenn ich ihn aber der grossen Tödlichkeit wegen als Tod nicht erkenne, verzeihe, ich bereue mit Gedanken, Worten und Werken.

15. Wenn ich der Sonne, dem Monde, dem Feuer, dem Rapithau nicht geopfert, die Gahanbârs und Fravardiâns nicht geopfert habe verzeihe etc.

16. Meine Sünden, die ich gegen die Vorgesetzten, die Herrn, die Deçtûrs und Mobeds begangen habe etc.

17. Meine Sünden, die ich gegen Vater, Mutter, Schwester, Bruder, Weib, Kind, Verwandte, Stammgenossen, Hausgenossen, Freunde und andere nahe Anverwandte begangen habe etc.

18. Wenn ich das leise Gebet unterbrochen, ohne leises Gebet gegessen habe etc.

19a. Wenn ich ohne Kosti gegangen bin so bereue ich es.

19b. Wenn ich meine Füsse besudelt habe, so bereue ich es.

20. Betrug, Missachtung, Götzenverehrung, Lüge bereue ich.

21. Ich bereue Paderastie, Umgang mit menstruirenden Frauen, Hurerei, widernatürlichen Umgang mit Thieren.

22. Alle schlechten Thaten bereue ich.

---

5) Åderân und Åteshân sind beides die Feuer. Unter Åderân sind, wie ich glaube die gleich nachher aufgezählten Feuerstellen, wie Åder frâ etc. verstanden, unter Åteshân die gewöhnlichen Feuer. Cf. auch Bd. II. p. LXX flg.

23. *Hochmuth, Verachtung, Spott, Rachsucht und Begierde bereue ich.*

24. *Alles was ich hätte denken sollen und nicht gedacht habe, was ich hätte sprechen sollen und nicht gesprochen habe, was ich hätte thun sollen und nicht gethan habe, verzeihe, ich bereue es mit Patet.*

25. *Alles was ich nicht hätte denken sollen und doch gedacht habe, was ich nicht hätte sprechen sollen und doch gesprochen habe, was ich nicht hätte thun sollen und doch gethan habe, verzeihe, ich bereue es mit Patet.*

26. *Alle und jede Art Sünde, die meinetwegen unter den Menschen begangen wurde, oder die ich der Menschen wegen begangen habe, verzeihe, ich etc.*

27. *Alle Arten von Sünde, welche der schlechte Ahriman in Opposition unter den Geschöpfen Ormazds hervorgebracht, Ormazd für Sünde erklärt hat, durch die die Menschen zu Sündern werden und in die Hölle kommen können, wenn sie etwa meinen Charakter angegriffen haben, so bereue ich sie.*

28. *Ich glaube an das Dasein, die Reinheit und die Unzweifelhaftigkeit des guten mazdayaçnischen Glaubens, und an den Schöpfer Ormazd und die Amschaspands, die Forderung der Rechenschaft und an die Auferstehung und den neuen Leib. In diesem Glauben bleibe ich und bekenne die Zweifellosigkeit desselben, so wie ihn Ormazd dem Zertuscht mitgetheilt hat, Zertuscht den Fraschaostra und Jâmâçp, wie ihn Âderbâṭ der Sohn Mahreçpands zurechtmachte und reinigte, wie ihn die gerechten Paoiryô-tkaeshas und die Deçtûrs in der Geschlechtsfolge bis zu uns gebracht haben und ich daher weiss. Alle Arten von Sünde von denen im Gesetz die Rede ist und die ich gethan habe, von der kleinsten an bis zu drei Çraoshô-caranas, bis zu unzählbaren Sünden, welche von mir gedacht, gesprochen, gethan worden sind, bereue ich mit Worten und Werken.*

29. *Ich habe diesen Patet gemacht zur Sühne für die Sünde, um Theil zu haben am Lohne für die guten Thaten, zur Freude für die Seele, um den Weg zur Hölle mir zu verschliessen, den zum Paradiese mir zu öffnen. Vielleicht (?) dass ich von nun an keine Sünde mehr thue. Gute Werke vollbringe ich: soviel als nöthig ist um die Sünden zu sühnen, zur Sühne (meiner) Sünde, das Uebrige wegen Freude an der Reinheit. Mit der Sünde bin*

ich nicht einverstanden, mit der guten That bin ich einverstanden. Für das Gute bin ich dankbar, mit der Opposition und Ungebühr bin ich zufrieden. Im Bezug auf das Sühnen jener Sünde für die mir in . . . keine Busse gekommen ist bin ich einverstanden, in den drei Nächten zu sühnen jenes Nutzes (wegen). Wenn bei mir der Fall eintreten sollte, dass ich ohne Patet aus der Welt ginge und einer von meinen Anverwandten oder Nächsten für mich den Patet verrichtet, so bin ich einverstanden. Alle Sünden, welche den Charakter der Menschen angreifen können, meinen Charakter angegriffen haben, wenn ich des vielen Todes wegen den Tod nicht erkannte, verzeihe, ich bereue mit Gedanken, Worten und Werken mit Patet.

XLVII. Patet Erâni.

1. *Ich preise alle guten Gedanken, Worte und Werke mit Gedanken, Worten und Werken. Ich verfluche alle schlechten Gedanken, Worte und Werke hinweg von Gedanken, Worten und Werken. Ich ergreife alle guten Gedanken, Worte und Werke, d. h. ich thue gute Werke. Ich entlasse alle schlechten Gedanken, Worte und Werke, d. h. ich begehe keine Sünde. Ich beharre in der Rechtschaffenheit und reinem Wandel, ich verbleibe im reinen mazdayaçnischen Gesetze, in jenem Gesetze verbleibe ich, welches der Herrscher Ormazd und die Amschaspands dem Zertuscht mit gepriesenen Frohar, dem Nachkommen Çpitamas*[1]) *gelehrt haben, Zertuscht aber dem König Vistâçpa gelehrt hat, der König Vistâçpa dem Fraschaostar und Jâmâçp und Asfendiyâr, diese aber allen Gläubigen der Welt gelehrt haben, welches in der Geschlechtsfolge zu Aderbâl, dem Sohne Mahreçpands, dem Zurechtrichter der Reinheit, kam, der es zurechtrichtete und reinigte und ihm vorstand (?). Ich beharre in diesem Glauben und wende mich nicht von ihm ab, weder eines guten Lebens willen, oder eines längeren Lebens willen, noch um Herrschaft, noch um Reichthum, aus Liebe zur Rein-*

---

1) Die Parsen übersetzen das Wort çpitama gewöhnlich als Eigennamen, und erklären den Zoroaster für den Nachkommen Çpitamas. Es ist allerdings nicht zu übersehen, dass bei Ktesias der Eigenname Σπιτάμης vorkommt.

heit. Wenn ich etwa meinen Leib der Seele wegen dahin geben muss, so gebe ich ihn mit Zufriedenheit. Ich wende mich nicht ab von diesem Gesetze und habe ergriffen alle guten Gedanken, Worte und Handlungen, das gute Gesetz und alle Rechtschaffenheit. Ich entlasse alle schlechten Gedanken, Worte und Handlungen, das schlechte Gesetz und alle Schlechtigkeit d. i. ich bin mit Wissen gläubig an das Gesetz Ormazds und an Zertuscht, den Neuern[1]). Ich bin ganz ohne Zweifel an die Existenz des guten mazdayaçnischen Glaubens, an das Eintreten der Auferstehung und den späteren Körper, an das Ueberschreiten der Brücke Cinvat, an eine beständige Vergeltung der guten Thaten und ihren Lohn und der bösen Thaten und ihre Strafe, sowie an das Bleiben des Paradieses, an die Vernichtung der Hölle und Ahrimans und der Dêvs, dass der Gott Ormazd zuletzt siegreich sein und Ahriman vergehen wird nebst den Dêvs und den Abkömmlingen der Finsterniss.

2. Alles was ich hätte denken sollen und nicht gedacht, was ich hätte sagen sollen und nicht gesagt, was ich hätte thun sollen und nicht gethan habe, Alles was ich hätte befehlen sollen und nicht befohlen habe, (ferner) Alles was ich nicht hätte denken sollen und doch gedacht, was ich nicht hätte sprechen sollen und doch gesprochen, was ich nicht hätte thun sollen und doch gethan, was ich nicht hätte befehlen sollen und doch befohlen habe — für Gedanken, Worte und Werke, leibliche und geistige, irdische und himmlische bitte ich um Vergebung und bereue es mit Patet.

3. Alle Arten von Sünde, die ich in Bezug auf den Himmel gegen den Schöpfer Ormazd, in Bezug auf die Welt gegen die Menschen und die Arten von Menschen begangen habe: wenn ich Menschen geschlagen, beleidigt, sie mit Worten verletzt habe, wenn ich die Reinen verletzt, die Herren, die Mobads, die Daçtûrs und Hêrbads verletzt und ihnen die Gaben vorenthalten habe, die mir zu geben gebührten; wenn ich einem Fremden der

---

2) Zartust naotar übersetzt Anquetil *l'excellent Zartust*, was die Worte nicht heissen können. Nimmt man naotar für das neupersische نوذر, wie man eigentlich muss, so kann es nur heissen Zertuscht der neuere. Ich vermuthe aber, dass naotar so viel bedeuten soll wie altb. naotairya d. i. Nachkomme des Naodar. Es ist bekannt, dass der Stamm Zarathustras auf den der érânischen Könige zurückgeführt wird.

in eine Stadt kam, keinen Platz eingeräumt habe, wenn ich die
Menschen vor dem Feuer, der Kälte und der Hitze nicht in Acht
genommen, den Menschen Böses gethan habe, wenn ich den
Menschen, die unter meiner Botmässigkeit standen, mit Bösem
vergolten, ihnen nicht Liebe und Güte bewiesen habe, so dass zu
gleicher Zeit die Guten und der Schöpfer Ormazd durch mich
beleidigt wurden und nicht zufrieden mit mir waren, bereue ich:
Gedanken, Worten und Werke etc.

4. Alle Arten von Sünde, die ich in Bezug auf den Himmel
gegen den Amschaspand Bahman, in Bezug auf die Welt gegen
das Vieh und die verschiedenen Arten von Vieh begangen habe,
wenn ich es geschlagen, gequält, mit Unrecht getödet habe, wenn
ich ihm Futter¹) und Wasser nicht zur rechten Zeit gegeben
habe, wenn ich es verschnitten, vor dem Räuber, dem Wolfe und
Weglagerer nicht behütet, wenn ich es vor übermässiger Wärme
und Kälte nicht beschützt, wenn ich Rinder von jugendlicher
Kraft getödet, arbeitende Rinder, kriegstüchtige Pferde, Widder, Ziegen, Hähne und Hühner²) getödet habe, so dass zugleich die Guten und der Amschaspand Bahman von mir beleidigt
worden sind und nicht zufrieden mit mir waren, bereue ich etc.

5. Alle Arten von Sünde, die ich in Bezug auf den Himmel
gegen den Amschaspand Ardabihist, in Bezug auf die Welt gegen die Âderâns und Âteshâns³), begangen habe, wenn ich das
Feuer nicht gut und rein erhalten, wenn ich das Feuer ausge-
löscht habe, wenn ich den letzten Weihrauch⁴) nicht aufgestreut
habe, wenn ich Wasser über das Feuer gegossen, wenn ich

---

1) Vaçtarg scheint mir hier nicht Kleid zu heissen, wie sonst, sondern
Futter und würde mithin dem altb. vâçtra entsprechen.

2) Murgh. käskinah im Original. Anquetil: *la paulle qui mange le grain.*
Nach Richardson heisst كشكين und كشكينه: *bread made of barley,
millet, beans and lentils. Wheat macerated in sour milk and dried in the
sun.* Mit مرغ كشكينه wird also wol ein Vogel gemeint sein, der diese
Dinge verzehrt. Im Bundehesch (p. 47, 10 ed. Westerg.) heisst es, dass der
Vogel Käskina den Marak tödte, dieses Wort wird von Anquetil mit Heuschrecke
erklärt (Marak vielleicht = neup. ملخ, doch kaum richtig).

3) Cf. oben p. 217.

4) Anquetil: *si je n'y ai pas mis d'odeurs à la dernière (prière, à minuit).*
Es scheint hiernach geboten zu sein vor Schlafengehen Weihrauch aufs Feuer
zu streuen.

Leichname darin verbrannt und gekocht habe, wenn ich die ungewaschenen Hände [1]) *an das Feuer brachte, wenn ich mit dem Munde das Feuer angeblasen, wenn ich Holz das weniger als ein Jahr alt war noch grün an das Feuer legte, wenn ich Holz und Weihrauch auf das Feuer legte, den ich nicht dreimal angesehen hatte, wenn ich keine Gaben für Âderâns und Âteshâns gegeben habe* [2]), *wenn ich Jemand, in dessen Obhut das Feuer war, Böses gethan und ihm nicht Gutes und Liebes erzeigt habe, wenn ich das Hausfeuer zu übermässigen Geschäften verwandt habe* [3]), *so dass zugleich die Guten und der Amschaspand Ardabihist von mir beleidigt worden sind und nicht zufrieden mit mir waren, bereue ich etc.*

6. *Alle Arten von Sünde, die ich in Bezug auf den Himmel gegen den Amschaspand Schahrêvar, in Bezug auf die Welt gegen die Metalle und die verschiedenen Arten von Metallen begangen habe: wenn ich das Metall nicht rein und gefegt erhalten, wenn ich es an einen feuchten Ort gelegt habe, so dass der Rost es angegriffen hat, wenn ich es aus der Obhut der Guten genommen habe, wenn ich Metall, aus welchem eine Frau während der Menstruation etwas gegessen hat, nicht auf gesetzliche Art gereinigt habe, wenn ich Gold, Silber, Erz, Kupfer, Eisen, Messing und Bronze den Sündern gegeben habe, so dass sie Sünde damit begehen und ihnen grossen Nutzen daraus entstehen konnte, wodurch ich aber selbst ein Uebelthäter geworden bin, so dass zugleich die Guten und der Amschaspand Schahrêvar dadurch gekränkt und unzufrieden geworden sind bereue ich etc.*

7. *Alle Arten von Sünde in Bezug auf den Himmel die ich gegen den Amschaspand Aspaṅdârmaṭ begangen habe und in Bezug auf die Welt gegen die Erde und die verschiedenen Arten von Erde, wenn ich die Erde nicht rein und bebaut erhalten habe, wenn ich die Höhlen der Kharfesters nicht entfernt, wenn ich fruchtbares Land öde gemacht oder ödes Land nicht fruchtbar gemacht habe, wenn ich nur mit einem Schuh am Fusse auf der Erde gegangen bin, wenn ich Leichen in der Erde begraben habe, wenn ich Begrabenes nicht ausgegraben habe, wenn ich als*

---

1) Cf. oben p. 211 Anm. 4.

2) Die Parsen in Indien pflegen milde Stiftungen zu machen, zur Unterhaltung der Feuertempel.

3) Cf. Vd. VIII, 254 flg.

menstruirende Frau ohne Schuhe auf der Erde gegangen bin, wenn ich Saamen auf die Erde geworfen habe, wenn ich das Land, das unter meiner Obhut war, übel behandelt habe, so dass zugleich alle Guten und Aspendârmaṭ von mir gekränkt worden sind und nicht zufrieden waren etc.

8. Alle Arten von Sünde in Bezug auf den Himmel die ich gegen den Amschaspand Chordâṭ, in Bezug auf die Welt gegen das Wasser und die verschiedenen Arten von Wasser begangen habe: wenn ich Wasser über einen Leichnam gegossen, wenn ich die noch ungewaschene Hand ehe sie vom feuchtesten Wasser (Urin) rein war[1]) mit fliessendem Wasser gewaschen habe, wenn ich Wasser über eine menstruirende Frau gegossen, wenn ich etwas mit Schmutz oder Leichenunreinigkeit Behaftetes in fliessendes Wasser geworfen habe, wenn ich Kopf, Hände und Gesicht bloss mit fliessendem Wasser gewaschen habe, so dass zugleich alle Guten und der Amschaspand Chordâṭ etc.

9. Alle Arten von Sünde in Bezug auf den Himmel die ich gegen den Amschaspand Amerdâṭ, in Bezug auf die Welt gegen die Bäume und die Arten der Bäume begangen habe, wenn ich junge Bäume umgeschnitten, wenn ich unreife Früchte eingesammelt habe, wenn ich Arznei und Heilmittel von Würdigen zurückgehalten und Unwürdigen gegeben habe, wenn ich Speisen zum Essen den Sündern gegeben und den Reinen genommen habe, so dass zugleich alle Guten und der Amschaspand Amerdâṭ etc.

10. Alle Arten von Sünden, wie: Ba-Fermân, Âgereft, Avoirist, Ardus, Qor, Bâzâ, Yâtu, Tanâfur bis zum Grade Margerzân[2]), von jenen Sünden an, welche den Namen der drei Çraosha-carana führen[3]), von jenen Hauptsünden an, wie Tanâfur Margarzân — wenn sie mir in den Sinn gekommen sind, wenn ich sie mit der Zunge ausgesprochen habe, wenn ich sie mit meiner Hand gethan habe, bereue ich mit Gedanken, Worten und Werken etc.

11. Alle Arten von Sünde: die Sünden gegen Städte, Länder, gegen Seelen, die Sünde Kaidhyozaṭ, Kaidhyohvarest,

---

1) Nachdem der Parse des Morgens das Kostigebet gesprochen hat, muss er etwas Kubarin berühren und dazu das Gebet sr. III. sprechen.
2) Cf. oben p. 209. A. 4.
3) Das sind die kleinsten.

*Vaidhyôzaṭ, Vaidhyôhvarest*¹), *Mágh*, *Bágh*, *Áçtars*, *Áçvar-
tuańn*, Sünden die hohe Strafe nach sich ziehen²), das Aussprechen von Zauberformeln, das Einjagen von Schrecken, die Begierde Wunde mit Wunde zu vergelten, das häufige Sündigen³);
die Absonderung von den Reinen, *Navid-nasaçt*, *Adûḷ aç-aosma*⁴),
die Sünden, welche den Namen der drei *Çraoshô-carana* führen,
überhaupt alle Arten von Sünde bereue ich mit Gedanken, Worten und Werken etc.

12. Unrichtiges Denken⁵), unrichtiges Sprechen, unrichtiges Handeln, unrichtiges Fragen, Voraus- oder Nachsprechen
ohne Grund⁶), Diebstahl, Lüge, falsches Zeugniss⁷), gewalt-
sames Richten, Unverschämtheit, Stolz, Undankbarkeit, Spott,
Unersättlichkeit, Selbstüberhebung, Ungehorsam gegen das Gesetz, Streitsucht, Hartherzigkeit, Zornmüthigkeit, Rachsucht,
Neid, übermässige Trauer⁸), Billigung der Sünde, Missbilligung
einer guten That, Freundschaft mit Sündern, Feindschaft mit
den Guten, Eigensinn, Zauberei, Verehrung von Zauberern,

---

1) Die Sünden Kaidhyohvarest, Vaidbynhvarest stehen nicht in allen
Handschriften. Nach Anquetil sind es die nämlichen Sünden wie Khaidhyozaṭ und
Vaidhyozaṭ wenn sie öfter begangen werden. Ueber diese Sünden vergl. oben.

2) Anquetil: *On ignore quels sont ces quatre péchés. Il y a des Parses
qui traduisent aiusi: reciter (dans les apérations magiques) le Mág, le Bág,
l'Astreseháscb et le grand Yesht de Serasch, retavan Sréoschié: ils prennent
ces quatre mots pour les noms de quatre Nasks de l'Avesta qui sont le Bagh,
de Dauzdah-Hamast, l'Asparom et le Hadokht.* Die letzte Erklärung der
dunklen Worte: وسروشیه اوان جشن و کرشن die in den verschiedenen
Handschriften nicht wesentlich verschieden lauten, ist gewiss falsch. Aber auch
meine Erklärung ist nicht viel besser als gerathen Ich vermuthe, dass diese
schwierigen Worte aus irgend einem Huzvâreschtexte mangelhaft umschrieben
worden sind.

3) So auch Anquetil: *commettre beaucoup de péchés.* Im Texte steht
Kebërin, was ich sonst nicht kenne.

4) Ich habe diese Worte, die ich nicht verstehe, gelassen wie sie sind.
Die Handschriften geben keine bemerkenswerthe Variante, sie beruhen wahrscheinlich wieder auf falscher Umschreibung. Anquetil: *enfin des péchés nom-
més*, was nicht angibt.

5) Eigentlich: Denken ohne Weg, ohne Regeln.

6) Anquetil: *questionner et repondre sans raison.*

7) Eigentlich: Gewalt-Zeugniss, womit wol ein Zeugniss gemeint ist,
das sich durch Macht und Ansehen der Person bestimmen lässt.

8) Cf. zu Vd. III, 37.

Lehren der Zauberei, Feindschaft gegen die Yazatas, Feindschaft gegen das Gesetz, Feindschaft gegen die Deçtûrs, das Nennen der Namen der Yazatas zusammen mit denen der Dêvs, oder der Namen der Dêvs mit denen der Yazatas, widernatürliche Sünden mit Frauen, Knaben oder Vieh, Unzucht, Päderastie, Umgang mit menstruirenden Frauen, Ehebruch mit den Frauen Anderer, Gehen mit einem Schuh, Gehen ohne Kosti¹), Unterbrechung des leisen Gebetes (beim Essen), dass Unterlassen des leisen Gebetes beim Essen, das Befriedigen natürlicher Bedürfnisse ohne Gebet, wenn ich aufrecht stehend Urin gelassen²), wenn ich die Dêvs verehrt, an sie gedacht, ihnen Opfer gebracht habe, die Adoption gebrochen habe bereue ich etc.

13. Alle Arten von Sünde, die ich gegen die Yazatas und Amschaspands, gegen die Könige, die Herren, die Mobads, die Deçtûrs, die Hêrbeds, die Lehrer, die Schüler, gegen Väter, Mütter, Brüder, Schwestern, Freunde, Nachbarn, Gleichgestellte, Frauen, Söhne, Verwandte, Fremde, Einwohner derselben oder einer andern Stadt, sowie gegen Vorgesetzte begangen habe bereue ich mit Gedanken etc.

14. Jedes Opfer und Darûnsfeier, jeden Tag der Verstorbenen³) und Gêti-khirid⁴), das ich hätte ausrichten sollen und ich nicht ausgerichtet habe oder das ich ausgerichtet habe, aber nicht so ausgerichtet wie es sich gehörte: für die Seele der Ahnen, der Väter, der Mütter, der Brüder, der Schwestern, der Verwandten, der Freunden, der Angehörigen, für die welche unter meiner Aufsicht standen, das ich nicht ausgerichtet habe und das, wenn ich es ausgerichtet hätte, meine Sünden vernichtet haben würde bereue ich etc.

15. Wenn ich den Armen nicht geholfen, die Art und Sitte der Paoiryô-tkaeshas: das Fest der Guten, den Nauroz, den Mihirjân nicht beobachtet habe, wenn ich den Menschen nicht Freundschaft erwiesen habe, so bereue ich mit Gedanken etc.

---

1) Cf. Vd. XVIII, 113 flg.　　　2) Cf. Vd. XVIII, 89 flg.
3) Cf. oben die Einleitung zu Bd. II. p. XXXVIII flg.
4) Gétikhirid (worüber Bd. II. p. XXIV zu vergleichen ist) steht hier nur auf Anquetil's Autorität, meine Handschriften lesen alle açtaparit, ein Wort das sonst nicht weiter vorkommt. Ich vermuthe, dass es das althaktrische uçefrita, geweiht, ersetzen soll, also wäre zu übersetzen: dem Tage der Verstorbenen geweiht.

16. *Wenn ich an den Gahañbârs nicht gefeiert, nicht geopfert, nicht zubereitet*[1]*), nicht gegessen, wenn ich nicht jedes Jahr sechsmal gespendet, jeden Tag dreimal den Qarçêd-nyâyis gebetet, wenn ich nicht dreimal des Tages den Mihr-nyâyis gebetet habe, wenn ich nicht bei jedem Neumond dreimal den Mâh-nyâyis gebetet und jedes Jahr dreimal den Rapithwina geopfert habe, und die Fravardiâns nicht ausrichtete, so bereue ich etc.*

17. *Alle Arten Fleisch von Menschen, Hunden, Khrafçtras sowol todten als lebendigen, das ich aus Wasser oder Feuer brachte, kochte, ass, deren Körper ich allein fortbrachte*[2]*), die ich an einem fruchtbaren Orte (fand und) nicht entfernte und an den gehörigen Ort brachte, wenn ich Barthaure und andere Unreinigkeit ins Wasser oder Feuer brachte*[3]*), kochte, ass, wenn ich sie an einem fruchtbaren Orte (fand und) nicht entfernte, und an den gehörigen Ort brachte, bereue ich etc.*

18. *Jedes Avesta, dass ich nicht gesprochen, gelesen, gelernt habe, das Avestâ-i-jamus*[4]*), das Khorda-Avesta, wenn ich das Avesta nicht richtig gelernt oder recitirt habe, oder wenn ich das Gelernte wieder vergass, so bereue ich es mit Gedanken etc.*

19. *Alle Arten von Sünde, die ich im Zustande der Menstruation begangen habe, wenn ich mich von reinen Männern, vom Behrâmsfeuer, von Sonne und Mond und Bareçma und dem was mit Pâdiâb gewaschen ist, von 40 Schritten an bis zum Umkreis von 3 Schritten nicht fern gehalten habe, so bereue ich es mit Gedanken etc.*

20. *Wegen eines todeswürdigen Verbrechens — wenn etwa böse Ahriman und die Dêvs über mich kommen sollten — bin ich zufrieden, wenn es sich geziemt durch den Tod es zu büssen. (Ich bin damit zufrieden) dass der Deçtûr das was auf mir liegt*

---

1) Nämlich wenn ich die Festmahle nicht zubereitet habe die man zu diesen Zeiten feiert. Cf. Bd. II. p. C und nr. XLI. LI. Statt zubereitet setzt Anquetil: *enseigné*, was der Wortbedeutung nach angienge aber nicht in den Sinn der Stelle passt.

2) Cf. Vd. III, 44 flg.

3) Cf. Vd. XVII, 1 flg.

4) Der Ausdruck ist nicht ganz verständlich, es ist aber klar, dass darunter die im Vendidâd-sâde enthaltenen Worte gemeint sind, im Gegensatze zum Khorda-Avesta.

von mir nehme und mich von Sünde befreie, nämlich von den Margerzâns von 1 bis 10, von 10 bis 100, von 100 bis 1000, von 1000 bis 10000, von 10000 bis zu unzähligen (?) Margerzâns. *Alle bösen Gedanken, Worte und Werke, durch welche die Menschen zu Sündern werden können, durch welche ich zum Sünder geworden bin, bereue ich mit Gedanken etc.*

21. *Alle Arten von Sünde, welche der Schöpfer Ormazd im guten mazdayaçnischen Gesetze für Sünde erklärt hat, über welche — wenn man sie begeht — die Yazatas Leid, die Dêvs Freude empfinden, das was ich gedacht, begangen, gesprochen, gethan habe, wodurch ich zum Sünder wurde, was von mir aufgezählt und nicht aufgezählt wurde, was mir namentlich bewusst und was mir nicht bewusst war, was ich noch nicht weiss, was ich wegen Anderer begangen, was Andere meinetwegen begangen, alles weswegen ich Sünder bin, in Bezug auf jeden wegen dessen ich Sünder geworden bin, wegen jeder Sünde, wegen eines jeden Zurückgebliebenen bereue ich tausend Mal und zehntausend Mal vor dem Herrscher Ormazd dem Vollbringer guter Thaten, dem glänzenden, majestätischen, den Obersten der himmlischen und irdischen (Genien), vor den Amshaspands und vor jedem andern himmlischen guten Wesen, vor Mihr, Çros und Rasn-râçt, vor Âdar-qara, Âdar-Gusasp, Âdar-burzin-mihir, vor dem Frohar Zartuschts des Nachkommen des Çpitama, vor dem Gesetze, und der eigenen Seele, vor jedem Guten vor den ich komme mit Gedanken etc.*

22. *Mit drei Worten, mit hundert Worten, mit tausend Worten, mit zehntausend Worten*[1]) *bin ich ein rechtgläubiger guter Mazdayasna, ich befinde mich in jenem Glauben, welchen der Herr Ormazd und die Amschaspands dem Zartuscht mit heiligen Frohar, dem Sohne Çpitamas, gegeben haben, Zartuscht dem Könige Vistâçp, Vistâçp dem Frashaoçtra und Jâmâçp und Açpendyâr, diese aber den Guten in der Welt gelehrt haben, bis er in der Geschlechtsfolge an den Zurechtrichter der Reinheit*[2]) *Âderbât*

---

1) Am Anfange dieser Abtheilung findet sich in den Handschriften die Anweisung: „in diesem Abschnitte ist dreimal zu sprechen" ohne dass irgendwie näher bestimmt würde, wie weit dreimal gesprochen werden soll. Anquetil übersetzt: *Et dans ce Cardé je dis trois fois.* Ich glaube nicht, dass der ganze Abschnitt dreimal gesprochen werden soll, sondern nur die Anfangsworte.

2) Nach diesem und den ziemlich gleichlautenden Berichten der andern

den Sohn Mahreçpands kam, der ihn zurechtmachte und reinigte. Ich bestehe im Glauben und werde nicht ungläubig, nicht für gutes Leben noch für längeres Leben, nicht für Herrschaft noch Vermögen. Aus Liebe zur Reinheit weiche ich nicht ab, und wenn dadurch mein Haupt abgeschlagen wird[1]), so weiche ich doch von diesem Glauben nicht ab, denn ich fürchte mich vor dem Schrecken der Strafe[2]) und der Vergeltung der Hölle. Ich bin voll Hoffnung auf jenes Gelangen zum Paradies und dem glänzenden Garothomân, der alle Majestät besitzt. Ich vollbringe diesen Patet in dem Gedanken, dass wie ich fernerhin eifriger werde gute Thaten zu vollbringen, ich mich auch mehr der Sünde enthalte und dass meine guten Thaten, bis die Auferstehung und der letzte Körper zu mir kommt, zur Verminderung der Sünde, zur Vermehrung der guten Werke dienen[3]). Ich hege Hoffnung auf das Kommen des letzten Körpers um den Ormazd und die Amschaspands zu schauen. Ich habe gewirkt und wirke noch deswegen, damit wenn jene Zeit eingetreten und mein Mund durch das Schlagen des schlechten Ganá-mainyo, Açto-vahât und des bösen Vogels in Banden ist, ihr meine Gedanken angebt und, wenn ich mit meiner Zunge den Patet nicht mehr sprechen kann, die Amschaspands diesen Patet in Freundschaft zu meiner Seele gelangen lassen und ihn meiner Seele übergeben, damit meine Seele an den lichten Ort gelange und nicht an den finstern Ort gelange und der böse Ahriman und die Verkleinerer meine Seele nicht peinigen und ihr nicht Schmerzen verursachen. — Wegen jeder Sünde, die in der Welt ohne Sühne geblieben ist, bin ich zufrieden und einverstanden,

---

Patets scheint es, dass man unter Âderbât einen Dectûr zu verstehen habe, der in der Zeit der Sâsâniden eine Art Reformation der eranischen Glaubenslehre bewirkte, natürlich unter dem Vorgeben, die Religion nur von fremden Zusätzen zu reinigen und in ihre frühere Reinheit zurückzuführen.

1) Wörtlich: „wenn mir dadurch der Kopf fortgeht".

2) Das Wort für Strafe (pazdoh, nach andern Handschr. پزک) ist nicht ganz sicher und kommt sonst nicht mehr vor, es scheint mir das Aussprechen der Strafe an der Brücke Cinvat zu sein.

3) Der Sprecher dieses Patets betrachtet seine guten Thaten und seine Sünden nicht blos vom persönlichen Gesichtspunkt aus, er hofft und wünscht, dass seine guten Werke überhaupt zu dem Resultate helfen sollen, dass es im Ganzen der guten Werke mehr giebt als Sünden, was gleichbedeutend ist mit dem Uebergewichte Ormazds über Ahriman.

mit dreimaligen Kopfabschneiden um die Vergeltung und Sühne
zu geben, blos (?) bitte ich von dem höchsten Schöpfer Ormazd,
dem Erhalter, Vergeber und Verzeiher, dass uns die Yazatas
eine Rüstung zuwerfen und geben[1]). Wenn irgend Jemand nach
meinem Ableben aus Liebe zu meiner Seele vor einem Vorgesetzten der zur Stelle ist oder wenn mein Sohn den Patet verrichtet[2]), so bin ich damit einverstanden. Ormazd und die Amschaspands und die anderen Himmlischen mögen zur guten Hülfe und
Genossenschaft meiner Seele herbeikommen und sie vor Angst
und Furcht und Betrübniss, vor Ahriman und den Dévs und vor
dem Kommen zu den Schrecken der Hölle erlösen. In diesen Gedanken habe ich alle guten Gedanken, Worte und Werke in Gedanken, Worten und Werken ergriffen; in diesem Sinne habe
ich alle schlechten Gedanken, Worte und Werke entlassen aus
Gedanken, Worten und Werken.

. (Die folgende Stelle ist leise zu sprechen.)

23. Dieser himmlische Patet soll eine feste eherne Mauer
sein so wie die Erde breit, die Berge hoch, der Himmel stark ist,
damit er das Thor der Hölle sehr fest in Banden und den Weg
zum Paradies offen erhalte, den Weg zu jenem besten Orte: dem
glänzenden Garothmán der alle Majestät besitzt, damit unsere
Seele und die Seelen der Reinen an der Brücke Cinvat, der
grossen, mühelos und leicht hinüberschreiten und der reine Çros,
der siegreiche, Freund, Beschützer, Aufseher, Erhörer, der
Schutz und der Wächter meiner Seele sein möge. Yathâ ahû vairyô.

Opfer und Preis etc. für Çraosha etc.

Ihm gehört der Glanz etc.

---

[1]) Es braucht wol kaum gesagt zu werden, dass hier von Zuständen nach dem Tode die Rede ist. Der Parse erklärt sich hier ausdrücklich damit einverstanden, dass seiner Seele eine kurze aber exemplarische Strafe zugefügt werde, etwa eine dreimalige Hinrichtung, wenn sich findet, dass nicht alle Sünden richtig abgebüsst wurden. Es ist natürlich immer noch besser eine solche Strafe zu erleiden als in die Hände der Dévs zu fallen.

[2]) Ueber diese Stellvertretung cf. Bd. II. p. LXII. Indem sich hier der Parse überhaupt damit einverstanden erklärt, dass Andere den Patet für ihn sprechen, unterwirft er sich selbstverständlich auch allen den Strafen die nach diesem Patet über ihn verhängt werden.

XLVIII. Gebet nach den Afergâns[1]).

1. Möge dieser Niraũg[2]) siegreich sein. Der Glanz des guten mazdayaçuischen Gesetzes möge ausgebreitet sein in den sieben Keshvars, was der Name (des Landes) sein möge nach Wunsch sich befinden. Es giebt eine Stadt, in dieser Stadt N. N. möge Fülle, Sieghaftigkeit, Fröhlichkeit und Freude sich ausbreiten, glückbringende Majestät sich vermehren und noch mehr vermehren. Die Majestät möge glückbringend sein[3])! Dieses Khosnumen (für N. N.)[4]) möge zu Ormazd den Herrscher und den starken Fravashis gelangen.

2. Ich habe das Opfer verrichtet, ich habe die Darûns geopfert, ich bringe nun den Myazda dar. Möge er ganz und gar in den Schutz Ormazds des glänzenden, majestätischen und der Amschaspands gelangen[5]). Stärke, Kraft, Macht, Festigkeit, Rüstigkeit, Sieghaftigkeit möge aus diesem Khsnumaine zu den starken Fravashis gelangen! Mögen sie es von uns annehmen, uns beschützen, Gutes zuwenden, Ungerechtigkeit und Opposition fern zurückhalten, Gaben (für uns) erflehen! Für die Anderen habe ich den Myazda wie den Myazda von 1000 Männern gemacht — soviel ich es vermag[6]). Ich habe dieses gethan ohne

---

1) Dieses Gebet hat grosse Aehnlichkeit mit dem Räucherungsgebete (Dhup-nereng), welches von Anquetil übersetzt wurde und trägt auch in der That diesen Titel in einer pariser Handschrift. In einer andern (mir gehörigen) Handschrift jedoch wird es als ein Gebet bezeichnet das nach den Afergâns zu lesen ist und dieser Titel scheint mir nach dem Inhalte des Ganzen angemessener.

2) Nirang, Zauberformel, dann Gebet überhaupt.

3) Unter Majestät versteht hier die (ziemlich neue) Huzvâreschglosse Schätze und Glücksgüter aller Art.

4) Nach einer in den Handschriften enthaltenen neuen Anweisung hat hier jeder der dieses Gebet liest die Anrufung (Khshnanthra u. s. w.) der Tageszeit und des Tages an dem es gelesen wird so wie die des Königs unter dessen Obhut es gelesen wird, einzuschalten. Die Worte: möge — gelangen, sind auf Anquetil's Autorität hin eingeschaltet, da sonst der Satz unvollständig ist. In meinen Handschriften fehlen sie.

5) Nämlich in den Schatz der guten Werke der Hamésa-çût heisst und von dem öfter in diesen Büchern die Rede ist.

6) Auch durch die Uebersetzungen wird nicht recht klar, was mit diesem Satze gesagt werden soll, es scheint, dass der Darbringer des Myazda seine

Mühe und mit *Vergnügen*, mögen das eine von uns tausend (Menschen) annehmen.

3. Die seligen Seelen N. N. mögen namentlich hier erwähnt sein[1]), Zartuseht der Nachkomme Çpitamas mit reinem Frohar und seliger Seele möge hier erwähnt sein[2]). Alle Fravashis der Reinen mit einander am vierten, zehnten, dreissigsten Tage, am Jahrestage von Gayomart bis Çosios mögen hier erwähnt sein[3])! — Die existirenden, gewesenen, sein werdenden, die Gebornen, die Ungebornen, die der Gegend Angehörigen, die andern Gegenden Angehörigen, die frommen Männer und Frauen, Unmündige, Mündige, alle welche auf dieser Erde im guten Glauben gestorben sind, alle Fravashis der Reinen mit einander von Gayomart bis Çosios mögen hier erwähnt sein. — Die in dieser Wohnung, diesem Clan, dieser Genossenschaft, dieser Gegend gestorben sind, alle Fravashis der Reinen von Gayomart bis Çosios mögen hier erwähnt sein. — Die Fravashis der Reinen, die Fravashis der Tapfern, die Fravashis der Angreifenden, die Fravashis der der Siegreichen die Fravashis der Paoiryô-tkaeshas, die Fravashis der nächsten Anverwandten alle Fravashis der Reinen zusammen von Gayomart bis auf Çosios mögen hier erwähnt sein — Die Seelen der Väter, Mütter, Nachkommen, Vorfahren, Söhne, Verwandte, Diener, Angehörigen, alle Fravashis der Reinen zusammen von Gaysmart bis Çosios mögen hier erwähnt sein. — Alle Priester, alle Krieger, alle Ackerbauer, alle Handwerker, alle Fravashis der Reinen zusammengenommen von Gayomart bis Çosios sollen hier erwähnt sein — Alle Fravashis der Reinen in den sieben Keshvars der Erde: in Arzahe, Çavahe, Fradadhafs, Vidadhafs, Vourubarest, Vourujarest, Qanira*ç-*bâmi und Kañgdesh, die Reinen im Var den Yima gemacht hat, die welche Maïthras als Schätze haben; alle Fravashis der Reinen zusammen von Gayomart bis Çosios mögen hier erwähnt sein.

Opferfreudigkeit betheuert; er hat soviel Speisen hergerichtet als ihm seine Verhältnisse erlauben, mögen nur recht Viele daran theilnehmen können.

1) Der Betende nennt die Seelen derer, welche ihm besonders theuer sind und wünscht, dass sie an seinem hergerichteten Mahle theilnehmen.

2) Die Erwähnung Zarathustra's an dieser Stelle findet sich nicht in allen Handschriften.

3) Dies sind die Tage, an welchen man Todtenopfer zu bringen hat. Vgl. Bd. II. p. XLI.

XLIX. Nikâh oder Hochzeitsgebet.

Im Namen Gottes. Yathâ ahû vairyô (1). — *Es gebe euch der Schöpfer Ormazd viele Nachkommen, mit Männern als Enkel, viele Nahrung, Freunde mit herzraubendem Körper vom Gesichte an, wandelnd durch ein langes Leben, bis zur Dauer von 150 Jahren.*

2. Am Tage NN, im Monate NN, im Jahre 1067 *seit dem König der Könige, den Herrscher Yezdegert aus dem Stamme Sâsâns ist in dem Umkreise der glücklichen Stadt NN eine Versammlung zusammengekommen nach dem Gesetz und Herkommen des guten mazdayaçnischen Gesetzes um einem Hausherrn dieses Mädchen zu geben: dieses Mädchen, dieses Frauenzimmer NN mit Namen, nach dem Vertrage auf* 2000 *nisâpûrische Golddinare* [1]).

3. Schliesst ihr mit eurer Verwandtschaft, im Einverständniss wegen dieser Ehe, mit ehrlichen Sinne, mit den drei Worten um die eigne gute That zu fördern für den Gläubigen NN diesen Vertrag auf Lebenszeit?[2])

4. Nehmet ihr Beide den Vertrag auf Lebenszeit mit ehrlichem Geiste an, damit euch allen beiden das Vergnügen zunehme?[3]).

---

1) Diese Angabe weicht von der gewöhnlichen ab, nach der nur zweitausend Silbermünzen zu geben sind. Cf. Bd. II. p. XXX. Anm. 1. Die Handschriften fügen an dieser Stelle die Weisung hinzu: „es ist anzunehmen", d. h. das Geld muss bei dieser Stelle erlegt werden. Nach Anquetil sind die letzten Worte dieses Paragraphen an den Mann zu richten, welcher das Mädchen bei dieser Handlung vertritt. Er fügt auch noch bei: *Le repondant de la fille dit: j'y consens, je le veux*. In Kirmân lautet der Schluss dieses Paragraphen anders, nämlich folgendermaassen nach Anquetil's Uebersetzung: *Vous la donnez pour la terre, et pour le ciel . . . . pour être un corps et une ame, maîtresse de maison, chef du lieu. Vous la donnez, elle qui est de la loi; qui aidera son mari, qui est bien reglée.* — *Le pere repond: je la donne.*

2) Nach Anquetil wird § 3 an den Verlobten gerichtet der dann antwortet: *Je le promets.* Es scheint mir aber, dass die Worte zunächst an die Verwandten des Bräutigams gehen.

3) Hier hat Anquetil blos: *Le mobed ajoute.* Diese Worte in § 4 scheinen mir an die beiden Verlobten gerichtet. Nach Anquetil sind §§ 1—4 dreimal zu wiederholen. Ich glaube auch, dass hier die Stelle sein dürfte bei welcher die Verlobten sich die Hände reichen. Was nun weiter folgt sind theils Segenssprüche, theils Ermahnungen.

5. Im Namen und Freundschaft Ormazds[1]). Seid immer glänzend, seid sehr ausgebreitet! Seid zunehmend! Seid siegreich! Lernet das Reine! Seid guten Lobes würdig! Der Geist möge gute Gedanken denken, die Worte Gutes aussprechen, die Werke Gutes thun! Alle schlechten Gedanken mögen hinweg eilen, alle schlechten Reden abnehmen, alle schlechten Werke verbrennen. Man preise das Reine und stosse ab die Zauberei. (Man lese:) Sei ein Mazdayaçna, vollbringe Werke nach deinem Sinne[2]). Erwerbe dir Vermögen aus Rechtschaffenheit. Bei den Herrschern sprich die Wahrheit und sei gehorsam. Bei den Freunden sei bescheiden, klug und wohlwollend. Sei nicht grausam. Sei nicht zornmüthig. Begehe aus Scham keine Sünde. Sei nicht gierig. Peinige nicht. Hege nicht schlechten Neid, sei nicht übermüthig, begegne Niemanden verächtlich, hege keine Begierde. Raube nicht das Vermögen Anderer, enthalte dich von den Frauen Anderer. Thue gute Werke mit guter Thätigkeit. Theile den Yuzatas und den Gläubigen (von dem Deinen) mit. Lasse dich in keinen Streit mit einem rachsüchtigen Mann ein. Einem Gierigen sei kein Genosse. Mit einem Grausamen gehe nicht auf demselben Wege. Mit einem Uebelberufenen gehe keine Verbindung ein. Mit einem Unklugen lasse dich nicht auf gemeinschaftliches Handeln ein. Mit den Gegnern kämpfe mit dem Rechte. Mit den Freunden gehe um wie es Freunden angenehm ist. Mit Verwirrten lasse dich in keinen Streit ein. Vor einer Versammlung sprich nur reine Worte. Vor den Königen sprich mit Maass. Von den Voreltern erbe den (guten) Namen fort. Deine Mutter beleidige auf keine Weise. Deinen eigenen Körper erhalte rein in Gerechtigkeit.

6. Seid unsterblichen Leibes, wie Kai-khosrû. Seid verständig wie Kâus. Seid glänzend wie die Sonne. Seid rein wie der Mond. Seid berühmt wie Zartascht. Seid kraftvoll wie Ruçtam. Seid fruchtbar wie die Erde (Çpendârmat). Haltet gute Freundschaft mit Freunden, Brüdern, Frau und Kindern wie Leib und

---

1) Bei den folgenden Ermahnungen ist hie und da auch der Minokhired benutzt worden, ein Beweis welch' einer jungen Zeit das vorliegende Stück angehört.

2) Die Worte sind nicht ganz deutlich. Anquetil übersetzt: Etant Masdëiesnan, pensez et faites le bien.

Seele (zusammenhalten). *Behaltet immer den rechten Glauben und guten Charakter. Erkennt Ormazd als Herrscher, Zartuscht als Herrn an. Vertilget Ahriman und die Dévs.*

7. *Es schenke euch Ormazd Gaben*[1]), *Bahman das Denken mit den Geiste, Ardibihist gutes Sprechen, Schahrévar gutes Handeln, Weisheit (schenke) Çpendârmat, Chordât Süsses und Fettes, Amerdât Fruchtbarkeit!* —

8. *Möge euch Ormazd Gaben schenken. Glanz das Feuer, Reinheit Ardvi-çûra, erhabene Herrschaft die Sonne, Wachsthum der Mond der den Stiersaamen enthält, Tir die Freigebigkeit. Gosh gute Enthaltsamkeit (?).*

9. *Möge euch Ormazd Gaben geben, Mithra Glück, Çros Gehorsam, Rasn den rechten Wandel, Wachsthum der Kraft Farvardin, Behrâm ist der Gewährer des Sieges, grosse Macht gewährt Bât.*

10. *Mögen euch Ormazd Gaben schenken! Din Aufleuchten des Wissens, Erwerbung von Majestät Arschasvangh, Ansammlung von Tugend Astât, grosse Rührigkeit Açmân, Festigkeit auf dem Platze Zamyâd, gutes Aufmerken Mahreçpant, Auszeichnung des Leibes Anérân.*

11. Gut bist du[2]), mögest du das erhalten, was noch besser ist als das Gute für dich, weil du dich zum Zaota würdig eignest. Mögest du den Lohn erhalten der von Zaota verdient wird als einer der viel Gutes denkt, spricht und thut.

12. Möge euch das zukommen welches besser ist als das Gute, möge euch das nicht zukommen, was schlechter ist als das Schlechte, möge mir das nicht zukommen was schlechter ist als das Schlechte. Also geschehe es wie ich bete.

L. Âfcrîn der sieben Amschaspands.

1. *Möge ganz kraftvoll sein: Ormazd der Herrscher von grosser Majestät, möge er zunehmen mit den dreissig Viçpac-*

---

1) Der Verfasser dieses Stückes geht die einzelnen Monatstage durch und lässt jeden derselben dem neuen Ehepaare eine Gabe schenken. Ormazd erscheint viermal, einmal als Genius des ersten Monatstages, dann als Genius der Tage: 8. Dai pâ Adar, 15. (Dai pâ mihr), 23. Dai pâ Din. Man vergl. hierüber den Siroza so wie auch über die von jeden Genius vertheilten Gaben.

2) Aus Yç. LVIII, 8—12.

shaúm¹), *welche vereint mit ihm wirken, vereint mit ihm arbeiten, vereint mit ihm schlagen den verfluchten Ganá-mainyó den schlechten sammt allen Dêvs und Drujas die er hervorgebracht hat um die Geschöpfe Ormazds zu schlagen.*

2. *Möge ganz kraftvoll sein: Behmen der Amschaspand, von grosser Majestät, möge er wachsen sammt Máh, Gós, Rám, die vereint mit ihm wirken, vereint mit ihm arbeiten, vereint mit ihm schlagen Asmog mit schrecklicher Waffe, die Druja Akoman, die Druja Taromata.*

3. *Möge ganz kraftvoll sein: Ardibihist der Amschaspand von grosser Majestät, möge er zunehmen sammt den Áderáns, Çros und Behrám, die vereint mit ihm wirken, vereint mit ihm arbeiten, vereint mit ihm schlagen die Druja des Winters mit seinen dreissig Arten von Unfruchtbarkeit, dreissig Arten von Hinfälligkeit²).*

4. *Möge ganz kraftvoll sein: Schahrévar der Amschaspand von grosser Majestät, er möge wachsen sammt Qor, Mihr, Áçmán, Auérán, die vereint mit ihm wirken, vereint mit ihm arbeiten, vereint mit schlagen die Druja Busyaçp, Çaraosaok, die Druja der Faulheit, die Druja der Trägheit (?)³).*

5. *Möge alle Kraft besitzen Çpendármat der Amschaspand von grosser Majestät. Er möge zunehmen sammt Áván, Din, Arda-Mahreçpanṭ, welche vereint mit ihm wirken, vereint mit ihm arbeiten, vereint mit ihm schlagen den Açta-vahát mit schlechten Charakter.*

---

1) Avà çé dih viçpaesaúm lauten die schwierigen Worte, welche auch Anquetil nicht mit Sicherheit zu erklären wusste. Ich denke an die Ratavo viçpè mazista, die im Yaçna angerufen werden, aber ich bezweifle ob çé dih dreimal zehn heissen kann. Auf alle Fälle sind hier Mächte gemeint, welche vereint mit Ormazd wirken.

2) Ich bin ebenso wie Anquetil in Zweifel wie zad im Texte zu übersetzen sei. Ich halte es für das Huzv. נויא, pàrsi jaṭ und übersetze demgemäss: je dreissig besondere Arten.

3) Anquetil sagt: *Les Parses ne sçavent pas positivement quels sont ces Devs.* Was den ersten betrifft so ist er der öfter genannte Bushyaúçta, der Dämon des Schlafes; in Çaraosaok ist meiner vollkommenen Ueberzeugung nach eine falsche Umschreibung der Huzvâreschform des Wortes daregbô-gava, mit langen Händen, eines Beiwortes des Bushyaúçta, die zweite Druja ist sicher als der Dämon der Trägheit zu fassen, nur über die dritte, àçaúnis, die gleichfalls durch eine Abstraktum bezeichnet wird, weiss ich nichts Näheres beizubringen.

6. *Möge alle Kraft besitzen Chordât der Amschaspand, von grosser Majestät. Er möge zunehmen sammt Tistar, Vât und den Ardâ-fravas, welche vereint mit ihm wirken, vereint mit ihm arbeiten, vereint mit ihm schlagen den Âz (Begierde) den von den Dêvs geschaffenen, den Dêv Târik und Zârik.*

7. *Möge alle Kraft besitzen: Amerdât der Amschaspand, von grosser Majestät. Er möge zunehmen sammt Rasn, Astât, Zamyât, die vereint mit ihm wirken, vereint mit ihm arbeiten, vereint mit ihm schlagen den Tusûs, die zuerst geschaffene Opposition die Ahriman hervorbrachte*[1]).

8. *Es möge die Schöpfung Ormazds zunehmen, es möge die Schöpfung Ahrimans abnehmen. Alle Kraft mögen besitzen die Höhen und Berge mit reinem Glanze, mit vielem Glanze, die von Ormazd geschaffenen sammt den Hölzern, den Speise tragenden Bäumen, den goldfarbenen Bäumen. Möge alle Kraft besitzen der Berg Arvant*[2]), *möge alle Kraft besitzen der Berg Raevant*[3]), *möge alle Kraft besitzen der Berg Arparçin*[4]), *möge alle Kraft besitzen der Berg Demâvend in dem der schlechte Baevarâçp gefesselt ist. Möge alle Kraft besitzen der Berg Hos-dâstâr*[5]), *der reinen Glanz besitzt, vielen Glanz besitzt, der von Ormazd geschaffen ist.*

9. *Mögen alle Kraft besitzen die Quellen, die Fundgruben des Wassers, die Flüsse. Möge alle Kraft besitzen der Fluss Urvant*[6]), *möge alle Kraft besitzen der Fluss Veh*[7]), *möge alle Kraft besitzen der Fluss Frât. Möge alle Kraft besitzen der See*

---

1) So sind die Worte zu übersetzen, aber es ist mir nicht möglich zu sagen, wer unter dem im Texte genannte Tûsus oder Tosius (nach Anquetil) zu verstehen sei.

2) Der Berg Arvant von dem hier die Rede ist, scheint in der That der Alvend zu sein, wie Anquetil vermuthete. Er liegt einige Stunden von Hamadân entfernt und ist bekannt durch einige Inschriften des Darius und Xerxes, die an ihm gefunden wurden. Cf. die Beschreibung bei Ritter, Asien IX. p. 87.

3) Raevant, der Sitz des Feuers Burzin mihr (cf. oben zu XXVII), liegt nach dem Bundehesch in Kharâsân cf. meine Einleitung II. p. 108.

4) Cf. oben p. 172. Anm. 6. und zu Yç. I, 41.

5) Soll bekanntlich in Segestân liegen cf. oben.

6) Unter Urvañt-ruṭ versteht Anquetil wol mit Recht den Arg-ruṭ des Bundehesch, der wol mit dem Jaxartes identisch ist.

7) Veh-ruṭ ist nach einstimmigen Zeugnisse der Parsen der Indus.

Rakhsahe[1]), möge alle Kraft besitzen der See *Ferahkant*, möge alle Kraft besitzen der See *Püitik*[2]), möge alle Kraft besitzen der See *Kyançis*[3]).

10. Mögen alle Kraft besitzen die preiswürdigen Seelen, die, gläubig, bis zuletzt in Gerechtigkeit und Wohlthun, Gesetz und Recht verbreitet haben.

11. Möge alle Kraft besitzen: der Herr, der König der Könige. Möge alle Kraft besitzen der grosse Befehlshaber.

12. Mögen alle Kraft besitzen die sieben Keshvars der Erde: *Arzahé*, *Çavahé*, *Fradadhafs*, *Vidadhafs*, *Vourubarest*, *Vourujarest*, *Qanirac-bámi*, das in der Mitte liegt (und) der glückseligste der Gebornen, der reinste, beste, der gepriesene von den Yazatas: Zartuscht der Nachkomme Çpitamas, mit reinem Frohar.

13. Möge alle Kraft besitzen: der Heerführer der Priester der siegreiche Herr der Feuer *Ádar-frá*, der fest geschaffene. Möge alle Kraft besitzen der Heerführer der Krieger, der fest geschaffene, erwünschte *Ádar-Gusasp*. Möge alle Kraft besitzen der siegreiche Herr der Ackerbauer, der Herrscher der gute Thaten verrichtet, der siegreiche *Ádar-burzin*[4]).

14. Selig mögen sein die Seelen der Herren, Deçtûrs, Mobeds, Hérbeds, Gläubigen, Glaubensverbreiter, der Schüler, welche auf dieser bekörperten Erde gestorben sind. Selig sei die Seele Gayomars, und Hoschangs, und Tahmûr's und Jumschéds, und Frédûns, und Minocihr-bámi, und Zav des Sohnes von Tahmasb, und Kai-Kobád's, und Kai-Káus, und Kai-Çyávakhs, Kai-Khosrô, Kai-Lohráçps und Kai-Gustáçps, Bahman's und Açpendyârs.

15. Selig möge sein die Seele Zartuschts, des Abkömmlings des Çpitama mit reinem Frohar sammt allen Priestern, Kriegern,

---

1) Anquetil übersetzt: *Soyez toujours fort (par) le zaré (Va) rekasch*. Allein Vare-kash i. e. Vooru-kasha ist mit dem sofort genannten See Ferahkant identisch, Rakhsahé müsste also ein anderer uns unbekannter See sein, wenn nicht der Satz ganz zu streichen ist, was nicht unmöglich wäre.

2) Cf. Bd. I. p. 108.

3) Cf. Vd. XIX, 18. Der See soll nach dem Bundehesch in Segestûn liegen.

4) Cf. oben XLIV, 9.

5) Ueber die Art und Weise wie Zertuscht mit den Ständen der Parsen in Verbindung gesetzt wird, vergl. man oben Bd. II. p. XI.

*Ackerbauern, Handwerkern*⁵), *Frommen, die in Reinheit opfern und der Güte würdig sind. Freude, Fröhlichkeit, Glück, Gutes möge aus der mittägigen Gegend herbeikommen; Leid, Krankheit, Glanzlosigkeit, Unrecht, Hartnäckigkeit und alle Oppositionen von der nördlichen Seite sich entfernen. Die Guten sollen Herrscher sein, die Schlechten sollen nicht Herrscher sein, sie sollen wegen ihrer schlechten Handlungen Verzeihung erbitten und reuig sein. Und es möge unser Denken, Sprechen und Handeln in der Rechtschaffenheit bleiben.*

16. *Jeder aus (unserer) Mitte möge von der Verrichtung der Götzenverehrung Schaden erleiden, sei es am Leibe, oder am Vermögen, oder an der Seele. Wer mehr haben muss (als er hat) möge mehr haben, wer Güte haben muss möge Güte haben, wer ein Weib haben muss möge ein Weib haben, wer einen Sohn haben muss möge einen Sohn haben. Das Irdische möge so sein wie der Leib in Rechtschaffenheit es begehrt, das Himmlische möge sein wie die Seele es begehrt in Reinheit.*

17. *Dieser Âferin möge gelangen zu euren Leib, ihr Guten, Mitglieder der Gemeine, Gläubige, zum grösseren Wachsthum nach Wunsch. Ich wünsche Gutes für jedes Lebendige, welches der Schöpfer Ormazd geschaffen hat, und dass der schlechte Ahriman von Leben und Handeln entfernt bleiben (?) und von den nächsten Anverwandten jeder einzelne hundertfach zunehmen möge. Ich wünsche, dass der Weise glücklich sein, der Wahrhaftige gesegnet, der Weise ein Herrscher, der Unweise kein Herrscher sein möge. Das gute mazdayaçnische Gesetz möge in den sieben Keshvars der Erde sich verbreiten und lebendig sein. Das Wasser soll fliessen, die Bäume wachsen, die Getreidearten reifen (?)*¹). *Unser Denken, Sprechen, Handeln möge recht und rechtschaffen sein, damit jener Theil zuletzt den Menschen vergelte, und dass er auch uns viele Vergeltung bringe wie in der Welt so im Himmel. Selig sei nun die Seele Zartuschts sammt allen Priestern, Kriegern, Ackerbauern, Handwerkern, Frommen, die wegen dieses Myazdas herbeigekommen sind, möge, weil ihnen an diesen Myazda ein Theil geworden ist, weil sie einen Theil desselben genommen haben, — bei jedem Schritte der 12000 Schritte zum Paradiese*

---

1) Das letzte Wort ist nicht ganz sicher übersetzt.

dem leuchtenden — ein Bewohner des Garothmán (mir) entgegen kommen.

18. Die guten Thaten mögen zunehmen durch Gebete und Worte, die Sünde möge von Grund aus zu Nichte werden. Die Welt möge gut sein, der Himmel möge gut sein, zuletzt möge die gute Reinheit zunehmen, die Seele in den Garothmán kommen. — Seid rein, lebt lange! Also möge es kommen wie ich wünsche. Die guten Gedanken etc., Yathà ahù vairyó (21). Ihm gehört der Glanz etc.

LI. Áferin-Gahanbâr.

1. Seid ganz Kraft, seid ganz rein. Alle Kraft, alle Güte möge vorhanden sein! Möge alle Kraft besitzen der Schöpfer Ormazd, der glänzende Ormazd, der majestätische Ormazd und die Amschaspands. Mögen alle Kraft besitzen die Áderáns und Áteshâns, mögen alle Kraft besitzen die Frarashis der Reinen; möge alle Kraft besitzen das gute mazdayaçnische Gesetz. Mögen alle Kraft besitzen die Guten in den sieben Keshvars der Erde, die nach dem Gesetze gläubig sind, nach Art der Paoiryótkaeshas, und die welche in dem reinen guten mazdayaçnischen Gesetze beharren, mit uns jene, jene mit uns[1].

2. Mögen alle Kraft besitzen und immer hülfreich sein: die Ardà-Frohars, die siegreichen, für die ich das Opfer vollbracht, die Darúns dargebracht habe, den Myazda darbringe. Möge dies

---

[1] Der Verfasser dieses Stückes versteht unter den sieben Keshvars die oft genannten sieben Theile, von denen jedes eigentlich eine Welt für sich bildet, die von den übrigen getrennt ist. Alles uns bekannte Land gehört zu Qaniraç und bildet nur den siebenten Theil der gesammten bewohnbaren Erde. Da Zartuscht mit seinem Gesetze nur nach Qaniraç gesendet worden ist, so können alle diejenigen, welche in den übrigen Theilen der Welt gläubig sind, dies nicht als Anhänger Zartuschts sein, sondern nur mittelbar oder nach Weise der Panirya-tkaeshas, d. h. sie sind von Ormazd rein geschaffen und haben diese Reinheit bewahrt, sie leben also dem Gesetze gemäss ohne dieses selbst zu kennen. Darum werden die, welche in den übrigen Keshvars nach Art der Paoirya-tkaeshas gläubig sind, hier neben die Gläubigen von Zartuscht gesetzt, sie bilden mit ihnen gleichsam eine unsichtbare Gemeine. Auf diese Art können sich die Parsen die Frage beantworten, woher es denn komme, dass es in der Welt auch an solchen Orten gute und rechtschaffene Menschen giebt, an welchen das Gesetz Zartuschts nie gelehrt worden war. Doch ist auch ein Sohn Zartusts mit dem Gesetze in andre Keshvars gewandelt cf. die Einl.

Alles zusammen in den Schatz des Schöpfers Ormazd, des glänzenden Ormazd, des majestätischen Ormazd und des Amschaspands gelangen. Stärke, Kraft, Macht, Festigkeit, Rüstigkeit, Sieghaftigkeit möge allen Frohars der Reinen zukommen. Alle Fravashis der Reinen mögen hier erwähnt sein.

3. Ich bitte um die Gunst, dass die guten Werke, das Opfer des Darûns und des Myazda, die reine Gabe[1]*), die Freigebigkeit und das Darbringen von Gaben die zur Erfreuung der Reinen gegeben werden und jede andere gute That die ich unter den Geschöpfen vollbringe, welches auch immer ihr Name sein möge, hier gemacht und vollbracht sein möge, um Theil an den guten Werken der Gläubigen zu haben und dass sie, durch das Annehmen der Frohars der Reinen als ihr Eigenthum und ihre Zufriedenheit, in den Schatz des Schöpfers Ormazd, des glänzenden Ormazd, des majestätischen Ormazd, gelangen möge. Der Glanz, das Wachsthum, das Bestehen möge der Lohn der Darbringer sein (so lange als) das Wasser (bleibt) (?)*[2]*).*

4. Die himmlischen Yazatas, die irdischen Yazatas, die himmlische Zeit, die Frohars der Reinen von Gayomarṭ bis Çosios den siegreichen, sehr majestätischen, die seienden, gewesenen, seien werdenden, Geborenen, Ungeborenen, der Gegend Angehörigen, andern Gegenden Angehörigen, die frommen Männer und Frauen, Unmündige und Mündige, die auf dieser Erde im Glauben gestorben sind — alle Frohars und Seelen derselben mögen hier erwähnt sein. Die Frohars und Seelen derselben die es werth sind mögen hier erwähnt sein. Derjenigen von ihnen die ihre Hoffnung auf uns setzen habe ich hier gedacht. Ihre guten Thaten, ihre gläubigen Opfer, ihr Darbringen des Myazda seien hier in Erinnerung gebracht. —

---

1) Im Texte asndâṭ, woraus Anquetil einen *terminus technicus* gemacht hat: *Faire l'Aschodad, c'est donner, comme une espèce d'offrande faite à Dieu, des habits etc. aux Mobeds, l'aumône à un pauvre, à un saint homme.* Asodâṭ heisst weiter Nichts als die Gabe an einen Reinen, einen Gläubigen und ist sowol Almosen als irgend ein anderes Geschenk.

2) Der Text dieser Schlussworte ist nicht ganz klar in allen Theilen, wahrscheinlich wegen mangelhafter Umschreibung eines frühern Huzvâreschtextes. Die ziemlich junge Huzvâreschübersetzung, welche ich vor mir habe und die erst wieder nach dem Pârsitexte gemacht ist, löst die Zweifel nicht völlig. Die in Klammern eingeschlossenen Worte sind auf ihre Autorität hin zugesetzt.

14. Pancaca etc. *In 45 Tagen habe ich, Ormazd, sammt den Amschaspands gewirkt: nämlich ich habe den Himmel geschaffen und den Gahanbár gefeiert und ihm den Namen Gáh Maidhyozaremaya gegeben: im Monate Ardibihist, am Tage Daepamihr. Nehmet die Zeit vom Tage Khor*[1])*, am Tage Daepamihr soll das Ende sein. Maidhyozaremaya war die Zeit in der ich die Schöpfung des Himmels vollbracht und sammt den Amschaspands Myazda dargebracht habe und die Menschen müssen es im Einverständnisse gleichfalls thun. Alle also, welche den Gahanbár feiern, oder ausrichten, oder essen, oder geben, haben dadurch soviel Verdienst, wie wenn jemand in der bekörperten Welt tausend weibliche Schafe sammt Lämmern aus Liebe zur Reinheit der reinen Seelen als reine Schenkung reinen Menschen gegeben hätte. Wiederum, wegen der Reinheit aus Liebe der gläubigen Seelen* (denn diese sind besser als die lebenden unter den Menschen[2]) *giebt das Avesta im Hádokht Zeugniss, wie aus dieser Stelle hervorgeht. „Tausend weibliche Schafe mit Jungen gebe man in Güte den reinen Männern für die Seelen, für den Hausgenossen der lebenden Wesen, den Asha-vahista*[3])*. Alle aber die nicht opfern, nicht zurecht richten, nicht essen, nicht geben, die sind nicht würdig zu opfern unter den Mazdayoçnas, d. h. die Yazatas nehmen ihr Opfer nicht an und es ist auch nicht passend (dass er es darbringt) und er hat von jenem Gahanbár an jeden Tag 180 çtér Sünde*[4])*.

15. Khshvas Maidhyoshemahê etc. In 60 Tagen habe ich, Or-

---

1) d. h. dieser Gahanbár ist im Monate Ardibihiseht vom 11—15. Tage zu feiern.

2) Eine sehr schwierige Stelle, von der ich nicht gewiss weiss, ob ich sie richtig verstanden habe. Es scheint mir der Sinn zu sein, dass die Menschen, von denen die nachfolgende Avestastelle redet, besser seien als die jetzt lebenden. Anquetils Uebersetzung ist nach meiner Ueberzeugung nicht haltbar, sie lautet: *Cet homme, en recompense de ce qu'il aura fait plaisir à des ames saintes et pures, sera dans le Beheacht.*

3) Die letzteren Worte sind wieder im Texte nicht ganz klar und ihre Construction verwirrt. Es scheint mir, dass in der angeblichen Stelle das Hádokht (d. i. eines verlorenen Theiles des Avesta) den Gläubigen die Wahl gelassen wird, ob sie Gaben an fromme Männer geben wollen oder an Feuertempel, für deren Unterhaltung es bekanntlich bei den Parsen fromme Stiftungen giebt.

4) Nämlich bis zum Eintritte des nächsten Gahanbár, an dem man erst seine Sünde wieder gut machen kann.

mazd, sammt den *Amschaspands*, gewirkt, d. h. ich habe das Wasser geschaffen, den Gahanbâr gefeiert und ihm den Namen Gâh Maidhyoshema gegeben, im Monate Tir am Tage Daepamihr. Nehmet die Zeit vom Tage Khor, der Tag Daepamihr soll der letzte sein[1]) Im Maidhyoshema war es, dass ich das trübe Wasser hell gemacht und sammt den Amschaspands den Myazda dargebracht habe, die Menschen sollen es im Einverständnisse ebenso machen. Alle deswegen die den Gahanbâr opfern, zurichten, essen oder geben, haben davon soviel Verdienst als wenn in der bekörperten Welt man 1000 weibliche Kühe sammt jährigen Kälbern als reines Geschenk aus Liebe zur Reinheit der gläubigen Seelen gegeben hätte. Wegen der Liebe zur Reinheit der gläubigen Seelen, die besser als die Wesen unter den Menschen sind, giebt das Avesta Zeugniss im Hadokht, wie aus dieser Stelle erhellt: Tausend Kühe mit Kälbern gebe man in Reinheit und Güte für die Seelen den reinen Männern und dem Hausgenossen der Wesen, dem Asha-vahista. Alle aber die nicht opfern, nicht zurecht richten, nicht essen, nicht geben, deren Reden schenkt man unter den Mazdayaçnos keine Beachtung; man halte seine Reden für Lügen und höre nicht auf das was er sagt. Von einem Gahanbar bis zum andern hat er jeden Tag 180 Çtér Sünde.

16. Pañcâca-haptàitim etc. In 75 Tagen habe ich der ich Ormazd bin, sammt den Amschaspands gewirkt: ich habe die Erde geschaffen und den Gahanbâr gefeiert und ihm den Namen Gâh Paitishahya gegeben, im Monat Schahrévar, am Tage Anérân. Nehmet die Zeit am Tage Açtât, Anérân soll der letzte sein[2]). Der Paitishahya war die Zeit in der ich das Feststehen der Erde und des Wassers offenbar gemacht und sammt den Amschaspands den Myazda dargebracht habe, auch die Menschen sollen im Einverständnisse dasselbe thun. Alle deswegen, welche diesen Gahanbâr opfern, zurechtrichten, essen und geben, die haben davon soviel Verdienst, wie wenn man in der bekörperten Welt tausend Stuten sammt den Füllen aus Liebe zur Reinheit der gläubigen Seelen als reines Geschenk den reinen Männern gegeben hätte. Wiederum, wegen der Reinheit aus Liebe zu den gläubigen Seelen, welche besser als die lebenden Menschen sind, giebt das Avesta im

---

8) Das Fest fällt also im Monate Tir, vom 11—15. Tage.
9) d. i. im Monate Schahrévar, vom 26—30. Tage.

Hâdokht Zeugniss, wie aus dieser Stelle erhellt: Tausend Stuten sammt Füllen gebe er in Reinheit und Güte für die Seelen der reinen Männer, für den Hausgenossen der Wesen, den Asha-vahista. *Alle aber, welche diesen Gahañbâr nicht opfern, nicht ausrichten, nicht essen, nicht geben, die gelten für Schwätzer unter den Mazdayaçnas, d. h. unter den Mazdayaçnas haltet sie eine Zeitlang für unzuverlässig und nehmet nicht an was sie geben, sie haben von diesem Gahañbâr bis zum Gahañbâr jeden Tag* 180 *Çtér Sünde.*

17. Thriçatem etc. *In* 30 *Tagen habe ich, der ich Ormazd bin, mit den Amschaspands gewirkt, ich habe die Bäume geschaffen und habe den Gahañbâr gefeiert und ihm den Namen Gâh Ayâthrema gegeben im Monate Mithra, am Tage Anérân. Nehmet die Zeit am Tage Açtât, Anérân soll das Ende sein*[1]). *Ayâthrema war es, wo ich den Geschmack und die Farbe und nach ihren verschiedenen Arten die Bäume hervorgebracht und mit den Amschaspands den Myazda dargebracht habe, die Menschen sollen im Einverständnisse dasselbe thun. Alle deswegen, welche diesen Gahañbâr opfern, zurechtrichten, essen und geben, haben davon so viel Verdienst, wie wenn man in der beköperten Welt tausend weibliche Kamele sammt ihren Jungen aus Liebe zur Reinheit der gläubigen Seelen als reines Geschenk gegeben hätte. Wiederum, wegen der Reinheit aus Liebe zu den gläubigen Seelen, welche besser sind als die lebenden Menschen, giebt das Avesta im Hâdhokht Zeugniss, wie aus dieser Stelle erhellt:* Tausend weibliche Kamele mit ihren Jungen gebe er mit Reinheit für die Seelen der reinen Männer, für den Hausgenossen der Wesen, den Asha-vahista. *Alle aber, welche diesen Gahañbâr nicht opfern, nicht zurechtrichten, nicht essen, nicht geben, die füllen ein freies Thier (mit Lasten) über Gebühr an unter den Mazdayaçnas, d. h. unter den Mazdayaçnas setzt (ihn) nicht auf ein Thier, er darf sich nicht darauf setzen*[2]), *er hat von diesen Gahañbâr bis zum (nächsten) Gahañbâr jeden Tag* 180 *Çtér Sünde.*

---

1) d. i. im Monate Mithra, vom 26—30. Tage.

2) An dieser so wie an den früheren Stellen giebt der Text erst die Strafe in altbaktrischer Sprache an, übereinstimmend mit dem Texte im Afergân Gahañbâr, dann aber eine glossirende Uebersetzung in Pârsi. Nur die letztere ist hier in der Uebersetzung berücksichtigt worden.

18. Astâitim etc. *In* 80 *Tagen habe ich, der ich Ormazd bin, mit den Amschaspands gewirkt: ich habe das Vieh geschaffen und den Gahañbár gefeiert und ihm den Namen Gáh Maidhyâirya gegeben im Monate Dai, am Tage Bahrâm. Nehmet die Zeit vom Tage Mihr, der Tag Bahrâm sei der letzte*[1]). *Der Gahañbár Maidhyâirya war es an dem ich das Vieh von fünf Gattungen hervorgebracht und mit den Amschaspands den Myazda dargebracht habe, die Menschen sollen im Einverständnisse dasselbe thun. Alle deswegen, welche diesen Gahañbár opfern, zurechtrichten, essen und geben, die haben davon soviel Verdienst, wie wenn man in der bekörperten Welt tausend Heerden aller Art aus Liebe zur Reinheit der gläubigen Seelen als reine Gabe gegeben hätte. Wiederum, wegen der Liebe zur Reinheit der gläubigen Seelen, welche besser als die lebenden Wesen sind, giebt das Avesta im Hâdhokht Zeugniss, wie aus dieser Stelle erhellt:* Tausend Heerden jeder Art übergebe er in Reinheit und Güte für die Seelen der reinen Männer. *Alle aber, welche diesen Gahañbár nicht opfern, nicht zurechtrichten, nicht essen, nicht geben, die verwirken die Glücksgüter der Welt unter den Mazdayaçnas, d. h. alle irdische Habe die sie besitzen gebührt ihnen nicht und sie haben von diesem Gahañbár bis zum nächsten Gahañbar jeden Tag* 180 Çtér *Sünde.*

19. Pancacâhaptâitim etc. *In* 75 *Tagen habe ich ich, der ich Ormazd bin, gewirkt sammt den Amschaspands: ich habe den Menschen geschaffen und den Gahañbár gefeiert und ihm den Namen Gáh Hamaçpathmaedhaya gegeben im Monate Açpendârmat am* (*Tage*) *Vahistóist-Gáh. Nehmet die Zeit am* (*Tage*) *Ahunavat-Gáh, der* (*Tag*) *Vahistóist-Gáh soll der letzte sein*[2]) *Der Gahañbár Hamaçpathmaedhaya war es, wo ich den Menschen geschaffen, die ganze Schöpfung geschaffen*[3]) *und mit den Amschaspands den Myazda dargebracht habe, die Menschen sollen im Einverständnisse dasselbe thun. Alle deswegen, welche diesen Gahañbár opfern, zurechtrichten, essen, geben, haben davon soviel Verdienst, wie wenn man in der bekörperten Welt allen Be-*

---

1) d. i. im Monate Dai, vom 16—20. Tage.
2) d. h. die fünf letzten zugesetzten Tage des letzten Monats.
3) d. h. wie Anquetil richtig bemerkt, wo die ganze Schöpfung beendigt worden ist.

wohnern derselben ein Jahr lang warmes Brod und dann im
Weine Süssigkeiten aus Freude an einem .... (?)[1]) als reine Gabe
aus Liebe zur Reinheit der gläubigen Seelen darbringen würde.
Wiederum, wegen der Reinheit aus Liebe zu den gläubigen
Seelen, welche besser als die lebenden Menschen sind, giebt
das Avesta im Hâdokht Zeugniss, wie aus dieser Stelle er-
hellt: Alle Arten von Saamen nach ihrer Grösse, Güte und Schön-
heit übergebe man in Reinheit und Güte den reinen Männern aus
Liebe zur Seele. Alle aber, welche diesen Gahañbâr nicht opfern,
nicht zurichten, nicht essen, nicht geben, die verwirken das ahurische Herkommen unter den Mazdayaçnas, d. h. sie machen die
Beichte nicht und geben zuletzt keine Rechenschaft. Von diesem
Gahañbâr bis zum nächsten Gahañbâr haben sie jeden Tag 180
Çtêr Sünde. —

20. Der Sündlose rufe ihm darauf zu, er verjage ihn, der Sündlose lege ihm Werke der Busse auf, der Herr dem Untergebenen, die
Untergebenen dem Herrn[2]). — Die den Gahañbâr nicht feiern, die
begehen die verschiedenen Sünden Tanâfûr und Margerzan hundertfach, tausendfach, zehntausendfach, von der Breite der Erde,
der Länge eines Flusses, der Höhe der Sonne.

21. Dieser Aferin möge zu den Seelen der Herrn und der
Gerechten kommen durch die Freundschaft und Sieghaftigkeit
des himmlischen Herrn, des grossen Gâh Gahañbâr NN[3]). Möge
er kommen zur Seele des seligen Zertuscht, Nachkommen des Çpitama mit reinem Frohar, welcher dieses gute mazdayaçnische
Gesetz auf die rechte Art von Ormazd empfangen hat und nach
Art der Paoiryô-tkaeshas herbrachte. Die Frommen, welche wegen dieses Myazda hergekommen sind, mögen, weil sie dieses
Myazda theilhaftig geworden sind, von ihm empfangen haben, für jeden Schritt der 1200 zum leuchtenden Paradiese,
eine Seele aus dem Garothmân entgegen kommen. Durch das
Herbeikommen (der Seelen der Gläubigen) möge das Verdienst
zunehmen durch ihr Weggehen die Sünde entfliehen. Die Welt

---

1) Die Construction dieser Stelle ist nicht ganz klar, doch ist der Sinn im
Ganzen nicht zweifelhaft.

2) Aus den Afergân Gahanbâr. Cf. oben p. 194.

3) Hier ist der Name des Gahanbâr einzusetzen, welcher gerade gefeiert
wird.

möge gut, der Himmel gut sein, zuletzt möge die Reinheit zunehmen, die Seele möge in den Garothmân kommen. Seid rein, lebet lange. Also möge es kommen wie ich erbitte. — Die guten Gedanken etc.

LII. Gebet beim Essen.

Im Namen Gottes des vergebenden, verzeihenden, liebenden, des Herrschers Ahura-mazda. Hier preise ich nun den Ahuramazda, der das Vieh geschaffen hat, die Reinheit geschaffen hat, das Wasser und die guten Bäume, der den Lichtglanz schuf, die Erde und alles Gute[1]. — Ashem-vohû (3) (*hierauf wird gegessen, nach dem Essen wieder die folgenden Gebete gebetet*) Ashem-vohû (4). — Yathâ ahû vairyô (2). — Ashem-vohû (1). — Ihm gehört der Glanz etc. — Tausend etc. — Komme[2]) etc. — Des Lohnes etc. — Ashem-vohû (1). —

LIII. Vâj-Peshâb.

(*Drei Schritte vom Orte des Peshâb entfernt bleibt man stehen und recitirt.*) Die Sünde möge tausendmal geschlagen sein! Yathâ ahû vairyô (1). (*Nachdem man sein Bedürfniss befriedigt, sich mit trockner Erde gereinigt und die Bänder des Kleides ergriffen hat, geht man drei Schritte weiter und spricht:*) Ashem-vohû (3). Der guten Gedanken, Worte und Werke[3]) etc. (2). Dem besten Herrscher gehöre das Reich[4]) etc. (3). Yathâ ahû vairyô (4). Den Ahura preisen wir. Den Asha-vahista, den schönsten Ameshaçpenta preisen wir. Yêghê hâtaṁm. — Ashem-vohû (1). (*Der Parse wäscht sich darauf Gesicht und Hände und legt den Kosti an*).

LIV. Gebet beim 1200 maligen Recitiren des Ashem-vôhû.

Im Namen des Gottes Ormazd, des Herrschers, des Ver-

---

1) Cf. Yç. V, 1—3. Vergl. übrigens oben XXXVII, 6 (p. 186), nach jenem Texte scheint es, dass Ashem-vohû den eigentlichen Kern dieses Gebetes bildet und alles Uebrige nur Beigabe ist.
2) Cf. oben p. 6.
3) Yç. XXXV, 4—6.
4) Yç. XXXV, 13—15.

mehrers. *An grosser Majestät mögen zunehmen: die Ardá-frohars, sie mögen kommen. Alle meine Sünden bereue ich mit Patet. Alle bösen Gedanken, Worte und Werke*[1] *etc.* Zufriedenstellung für Ahura-mazda. Verachtung für Agra-mainyus (wie es) den Willen der Wohlthuenden nach am besten ist. Ich preise Ashemvohû. Ich bekenne als Mazdayaçna, Anhänger des Zarathustra, dem Glauben an Ahura zugethan zum Lob des NN.[2]). Khshnaothra für Ahura-mazda, den glänzenden, majestätischen, für die Amesha-çpentas, für die Fravashis der Reinen die starken, andrängenden, für die Fravashis der Paoiryo-tkaeshas, für die Fravashis der nächsten Verwandten zum Preis, Anbetung, Zufriedenstellung und Lob.

Wie es des Herren Wille ist, so sage es mir der Zaota *(der Zaota spricht)* Also verkündet der Herr aus Heiligkeit, der reine Wissende spreche:

Den Ahura-mazda, den glänzenden, majestätischen preisen wir. Die Amesha-çpenta, die guten Könige, die weisen, preisen wir. Die guten, starken, heiligen Fravashis der Reinen preisen wir. *(Hier betet man die 1200 Ashem-vohû und spricht dann noch in leiser Rede:)* Ormazd, Herr, Vermehrer[3] *etc.* Yathâ ahû vairyo (2) — Opfer, Preis, Kraft, Stärke erbitte ich für Ahura-mazda den glänzenden, majestätischen, für die Amesha-çpentas, für die Fravashis der Reinen, die starken, andrängenden, für die Fravashis der Paoiryatkaeshas, die Fravashis der nächsten Anverwandten. Ashem-vohû (1). — Ihm gehört der Glanz etc. — Tausend etc. — Komme etc. — Des Lohnes etc. — Ashem-vohû etc.

LV. Gebet beim 1200 maligen Recitiren des Yathâ ahû vairyô.

Im Namen Gottes, Ormazds des Herrschers, des Vermehrers. An grosser Majestät mögen zunehmen die Gâthâs. Der Gâthâ Ahunavat, die Gâthâ Ustvaiti, die Gâthâ Çpeñta-mainyu, die Gâthâ Vohû-khshathrem, die Gâthâ Vahistôisti, die Gâthâ Gâthâhya, die Arda-frohars mögen kommen. — Alle meine Sünden bereue ich mit Patet. Alle bösen Gedanken etc. — Zufrie-

---

1) Cf. oben in nr. IV.
2) Man nennt den Gâh, in welchem das Gebet gelesen wird.
3) Cf. oben p. 10.

denstellung für Ahura-mazda, Verachtung des Agra-mainyu (wie es) dem Willen des Wohlthuenden nach am besten ist. Ich preise Ashem-vohû (3). Ich bekenne (mich) als Mazdayaçna, Anhänger des Zarathustra, dem Glauben an Ahura zugethan zum Lob des NN. Khshnaothra für Ahura-mazda, den glänzenden, majestätischen, für die Amesha-çpentas, für die heiligen Gâthâs, die Herren der Zeiten die reinen: die Gâthâ Ahunavaiti, die Gâthâ Ustvaiti, die Gâthâ Çpentâ-mainyu, die Gâthâ Vohû-Khshathrem, die Gâthâ Vahistôisti, für die Fravashis der Reinen, die starken, andrängenden, die Fravashis des Paoiryo-tkaeshas, die Fravashis der nächsten Anverwandten zum Preis, Anbetung, Zufriedenstellung und Lob.

Wie es des Herrn Wille ist etc. spreche:

Den Ahura-mazda, den glänzenden, majestätischen preisen wir. Die Amesha-çpenta, die guten Könige, die weisen, preisen wir. Die heiligen Gâthâs, die Herrn der Zeiten, reinen, preisen wir. Die Gâthâ Ahunavaiti, die reine Herrin des Reinen, preisen wir. Die Gâthâ Ustvaiti, die reine Herrin des Reinen, preisen wir. Die Gâthâ Çpenta-mainyû, die reine Herrin des Reinen, preisen wir. Die Gâthâ Vohû-Khshathrem, die reine Herrin des Reinen, preisen wir. Die Gâthâ-Vahistôisti, die reine Herrin des Reinen, preisen wir. Die guten, starken, heiligen Fravashis der Reinen preisen wir, den Ahuna-vairya (der) den Körper schützt.

(*Hierauf wird der Ahuna-vairya 1200 mal gesprochen und dann im leisen Gebete noch beigefügt:*)

Ormazd, Herrscher, Vermehrer der Menschen etc. Yathâ ahû vairyô (2). Opfer, Preis, Kraft, Stärke, erbitte ich für Ahuramazda den glänzenden, majestätischen, für die Amesha-çpentas, für die heiligen Gâthâs, die Herren der Zeiten, die reinen, für die Gâthâ Ahunavaiti, für die Gâthâ Ustvaiti, für die Gâthâ Çpentâ-mainyû, für die Gâthâ Vohû-Khshathrem, für die Gâthâ Vahistôisti, für die Fravashis der Reinen, die starken, anstürmenden, für die Fravashis der Paoiryo-tkaeshas, für die nächsten Anverwandten. Ashemvohû (1). Ihm gehört der Glanz etc. — Tausend etc. — Komme etc. — *Des Lohnes etc.* — Ashem-vohû (1).

---

1) Diese Gâthâ wird sonst nirgends erwähnt.

LVI. Gebet um das Spiel des Satan zu verhindern [1]).

Alle meine Sünden bereue ich mit Patet. — *Alle bösen Gedanken etc.* Zufriedenstellung für Ahura etc. (*wie oben*). Ich bekenne (mich) als Mazdayaçna, Anhänger des Zarathustra, dem Glauben an Ahura zugethan zum Lob für NN.[2]) Khshnaothra für Çpenta-ârmaiti, der guten Freigebigkeit mit weiten Augen, von Mazda geschaffenen, reinen zum Preis, Anbetung, Zufriedenstellung und Lob.

Wie es des Herrn Wille ist etc. spreche:

Die gute Çpenta-ârmaiti preisen wir. Die gute Freigebigkeit, die mit weiten Augen begabte, von Mazda geschaffene, reine, preisen wir. — Darauf soll man sprechen zur Çpenta-ârmaiti: O Çpenta-ârmaiti! diesen Mann übergebe ich dir, diesen Mann gieb mir wieder zurück bei der behren Auferstehung, kundig der Gâthâs, kundig des Yaçna, der die Fragen gelesen hat, weise, tugendhaft ist, den Mañthra als Leib besitzend. Dann gieb ihm einen Namen: „vom Feuer gegeben", „vom Feuer stammend", „Genosse des Feuers", „Gegend des Feuers" oder irgend einen Namen der vom Feuer gegebenen.

Ashem-vohû (1). — Yathâ abû vairyo (2). — Opfer, Preis, Stärke, Kraft, weihe ich der guten Çpenta-ârmaiti, der guten Freigebigkeit, der mit weiten Augen begabten, von Mazda geschaffenen, reinen. Ashem-vohû (1). — Ihm gehört der Glanz etc. — Tausend etc. — Komme etc. — *Des Lohnes wegen etc.* — Ashem-vohû (1).

LVII. Lampengebet [3]).

Im Namen des Gottes Ormazd, des Herrschers, des Vermehrers. An grosser Majestät möge wachsen das Feuer des Dâdgâh Âderfrâ. Alle meine Sünden bereue ich mit Patet. — *Alle schlechten Gedanken etc.* — Khshnaothra für Ahura-mazda. Preis sei dir o

---

1) Cf. Vd. XVIII, 103 flg.
2) Hier wird der Name des Gâhs eingesetzt in welchem dieses Gebet gesprochen wird.
3) Die vorhergehenden Gebete von nr. LII—LVI erhalten den Namen Vâj, womit gesagt wird, dass sie leise zu sprechen seien. Dagegen werden die folgenden (nr. LVII—LXI) Namaskâr, Anrufungen, betitelt.

Feuer des Ahura mazda (Sohn), weiser, grösster Yazata. Ashem-vohû (3). — Ihm gehört der Glanz etc. — Tausend etc. — Komme etc. — *Des Lohnes wegen etc.* — Ashem-vohû (1).

LVIII. Dakhmagebet.

Alle meine Sünden bereue ich mit Patet. Preis euch: die Seelen der Verstorbenen preisen wir, welches die Fravashis der Reinen sind [1]). Ashem-vohû (3). — Ihm gehört der Glanz etc. — Tausend etc. — Komme etc. — *Des Lohnes wegen etc.* — Ashem-vohû (1). —

LIX. Berggebet.

Alle meine Sünden bereue ich mit Patet. — Alle Berge preisen wir die mit reinem Glanze, mit vielem Glanze versehenen, von Mazda geschaffenen, reinen, Herrn des Reinen [2]). Ashem-vohû (3) etc. [3]).

LX. Gebet beim Erblicken des Wassers.

Alle meine Sünden bereue ich mit Patet. — Preis sei dir nützlichste Ardvi-çûra, reine. Ashem-vohû (3) [4]).

LXI. Gebet beim Anblick der Bäume.

Alle Sünden bereue ich mit Patet. — Preis sei den Bäumen, den guten, von Mazda geschaffenen, reinen. Ashem-vohû (3) [5]).

LXII. Tan-duruçtî.

Gesundheit ist nöthig die ganze Länge des Lebens hindurch. Glanz mit Reinheit verbunden möge bestehen. Die himmlischen Yazatas, die irdischen Yazatas, die sieben Amschaspands mögen

---

1) Cf. Yç. XXVII, 35.
2) Cf. z. B. Yç. VI, 45.
3) Die Formeln am Schlusse wie in LVIII.
4) Dieselben Formeln wie oben in LVIII.
5) Schlussformeln wie oben.

zu dem leuchtenden Myazda herbeikommen. Möge mein Gebet eintreffen! Möge mein Wunsch sich erfüllen! Möge immer unter den Menschen zarathustrische Gesetze sich wohl befinden! Also möge es sein!

O Schöpfer, Herrscher! den Herrn der Welt, die ganze Gemeine und den NN.[1]) sammt Nachkommen auf 1000 Jahre erhalte lange, erhalte fröhlich, erhalte gesund. Also erhalte sie. Erhalte sie an der Spitze der Würdigen, viele Jahre, unzählige Perioden hindurch: rein und bleibend. Tausend mal Tausend Segenswünsche! Möge das Jahr glücklich sein! möge der Tag gut sein, möge der Monat gesegnet sein. Erhalte viele Jahre, Tage, Monate, viele viele Jahre lang rein den Yaçna und Nyâyish, die Freigebigkeit und die Darbringungen. Für alle guten Thaten möge Gesundheit zu Theil werden, möge Güte vorhanden sein, möge Wohlbefinden vorhanden sein. Also sei es! Auf diese Art möge es sein. Nach dem Wunsche der Yazatas und Amschaspands möge es sein. Ashem-vohû (1).

LXIII. Gebet nach dem Lesen des Ormazd-yasht.

O Ormazd! du bist der Schöpfer, Ahriman ist der Urheber des Todes. Ich vertreibe die Daevas und bin ohne Zweifel an dem Eintreten der Auferstehung und des letzten Körpers. Ashem-vohû.

LXIV. Gebet nach dem Lesen des Çrosh-yasht.

An grosser Majestät möge zunehmen der heilige Çros, stark und siegreich möge er sein, der Helfer der Seelen, der Wächter des ganzen Körpers, der Reine unter den Reinen; der Wächter über Tage, Monate und Nächte. Möge Çros die Zuflucht sein aller Erânier, der Paoiryo-tkaeshas, der Geschöpfe der Welt, der Gläubigen, der Kronenträger, derer welche den Kosti umgürtet haben, dem Zartuscht zugethan sind, der Guten und Reinen in den sieben Keschvars der Erde. Ashem-vohû (3).

---

1) Hier ist der Name dessen zu nennen, für den dieses Gebet verrichtet wird.

LXV. Gebet für Vertreibung des Teufels.

Ich zerbreche, schlage, vernichte eure Körper, ihr Déws und Drujas, und Zauberer und Pairikas durch den Hom und Barson und das gerechte richtige Gesetz das gute, welches vom Schöpfer Ormazd mir gelehrt worden ist. Ashem-vohû (1).

LXVI. Glaubensbekenntniss.

Die gute, gerechte, richtige Religion, die der Herr den Geschöpfen gesandt hat ist die, welche Zartuscht gebracht hat. Die Religion ist die Religion Zartuschts, die Religion Ormazds, dem Zartuscht gegeben. Ashem-vohû.

Fragmente.

1.

1. Verbunden mit Vohu-mano, mit Asha-vahista, mit Khshathra-vairya sollst du das Lob, die preiswürdige Rede, mit nicht gehemmter Rede verkünden den Männern und Frauen des reinen Zarathustra.

2. Sprich die Rede aus, o Zarathustra, zu unserem Opfer und Preis, der Amesha-çpeñtas, damit dir gepriesen seien die Gewässer, gepriesen die Bäume, gepriesen die Fravashis der Reinen, gepriesen die himmlischen Yazatas und die irdischen, die geschaffenen Geber des sehr Guten, die reinen [1]).

2.

1. Ich bekenne etc. Zufriedenstellung für den Fravashi des Thraetaona des Sohnes Athwyans, des Reinen. Preis, Anbetung, Zufriedenstellung und Lob. Wie es etc. [2]) •

---

1) Die obige Uebersetzung ist nicht ganz ohne Schwierigkeit, man könnte auch vielleicht übersetzen: die geschaffenen sehr guten Gaben für den Reinen. Es scheint mir jedoch obige Uebersetzung vorzuziehen.

2) Cf. oben p. 6. l. 7. bis zu den Worten: der Reine, Wissende spreche.

2. Den Thraetaona, den Nachkommen des Athwya, den reinen Herrn des Reinen preisen wir . . . . . .¹)

3. Yathâ ahû vairyô. Opfer, Preis, Stärke, Kraft erflehe ich dem Fravashi des Thraetaona, des Sohnes des Athwya. Ashem-vohû. — Ihm gehört der Glanz etc.

3.

1. Den Airyama-ishya nenne ich dir, o Heiliger, Reiner, als das grösste von allen Gebeten, diesen als den in der Höhe wirkenden von allen Gebeten, den hülfreichenden Airyama-ishya, ihn ehren (?) die Nützlichen.

2. Weil ich diesen ausspreche bin ich Herr über meine eigenen Geschöpfe, o Heiliger, ich der ich Ahura-mazda bin. Niemals wird Aġra-mainyus der mit schlechtem Gesetze begabte über seine eigenen Geschöpfe Herr sein, o Zarathustra, Heiliger!

3. In die Erde verborgen wird sein Aġra-mainyus, in die Erde werden sich verbergen die Daevas²). Auf werden die Todten stehen in lebendigen (?) Körpern, das bekörperte Leben wird fest haltend gemacht.

4.³)

1. Für Ahura-mazda, den glänzenden, majestätischen, für die Amesha-çpentas, für die Stärke, die wohlgebildete, wohlgewachsene, für den Sieg den von Ahura geschaffenen, für das Schlagen das von oben stammt, für die Annehmlichkeit des Weges, für die Goldgrube die treffliche, für den Berg Çaokeñta, den von Ahura geschaffenen⁴), für alle Yazatas.

2. Den Ahura-mazda, den glänzenden, majestätischen, preisen wir. Die Amesha-çpenta, die guten Könige, die weisen, preisen wir. Die Stärke, die wohlgeschaffene, wohlgewachsene, preisen wir. Den Sieg, den von Ahura geschaffenen, preisen wir. Das Schlagen, das aus der Höhe stammt, preisen wir. Die Annehmlichkeit der Wege preisen wir. Die Goldgrube, die treffliche, die von Mazda geschaf-

---

1) Der Text besteht hier nur aus dunklen oder verderbten Wörtern und kann daher nicht übersetzt werden.

2) Cf. Yç. IX. 46. Wie dort der Ahuna-vairya die Ursache ist, dass sich die Daevas unter die Erde verbergen, so hier der Airyama ishya.

3) Dieses Fragment fasst die Anrufung gewisser Gegenstände ganz in der Weise zusammen, wie es oben im Sîroza geschehen ist.

4) Cf. oben im Qarsêt-zyâyis p. 9.

fene, preisen wir. Den Berg Çaokeñta, den von Mazda geschaffenen, preisen wir und alle Reinen.

5.[1])

Ich bekenne etc. (wenn es ein einziges Rind, ein einziges Thier ist:) für den Leib der Kuh, für die Seele der Kuh, für deine — der wohlgeschaffenen Kuh — Seele Zufriedenstellung zum Preis, Anbetung, Zufriedenstellung und Lob. — Yathâ ahû vairyô.

(Wenn es zwei sind:) für den Leib der Kuh, für die Seele der Kuh, für die Seelen von euch beiden, der wohlgeschaffenen Kühe Zufriedenstellung zum etc. Yathâ ahû vairyô.

(Wenn es drei oder eine ganze Heerde sind:) für den Leib der Kuh, für die Seele der Kuh, für die Seelen von euch, der wohlgeschaffenen Kühe Zufriedenstellung etc. Yathâ ahû vairyô.

6.[2])

1. Zufriedenstellung für die guten Gewässer, für alle von Mazda geschaffenen Wasser, für den grossen Herrn, den Nabel der Gewässer, für das von Mazda geschaffene Wasser, für dich, Tochter des Ahura, zum Preis, Anbetung, Zufriedenstellung und Lob. Yathâ ahû vairyô.

2. Wir preisen dich, ahurische Tochter des Ahura, mit gutem Opfer und Preis, mit guten Darbringungen, mit frommen Darbringungen. — Indem wir wünschen die reinen Yazatas zufriedenzustellen und den grossen Herrn, tragen wir dich heraus[3]). Er möge die Gâthâs singen.[4])

---

1) Dieses Fragment findet sich in einem kleinen Tractate (von Anquetil Vajar-kard genannt) und soll gesprochen werden wenn man das Gefäss ergreift in welchem sich das Wasser befindet mit dem man das Euter der Thiere wäscht die gemolken werden sollen — wahrscheinlich blos wenn die gemolkene Milch beim Opfer verwendet werden soll. Unter Aussprechen der Worte: „mit sehr reinem Geiste, sehr reinen Worten, sehr reinen Werken" (Yt. 12, 4) wird dann die Milch gemolken.

2) Dieses Gebet ist demselben Buche entnommen wie nr. 5, und soll gesprochen werden, wenn man Zaothra (geweihtes Wasser) ergreift.

3) Mit diesen Worten ist das Wasser auszugiessen.

4) Diese letzten unpassenden Worte sind wahrscheinlich aus dem Stücke dem dieses Fragment entnommen ist, irrthümlich herübergenommen worden.

Register.

A.

Âbân, Monatsname II, XCVIII. Name eines Tages II, XCIX.
Âbânyest, übersetzt. III, 43 flg.
Âberet I, 114. 127. II, XVII. 11. 111, 24.
Ackerbauer I, 109. 114. 125. 127. 199. II, 83. — Geräthschaften des I, 205. 232. Herrin des II, 88.
Âdar, Monatsname II, XCVIII. Monatstag II, XCIX.
Âdarân II, LXX. III, 18.
Âdarana, Name eines Berges III, 172.
Âdarbât-Mahresfand I, 19. 41. 42. 100. III, 214. 218. 219. 227.
Âdar-Burzin-mihr, Feuer III, XV. 199.
Âdarfrâ, Feuer III, 15. 18. 199. Cf. Farpâ.
Âdar-Gasaçp oder Gasaçp, Feuer III, XV. 18. 199.
Âdar Khordât III, 18.
Adhûtavâo, Name eines Berges III, 172.
Adost, Stein II, LXV. LXVIII.
Adut-aç-nosma, Sünde III, 224.
Aerzte, ihre Einübung I, 131. Preise derselben I, 131 flg.
Aeshma, Dämon I, 176. 177. 180. II, 78 flg. 112. 116. 120. 161. 179. 182. III, XLVIII. 94. 105. 137. 162. 170. — zieht seinen Leib durch die Majestät III, 178.
Aetn, Fravashi des III, 134.
Aethrapaiti II, 111.
Aeznkha, Name eines Berges III, 172.
Âferin des Zarathustra, übers. III, 191 flg. — der sieben Amschaspands übers. III, 234 flg. — Gahañbâr übers. III, 239 f.
Afrâsiâb III, LXIV flg. Vid Fragraçê.
Afrigân Gâthâ übers. III, 195 flg. — Gahañbâr. übers. III, 192 flg. — Rapithwina übers. III, 196 flg.

Agathias, stellt den Zarathustra als Verschlechterer der Religion dar II, 215 flg.
Agenayo, Blut II, 139.
Âgerepta oder Âgereft, Sünde I, 94. 95. 96. III, 209. 216.
Aghatasha vid. Akatasha.
Aghraërntha III, LXIV. 76. 77. 166. Fravashi des III, 136.
Agñbnya, Fravashi des III, 133.
Agra-mainyus opponirt gegen Ahura Mazda I, 61 flg. wie zu bekämpfen I, 175. 180. kommt aus der nördlichen Gegend I, 242. Sein Verhalten gegen Zarathustra I, 243 flg. 264 flg. II, 111. 183. 188. III, XLV flg. 8. 48. 70. 71. 94. 101. 113. 123. 124. 147. 153. 164. 175. 177. 184.
Ahuna, Name eines Berges III, 172.
Ahunavaiti-Gâthâ, angerufen I, 252. II, 5. 9. 27. III, 23.
Ahuna-vairya, Gebet. I, 13. 179. 180. 181. 243. 245. 247. II, LXXXII. 5. 9. 27. 32. 66. 73. ist das beste unter den Gebeten II, 95. Waffe des Çraosha II, 181. Uebersetzung des Ab. v. III, 3 flg. gepriesen III, 32. Waffe des Zarathustra III, 164. 182.
Ahura-Mazda I, 9. 10. 61 flg. etc. angerufen I, 250. II, 8. 35. 41. 48. 50. 52. 54. 85. 87. 90. 91. 92. 93. 104. 107. 200. etc. Fravashi des I, 246. 251. II, 105. 109., III, 121. seine Söhne und Töchter II, 106. not. er belehrt den Zarathustra II, 205. — III, III flg. 8. 13. 22 etc. Namen des Ah. III, 28 flg. wann auszusprechen III, 31 flg. preist die Ardvi-çûra III, 45. hilft dem Tistrya III, 64. preist den Râman III, 152. die Tochter des Ah. III, 161. 164. die Majestät des III, 173. Ahura und Mithra II,

40. 48. 52. III, 9. 12. 97. Cf. Çpeñtamainyus.
Aipi-vaghu, Fravashi des III, 136.
Aipi-vohu i. q Aipi-vâghu III, 181.
Aibigaya, Beiname des Aiwiçrûthrema II, 38. 40. 46. 51. III, 25.
Airya, Arier I, 5. 6.
Airyama, Airyêma (ishya) I, 257. 266 flg. II, 6. 10. 32. 173. III, 22. 34. 35. 37. 38. 198.
Airyana-vaejo, Land I, 61. 69. 72. II, 73. III, 32. 57. 77. 152. 167.
Airyu, Nachkomme des III, 136.
Aiwiqnrenn, Fravashi des III, 133.
Aiwiçrûthrema, Gâh. II, 36. not. 38. 44. 46. 51. III, XVI. 25.
Akatasha, Dämon I, 177. III, XLVIII.
Akhn-gunâh, Sünde III, 210. not.
Âkbrûra III, LXV. Fravashi des III, 137.
Akhtya, Dämon III, 54.
Akn-mainyu II, 126.
Ako-mano I, 243. II, 35. not. 126. zieht seinen Leib durch die Majestät III, 178. Vohumano schlägt ihn 184.
Alborj III, 109. not.
Alexander, sein Verhältniss zur altp. Religion I, 16. 41.
Almosengeben II, LVIII.
Amardât, Monatstag II, XCIX.
Ameretât, Amschaspand, wie zu verehren II, LV, augernfen II, 35. 49. 91. 130. 181. 201. 204. III, XI flg. 22. 33. 36. schlägt den Durst III, 184.
Amesha çpents I, 245. wie zu ehren II, LII. anger. II, 31. 36. 50. 55. 104. 108. 112. 181. nat. etc. III, VII flg. 8. 13. 23. etc. Fravashi der II, 105. 110. Namen der III, 33. 41. 93. Schwester der III, 161. Majestät der III, 174.
Amroseh vid. Amru.
Amru, Vogel III, LIV, Fravashi des III, 130.
Amschaspands, die drei und dreissig III, 4. sechs oder sieben III, 20. vid. Amescha-çpenta.
Anaghra rosni I, 22. Vid. Lichter anfaagslnse.
Anâhita Vid. Ardvi-çûra.
Anairya, dem airya entgegengesetzt I, 5. 6.
Añdar II, 35. ant. Vid. Añdra.
Añdarj-framañn, Sünde III, 209.
Añdarvâi III, 20.
Andersgläubige I, 187.
Añdra I, 10. 176. III, XLVII.
Anérân, Monatstag II, XCIX.

Añkaça, Name einer Frau III, 134.
Anqnetil du Perron I, 51 flg. seine Uebersetzung des Avesta I, 55 flg.
Añtare-daghus, Name eines Berges III, 172.
Añtare-kagha, Name eines Berges III, 172.
Anverwandte des vierten und fünften Grades, Gebete beim Tode von I, 186 flg.
Anighman, Fravashi des III, 134.
Ansbnara III, LXII. 192. Fravashi des III, 136.
Apañm-napât. vid. Nabel der Gewässer.
Apaosha, Dämon I, 273. III, XLIX. 67—69. 170.
Apestâk I, 45.
Aptya-Athwya I, 7.
Ars, Name eines Mannes III, 131.
Arachosien, Provinz I, 64 not.
Araçka, Name eines Dämons III, XLIX.
Arâçtn, Name III, 126.
Aravaostra, Fravashi des III, 134.
Ardû-virâf, Name I, 19. 41.
Ardâ-virâf-nâme, Buch I, 18. 21. 22.
Ardeschir 1) Ardeschir-Bâhegân, erster König der Dynastie des Sâsâniden I, 18. 24. 2) Name eines Desturs I, 47. 3) Name eines Parsen am Hofe Akbars I, 49.
Ardihibist, Name eines Monats II, XCVIII, Name eines Monatstages II, XCIX. Vid. Asha-vahista.
Ardvi-çûra I, 126. II, 5. 9. 192 flg. III, XVII flg. 11. 14. 32. 43—60. 109. 112. 200.
Aredhn-Mnnusha, Name eines Berges III, 171.
Aredus, Sünde I, 94. 95. 96. 97. III, 209.
Arejaghâo, Fravashi des III, 132.
Arejnona, Fravashi des III, 133.
Arejat-açpa I, 43. III, LXV. 57. 58. 78. 167. 183.
Arezahê, Keshvar I, 252. II, 20. 23. III, 82. 108.
Arezo-shsmano, Name eines Mannes III, 177.
Arezûra, Name eines Berges I, 80. 253. III, 172.
Arian-shehr II, 216.
Arjaçp II, XI. III, 58. not. Vid. Arejet-açpa.
Armest, Bedeutung des Wortes II, XLV.
Arshan (Kavi) III, 181. Fravashi des III, 136.
Arshvâo, Fravashi des III, 130.

Arshyn, Fravashi des III, 130.
Arstât Genius II, 16. 47. 52. 92. III, XXXVI. 35. 169—171. 202.
Arsti III, 106.
Artaxerxes II, führt Bilderdienst ein I, 270. 292. III, XIX.
Arviç Stein II, LXVI.
Arviç gâb II, LXVI.
Arys = airyu q. v.
Arzahê, A-zûra vid. Arezahê, Arezûrs.
Arzûr-bnm, Name eines Berges III, 172. not.
Açnyn, Name eines Berges III, 172.
Açbana, Fravashi des III, 138.
Açmân, Monatstag II, XCIX. Vid. Himmel.
Açmn qanvào III, 33. Fravashi des 126. 191.
Açuâtâ I, 114. 127. II, XVII. 11. III, 24.
Açnavant, Berg III, 172. not. Vid. Açuavanta.
Açnavañta, Berg III, 16, 199
Açoavâo, Name eines Berges III, 272. V. Açuavanta.
Açpâyaodhn, Name III, 58.
Açpo-padhn-makhsti, Fravashi des III, 132.
Açta-vahât III, 228. Vid. Açtô-vidhotus.
Açtâd, Monatstag II, XCIX Vid. Astâd.
Açtarg, Sünde III, 224.
Açtn-vidhntus, Dämon I, 101. 105. 106. II, 182. III, XLVIII. 94. 113. 115. 116.
Açtvat-eretn, Fravashi des III, 131. 133. 135. 181.
Açvartuañ, Sünde III, 224.
Ascensio Jesaiae I, 21. 22. 281 flg
Asehe, Gebrauch derselben I, 113.
Ascheschinç, Monststag II, XCIX. Vid. Ashis-vaguhi.
Aser-Rosni I, 22. Vid. Lichter anfangs.
Asfendiâr III, 219. 227.
Asha, II, 114. 116. 120. etc. Cf. Asha-vahista.
Ashâhura, Fravashi des III, 132.
Asha-nemaĝha, Fravashi des III, 135.
Asha-çaredha asha çairyañs, Fravashi des III, 132.
Asha-çaredha-zairyañs, Fravashi des III, 132.
Asha-çavo, Fravashi des III, 132.
Ashaçtn, Fravashi des III, 130.
Ashaskyaothnn, Fravashi des III, 132.
Asha-vahista, Amsrhaspaud II, LIV. 5. 9. 35. 37. 46. 51. 91. 181. 201 etc. III, IX flg. Spitzen des III, 23. III.

schönster Amschaspand III, 32. 198. zieht seinen Leib durch die Majestät III, 177.
Asha-vahista, Gebet II, 5. 188. Vid Ashem-vôhû.
Asha-vahista, Yast des, übers. III, 37 flg.
Asha-vaĝhu, Fravashi des III, 131.
Ashavazdân III, LXV. 52. Fravashi des III, 131. 132.
Ashemanĝha I, 173. II, 92. 198. III, LXXIII. 3⁴. not. 38, 39 130.
Ashem-yahmâi-usta, Fravashi des III, 133.
Ashem-yêĝhê raocào, Fravashi des III, 133.
Ashem-yêĝhê vareza, Fravashi des III, 133.
Ashem-vôhû I, 13. 217. II, LXXXII. Uebersetzung des III, 3. Werth des III, 185 flg.
Ashis-vaĝuhi I, 252. II, 42. 49. 53. 77. 87. 92. 169. Heilmittel der II, 18. III, 117. III, XXXV. 70. 89. 90. 130. 151 —169. 170. 201.
Ashi-yast, übersetzt III, 161 flg.
Asho-paoiryn, Fravashi des III, 133.
Asho-urvathn, Fravashi des III, 132.
Asho-zusta, Vogel I, 225 flg.
Asmoĝ III, 4. Cf. Ashemanĝha.
Astâd-yast, übers. III. 169 flg.
Asta-nurva III, 28. 167.
Astlicin I, 272.
Asurn = Ahurn I, 9.
Âtare-cithra, Fravashi des III, 129.
Âtare-daĝhu, Fravashi des III, 129.
Âtare-dâta, Fravashi des III, 129.
Âtare-pâta, Fravashi des III, 128.
Âtare-qareno, Fravashi des III, 129.
Âtare-çavo, Fravashi des III, 129.
Âtnrevakhsha I, 114. 127. II, XVII. 11. III, 24.
Âtare-zañtu, Fravashi des III, 129.
Atas-behrâm, II, LXX Vid. Behrâmsfeuer.
Atas-behrâm-nyâyis, übersetzt III, 15 flg.
Âtas-dân II, LXVIII.
Âtss-gâh. Vid. Feuertempel.
Âthrava I, 194. 198 flg. 228. 229. II, VI flg. durchwandert die Gegenden II, 75. Herrin des II, 88—142. vid. Priester.
Athwya II, 70. III, LX 136.
Athwyôza III, 131.
Atun-pâtekâo, Name Aderbaijâns II, VIII.

17

Auferstehung I, 15. 16. 236. III, LXXV. 16. 184.
Aufsteben, Pflicht der Parsen II. XLIX.
Angô, böses I, 253. Augen des Mithra III, L. 80. Augen des Ahura II, 200.
Anrá, Auramazdâ I, 10. Cf. Ahura-Mazda.
Aurva-honava, III, 50. 51. Cf. Hnnus die.
Aurvaçâra III, 155.
Aurvat-açpa I, 43. III, LXV. 87.
Aussprüche Zarathustras, gepriesen II, 206.
Avahya-çpeñta, Fravashi des III, 134.
Avand II, LXX.
Avaoirista, Sünde I, 94. 95. not. 96.
Avâraostri, Fravashi des III, 129.
Avare-gâus, Fravashi des III, 134.
Avarethraha, Fravashi des III, 130.
Avesta, Zeit der Abfassung I, 14. Verlorne Theile I, 15. 16. Handschriften des I, 47. Bedeutung des II, LXXV. Aller II, CXVI. Uebereinstimmung mit den Berichten der Alten II, CXVI flg. soll von Zarathustra herrühren II, 209. Vaterland 209 flg.
Avoirist, Sünde III, 209. 216. Cf. avaoirista.
Awzdânva, See III, 180.
Ayâta, Fravashi des III, 133.
Ayâthrema, Gahanhâr II, 4. 8. 39. 47. 52. III, 243.
Ayêhyê I, 262. III, L.
Ayo-nçti, Fravashi des III, 131.
Âzâta, Fravashi des III, 130.
Azhi-dahâka. Cf. Dahâka.
Âzhu II, 172.
Azi, Name eines Wassers II, 139.
Âzi, Âzhi, Dämon I, 231 flg. II, 92. 198. III, LIX. 170.

B.

Bâd, Monatstag II. XCIX.
Baeshataç-tnrá, Fravashi der III, 134.
Baenme II, 42. 48. 49. 53. 92. 195. 204. III, 12. 23. fahren an Mithras Seite III, 95. Fravashis der III, 125.
Ba fermân, Sünde III, 223.
Baga I, 10.
Bâgh, Sünde III, 224.
Bagha I, 260 flg
Bagho-bakht II, 219.
Baġa, Name eines Baumes I, 211.
Bahman, Monatsname II, XCVIII. Monatstag II, XCIX. 38. not.
Bahman-yast I, 23. 43.
Bahrâm, Monatstag II, XCIX.

Bahrâm-Hamâvand I, 33.
Bahrâm-yast, übersetzt III, 141—151.
Bakhdhi I, 62.
Bakht II, 219. Vid. Schicksal.
Balkh I, 62. Anm.
Baôga, Dämon I, 253. III, XLX.
Bâoġha-Çâoġha, Fravashi des III, 134.
Baodho-varsta I, 196. 211 flg.
Baoidhyo-zat, Sünde III, 209.
Barana, Name eines Berges III, 173.
Barashnum: Ceremonie II. LXXXV flg. Zeit ihrer Anwendung XC. bei Kindern ibid.
Baremua, Fravashi des III, 133.
Bareçma I, 111. III, 22. 25. vid. Barçom.
Barmherzigkeit III, 31. 36.
Baro-çrayana, Name eines Berges III. 173.
Barçom II, LXVIII. 7. 49. 102.
Bart I, 223.
Baçtavari, Fravashi des III, 129.
Bashi, Dämon III, L. 41.
Bawri, Land III. 47. not.
Bayana, Name eines Berges III, 172.
Bâzâ, Sünde III, 209. 216.
Befehlshaber der Gegenden, opfern den Götzen III, 161.
Begräbniss II, XXXIII.
Behdin II, XXV.
Behrâmsfeuer III, 15. Vid. Âtas-behrâm.
Beichte II, LVIII flg.
Bekehrung zur Religion Zarathustras II, XXV.
Bel, Belitan I, 271 flg.
Berg, glänzender III, 64. 70. feuchter ib. die Berge angerufen II, 10. 42. 48. 53. 204. Zahl der III, 173.
Berggebet, übersetzt III, 250.
Berejya II, 38. 47. 51. III, 6. 27.
Berejyarsti, Fravashi des III, 128.
Bereçma vid. Bareçma.
Bereziçavo, Feuer II, 93.
Berezishnn, Fravashi des III, 131.
Berosus I, 271. II, CIV.
Bisbâmrûta I, 171. 175. 177. welche Feinde sie schlagen I, 177.
Bivañdaġha, Name III, 131.
Brücke, Sünde für die III, 210.
Bruder, Gebete für den I, 184.
Bûdhra, Fravashi des III, 130.
Buddhismus I, 29. 37.
Buhlerin I, 200. wird vom Haoma vertrieben II, 77. III, 168. 169.
Bûidhi, Bûidhizha III, L.
Bûiti, Dämon I, 243. III, XLIX.
Bùji, Dämon III, L. 41.

Bûjiçravo, Fravashi des III, 128.
Bumya, Name eines Berges III, 172.
Buodehesh I, 21. 282.
Burnouf, Arbeiten über das Avesta I, 55. III, LXXIV.
Borzin-mihr. Cf. Adar borzin mihr.
Bushyaoçta, Dämon I, 180. 231. III, XLIX. 94. 170.
Busse II, LXI.
Byarshao (Kavi) III, 181. Fravashi des III, 136.

C.

Caecaçtn, Vara III, 16. 49. 76. 77. 166. 199. 204.
Cakhra I, 65.
Câkhahni, Fravashi des III, 132.
Cakir-zan vid. Heirath.
Camros vid. Camru.
Camru III, LIV. Fravashi des III, 131.
Canghrangse-nâme I, 48.
Cathusâmrûta I, 171. 175. 176. welche Feinde sie schlagen I, 177.
Cathwaraçpa, Fravoshi das III, 134.
Chakbra etc. vid. Cakhra etc.
Chudas-rài-zan, vid. Heirath.
Chordâṭ, Monatsname II, XCVIII. Monatstag II, XCIX. vid. Khordâṭ.
Christen I, 19. not 24. 25.
Christenthum I, 17.
Cinvaṭ, Brücke I, 249. 250. II, 15. 154. 167. III, 20. 21.
Cicti, Heilmittel der II, 18, 65. Vid. Weisheit.
Curzon, seine Ansicht über das Urland der Indogermanen II, CVI.

D.

Dubistân I, 49.
Dâdgâh, Bedeutung II, LXIV.
Dâdru, Erdart I, 165.
Daena, Diu III, XXXV. Vid. Gesetz.
Daenâ-varezo, Fravashi des III, 133.
Daeva I, 6. 10. gehen zur Hölle I, 85. Ihre Zusammenkünfte I, 133. Definition I, 146. verbergen sich vor Zarathustra II, 73. III, 52. werden vertrieben II, 85. 86. Ihr Wesen III, XLVI. flg. himmlische III, 90. unsichtbare 94. 95. unzählige III, 41. Regen bringende I, 177. II, 112. varenische III, 46. 90. 94. 95. 137. 153. mazanische I, 165. 177. III, 46. 75. 137. 153. 165. zerfleischende III, 149. 150. des Windes I, 177.
Daevaverehrer I, 146.

Dsevo this, Fravashi des III, 127.
Daghufrâdho, Fravashi des III, 132.
Daghuçrûta, Fravashi des III, 132.
Dahâka I, 34. 44. 66. II, 71. III, LIX. 47. 48. 147. 154. 165. 176 178. 192.
Daher, die III, 139. not.
Dai, Monatsname II, XCVIII. — pà àder, — pà-mihr — pà-dio, Monatstage II, XCIX.
Dâitya, Fluss, gepriesen III, 32. 88. 169.
Daiwis III, XLIX.
Dakhma I, 80. 81. waon rein I, 133. 134. Beschreibung des II, XXXV flg.
Dakhmagebet, übersetzt III, 250.
Dâmôis upamano II, 42. 49. 53. 67. 201. 206. III, XLIII 89 90. 99. 107.
Dâna, Sohn des III, 177.
Dòou III, 53.
Daqyuma II, 37. 48. 51. 94. III, XLI. 10. 24.
Dàrâb, Destûr I, 52.
Dârayaṭ-ratha, Fravashi des III, 130.
Darshinika III, 78, 167.
Darûn vid. Draona
Darûnsopfer II, LXXIX.
Dâstâghoa, Name III, 134.
Dastân, Bedeutung des Worts II, XLIV.
Dàstnyâni, Söhne des III, 177.
Dawrâmaeshi, Fravashi des III, 134.
Dâzgarûçpa III, 130.
Déjâmâçpa Vid. Jâmâçpa.
Demâvend I, 34.
Dere II, 116.
Derimihr II, LXIV.
Destûr II, XV flg.
Dév III, 28. Vid. Daeva.
Devo (ind.) I, 6. 10.
Desâtir I, 49.
Dialecte, altpersische I, 5. 11. 13.
Dieb I, 199 flg.
Dimesqi, angeführt II, 216.
Din vid. Daena. 2) Monatstag II, XCIX.
Dinge, die letzten I, 32.
Dinno I, 3.
Dio-yast, übersetzt III, 159—161.
Disti, Maass I, 225.
Djemshed, Djordjan vid. Jamsehéd, Jorjân.
Dohl, musikalisches Instr. II, LXXIV.
Dorfbewohner I, 199.
Dunzda-humaçṭ III, 105. not.
Dnjabk, Dnjako vid. Duzbak etc.
Dusehak I, 63. not.
Duzbak I, 63.
Duzbaka, Name des Igels I, 190 flg.
Draona II, XL flg LXXII. 85. 86.
Draoshisvàn, Name eines Berges III, 172.

Dràta, Fravashi des III, 131.
Dregudûya, Wasser II, 139.
Drillinge, Fravashis der III, 127.
Driwis, Dämon III, XLIX.
Drukhs I, 109. Bekämpfung der I, 171. 175. 177. 234 flg. 243 etc. II, 120. 148. 153. 154. 158. 160 etc. III, L. 40. 103. 104. 113. 135.
Drvàçpa III, 74—79. Cf. Géus-urva.

E.

Eher, Fravashi des III, 127.
Edal-Dàru, Destûr I, 48.
Ehe II, XXXI.
Eidechse I, 111.
Enkel, Enkelin, Gebete beim Tode derselben I, 185.
Entzweiung, religiöse der Inder und Eràuier II, CIX flg.
Eràuier, Urland derselben II, CVI.
Erde, Dinge die ihr angenehm oder unangenehm sind I, 79 flg. spricht mit dem Ackerbauer I, 84. wie lange unbebaut zu lassen I, 116. wann rein I, 133 besteht aus sieben Kareshwares I, 145; wie verunreinigt II, LIV. Reinigung ders. II, LXXXIV. Eintheilung ders. II, 20. angerufen II, 42. 49. 53. 92. 195. 204. Ende der III, 109. Fravashi der III, 125.
Eredhat-fedhri, Fravashi der III, 138.
Eredhwa, Fravashi des III, 133.
Eredhwo-bis III, LIV. 108.
Erethé vid. Rechtlichkeit.
Erezùçpa-Uçpaùçnu, Fravashi des III, 133.
Erezifya, Berg III, 49. 172.
Erezishn, Berg III, 172.
Erezvào-çrùto-çpàdha, Fravashi des III, 132.
Esel, dreibeiniger II, 142. III, LIV.
Essen, Verhalten bei demselben II, L.
Etymander, Fluss I, 64. not.

F.

Fargard vid. Pargard.
Farpâ, Feuer III, XIV.
Farvardin, Monatsname II, XCVIII. Monatstag II, XCIX.
Farvardin-yast, übersetzt III, 111—141.
Fasten, verpönt bei den Parsen II, LVIII.
Feldbauer, Fest der II, CIII.
Ferah-kant II, 193. not. Vid. Vooru-Kasha.

Festtage der Parsen II, XCIX. 39.
Fett gepriesen II, 92.
Feuer I, 106. 111. 112. das Leichen brennt, Behandlung I, 153. das Unreinigkeiten etc. brennt I, 154flg. Segen des I, 233. Pflichten gegen das II, LIII. Anrufung des II, 17. 36. 41. 46. 48. 51. 52. 91. 93. 190 flg. etc. III, XIII flg. 16. 22. 35. will die Majestät ergreifen III, 178. Fünf Arten des III, XIV.
Feuertempel II, LXIV flg.
Fieber III, L.
Finsterniss, anfangslose III, 190.
Firmament I, 246. III, XXXIX.
Flasche, beim Opfer gebraucht II, LXX.
Fleisch, zum Opfer II, 50.
Fliegen, tragen Leichenunrath fort I, 104.
Flöte, beim Opfer gebraucht II, LXXIV.
Frabàzu, Mauss I, 129. 130.
Frabereta, Priester I, 114. 127. II, XVII. 11. III, 24.
Fràcithra, Fravashi des III, 134.
Fràçya-Taurvâti, Fravashi der III,132.
Fradadhafshu I, 152. II, 20. 23. III, 82. 108.
Fradhàkhsti, Fravshi des III, 137.
Fràdat-nara-gravâretu, Fravashi des III, 134.
Fràdat-fshu, Genius II, 37. 46. 51. etc. III, 10. 23.
Fràdat-qareno, Fravashi des III, 135.
Fràdat-vaghu-çtivào, Fravashi des III, 133.
Fràdat-vira, Genius II, 37. 46. 51. III, XLI. 10. 24.
Fràdat-viçpaùm-hujyàiti, Genius II, 38. 46. 51. III, XLI 25. 26.
Fradidhaya, Fravashi des III, 127.
Fragen, uhurische II, 7. 10. 205. III, 22.
Fraghât, Fravashi des Mädchens des III, 138.
Fragraçé I, 44. II, 84. III, LXIII flg. 49. 76. 77. 166. 179 flg. 182. 183.
Fragraçyàna. Fragḣraçyàna vid. Fragraçé.
Fragmente, übersetzt III, 185—191. 252—254.
Fràmji Açpendiàrji Destûr I, 48.
Fràno III, 127 not.
Fraùç-haùm-vareta, Fravashi des III, 128.
Fraorepa, Name eines Berges III, 172.
Fraoraoçtra, Fravashi des III, 134.
Fràpayàn, Name eines Berges III,173.
Fràràthui, Mauss I, 129. 130.

Fràràzi, Fravashi des III, 134.
Frau, Behandlung der I, 112 flg. 135 flg. 209. 210. menstruirende I, 218 flg. darf nicht ins Feuer sehen I, 219. wer zu ihr gehen darf I, 219. verbotner Umgang I, 239. worin sie Speise erhält I, 220. welche Blut sieht, Verhaltungsmassregeln I, 220 flg. — Pflichten der Frau II, XXXII. die ein todtes Kind geboren hat II, XLIII. XLV. ihre monatliche Reinigung II, XLIV. als Wöchnerin II, XLV.
Frauen II, 46. 51. Fravashis der II, 111. Frauen des Ahura II, 196. not. III, V, 26.
Fraçaçti, Bedeutung in der Liturgie II, LXXII.
Fraçpâta, Name eines Baums I, 211.
Fraçrûtârs, Fravashi des III, 133.
Frashaostra I, 41. II, 87. 115. 155. 161. 168. 202 III, 218. 219. 227. Fravashi des III, 129.
Frasbo-kureta, Fravashi des III, 128.
Frasho-kereti III, 121.
Fratura, Fravashi der III, 134.
Frava, Fravashi des III, 132.
Fravakhsha, Fravashi des III, 131.
Fràvanku, Name eines Berges III, 172.
Fravardiân, Feste II. Cl.
Fravashis, des Ahura-Mazda I, 246. 251. II, 105. 109. III, 124. ein Theil der menschlichen Seele II, 110. 174. III, 140.
Fravashis, der Amesha Çpenta II, 105. 109. III, 124 flg. der verschiedenen Gegenden III, 139. Cultus der I, 275. gehen in die Häuser II, Cl, angerufen II, 15. 28. 31. 38. 43. 48. 49. 109. 111. 138. 191. 194. u. s. w. III, XXIX. 10. 22. 25. 26. 35. 89. 94. 111—141. vid. Seele.
Frayodha III, 130.
Prayat-ratha III, 130.
Fràyazañta, Fravashi des III, 132 138
Frazdâou III, 57.
Frédùn vid. Thraetaona.
Fréno, Fravashi des III, 132.
Fréol, Fravashi der III, 137. 138.
Friede, siegreicher, gepriesen II, 15. III, 34. 105.
Friedensschlüsse, von Çraosha behütet III, 104.
Frinâçpa, Fravashi des III, 134.
Frobâ, Vid. Farpâ.
Fro-hakafra, Fravashi, des III, 134.
Probar III, 20. Vid. Fravashi.
Prys, Fravashi des III, 131. 133.

Fshûsha-manthra II, 6. 10. 181. III, 24. 31. not.
Futter, wie zu reinigen I, 130. anger. II, 7. 10.

G.

Gaevani-vobo-nemo, Fravashi des III, 132.
Gaeçus, Waffe II, 72. III, 121.
Gâhs, übers. III, 21 flg. Bedeutung III, XL. Cf. Tageszeiten.
Gahanbâr, Feste II, Cflg. II. 4. not. III, XL. 226.
Ganâ-mainyo = Agro-mainyus (q. v.) III, 228.
Gañdarewa I, 292. III, 48. 155. not. 176. Fravashi des III, 134.
Ganzaka, Stadt III, XVI.
Gaokerena, Baum I, 256. III, XLII. LIV. 33. 34. 35. 36. 198.
Gaomâo, Fravashi des III, 134.
Gaopi-vaghu, Fravashi des III, 131.
Gaotema, nb Gautama III, 114. not.
Garothmân III, 20. Vid. Garo-nemâna.
Garo-nemâna I, 250. 251. II, 15. III, VII. 14. 38. 99. 202.
Garsta, Fravashi des III, 134.
Gâthâs I, 230. 251. II, Cl. 50. 54. 55. 103. 175. not. 203. 204. etc. III. XLIV. 23.
Gâu, Ort I, 62. III. 81.
Gâuri, Fravashi des III, 133.
Gavya, Fravashi des III, 127.
Gayadâçti 138. Fravashi des III, 131. 132.
Gayo maratan II, 31. III, LV. 9. Fravashi des II, 89. 110. 185. 200. II, 125.
Gayo-meretban vid. Gayomaratan.
Gebräuche, religiöse der Parsen II, XIX flg. gemeinsame der Indogermanen II, CXIV flg.
Geburtstag der Könige, durch Feste gefeiert II, CIII.
Gebet, das hülfreiche II, 103. — nach den 4 Seiten übers. III, 21. nach den Afergâos III, 230. beim Essen ib. 246. beim 1200 maligen Recitiren des Ashem-vohû ib. beim 1200 maligen Recitiren des Ahuna vairya ib. 247. um das Spiel des Satans zu verhindern ib. 249. beim Erblicken des Wassers 250. der Bäume ib. nach dem Lesen des Ormazd-yast 251. nach dem Lesen des Çros-yast 251. — für die Vertreibung des Teufels 252.

Gebete bei einem Todesfalle I, 182 flg.
der Parsen bei verschiedenen Gelegenheiten II, L. flg. im Avesta III, XXXVIII.
Gräsze, wie zu reinigen I, 137.
Gegenmithra, der III, 82.
Geier, goldfarbiger III, 146. 160.
Geld II, 192. not.
Genius, starker Vid. Dâmôis upamano.
Gericht nach dem Tode I, 248 flg. III, LXXIV. 187 flg.
Geschöpfe des Çpeñta-mainyus II, 43. 53.
Gesetz, mazdayaçnisches II, 41. 48. 53. 87. 90. 104. 109. 201. 203. III, 9. 90. 159—164.
Gestirne II, CXIX.
Gesundheit, gepriesen II, 92.
Géti-khirid II, XXIV. III, 215. 225.
Getreide, wie zu reinigen I, 130.
Géus-urva II, 91. 110. III, XXIII. 149 Vid. Saele des Stiers.
Gewässer, gepriesen II, 41. 42. 48. 49. 50 etc. III, 14. 72. fahren an Mithras Seite III, 95. Vid. Wasser.
Gewerbe, vier II, 99.
Ghnâna, Name eines Baumes I, 211.
Ghusl, Reinigung II, LXXXV.
Glanz der arischen Gegenden gepriesen I, 252. von Mazda geschaffen II, 103. 104. Vid. Majestät.
Glaube, Begriff II, XXV.
Glaubensbekenntniss II, XXV. XLVIII. übersetzt III, 252.
Glied, neuntes der Familie I, 190.
Gosh 1) Name eines Ortes I, 66. not. 2) Monatstag II, XCIX. vid. Géus urva.
Gosh yast, übersetzt III, 74 flg.
Grossmutter } Gebete bei ihrem Tode I,
Grossvater } 185.
Guersehasp. Vid. Kereçâçpa.
Gurgân I, 64. pot.
Gusaçp. Vid. Adar-gasaçp.
Gustâçp i. q. Vîstâçpa I, 41. 42. 44.
Güter, von Mazda geschaffene II, 103. 104.
Guzerntübersetzungen I, 48.

II.

Haar, Behandlung des abgeschnittenen I, 223. beim Haomaopfer gebraucht II, 20.
Habâçpa, Fravashi des III, 128.
Hadbhaokhta II, 6. 10. III, 105. not.
Haceat̰-açpa II, 155. 171.

Hände, nächtliche, Bed. III, 211. not.
Haetumat I, 64. 252. III, 181.
Haftorang III, 110. not. 121. Vid. Hapto-iriñga.
Hag̃hurus, Fravashi des III, 129.
Hamaŭkuna, Name zweier Berge III, 172.
Hamaçpathmaedaya II, 4. 8. 40. 47. 52. III, 120. 194. 195. 244.
Hamémâl II, LV.
Humémâlân III, 210.
Hamçtegân I, 22.
Handarakhta, Sünde III, 209.
Handlungen, unsühnbare I, 64. 66. 87.
Haoma I, 111. 121. 230. 245. 247. erhält den Kopf der Thiere II, LXXII. cf. 83. Gebrauch desselben II, LXXII flg. II, 18. 20. 50. 66. 68 flg. 73 flg. u. a. w. 80. 83. flucht II, 82. bindet den Fragraçe II, 84. preist den Çinoshu II, 180. Wissenschaft des II, 79. III, 162. — III, XLI flg. LXIV flg. 76. 93. 169. 202.
Haomaopfer I, 8.
Haomawnsacr II, 50. 103. 107 etc.
Haomo-qareno, Fravashi des III, 132.
Haoçrava vid. Huçrava.
Haoçravagha vid. Huçravagha.
Haosbyag̃ha I, 44. III, LVI. 46. 74. 152. 165. 174. Fravashi des 137.
Haperesha, Name eines Baumes III, 150.
Haptag̃hâiti vid. Yaçna.
Hapta-Headu I, 10. 66. II, CIX.
Haptoirâng I, 274. Vid. Hapto iriuga.
Hapto-Iriñga III, XXXI. 63. 65. 110. 121. 200.
Hara, ein von den Semiten entlehntes Wort I, 271. Name eines Berges (vid. Hara berezaiti) III, 81. 109.
Hara-berezaiti, Berg I, 260. II, 142. III, 87.
Haraiti, Berg (i. q. Hara-berezaiti) III, 171.
Haraeva I, 63. III, 81.
Haraqaiti, Ort I, 64.
Haredhuçpa, Fravashi des III, 132.
Haroyu vid. Haraeva.
Hashi, Dämon III, L. 41. 137.
Hâthra, Längenmaass I, 74. 193. III, 67.
Hnug II, 211 flg.
Hauptstücke, drei II, 99.
Haurvat, Haurvatât II, LV. 35. 49. 91. 130. 181. 201. etc. III, XI flg. 22. 33. 35. 36. 41. 184. 198.
Haus, immer nützendes. Vid. Miçvâna.
Hausherr zum Schutze des Feuers aufgefordert I, 231.
Hausherr und Hausfrau, Gebete I, 184.

Hávan II, LXVIII. Vid. Mörser.
Hávnnan, Priester I, 114. 127. II. XVII. 11. III. 24.
Hávani. Gâh II, 36. 43. 46. 49. 51. 89. 93. 94. 156. 166. etc. III, XLI. 10. 11. 21. 22.
Haza II, 126.
Hazâra I, 32. 33.
Heere, feindliche, höllische II, 199. III, XLVI. 94. 149.
Heilmittel für den Haad I, 197.
Heirath II, XXVI flg. Arten der II, XXVIII.
Heirath unter Verwandten II, CXIV. 11. 87. Vid. Qaetvo-datha.
Helmend, Fluss II, 65. not.
Hendava, Berg III, 69.
Herbed II, XV. XXIV. 199.
Herkommen, ahurisches II, 7. 10. 205. III, 22.
Hermelin, Herr der Thiere unter dem Himmel II, 3. not.
Herr, der grosse II, 43. etc. III, 25. die reinen II, 3. 54. etc. der Plätze II, 49.
Hesár i. q. Hâthra.
Hexenmeister II, 188. not.
Himmel, I, 23. 246. 250. (sieben) 251. not. zuerst geschaffen II, 17. angerufen II, 42. 53. 92. 204. III, XXXVI. 89. 111. flg. 202. Fravashi des III, 125. 127.
Hitâçpa III, 155. 177.
Hochmuth, Dämon des III, L.
Hochzeit II, XXXI
Hochzeitsgebet, übersetzt III, 232 flg.
Hölle III, XLVII. LXXIV.
Holz, wann rein I, 129. angerufen II, 103. 104. 107. etc.
Hom-dân II, LXXIII.
Honover. Vid. Ahuna-vairya.
Hosindun, Berg I, 274. Cf. Hendava.
Hubia, Baum III, LIV. 108.
Hucithra, Fravashi der III, 138.
Hufraváhhs-Kahrkananaom, Fravashi des, III, 135.
Hugáus, Fravashi des III, 133.
Hukairya, Berg II, 193. III, 47. 56. 58. 93. 109. 112. 153.
Huma, Fravashi der III, 138.
Humâi, Königin III, LXXIII.
Hund, I, 104. flg. 110. flg. 111. flg. Knochen des I, 117. 119. 125. flg. im Regen nicht zu begraben I, 140. Begrabung des I, 141. Ort für den I, 193. flg. Strafe für schlechte Nahrung des I, 194. flg. Behandlung des kranken I, 195. flg. wie er geheilt werden soll I, 196. ist auf Wegen zu führen I, 142. flg. Strafe für den der ihn schlägt I, 191. Verwundung des I, 191. Arten des I, 191. wie geschaffen I, 197. Charakter des I, 198. flg. sein Ort nach dem Tode I, 200. flg. junger, wann selbständig I, 215. häufiger, wie zu behandeln I, 216. flg.
Hündin, trächtige I, 209. wer sie ernähren soll I, 212. flg.
Hunns, die III, 128. 183. Cf. Aurvabnuava.
Huçrava oder Huoçrava, Kava: III, LXIV. 49. 76. 77. 136. 137. 155. 166. 182. 192. Nachkommen des III, 147.
Huçravagha oder Haoçravagha, See III, 16. 179. 199. Cf. auch Huçrava.
Husheng vid. Haoshyagha.
Huskyanthna, Fravashi des III, 129.
Hutaoça III, 77. 156. 167. Fravashi der III, 138.
Huyâirya III, 72. 73.
Huyazata, Fravashi des III, 133.
Huzvâreseh, Sprache I, 19. 26. flg 45. Alter des I, 277. flg.]
Hvâpa, Baum I, 107.
Hvareenaeshman, Fravashi des III, 133. 135.
Hvareeithra, Fravashi des III, 127. Cf. Qarshét-eihar.
Hvaredha, Fravashi der III, 138.
Hvareza, Fravashi der III, 134.
Hvaçpa, Fravashi des III, 134.
Hvogva II, 155. 168. Vid. Hvova.
Hvova III, 56. 129. Vid. Hvogva.
Hvovi II, XI. III, 161. Fravashi der III, 137.
Hyde, Th. I, 50.

* **I. J.** a

Jadaagoi, Almosen II, CIII.
Jaghruṭ, Fravashi des Mädchen des III, 138.
Jahi, Dämon I, 259. 262. III, L. 39. 40.
Jahre, angerufen II, 5. 9. 43. 47. 52. 53. etc.
Jahreseintheilung II, XCVI. flg.
Jahresfeste, angerufen II, 43. 47. 52. 53. etc.
Jâmâçp, vid. Jâmâçpa.
Jâmâçp-nâme I, 32.
Jâmâçpa I, 41. II, 87. 155. 168. 171. not. III, 52. 129. 192. 218. 219. 227. Fravashi des III, 135.
Jamschéd vid. Yima.
Jaini, Dämonen II, 81. III, L. 182.
Jaonaya I, 135.

Jauyi II, 80.
Japetosthes I, 271.
Jaro-dagbua, Fravashi des III, 131.
Jaro-vaghus, Fravashi des III, 132.
Jatara, Name eines Berges III, 172.
Jazhus, Hund I, 193.
Jezdegirt vid. Yezdegirt.
Igel, Werth des I, 189. flg.
Iuder, älteste Verbreitung I, 6. Einfluss auf die éranische Bildung I, 28. flg.
Iudien II, 182. III, 95.
Iudogermanen, Urland II, CVI.
Iudra vid. Andra.
Jogen zeu vid. Heirath.
Jones W. I, 53.
Jorjân I, 64. not.
Içat-vâçtra, Sohn Zarathustras II, XI. Fravashi des II, 105. 110. III, 127.
Ishus-qâthukhto I, 101.
Ishvakae, Name eines Berges III, 172.
Iskata, Landesname III, 81. 172.
Iskendersage I, 44. Vid. Alexander.
Itomand, Fluss I, 65. not.
Juden I, 24. 25. Eschatologie der I, 35. flg.
Jünglinge, Fravashis der II, 111. die zu Pferde II, 111.
Izeshne-khâne II, LXVI.

K.

Kabul I, 63. not.
Kadıvaçpa, Berg III, 173.
Kaeva (Name) III, 134.
Ragha, Land III, 51.
Kahrkatûç, Vogel I, 231.
Kai-Arisch }
Kai-Armin } III, 136. not.
Kai-Pishin }
Kaidhyo-hvarest, Sünde III, 223.
Kakahyu, Name eines Berges III, 172.
Kâmek, Vogel III, LXIX
Kampf für die Religion I, 171. des Ahura Mazda und des Agra-mainyus III, LXXV.
Kaukâra, Berg III, XV. 199.
Kank-dız I, 33.
Kaúçaoya I, 244. III, 184.
Kanço-tafedbra, Berg III, 172.
Kaúçu, Land III, 181.
Kanuka, Fravashi der III, 138.
Kaoiriça, Name eines Berges III, 173.
Kansha, Name III, 134.
Kaoya vid. Kavi.
Kapaçti, Dämon III, L.
Kaqzbi, Dämon I, 262. III, 1.
Kara Açtann III, LXVI. 53.
Karafan vid. Karapa.

Karapa II, 74. 128. 150. 151. III, LXXIV. 4. 30. 46. 49. 50. 85. 137.
Karaçna, Fravashi des III, 130.
Kareshvare, die sieben I, 252. II, 20. 23. III, LIII, 82.
Kar-mâhi, Herr der Wasserschöpfung II, 3. Vid. Karo-maçyo.
Karo-maçyo III, LIV. 145. 160.
Karshipta, Vogel I, 77. II, 3. 209. III, LIV.
Kartak (Bedeutung) I, 45.
Kaçapâtu, Fravashi des III, 131.
Kuçvis, Dâmon III, XLIX
Kata I, 106. 243. II, XXXIII. XLVIII.
Kavâraçmo, Fravashi des III, 129.
Kavâta III, LXII. 181. Fravashi des III, 136.
Kava-Uç I, 8. III, LXII, 49. 146. 192.
Kavi II, 74. 128. 154. III, LXXIV. 30. 46. 49. 50. 85. 137. 2) Eigennamen III, 134. Fravashi des III, 133.
Kavi Kavâta vid. Kavâta.
Kâvya Uçanas I, 8.
Kayunier, die I, 44.
Kereçâni, Dämon II, 75. III, L.
Kereçaokhshan, Fravashi des III, 128.
Kereçaçpa, I, 7. 8. 37. 44. 64. II, 72. III, LXVII. 46. 121. 137. 155. 176. 192.
Kevina II, 167.
Khnauthaiti I, 64. III, L.
Khoatta I, 64.
Khorda-Avesta II, LXXIX. Uebersetzung des III, L flg.
Khordât. Vid. Haurvatât und Âdar-Khordât.
Khrafçtra II, XLIII. Tödten derselben II, LVII 93. 94. not.
Khrafçtratödter, der I, 228.
Kbshathra-vairya I, 255. wie zu ehren II, LIV. flg. 30. 35. 91. 118. 120. 181. 200. 201. etc. III, X. 33. 34. 36. 198.
Kbshathro-eiao, Fravashi des III, 131.
Khshathro-çuoko III, 51.
Khshnaothra II, 58. III, 6. 10. 79.
Khshoithni II, 61.
Khshwiwrâçpa, Fravashi des III, 131. 138.
Khstâvaeno III, 131.
Khuôba III, 137.
Kiepert, s. Ansichten über die Wanderungen der Eránier II, CIX. über die Verbreitung der Semiten in Medien II, CXVIII.
Kikas, die III, 4. Vid. Kavi.
Kind, Eigenschaften des I, 200. das neugeborne I, 220. Reinigung bei der Geburt II, XIX ist die ersten sie-

ben Jahre frei von Schuld II, XX.
s. Aufnahme in die Gemeine II, XXI.
Pflichten des II, XXXII.
Kisehmar, Dorf II, XIII.
Kleider I, 114, 126, 143. flg. für die Verstorbenen II, XLI.
Kloster, neues II, XII.
Kleuker, Uebersetzung des Avesta I, 53. gegen Meiners II, CXVI.
Knochen, todter Menschen I, 117. flg.
König, Macht desselben II, IV.
Konderoçp, Berg III, 173.
Knsti vid. Kustik.
Koya vid. Kavi.
Krankheiten I, 264. flg. III, L. 39.
Krieger I, 109. 114. 125. 127. 199. Geräthschaften der I, 205. II, 83. Herrin des II, 88.
Kriçànu I, 292.
Kuh, wohlgeschaffene II, 49. etc. flucht II, 82. Leib und Seele der II, 36. Bildner der II, 116. 200.
Kuhn, über die Indogermanen II, CXIV. CXV.
Kuburin I, 113. 114. Gebrauch des I, 165. als Reinigungsmittel II, LXXXIV. LXXXVI. Weihung des II, XCIII flg. Gebet beim Nehmen des, übersetzt III, 4.
Kunda, Dämon I, 253. III, XLIX.
Kundi } Dämonen III, L.
Kundizhn }
Kuse-har-nisin, Fest II, CIV.
Kustik, Kusti I, 9. II, XXI flg.

L.

Laender, die angerufen III, 23.
Lacuse, Entstehung der I, 224.
Laburàçp I, 43. II, XI. Vid. Aurvaṭ-sçpa.
Lampengebet, übersetzt III, 249.
Landstriche, die angerufen II, 42. 53. etc.
Lassen s. Ansicht über das Urland der Eränier II, CVII.
Lehre, die II, 41. 48. 53. 203.
Leichenfeier II, XXXIII.
Leichenträger II, XXXIV. flg.
Leichname I, 104. aus dem Wasser zu ziehen I, 119. Strafe für das Essen derselben I, 128. Strafe wenn man sie ans Feuer bringt I, 128.
Lechter, Arten der I, 77. anfangslose I, 250. II, 43. 53. 92. 204. III, XXXVIII. 24. III, 202.
Locken, Behandlung I, 223.

Lohn eines Mannes der Feuer an seinen Ort bringt I, 154—157.
Lohràçp. Vid. Laburàçp.
Luft II, 104. 108. III, 151—159. Cf. Râman.

M.

Madbakha, Hund I, 128.
Mädchen, Umgang mit denselben I, 210. flg. wer ihre Kinder zu ernähren hat I, 212. flg. verehren die Luft III, 156. unverheirathete, der Ashisvaguhi unangenehm III, 169 schöne und hässliche kommen den Seelen entgegen III, 188. flg.
Maenakha, Name eines Berges III, 172.
Maeçma vid. Kuburin.
Maga II, VI. 168.
Magavs I, 294. II, VI. 168.
Mâgh, Sünde III, 221.
Magier II, VI. 194. ant.
Magophonie, Fest der II, CIV.
Mâh, Monatstag II. XCIX.
Mahlzeiten, festliche II, CIII.
Mâh-nyàyis III, 226. Uebesetzung des III, 13. flg.
Mâh-pâya, Himmel, I, 22.
Mahresfand, Monnistag II, XCIX. Cf. auch Âderbât.
Mâh-ru II, LXIX.
Mâhyast, übers. III, 62. flg.
Maidhyâirya, Gahanbâr II, 4. 8. 10. 47. 52. III, 194. 244.
Maidhyomâogha II, 168. III, 126. 130. 135.
Maidhynçâçta, Sünde III, 209.
Maidhyoshema, Gahanbâr II, 3. 8. 39. 47. 52. III, 193. 241. flg.
Maidhyozaremaya, Gahanbâr II, 3. 7. 39. 47. 52. III, 193. 241.
Majestät, angerufen II, 42. 49. III, XXXVI. 16. 32. des Zarathustra III, 49. der arischen Gegenden ibic, königliche III, 109. 171—184.
Mainyo Karko III, 18.
Malkoseh, Regen I, 33. 73. not.
Mani, Manichäer I, 30.
Mann, reiner anger. II, 6. 10. 12. 49. 53. 91. 112. viehzüchtender II, 7. 10.
Manos, Berg III, 171. not.
Manthra, angerufen II, 50. geheim zu haltendes III, 42. 148.
Manthro-çpenta I, 45. 261. 264. flg. II, 31. 41. 48. 53. 92. 104. 109. 203. III, XXXVIII. 20. 26. 28. 33. 202. Ist der grösste Feind der Daevas III, 140. Fravashi des III, 125.

Manthravâka, Fravashi des III, 129. 132.
Manuscithra III, LXI. Fravashi des III, 136.
Msuzdravaghu, Fravashi des III, 133.
Mâtaras, Wasser, die II, 139.
Mâtaro-jitayo II, 139.
Maubad II, XV.
Mayu, Name III, 134.
Mazdak I, 30.
Mazdayaços II, 44. 86. 89.
Mazisisvâo, Name eines Berges III, 172.
Medien, Zusammenhang mit Babylon II, CXVIII.
Mehrer der Tage, die II, 152.
Meiners, s. Angriffe auf das Avesta I, 53. II, CXVI.
Menschen, Kuncheu der I, 117. flg. 119.
Merv, Stadt I, 62. Note.
Meshia, Meshiâne III, LV. flg.
Metalle III, 34. 36.
Mihr, Monatsname II, XCVIII. Monatstag II, XCIX.
Mihr-druj II, LV. Vid. Mithra-druj, Mithratrüger.
Mihrjân, Fest II, C. III, 225.
Mihr-nyûyia III, 226. übersetzt III, 11. flg.
Mihr-yust, übersetzt III, 79. flg.
Milch, angerufen II, 92.
Minokhired I, 23.
Miçvâoa, Ort I, 231. III, XXXIX. 202.
Mithra I, 10. 15. 246. 249. 274. II, XX, 6. 10. 36 46. 48. 51. 52. 91. 104. 108. 195. 196. 200. 201. III, XXIV. flg. 9. 11. 12. 22. 35. 61. fördert den Tistrya III, 64. 79—102. 148. Fravashi des III, 125. — Mithra und Ahura II, 40. 48. 52. III, 9. 12. 97.
Mithradrujas I, 93. Cf. Mihrdruj, Mithratrug.
Mithratrug III, 82. flg.
Mithratröger III, 82. flg. 148.
Mittelwelt I, 251.
Mittler I, 31.
Mörser I, 245. steinerne und eiserne II, 103. 107. III, 25.
Moghu II, 194. not.
Molla Firuz ben Kâus I, 49.
Monate der Parsen, Eintheilung II, XCIX.
Monstrsnamen, altpersische II, XCVII. der Parsen ibid. XCVIII.
Monatsfeste, angerufen II, 43.47.52.53.
Mond I, 26l. angerufen II, 41. 43. 48. 52. 53. 91. 204. III, XX. flg. 12. 13. 14. 21. 62. 63. 110.

Morgenröthe, angerufen III, 27.
Mouru, Stadt I, 62. III, 81.
Movers gegen den baktrischen Ursprung Zurathustras II. 208.
Möller, M., s. Ansicht über das Verhältniss der Inder und Eränier II, CVII. flg. über Vritru II, CXI. über die indischen Todtengebräuche II, CXV.
Mahme, Gebete beim Tode ders. I, 185.
Murdâd, Monatsname II. XCVIII. Vid. Amerdâd.
Mûa, Dämon III, LI.
Muahrahe, Gefäss II, LXX.
Myazda I, 141. 230. II, LXXII. 49. 132.

N.

Nabânazdistas, die I, 190. not. II, X. Fravashis der II, 105.
Nabathaeer, die Behauptungen der II, 216.
Nabel der Gewässer II, 17. 37. 46. 51. 202. 206. III, XIX. flg. XLI. 22. 24. 25. 53. 179. ergreift die Majestät III. 178. 202.
Nabel der Könige III. 16. 35. 199.
Nachtzeiten, die drei I, 230.
Nägel, Behandlung der I, 223. flg.
Naghusmân, Name eines Berges III, 172.
Nairyoçagha I, 250. 266. flg. II, 15. 17. 93. 177. 206. III. XLIII. 16. 17. 22. 88. 199. Fravashi des III, 125. Name I, 237.
Nanm-çtâisui, Gebete, übersetzt III, 19. flg.
Nanârâçti-Paeshato, Fravushi des III, 132.
Nâoghaithi I, 176. II, 35. not. III, XLVII.
Naotara III, 56. Nachkomme des III, 128. 156.
Nantairya III, LXII. 53.
Naptya, Fravashi des III, 128.
Naça, Begriff des III, XLII.
Naçaçâlûrs vid. Leichenträger.
Naçus, Dämon verunreinigt I, 81. 109 flg. 119. flg. 125. flg. 128. 129. wann er herbei kommt I, 124. wird durch Hunde vertrieben I, 142. flg. Bekämpfung I, 171. 175. nimmt zu durch falsche Reiniger I, 172. wird vertrieben I, 177. 180. 241. III, L. 41.
Nara-myazdana, Fravashi des III, 131.
Naru, Sohn des III, 76. 77. 136. 166.

Naubehâr, Kloster II, XI. fg.
Nauroz, Feier des II, C. III. 225.
Navid-oasaçt III, 224.
Neffe, Gebete beim Tode des I, 186.
Nemo-vagho-vardbayagha, Fravashi des III, 131.
Neriosengh I, 47.
Neça vid. Naça.
Nestoriaaer I, 24.
Neujahr vid Nauroz.
Neomond II, 47. 52. etc.
Niehte, Gebete beim Tode der I, 186.
Nimadhaka, Name eines Baumes III, 150.
Nirang-âtas, übersetzt III, 18.
Nirang kusti, übersetzt II, 4.
Niçà, Ländername I, 62.
Nivika, Söhne des III, 177.
Nmânya, Genius II, 38. 47. 51. 94. III, XLI. 6. 27.
Nozûdi, Ceremonie II, XXIII.
Nutzen, angerufen II, 49. 53. III, 107.
Nützliche vid. Çaosbyantas.
Nyàyis, wann zu beten II, LI.

O.

Oberpriester II, XV.
Oheim, Gebete beim Tode des I, 185. fg.
Olshausen, J., s. Arbeiten über das Avesta I, 55.
Opfer, Nutzen des II, LXIII. fg. LXXVII. fg. wie zu feiern II, LXXI. fg. — der Ardvi-çùrs III, 55. — des Tistrya III, 73. des Mithra III, 98. der Fravashis III, 119. des Veretb aghoa III, 149. der Luft III, 158.
Ordalien, Gebrauch der, bei den Parsen II, LVI. CXI. fg.
Ormazd, Monatstag II, XCIX. Herr der himmlisches Schöpfuog II, 3. III, 19. 198. Vid. Ahura-mazda.
Ormazd-yast, übersetzt III, 28. fg.
Ormusdiar, Destûr I, 47.
Ort, anger. II, 42. 49. 53. — bester der Reinen. Vid. Psradies.
Oshédar-hâmi I, 32. 33. II, XI. III, LXXII.
Oshédar-mâh I, 32. 34. 35. II, XI. III, LXXII.

P.

Paederastie, Gesetz gegen die I, 116.
Paeçnghaun, Fravashi des Mädchens des III, 138.
Paesbato, Fravashi des III, 127. 132.

Pairika I, 64. 180. 244. 256. 257. II, 74. 92. 198. III, L. 38. 41. 46. 49. 50. etc. 61. 64. 65. 70. 83. 85. 137.
Paiti-arsbvào, Fravashi des III, 130.
Paiti-dhâas I, 228. II, XLVIII. III, 59.
Paitî-drâta, Fravashi des III, 131.
Paitishahya, Gahanbâr II, 3. 8. 39. 47. 52. III, 242.
Paitistâas. Maass I, 85.
Paltistira III, 131.
Paiti-vagha, Fravashi des III, 131.
Paneaçadvara II, 142. III, LV.
Paoiryo-tkaesba II, X. III, 140. Sitte der III, 225. Fravashi der II, 105.
Paradhàta III, LVI. 74. 152. 165. 174.
Paradies II, 16. 92. III, LXXIV. 112. die drei III, 189.
Parahaoma II, LXXIII. angerufen 50. gepriesen 66.
Paràhu II, 156. not.
Pàreñdi II, 16. 87. 138. III, XLIII. 70. 89. 202.
Pari (vid. Pairika) III, 4.
Parkart, Bedeotong I, 45.
Parodars, Vogel I, 230. fg. III, 191.
Paro-daçma, Fravashi des III, 134.
Parsen, Schicksale der, I, 40.
Parshnt-gáus, Fravashi des III, 127. Fravasbi der III, 135.
Pàrsi, Sprache I, 38.
Parther, die I, 17.
Psrvardegàn vid. Fravardiân.
Pashi-skyaothna, Fravashi des III, 129.
Pashutan I, 33.
Patasqar-ger, Berg I, 66. not.
Patet II, LIX. — Âderbât übers. III, 207. fg. — Qod übers. III, 215. fg. — Ernai übers III, 219. fg.
Patiâh, Waschung II, LXXXV. XC.
Pàzend I, 45.
Pàzino, Fravashi des III, 133.
Penom I, 228. Vid. Paitidbàaa.
Perethwarsti, Fravashi des III, 128.
Peri vid. Pairika.
Péshdàdier I, 44. Vid. Paradbàta.
Pesho astô-kuna III, 58.
Pferd, flocht II, 82. fg. die Pf. des Çraosha II, 182. männliches III, 146. 160.
Pflichten der Parsen II, XLVIII. fg. der Priester II, LXIII. fg.
Philosophie, ihre Pflege bei den Persern I, 25. 26.
Pishinagha, Vara III, 48.
Pishino (Kavi), III, 181. Fravasbi des III, 136.
Pitaona III, 177.
Planeten, die sieben II, 220. fg.

Platz, wohin man die Todten trägt I, 82. die versch. angerufen II, 42. 49. 53.
Plutarch, durch den Bundehesh bestätigt II, CXVIII.
Poara-bagha, Fravashi des III, 134.
Poarucista II, 171. Fravashi der III, 137.
Poorodhâkhsti III, LXVI. 52. 131. 138.
Pourushaçpa I, 243. 244. II, VIII. 72. III, 192.
Pourusti-kavi, Fravashi des III, 132.
Pouruta, Land III, 81.
Priester I, 109. 114. 125. 127. Gerätschaften der I, 205. opfern dem Gesetz III, 161. vid. Âthravn.
Priesterstand, der II, V. flg. Beschäftigung desselben II, XVI. fl. Functionen II, XVII. Pflichten desselben II, LXIII.
Podha III, 135.
Pûitika, See I, 107. 108. not. 274.

Q.

Qâdaena, Fravashi des III, 129.
Qndhâta, Erklärung des Wortes II, 218. not. III, XXXIX
Qaetvô-datha II, XXVIII. CXIV. vid. Heirath.
Qûieizâo, Land III, 81. not.
Qâkhshathra, Fravashi des III, 133.
Qaniratha, Keschwar I, 252 II, 20. 23. 183. III, LIII. 82. 90. 108. 186
Qanvân, Fravashi des III, 132.
Qara I, 97. not.
Qarshét, Monatstag II, XCIX.
Qarshét-cihar, Sohn Zarathustras II, XI. Vid. Hvare-cithra.
Qarshét-nmôyis, übersetzt III, 8. 226.
Qarshét-pâya, Himmel I, 22.
Qarshét-yast, übersetzt III, 60. flg.
Qor, Sünde III, 209. 216. Vid. Qara.
Qorshét etc. vid. Qarshét etc.
Quellen, die anger. II, 42. 49. 53.
Qyaonya III, 78. 167. 183.

R.

Raemana, Name eines Berges III, 172.
Raethwiskare I, 114. 127. II, XVII. 11. III, 24.
Räuber, die neun III, 177.
Raevanta, Berg, III, 16. 199. 201.
Raevâo, Name eines Berges III, 173.
Raga, Ragha I, 65. II, VII. VIII. IX. 100. 211. flg.
Ragha, Fluss I, 67. III, 95. 96. not. 109. 145. 155. 160. 192.
Rai vid. Raga.
Râm, Monatstag II, XCIX.
Râma-qâctra II, 6. 10. 37. 46. 51. 91. 104. 199. III, XXXIV. Z. 22. 35. 151—159.
Ramesne-qarom II, 37. not.
Râm-yast, übersetzt III, 131. flg.
Raocaç-caeshmau, Fravashi des III, 133. 135.
Raoidhita, Name eines Berges III, 172.
Raopis I, 193
Rapithwina, Gâh II, 36. not. 37. 44. 51. III, XLI. 10. 23. 226. Verdienst des Gebetes an denselben III, 197.
Raçaṇçtât II, 42. 53.
Raçpi II, XVIII. LXXVII.
Rashnu II, 16. 39. 47. 52. 91. 195. 201. III, XXVIII. 35. 86. 91 92. 95. 99. 106. 111. 112. 148. ist Bruder der Ashis-vaghuhi III, 164. Fravashi des III, 125. Vid. Rasn.
Rask, s. Arbeite näber das Avesta I, 55.
Rasn, Monatstag II, XCIX. vid. Rashnu.
Râstare-vaghenta III, 130.
Ratu I, 109. II, XVI. XVIII.
Raubthiere, die I, 200.
Rawlinson, gegen den baktrischen Ursprung Zarathustras II, 208.
Rechtlichkeit, die angerufen II, 42. 53.
Rede, recht gesprochene II, 66. III, 23.
Reformation des Gesetzes, den Parsen unbekannt II, 209.
Regenwasser, darf nicht auf den Todten fallen I, 122.
Reiniger, der II, LXXXIV. flg.
Reinigung nach einem Todesfalle I, 148. flg. beim Begegnen eines Todten in der Einsamkeit I, 156. flg. eines mit Unreinigkeit behafteten I, 163. flg. der Wohnung des Feuers, der Erde etc. L 179. flg. des reinen Mannes, der reinen Frau I, 179. 245. II, LXXXIV. flg.
Reinigungsgebet I, 179. flg.
Reinigungsmittel II, LXXXIV.
Religion des Zarathustra I, 16. 23. Anm 39. fremder Einfluss auf dieselbe L, 269. flg Verwandtschaft mit christlichen Gebräuchen II, CXX. flg. mit jüdischen Gebräuchen II, CXXIII. flg.
Remo, II, 116.
Rhode.
Richardson, seine Angriffe auf das Avesta I, 53. 281.
Ring, Gebrauch desselben II, LXIX.

Rhade, s. Ansicht über das erste Capitel des Vendidâd I, 59.
Romer, seine Angriffe auf die Aechtheit des Hûzvâreseh I, 285.
Raiasaomand, Berg III, 172. Anm.

Ç.

Çâdra-urvistra, Waffen III, 67.
Çaena III, LIV. 108. 134. 148. Fravashi des III, 127.
Çaeni, Dämon III, L. 41.
Çafa (Stein) I, 165.
Çag-did II, XXXIII.
Çairima, Land III, 139.
Çâirivão, Name eines Berges III, 172.
Çâma I, 7. II, 71. III, LXVII. 121. Fravashi des 137. Vergl Kereçâçpa.
Çân, Stadt in Baktrien oder Kabulistân III, 139. not.
Çanâi vid. Flöte.
Çaoka, Genius I, 251. 264. flg. III, XXXVIII. 34. 35 37. 198.
Çaokaṅt, Berg III, 9.
Çaoshyanç I, 16. 32. 34. 35. 244. II, 111. 185. 208. III, LXXV. 135. 183.
Çaoshyantas, die II, 69. 107.
Çarva (ind.) I, 10.
Çatavaeça I, 108. not. 273. III, XXXI. 63. 65. 69. 119.
Çatevis vid. Çatavaeça.
Çâthras II, 74. III, LXXIV. 30. not. 46. 49. 137. etc.
Çaurva I, 10. 175. II, 35. not.
Çâvaghi, Genios II, 36. 43. 46. 49. 51. 89. 94. 186. 196. III, XLI. 10. 11. 21. 22.
Çavahê, Kesebwar I, 252. II, 20. 23. III, 82. 108.
Çâyozhdri III. LXVI. 52. 132.
Çiciṅdava, Name eines Berges III, 172.
Çimaeça III, 129.
Çkârayat-raths, Fravashi des III, 130.
Çkemba II, XXXIII.
Çnâvidhaka III, 177.
Çpaodârmat, Monat II, XCVIII. Monatstag II, XCIX.
Çpéṅista, Feuer II, 93.
Çpeṅjaghra, Dämon I, 252. II, 93. III, XLIX.
Çpeṅta-ârmaiti, Anrufang der I, 72. 86. 144. 236. Tochter des Ahura I, 246. II, 9. 12. 30. 35. 85. 91. 92. 114. 131 150. 181. 201 III, X. flg. 26. 33. 34. 36. 112. Mutter der Ashis-vagahi III, 164. 198.
Çpeṅtâ mainyû, Gâthâ I, 252. II, 6. 10. 157. flg. III, 23.
Çpeṅto-dâta, Fravashi des III, 129. 2) Name eines Berges III, 173.
Çpeṅto-mainyus I, 245. II, 40. 104. 109. 112. 153. 200 III, IV. flg. 7. 72. 102. 113. 115. 177. Cf. Ahuramazda.
Çpiṅjairista III, 78.
Çpitama III, LXXIII. 219. 227.
Çpiti-uçpaâçou, Fravashi des III, 133.
Çpityura III, LIX. 178.
Çraosha I, 232. seine Fragen an die Drukhs I, 234. Anrufung des I, 216. 252. II, 15. 38. 47. 50. 51. 53. 54. etc. opfert zuerst II, 177. bindet das Bareçma II. 178. singt die Gâthâs ib. Burg für die Armen 179. schlägt den Aeshma ib. die Lasterhaften ib. schläft nicht 180. 181—183. 187. 193. 201. 202. III, XXVI. flg. 6. 27. 30. 35 86. 88. 95. 102—106. ist ein Bruder der Ashis-vaǵuhi III. 164.
Çraosha-çarana I, 86. 90. III, 209.
Çraoshâvarez I, 108. 114. des Çraosha I, 230. II, XVII. 11. III, 24.
Çriraokhshan, Fravashi des III, 128.
Çrirâvaghu, Fravashi des III, 133.
Çras, Monatstag II, XCIX. III, 5. Vid. Çraosha.
Çras-vâj, übersetzt III, 5.
Çras yasts, übersetzt II, 177. flg. III, 102—106.
Çrutat-fedhri, Fravashi der III, 138.
Çravara, Schlange II, 72. III, 176.
Çtaota-vahista, Fravashi des III, 131. 138.
Çtaota-yeçnya II, 32. 185. 203. 206.
Çtar-pâya, Himmel I, 22.
Çtipi, Fravashi des III, 134.
Çughdha, Land I, 62. III, 81.
Çukuruna, Hund I, 193.
Çûro-yazota, Fravashi des III, 133.
Çyâmaka, Name eines Berges III, 172.
Çyavûrshâan III, LXVI. 76. 166. 181. 192. Fravashi des III, 136.
Çyavâçpi, Fravashi des III, 132.

S.

Sache, die grosse II, 119.
Sad-der, Buch I, 48. 224. not.
Sad-dere, Kleidungsstück II, XLVIII.
Sakaern, Fest der II, CIV.
Same I, 145. Verlust desselben im Schlafe I, 236.
Sanskritübersetzung des Avesta I, 47.
Sapta-siṅdhavas. Vid. Hapta-heṅdu.
Sarasvati I, 64 not.
Sâsâniden I, 18. Inschriften der ib. 282. Münzen der 282.

Saterzan vid. Heirath.
Saval, Dämen II, 35. net. Vid. Çaurva.
Schaale I, 111, 245.
Schaeta, Name eines Baumes I, 211.
Schâhpur I, I 18. 24. 41.
Schâhpur II, L 24.
Schâtzan vid. Heirath.
Scheidung, die II, XXXI.
Schicksal II, 219.
Schlaf II, XLIX. der gute, gepriesen II, 16.
Schlag I, 98.
Schlagen, das aus der Höhe II, 6. 10. 47. 51. III, XLI 26. 33. 35. 66.
Schlange I, 264.
Schlangenstachel I, 228.
Schöpfung des Ahura Mazda I, 246. die der Welt III, LII. flg.
Schrift, altéranische I, 12. 38.
Schuldenmachen, etwas schimpfliches I, 91. not.
Schüler, Fravashis der II, 111. 199. not.
Schwäre vid Qarn.
Schwester, Gebete beim Tode der I, 184.
Schwur II, LVI. 42. — der Weisen vid. Dâmais npamano.
Seele, Schicksal der nach dem Tode I, 249. 250. II, XXXIX. III, 187. flg. Lohn derselben für das Aussprechen des Ahuna-vairya II, 95. 96. die eigene gepriesen II, 206. III, 10. Fravashi der eigenen II, 105. etc. die verschiedenen angerufen III, 231. Vid. Fravashi des Stiers II, 113. 115. vid. Géus-urva.
Segensspruch, angerufen II, 6. 10. 49. 53. 67.
Semiramis III, LXXIII.
Semitische Gottheiten bei den Eräniern II, 217. flg. Entlehnung von denselben I, 11. 270. flg.
Sharévar, Monatsname II, XCVIII. Monatstag II, XCIX. Genius II, 35. net Vid. Khshathra-vairya.
Shiz, Stadt III, XVI.
Sieg, der angerufen II, 6. 10. 46. 91. III, XLI. 26. 33. 35. 66. Vid. Verethraghna.
Sikander. Cf. Alexander.
Siroza II, LXXXI. Uebersetzung des III, 198. flg.
Si-shei, Ceremonie II, XCI.
Sitamgar, Verdrehung des Namens Alexanders I, 41.
Sohn, Gebete beim Tode des I, 183.
Soma vid. Haoma.

Sonne I, 249. 258. 260. II, 41. 43. 48. 52. 53. 91. 104. 108. 200. 204. III, XX. 8. 9. 10. 11 12. 24. 60. 111.
Sosinseh vid Çaoshyanç.
Speise für die Wöchnerin, Vorschrift I, 113. 135.
Stammverfassung, die éranische II, III. flg.
Stand, der vierte II, V. die verschiedenen Stände I, 20. II, V.
Stärke, die männliche II, 16. 46. 51. 88. III, XLIV. 6. 33. 35. 37. 66.
Sterne, angerufen II, 42. 48. 52. 53. 204.
Sterncultus, der I, 258. 262. 272. flg.
Sternschnuppen III, 64. not.
Stier, eingeborner III, 9. 26. Fravashi des III, 125. Leib und Seele des III, 200. Vid. Kuh.
Strafe des falschen Reinigers I, 172. die Strafe dessen der sich mit unreinen Frauen befleckt I, 221. 239.
Sufismus, Einfluss desselben auf den Parsismus I, 48 flg.
Saghdha vid. Çughdha.
Sünden schwere, Aufzählen der I, 208. flg. III, 208. flg. die grösste I, 238.
Sünden, Classen ders. II, LIX. flg.
Syrien, Verhältniss zu Persien I, 17.

T.

Tabari, über den Feuercultus III, XVI.
Taera, Berg II, 142. III, 110. 152. 173.
Tage, die, angerufen II, 43. 53.
Tageszeiten, die, angerufen II, 34. 45. 51. 53. 93. 108. III, XL. 21—28. cf. Gâh.
Takhma-urupa III, LVI. 153. 175. 192.
Tâl II, LXXV.
Tâli II, LXIX.
Tanavalgan, Sünde III, 209.
Tan-duruçti, Gebet übersetzt III, 250.
Tanûra, aus dem Semitischen entlehnt I, 271.
Tarîc I, 176. not. II, 36 net.
Tassen II, LXIX.
Tauru I, 176. III, XLVII.
Tavi II, 116.
Temo, Dämon III, XLIX.
Tempel der Parsen II, LXIV. flg.
Thaten, reine, angerufen II, 92.
Theodor von Mopsveste II, 219.
Theopomp I, 3.
Thiere, wie zu reinigen I, 137. flg. schädliche vid. Khrafçtra.

Thraetaona I, 7. 44. 66. II, 70. flg. III, LX. 47. 51. 75. 147. 154. 165. 192. ergreift die Majestät III, 176. Fravashi des III, 136.
Thrisâmrûta I, 171. 175. 176. welche Feinde sie schlagen I, 177.
Thrita I, 255. II, 71. III, LXVI. 52. Fravashi des 132. 134.
Thriti, Fravashi der III, 137.
Thwâsba III, XXXIX. Cf. Firmament.
Tir, Monatsname II, XCVIII. Monatstag II, XCIX. Genius vid. Tistrya und III, XXI. flg.
Tiro-oakathwa, Fravashi des III, 134.
Tistar vid. Tistrya.
Tistar-yast, übersetzt III, 63. flg.
Tistrya I, 108. not. 251. 258. 273. II, CXI. 40. 52. 91. 112. III, XXI. flg. 2. 63—74. 110. 170.
Titan I, 271.
Tizhyarsti, Fravashi des III, 128.
Tochter, Gebete beim Tode der I, 183. Tochter Ahuras I, 246. II, 196. flg. III, 161.
Todte soll kein Einzelner tragen I, 81. flg. sind auf Katsa zu legen I, 106. Verhaltungsmassregeln I, 111. flg. wie aus dem Wasser zu holen I, 119. flg. wo niederzulegen I, 121. flg. wie lange offen liegen zu lassen I, 132. wie zu behandeln wenn sie im Freien sterben I, 140. sind im Regen nicht zu begraben. ibid. Begräbniss der I, 141. flg. Reinigung I, 147.
Todtengebrauch der Parsen II, XXXII. flg. bei den Indogermanen II, CXV. flg.
Todtenklagen, verboten I, 12. 80. not.
Trauung der Parsen II, XXX. flg.
Trita vid. Thraetaona.
Tschibrem I, 65. not.
Tudhsçkae, Namen eines Berges III, 172.
Tûmâçpa, Name III, 136.
Turânier III, 118. 132.
Tuça III, LXIV. 50. 51.
Tushnâmaiti, Fravashi der III, 138.

U.

Udra vid. Wasserhund.
Udrya, Name eines Berges III, 173.
Ukhshan, Fravashi des III, 133.
Ukhshyat-ereto, Fravashi des III, 135.
Ukhshyat-nemo, Fravashi des III, 135.
Ukhshyêiti, Fravashi der III, 138.
Umkreis des Yima vid. Vara.
Undankbarkeit, schimpflich I, 91. not.

Unzucht, verboten I, 237. 238. II, XXXII.
Urin zum Waschen I, 142. Lassen des I, 235.
Urland der Êrânier II, CVI.
Urstier, der II, 36. not. III, LV.
Urûdhayaa, Fravashi des Mädchens des III, 138.
Urûdhu, Fravashi des III, 131.
Urunyô-vâidhkaê, Name eines Berges III, 172.
Urupis I, 110. flg. 193.
Urva, Land I, 64.
Urvâkhsha III, 192.
Urvâkhshya II, 71. not. 72. III. LXVII. 155.
Urvaçta III, 41.
Urvatat-naro, Sohn Zarathustras I, 77. II, XI. Fravashi des III, 127. 135.
Urvâzista, Feuer II, 93. Fravashi des III, 125.
Uç vid. Kava-Uç.
Uçadhan 181. Fravashi des III, 133.
Uçikhsca II, 150.
Uçi-nemo, Fravashi des III, 132. 138.
Uçmâoara-Paeshata, Fravashi des III, 127. 133.
Uçnâka, Fravashi des III, 132.
Uçpançoo, III, 133.
Ushabina, Gâh II, 36. not. 38. 44. 47. 51. III, 27.
Ushaoma, Name eines Berges III, 172.
Ushidhâo, Berg III, 172. 181.
Ushidarena, Berg II, 41. 48. 53. 105. 109. III, 33. 172. 202.
Ustaqaenâo, Name eines Berges III, 172.
Ustavaiti, Gâthâ I, 252. II, 5. 10. 29. 205. III, 23. Fravashi des III, 138.
Ustâzañta, Fravashi des III, 132.
Ustra-çadhanâo, Fravashi des III, 132.
Utayuti Vît-Kaavi, Fravashi des III, 134.
Uzava III, LXII., Fravashi des III, 136.
Uzayêirina, Gâh II, 36. not. 37. 44. 46. 51. III, XLI. 10. 24.
Uzya, Fravashi des III, 133.

V.

Vadbaghna I, 244.
Vaekereta, Land I, 63.
Vaepaya, II, 167.
Vaeshaka III, 50. not. 51.
Vafra, Name eines Berges III, 172.
Vafrayâo, Berg III, 172.
Vafromand, Berg III, 172. not.
Vaghapâra, Name des Igels I, 189.

Vaghazdâa, See III, 180.
Vaghudâta, Fravashi des III, 133.
Vaghu-fedhri, Fravashi der III, 138.
Vaghus-arshya, Fravashi des III, 130.
Vahisto sti, Gâthâ I, 252. II, 6. 10. 31. III, 23.
Vahmaedâta, Fravashi des III, 132.
Vaidhya-hvareçt } , Sünden III, 224.
Vaidhyo-zat
Vàiti-gaeça, Name eines Berges III, 172.
Vâj-Peshâh, übersetzt III, 246.
Vakhedhrakae, Name eines Berges III, 172.
Vanaiati vid. Schlagen.
Vanant, I, 274. III, 9. 63. 110. 185. 200.
Vanant-yast, übers. III, 185.
Vanâra, Fravashi des III, 128.
Vandaremano, Sohn des III, 58
Vara I, 33. 73 flg. II, 141. 204.
Vara-Açhana III, LXVI. 53.
Varakaça III, 132.
Va edbaka III, 78. 167.
Varedhaṭ-qarenô, Fravashi des III, 135.
Varena I, 66. II, 71. not. III, LX. 47. 75. 154.
Vareçmapa-Janara, Fravashi des III, 132.
Vareçmo-raneo, Fravashi des III, 127. 134.
Varesbava III, 177.
Vareshna, Fravashi des III, 129.
Varshna, Fravashi des III, 132.
Varshni-Vâgereza, Fravashi des III, 132.
Vaçaa, Name van acht Bergen III, 172.
Vât-géç III, 172. not. Cf. Vàiti-gaeçô.
Vazemno açti I, 255.
Vâzista, Feuer, I, 253. II, 93. 137. 201 not.
Vazhàçpa, Fravashi des III, 128.
Vehrkâna, Land I, 61.
Vendidâd, übersetzt I, 61. flg. Composition I, 286. flg. wird zur Vergebung der Sünden gelesen II, LXXIX. Be richt über angebliche Wanderungen der Erànier II, CIX. Theil des Avesta II, 41. not.
Veraehtung, Dâman III, L.
Veretbraghna I, 251. Zusammenhang mit Vritra und Vritrahan II, CX. II, 6. III. XXXII. flg. 90. 141—151. Cf. Sieg.
Verlabung, Gebräuche II, XXIX. XXX.
Verstand, himmlischer und mit Ohren gebärter II, 104. 109. III, 20. 34. 35. 194.
Verstorbene, Pflichten der Verwandten gegen sie II, XXXVIII. flg.
Vertrag. Vid. Mihr-druj.

Verunreinigung, mittelbare und unmittelbare I, 111. 180. wie zu beseitigen I, 215. 247. flg.
Vibaûça. Dämon I, 253 III, XLIX.
Vibâzu, Längenmaass I, 129. ant. 130.
Vidadhafshu, Kesehwar I, 252. II, 20. 21. III, 82. 108.
Vidhotus. Vid. Açtô-vidhotus.
Vidhut, Fravashi des Mädchens des III, 138.
Vidhwana, Name van 4 Bergen III, 172.
Vifra-auvâza III, LIV. 51 52. 192.
Viràçpa, Fravashi des III, 140.
Viçadha, Fravashi des III, 131.
Viçpa-humata, Gebet übers. III, 19.
Viçpa-taurvairi, Fravashi der III, 138.
Viçpa-taurvashi, Fravashi der III, 135.
Viçpa-taurvi i. q. Viçpa taurvairi III, 184.
Viçpê-màzista II, 89. 94. 186.
Viçpo-his, Baum III, LIV. 108.
Viçpa-thaurva-açti III, 78. 167.
Viçrûta, Fravashi des III, 133.
Viçrûtâra, Fravashi des III, 133.
Viçys II, 36. 46. 49. 51. 94. 186. 196. III, XLI. 10. 11. 21. 22.
Vishaptatha II, 39. 47 52. III, 62.
Vispered, übersetzt II, 3 flg. I, 13 III, 105. nut.
Vistàçpa, König I, 41. 42. flg. II, VIII. 87. 114. 155. 168. 171. III, LXV. 56. 57. 78. 156. 167. 183. 191. 192. 227. Fravashi des II, 105. 110. III, 128.
Viçtavara, Fravashi des III, 128.
Vis-taurusha III, 53.
Vitaġuhaiti, Fluss, III. 53.
Vitaçti, Längenmass I, 129. 225.
Vivaghâo I, 70. II, 69. 127. III, 135.
Vivâreshvâo, Fravashi des III, 134.
Vizaresha, Dämon I, 249. III, XLIX.
Vizbus, Hund I, 193.
Vizhyarsti, Fravashi des III, 128.
Vogel, in der Höhe III, 7. büs-r III, 228.
Vögel I, 104. 226. 230 flg. Weg der II, 78. fragen den Hsams II, 79.
Vohu-açti, Fravashi des III, 131.
Vohu-dâta-kuta, Fravashi des III, 134.
Vahu-fryâna, Feuer II, 93.
Vahu-khshathra, Gàthâ I, 252. II, 6. 10. 30. III, 23.
Vohu-mano, Amschaspand I, 250. II, 2?. not. 35. 91. 107. 113. 115. 181. 200. 201. III, VIII flg. 33. 34. 35. 177. 184. Mensch I, 247.
Vahu-nemo, Fravashi des III, 129.
Vahu nemo-kata, Fravashi des III, 132.

Vohu-pereça-anyava, Fravashi des III, 134.
Vnhu-ranen, Fravashi des III, 127. 132.
Vohu-ustra-an'khao, Fravashi des III, 134.
Vohvaçti, Fravashi des III, 127.
Vohvazdåu-katu, Fravashi des III, 132.
Volksfest der Perser II, CIV. flg.
Volksversammlung II, IV.
Vollkommnen, die beiden II, 120.
Vollmond II, 39. 47. 52.
Vouru-barsti, Keshwar I, 252 II, 20. 23. III, 82. 108.
Vouru-jarsti, Keschwar I, 252. II, 20. 23. III, 82. 108.
Vouru-kasha, See I, 107. 108. 250. 260. 273. II, 17. 142. 197. III, LIII. flg. 43. 48. 49. 58. 64. 67. 68. 69. 72. 108. 112. 121. 179. flg.
Vouru-nemn, Fravashi des III, 135.
Vouru-çavn, Fravashi des III, 135.
Vourusha, Name eines Berges III, 172.
Vritra, Vritrahan, Zusammenhang mit Verethraghna II, CX.
Vyåreza, Fravashi des III, 128.
Vyarshvåo, Fravashi des III, 130.
Vyåta III, 134.

W.

Wagen der Ardvi-çûra III, 45. des Mithra III, 89. flg. 99. der Ashis-vaǵuhi III, 164.
Wächter des Himmels III, 63. not.
Wahrheitsprechen I, 91. II. LV.
Wanderungen der Eränier II, CIX.
Waschungen II, LXXXV.
Wasser I, 105. Hinwegführung des I, 107. Pflichten gegen das II, LIV. als Reinigungsmittel gebraucht II, LXXXIV angerufen II, 46. 53. 138. flg. 194. flg. 197. flg. III, XVI. flg. 35. Fravashi des III, 125.
Wasserhund, der I, 200. 202.
Wasserwohnung I, 200.
Wege, auf denen man Leichen trägt I, 142. — II, 141.
Weiden, angerufen II, 42. 49.
Weisheit, ewige I, 31. gerechte I, 252. III, 99. II, 42. 53. 104. 109. (Vid. Verstand) III, 9.
Welt, sinnliche und übersinnliche II, 43. not. 113. 135. not. 181. III, II. flg.
Weltperiode, zwölftausendjährige III, III.
Weltschöpfung II, 119. flg. III, LII. flg.
Werek, Ortschaft I, 66. not.

Wesen drei, welche fluchen II, 82.
Westergaard II, 70. III, XI. VII. LXXIV.
Wiederholungssünden III, 212.
Wind I, 104. 246. II, 17. 53. 91. 104. 108. 142. 201. III, XXXIV. 9. 171. Dämon des III, XLIX.
Windischmann II, 69. 70. III, XXVI. LXXII. LXXIV.
Winter, Dämon des III, XLIX.
Wissenschaft II, 78. 79. 88.
Wohlgeruch, angerufen II, 103. 104.
Wohnen, das gute II, 46. 51.
Wohnung, angerufen II, 7. 10. 42.
Wulf I, 104. 198.
Worte, angerufen II, 50. des Zarath. III, 22.
Wörter, gemeinsame bei den Indogermanen II, CXI. flg. semitische im Avesta II, CXVIII. flg.
Wunde I, 98. 99.

Y.

Yama I, 7. Vid. Yima.
Yaetus-gåus, Fravashi des III, 134.
Yaozhdåthrya vid. Heiniger.
Yaçna, übers. II, 35. flg. II, 203. — haptnghåiti II, 5. 7. 28. 29. 31. 181. 205. III, 22. Zweiter Theil des I, 13. Vid. Gåthâ.
Yaçna-kereta, Maass I, 85.
Yaçtô-Fryåna oaôm III, 54. Fravashi des III, 133.
Yast-nonåber, III, 105. ant.
Yaste, die I, 14. II, LXXX.
Yåtu vid. Zauberer.
Yåtusüadea vid. Zauberei.
Yazata I, 10. au Weisheit höchster vid. Dåmôis upamana II, 195. III, XII. f. 13. 20. Majestät der III, 174. himmlische und irdische II, 54. 59. 63. 90. 92. 105. 203. III, 10. 61. himmlische III, 23.
Yêghê-hâtaôm, Gebet II, 59. 158.
Yest vid. Yast.
Yezdegirt I, 42.
Yima und Yima-khshaeta I, 7. 44. 70. flg. 252. II, C. 70. 127. 209. III, LVII. 46. 75. 135. 153. 165. 175. 192.
Yujyêsti, Wegmaass I, 193.
Yokhtavairi, Fravashi des III, 128.
Yukhtåçpa, Fravashi des III, 132.
Yûsta, Fravashi des III, 133.

Z.

Zad-marg II, XXXIV.
Zairica, Dämon I, 175. III, XLVIII.

Zairici, Fravashi der III, 138.
Zairimyaǵura I, 190.
Zairimyāka I, 190.
Zairita, Fravashi des III, 127.
Zairivairi III, LXV. 58. Fravashi des III, 128.
Zamyâd, Monatstag II, XCIX. III, XXXVI. — yast. übers. III, 171. flg.
Zañtuma II, 37. 46. 51. 94. III, 10. 23. 24.
Zanta, der I, 114. 127. II, XVII. LXXVII. 13. 14. 130. 186. III, 22. 93.
Zaothra II, LXXXIV. Weihung des XCII. Behandlung des übriggebliebenen II, XCIII. 7. 102.
Zâo-vareta, Erdart I, 165.
Zarathustra I, 12. 41. 42. Herr im Vara des Yima I, 77. Versuchung des I, 243. Sohn des Pourushaçpa I, 244. III, 46. seine Verhältnisse II, VII. flg. Abstammung II, IX. flg. ob Reformator II, X. 215. flg. Name II, XIV. not. seine Stellung als Prophet II, CXIX. Herr der irdischen Schöpfung II, 3. 8. Söhne des II, 208. III, LXXI. angerufen II, 31. s. Worte und sein Gesetz II, 90. s. Glaube und Herkommen II, 91. treibt zum Nachfolgen an II, 68. unterhält sich mit Haoma II, 69. flg. s. Gebort und Beschreibung II, 73. Unterredung mit Ahura II, 86. seine Aussprüche gepr. II, 206. Leben II, 207. 208. — II, 114. 131. 201. 202. — III, LXX. flg. opfert der Ardviçûra III, 57. den Fravashis III, 118. 122. dem Gesetze III, 159. flg. der Ashis-vaǵuhi III, 167. sein Gespräch mit Ashis-vaǵuhi III, 164. vereinigt sich mit der Majestät III, 182.
Zarathustra, Fravashi des II, 28. 50. 53. 90. 105. 110. 202. III, 9. 125. flg.
Zarathustrotema II, XV. 18. 38. 46. 51. 94. III, 25.
Zarayaġhâo-çpeñto-khratavâo, Fravashi des III, 132.
Zarszdâti-Paeshato, Fravashi des III, 132.
Zârie I, 176. II, 36. not.
Zauberer I, 256. 257. 262. II, 67. 74. 188. III, LI. 36. 38. 41. 46. 49. 50. 61. 66. 85. 137.
Zauberei I, 65. II, CXIII.
Zbâr, Berg II, VIII.
Zbaarvâo, Fravashi des III, 130.
Zebâr i. q. Zbâr q. v. II, 72. not.
Zeit, unendliche I, 245. 246. 271. flg. II, CXIX. 217. III, XXXIX. 9. 201. not. — zwölftausendjährige I, 271. II, 217. III, 9. 201. 206.
Zeitrechnung der Eránier II, XCVII.
Zemaka I, 101.
Zemân-i-dirang qadhâi vid. Zeit, zwölftausendjährige.
Zend-Avesta I, 44. 45. 52. Vid. Avesta.
Zendschriften I, 44. 45.
Zendsprache I, 44. 45.
Zeredho, Name eines Berges III, 171.
Zerovanas I, 271. flg.
Zertost III, 20. 227. Vid. Zarathustra.
Zertost-nâme I, 48.
Zervaniten, die I, 30. II, 220.
Zodiacalbilder, die II, 220.
Zodiacus I, 275.
Zugthiere der Ardvi-çûra III, 45.
Zusha III, 134.

Zusätze und Verbesserungen.

p. XXI. flg. 1. Tistrya statt Tistrya.
p. LXI, 18 u. 24. Manuscithra statt Manucithra.
p. 7, 1. Statt »Vogel« kann man auch »Luft« übersetzen, dasselbe Wort bezeichnet beide Begriffe.
p. 10. 23. den festen Glauben statt der feste Glaube.
p. 12, 23. l. 4 statt 3.
p. 13. Anm. ist Yt. 7 statt Yt. 8 zu lesen.
p. 22, 17. ist wol zu übersetzen: der oberste, der mittelste, der vorderste.
ib l. 11 v. u. nach versehene add. »mit Heiligkeit zusammengebundene.«
p. 28, 14. den Ahura.
p. 31, 10. Statt »der hier Schlagende« vielleicht »der auf einmal Schlagende.«
p. 33, 7. Unter »Körperlosigkeit« ist nach einer Bemerkung der Guzeratiübersetzung der Zustand der Menschen vor ihrer Geburt zu verstehen.
p. 47, 18. Man übersetze: dass ich menschenleer mache alle sieben Kareshvares.
p. 52, 9 v. u. des Çayuzhdri.
p. 56, 4. add. nach fleckenlose: O glänzender, reiner, heiliger Zarathustra.
p. 59, 23. Statt »wohl gehalten« ist wol besser »gut aussehend« oder ein ähnlicher Begriff zu stehen.
ib. l. 26. Statt »ungewöhnliches« l. »wagenähnliches.«
p. 60. l. 9. 12. ist das Wort »vierbeinig« zu streichen.
p. 61, 1. l. fördert.
p. 62, 8. v. u. Reichthum spendenden statt friedfertigen.
p. 64, 7. Vom Nabel der Gewässer her glänzend, oder: der seinen Samen vom Nabel der Gewässer her empfängt.
p. 67, l. 6. u. 9. add. nach »Pferden«: zehn Kamelen.

www.ingramcontent.com/pod-product-compliance
Lightning Source LLC
Chambersburg PA
CBHW032045220426
43664CB00008B/875